黑土

大屠殺為何發生？
生態恐慌、國家毀滅的歷史警訊

•

TIMOTHY SNYDER

BLACK EARTH

The Holocaust as History & Warning

•

提摩希・史奈德——著

陳柏旭——譯

目次

導讀

從「庸俗市儈」到「屠殺實驗場」

黃哲翰（udn《轉角國際》專欄作者）

我們正處於全球化的歷史高峰。週期性金融崩潰、貧富差距極端化、氣候變遷、資源逐漸枯竭、大規模遷徙流亡、族群衝突……等危機，也以史無前例的規模衝擊著人們的認知。危機所引發的反應，讓近年來全球政治氣氛丕變——就在「歷史終結」的三十年後，歷史的鐘擺再度傾向支持威權人格、劃清族群界線、乃至於拉起貿易壁壘。

人們對自由民主、資本主義、科技進步的樂觀一夕之間變色，「生存競爭」這個赤裸原始的課題則又逐漸浮上檯面。人類可能因此走向下一場大戰與屠殺，這個想像已不再只能是虛構情節了。不少時事觀察者都察覺到某種既視感：當前的處境，彷彿就是二戰前夕的翻版。近年來快速席捲歐美民主國家的右翼民粹勢力，更讓人聯想到當年歐洲各國的法西斯主義和德國的納粹。

但是在憂心的同時，人們也不免自問：這樣的類比是恰當的嗎？

相較於八十年前，現今的國家作為一部治理機器，效能已大幅縮減，並普遍將更多的權力讓渡給企業財團、遊說團體、公民組織、甚至網路社群。過去一套一套的政治意識型態，對於現今群眾而言，也失去了吸引力；事實上，當前風行的右翼民粹，與當年的法西斯和納粹之間的關鍵差異就在於，前者避免了一切極端化的大型政治計畫，始終都訴諸鬆散的、甚至前後不一致的直覺判斷。

有鑑於此，當我們把二戰具體地關連到當前脈絡時，它往往又顯得過於不現實，以致於讓我們困惑：對二戰前夕的既視感，是否只是戰後「反省文化」的過敏反應？

追根究柢，這個困惑源自人們長久以來對二戰大屠殺的刻板印象：納粹德國透過精密的計畫，對領地進行全面控制，對外侵略的同時也對內屠殺。因此人們便以為，形成大屠殺機制的關鍵因素是：一個高效能的國家威權，宣傳極端的意識型態，並運用極致冷酷的科學理性來進行種族清洗——在今天，這些因素似乎不太可能重現。

本書正是為了打破上述迷思、並將二戰關連回當前時局所作。透過嚴謹的史料鋪展，作者精確地描繪出這場大屠殺令人訝異的複雜原貌，逐一顛覆各種刻板印象。

這一連串打破迷思的過程，從一個最基本的問題開始切入：納粹是什麼？

日常生活中有一種常見的市儈政治態度：競爭就是世界的現實，是非對錯都是相對的，只有贏家才是正義；一切號稱普世性的政治和道德概念，都是眾魯蛇們假惺惺地用來合理化競爭劣勢、並試圖將贏家拉下台的藉口。若將此態度推至極端，形成體系，它就是希特勒的思想、納粹的核心性格。

希特勒相信，人類種族無止盡的弱肉強食，正是自然的現實。各種世界觀與政治概念，不過是服務於種族鬥爭的工具。世界理當優勝劣敗，但自從猶太人出現後，他們引入善惡的道德知識，並且鼓吹和平、互惠、共存的政治理念，讓強者的種族失去鬥爭意識，而受制於作為弱者的猶太人。據此，希特勒認為猶太人不屬於自然，他們並非僅是低劣的種族，而是連「種族」都不是、連「人」都不是——他們是反自然的「瘟疫」、人類種族生態的災難。

一戰後德國的經濟蕭條被希特勒直接等同生物學上的種族生存危機，它是由於德意志人「感染」

了「猶太瘟疫」所致。德意志種族唯一的生路就是藉由消滅猶太人，破除世上一切政治秩序、摧毀惺惺作態的布爾喬亞政治文化，恢復叢林般的自然秩序，讓強者稱霸、弱者餓死。

這種思想不同於捍衛國家至上的法西斯主義、也絕不只是當時歐洲普遍可見的反猶主義。它的原貌是個反國家的、暴力主宰的無政府主義。隨後為了獲取群眾支持，才包裝成貌似法西斯的國家社會主義。

本書打破的首要迷思，就是將納粹完全等同於國家威權的擁護者和單純的種族歧視者。納粹本質上既不同於後兩者，其所引發的大屠殺也並非「國家威權」和「種族歧視」這兩個因素所足以解釋的。

接著，作者以嚴謹而豐富的史料鋪展，論述讓大屠殺逐步成形的曲折機制。出於無政府的暴力性質，納粹政權依循的行動原則是即興而非邏輯。儘管他們始終都不乏仇猶宣傳的靈感，但最初並無具體處置猶太人的通盤計畫。納粹所執掌的政府體制，亦在相當程度上限制了他們所欲施展的暴力。

使得大屠殺具體成形的開端，因而不在德國本土境內。屠殺機制正式啟動的時間地點，是納粹摧毀鄰國，在領土之外造成一連串無政府的法外狀態。國家主權與公民身份的崩潰，牽動了各地族群間的新仇舊恨與生存競爭的本能。在卸責、保命、侵占財產、宣示效忠等誘惑下，各方族群加入共犯、甚至轉而主動利用納粹的意識型態，讓猶太人成為替罪羔羊。納粹便在過程中逐步認識仇恨與恐懼的政治資源，學習各地處置猶太人的方式，並將這些經驗輸回德國本土。

納粹意欲摧毀「世界猶太人之陰謀」的瘋狂執念，因而順理成章地結合了對外毀國滅種的行動。在境外無政府狀態的開放實驗場，藉助各族群的協力與反覆，納粹憑著恐怖瘋狂的即興創造力，從羞辱、隔離、驅逐遣送、一路發展成工業化屠殺猶太人的手段。最後，即使是缺乏訓練、不抱持強烈意識型態的常人，也可以沉默地執行殺戮。「沙丁魚法」和毒氣，即是在烏克蘭以及其他東歐的「實驗場」所發展出來的殺戮技術。

當德軍東線戰局被蘇聯逆轉時，納粹那套自我證成的幻想達到了病態的極端：德軍的失敗正是猶太人陰謀所致——為了最終勝利，必須更有效地屠殺猶太人。此刻，尤其在東歐各地，大批失去公民身份的猶太人作為赤裸裸的生命，被各族群當作貨品以交換政治和經濟利益，乃至於被用來殺戮，作為替納粹德國召喚最終勝利的獻祭品。

至此，作者透過對各國政治實情與殺戮過程的仔細研究，證明了：唯有在缺乏官僚體系的法外地帶，德國官僚體系才能大量殺害猶太人。這還需要共犯參與，參與者來自幾乎所有歐洲族群，也包括蘇聯公民——甚至還包括一部分的猶太人。

這場各族群彼此交織難解的共業，在戰後急需和解的氣氛下被刻意遺忘。取而代之的是一個以奧許維茲集中營為象徵的殺戮圖像，以及以柏林為中心的反省文化。單一象徵簡化了集中營之外、遍地屍坑之間「更大的惡」；單一中心則覆蓋了維也納、華沙、基輔、維爾紐斯、布達佩斯、布加勒斯特……等地共同通往殺戮的政治紋理。

二戰與其說是一連串大小戰役的加總，毋寧是一段讓極端狀態日常化的駭人歷史。「人唯有在人的條件下才得以為人。」這是本書引述一位從蘇聯勞改營倖存之波蘭作家的話，也很適合用來表達本書的主要論題：當人的條件——國家體制、公民身份、習俗共識——不復存在時，人不需要是個瘋狂的極端份子、也不需要任何精密計畫的驅動，只要憑著庸常的理智來行動，就可以輕易指認替罪羔羊，容忍、協力、乃至於親身執行殺戮。一九九四年的盧安達、二〇〇三年美軍入侵後的伊拉克，類似的情節都殷鑒不遠。

那麼，當前時局距離下一場可能的殺戮災難還有多遠呢？

在心態上，人類社會在遭遇全球化及一連串災變危機時，始終都不乏政治市儈。他們在強調競爭之現實的同時，傾向將這個現實給自然法則化；對國家機制、民主政治文化、普世的政治原則（例如人權）也抱持輕視和敵意。此外，當前歐美社會中無論是左派與右派，比起秩序的毀滅，他們更害怕秩序本身。對秩序結構的無知，甚至將「國家」與「自由」彼此對立，認定摧毀一個威權國家就能帶來自由與正義，此誤判只會讓衝突和殺戮更容易發生。

在客觀局勢上，作者則認為，由於糧食、飲水與資源危機日益趨緊，中國、俄羅斯、非洲、中東，都有可能讓合理化現實競爭或塑造「全球公敵」的趨勢失去控制。例如俄羅斯塑造的「歐美同性戀遊說團」、穆斯林國家塑造的「猶太人」與「西方人」。此一趨勢已重新輸回歐洲——就在本文寫作的當下，反猶聲浪在歐洲各國死灰復燃，成為新聞嚴重關切的話題。

人們始終都在追問自身與屠殺的距離，這或許就是本書所要打破的最終迷思。因為事實是：人類從來都不因為一場屠殺成為過去歷史被悼念，就真的離開了孕育極端狀態的土壤。

處於危機時刻，面對極端簡化的誘人政治方案，作者提醒我們，政治思考的要點始終都應該是致力保存各種多重的、不能彼此化約的要素。本書是這項建議的具體實現，其內容所呈現的正是多重聚焦的結構。當讀者翻開本書，便既能以嶄新的角度觀看歷史，同時又能藉助細膩的架構來思考當前的政治。

最後，在讀者正式進入閱讀之前，我想做個小小的補充：本書〈序曲〉中，作者以維也納一九三八年發生的那場「清洗派對」作為全書的開頭。它是德國納粹透過境外實驗場，學習如何對待猶太人的第一個教材。奧地利國家圖書館收藏的照片檔案中，有一張捕捉了當時的場景：維也納第二區

（Leopoldstadt）某條街上，眾人圍觀被強迫蹲著洗地的三位猶太男士。圍觀群眾一派輕鬆，有人開心地對著鏡頭行納粹禮，而站在最前排的則是一群面帶微笑、專注觀看的孩童——其中一位還在挖鼻孔。

如此庸常而荒謬的景象不是已逝的歷史，它始終都是人類最為熟悉的現前。

二〇一八年五月寫於維也納

推薦序

關於罪行的記憶與被遺卻的罪行

戴達衛 David Demes（udn《轉角國際》專欄作者、國立清華大學社會所博士生）

國中的時候，我第一次走進毒氣室。當時，我是參觀我老家附近的哈達瑪爾（Hadamar）「安樂死中心」紀念館。我記得那天剛好有一場演講，講者具體在談些什麼內容我早已記不得，但我印象深刻的是演講後的Q&A，有位當地的阿嬤分享她個人的見解，說她們當年不知道哈達瑪爾有這麼一個屠殺身心障礙者的地方，演講明顯令她十分激動，或是說那個演講似乎有點冒犯到她，因此她開始幫自己及其他當地人辯護。當她又要談起「我們並不知道……」時，場合的氣氛突然變了，坐後面一點的另外一位阿嬤站起來，開始大聲地反駁前者的言論，她說：「當年，我們誰沒有發現我們鄰居的兒女被帶走！誰不知道那些天天經過市中心的灰色巴士是在運輸誰！誰不知道巴士上山後的黃昏，精神病院的煙囪在冒著煙，全城都是人肉被燒掉的惡味。我們通通都知道！」

至今，德國仍然有不少人不願意面對這段歷史，更不願意面對自己所背負的責任。史奈德教授在《黑土》正是終結了這七十年之久的謊言：不管是親身前往東歐戰場參與屠殺的幾百萬軍人、黨衛隊、警察，目擊屠殺的民政官員和女性幫手，還是留在家鄉剝奪猶太鄰居財產的德國人，大家其實都很清楚猶太人及其他弱勢群體的遭遇（詳第八章）。即便當年沒有親身參與壓迫猶太人，當時德國家家戶戶都有一本希特勒的《我的奮鬥》，希特勒在書中宣揚他的種族優生學及對東歐「生存空間」（請參考譯序）的渴望，難道還有人能夠對壓迫猶太人佯作不知？即便如此，在終結謊言的同時，史奈德並沒有指責當時的加害者，他反而認為，在類似的生活條件及歷史脈絡之下，每個人都很有可能成為加害者，這也正是他在本書書名所提的「警示」，而這些條件為何，正是《黑土》最重要的理論貢獻。

美國前國務卿亨利．季辛吉（Henry Kissinger）在書評中，稱《黑土》不僅是猶太大屠殺的重要歷史著作，更是一部政治理論作品。確實，史奈德所提出的理論，挑戰了很多過去對猶太大屠殺的主流歷史論述。

漢娜．鄂蘭（Hannah Arendt）在她的經典著作《平凡的邪惡》中，批判納粹德國的官僚體系導致幾百萬人的大屠殺。反之，史奈德認為，官僚體系的衰頹才使得屠殺成為可能。他的核心論點是，在二戰期間，國家制度發揮了保護猶太人的關鍵作用。他主要辨識的國家制度有三：公民身分（citizenship）、官僚體系（bureaucracy）、及對外政策（foreign policy）。從統計數據來看，享有德國公民身分的猶太人，在二戰時期的生存率往往高於東歐國家的猶太人，因為後者的國家制度被德國消滅，使他們喪失國家的保障。公民身分讓人們得到官僚體系的保護。同時，獨立的對外政策讓納粹德國的邦交國有空間改變針對猶太人的政策，從原先配合德國要求逮捕猶太人，到二戰末期轉向與同盟國合作，選擇不配合德國將猶太人押解送至集中營。公民身分、官僚體系、及對外政策等三個要素，減慢了納粹德國屠殺猶太人的速度，最終也阻擋了希特勒殺死全歐洲大陸猶太人的計畫。

反觀，大屠殺得以實行的關鍵前提，是德國鄰近國家政體被摧毀，史奈德稱這個戰略為「國家之消滅」（state destruction）。一九三八年，當奧地利總理宣布「德奧合併」（Anschluss），奧地利實質上就毀滅了，並陷入了一種無法無天的狀態。宣布合併的隔天，維也納猶太人開始被侮辱，財產也被強制徵收（詳第四章）。到了一九三九年，希特勒與史達林分別入侵波蘭。按照納粹政權的邏輯，波蘭這個國家從未存在，其法律不僅無效，也被視為從未存在過。據此，波蘭人（包含波蘭籍猶太人在內）一下子失去公民身分及由此而來的權利和保障。對希特勒而言，波蘭及其他東歐國家只是一片空空如也的土地，而在這片土地上生活的原居民只不過是「次人類」（subhuman）。這樣的邏輯和推論，源於歐洲各國在非洲、美洲等地殖民主義的意識形態。史奈德將希特勒的意識形態及其對東歐「生存空間」的追求，放回殖民主義的脈絡裡，並將其理解為一種歐洲大陸境內的殖民主義計畫。

反省猶太大屠殺，史奈德教授提供我們三組重要的概念角度：殖民主義的脈絡、國家制度的作用、以及譯序所提蘇德「雙重占領」概念。此外，本書最後三章，史奈德介紹當年「正直的少數人」，也就是拯救猶太人的好心人。根據針對他們的個案分析，史奈德提出「什麼樣的人才會救猶太人」的理論。身為加害者的後代，也在解放後的德國受過教育，我期許自己，如果今天生活在納粹德國的當下，我會是一個勇敢反抗，為了民主、人權等普世價值而站出來的好心人。拯救猶太人對生活在二十一世紀，受過二戰教訓的我，是理所當然。但，按照史奈德的分析，對很多後來成為加害者的人而言，當初的選擇並沒有那麼截然對立的善惡二分。從當時的政經誘因結構來看，拯救猶太人其實是非理性的選擇，最終決定冒這個險的人，通常是以宗教或超越一般民眾人道主義的價值觀為出發點的「正直少數」。

在德國，我們通常將猶太大屠殺視為是德國歷史的一部分。談到受難者，我們主要專注於德國的猶太人，往往忽略極大多數來自波蘭、捷克、烏克蘭、愛沙尼亞、拉脫維亞、立陶宛、蘇聯等東歐國家的受難者。事實上，猶太大屠殺的德國籍受難者「僅」占所有猶太受難者的三%。身為中歐及東歐歷史學家的史奈德教授，將猶太大屠殺的歷史焦點重新調整，放回二戰的主要戰場，也就是希特勒所想要爭取的、德國以東的「生存空間」。

回想我在德國的教育歷程，不可諱言，《黑土》令我發蒙振聵。在德國歷史教育中，除了俄羅斯之外，其他東歐國家只不過是德國暴行的客體，沒有任何能動性。舉例來說，我上課的過程中，無論是政治家或受難者，老師連提都沒提過任何一位波蘭人的名字，更不用說解釋波蘭政府對猶太復國主義黨運動以及以色列建國的重要歷史貢獻（詳第二、三章）。在德國，歷史教育的焦點主要還是放在德國以及西歐。德國對東歐的忽視也反映在媒體報導及語言教育的缺乏。如今，在德國只有〇．一％的學生學波蘭文，學法文的反而有二四％。

當德國反省並處理納粹德國的歷史遺產時，產生了兩個歷史性的弔詭至今都深刻影響德國或甚至是歐洲人的政治社會生活：一是戰後德國主要專注於國內的猶太受難者，忽視了近在眼前的東歐鄰國的猶太人慘況；二是對猶太大屠殺的虧欠感，移情到無條件支持以色列的所作所為，例如對巴勒斯坦的各種政策。

對很多德國人而言，尤其是加害者的第二代，猶太大屠殺的歷史有一種不可侵犯的神聖性。連身為加害者第三代的我，也有一點這樣的感覺，假如有人用希特勒或猶太大屠殺來比喻人世間的其他事件，我會覺得非常不恰當，畢竟納粹德國所進行的工業化屠殺，人類歷史上沒有發生第二次。因此，任何比較會是對受害者的不尊重。同時，對猶太大屠殺歷史的過度神聖化、象徵化有不少風險。當我們只象徵性地維護猶太大屠殺的回憶，而不認真去研究、了解其歷史緣由，我們會失去察覺類似悲劇早期預警的能力，更無法阻擋其發生。由此想到台灣對轉型正義的討論，在沒有還原歷史真相的情況之下，我們不僅對於未來的發展瞎子摸象，更無法達到具體的社會和解。

根據史奈德教授在《黑土》所提出的論點，猶太大屠殺基於兩個重要的原因：生態恐慌（ecological panic）以及國家之消滅。無論是在德國或在台灣，生活在二十一世紀富裕社會的我們，早已經忘記缺乏糧食造成的飢餓是什麼感覺，我們也難以想像氣候變遷將帶來的政治衝突及社會不穩定。事實上，在非洲、中東等地，全球暖化第一防線地區已經開始受到氣候變遷的影響，猶太大屠殺不僅僅是抽象的歷史責任，它更應該成為喚醒我們的即時警示。

譯序
作為隱喻的黑土——猶太大屠殺在東歐

陳柏旭（耶魯大學東亞語文學系博士候選人）

提摩希・D・史奈德（Timothy D. Snyder）是耶魯大學東歐史講座教授，一九九七年於牛津大學歷史系取得波蘭史博士學位。史奈德教授在布朗大學就讀大學部歷史系時正值一九八九年前後的「蘇東波」，也開啟了他對東歐史的研究興趣。近年來他固定於耶魯大學開設東歐史大學部課程，選修人數動輒逾兩百人；太太馬爾西・肖爾（Marci Shore）也是治中歐、東歐思想史的教授，偶爾會在史奈德教授的班上客座，夫婦兩人都致力於將被湮滅的東歐史帶回英語學界的視野。其歷史著作雖然大量徵引檔案材料與二手研究文獻，讀來卻不生澀，適合學術研究者與一般讀者大眾閱讀，其敘事功力令人想起華語讀者所熟知、同樣任教於耶魯大學歷史系的中國史學家史景遷（Jonathan Spence）教授。

史奈德教授的著作目前已翻譯為波蘭語、德語、法語、日語等三十多種語言。而在華文世界中，《黑土：大屠殺為何發生？生態恐慌、國家毀滅的歷史警訊》（*Black Earth: The Holocaust as History and Warning*）與同樣由聯經出版公司近日翻譯的《論暴政》（*On Tyranny*，該書顯然是對川普當選美國總統的回應）一同出版，是史氏在華文世界首度問世的完整著作。除此之外，史奈德教授只有為當時已不久於人世的東歐史學者東尼・賈德（Tony Judt）教授訪談錄《思慮二十世紀：東尼・賈德思想自傳》（*Thinking the Twentieth Century*）所作的序言曾譯成過中文。不過東尼・賈德教授在跋該書時倒是頗為詳盡地交代了史奈德的治學背景，以及其學術養成當時的美國學術界東歐史研究情況，不妨在此略加引述：

> 史奈德是我一九八九年之後一直期待的那類人的典範：研究東歐的一代美國學人。從「二戰」結束到蘇聯解體的四十多年來，英語世界的東歐與蘇聯研究基本上是從該地區來的難民的分內之事。這本身倒不是一流學術研究的障礙：因為希特勒和斯大林（史達林）的緣故，我們這時代的一些最優秀的頭腦成為了德國、俄國（蘇聯）和期間各國的被驅逐者和流亡者。他們不僅改變了對其母國的研究，也改變了經濟學、政治哲學和其他諸多學科。……
>
> 但他們是一筆漸漸流失的財富：他們大多到二十世紀八〇年代中期便都退休了，而且似乎不可替代。美國（歐洲略好些）語言教學的缺乏，前往東歐國家的困難重重，在那裡進行嚴肅研究的不可能性，以及或許最重要的，西方大學對這些地方的缺乏重視（導致職位很少），都挫傷了本土出生的歷史學家的興趣。
>
> 雖然提姆（史奈德）在東歐無親無故，與之也無情感聯繫，但他還是到牛津攻讀波蘭史的博士學位……。幾年下來，他在中東歐語言學習上表現出非凡的天分，而且他對這些國家和該地區歷史的熟悉，在他那一代無人能出其右。[1]

史奈德教授熟諳幾乎所有的東歐語言，除了研究猶太大屠殺歷史所必備的德語之外，也能夠徵引俄語、波蘭語、烏克蘭語等十國語言的檔案史料，這點即令其他治東歐史學者（甚至許多出身於曾受大屠殺殃及的東歐國家移民第二代）都難以望其項背（見第五章註一）。除了學術著述之外，史奈德教授同時也是一名公共知識份子。二〇一三年俄羅斯併吞克里米亞的「烏克蘭危機」（Ukrainian crisis）發生時，史奈德教授固定在《紐約書評》（*New York Review of Books*）以及個人部落格上發表時政評議，建立其公眾知識分子的聲音。隨著本書以及《論暴政》的出版也開始接受較主流的電視節目採訪，進入美國公眾的視野。[2]

烏克蘭問題正是史耐德教授撰寫本書時的主要關切之一。事實上，本書標題的「黑土」指的就是當時烏克蘭蘇維埃社會主義共和國的農耕沃土。黑土原是肥沃的農作土壤，但在二戰期間卻被挖成屍坑，其中的反差與矛盾意象不言可喻。本書以標題中的「黑土」為象徵符碼，在全書中主要只出現在兩處，一是導論，一是結論：烏克蘭的黑土是猶太大屠殺發生的地方，也是二〇一四年俄羅斯併吞的土地。從這種首尾呼應的鋪陳中，史奈德教授以古鑑今的動機可見一斑，這樣的動機也反映在他為本書原文下的副標題上——作為歷史與警示的大屠殺。

由於史奈德教授徵引的語言龐雜，對於本書的翻譯自然也構成一定的挑戰。在此譯者僅針對其中若干用語提出解釋。首先是貫穿本書提及希特勒的世界觀就會提到的字眼——「星球」（planet，或形容詞「星球的」〔planetary〕）。雖然譯為中文不無拗口之嫌，但為求貼近希特勒原著中提出的字義，還是予以保留，而不另譯為「地球」或「全球」。對希特勒而言，星球是某種透過精準丈量出來的地球表面，是一個必須透過斬刈殺伐來征服的空間。星球的概念也直接涉及本書另一個關鍵概念——德語當中的「生存空間」（Lebensraum）。據史奈德徵引希特勒的定義，生存空間有兩重的意涵：一是「客廳」，二是「棲息地」。在此希特勒落入了循環論證，「自然無非是社會，而社會又無非是自然。

因此，動物為了生存所做的鬥爭其實就無異於家家戶戶爭取更好的生活。兩者都是關於生存空間。」（詳第一章）將生活水準與生存混為一談是希特勒為猶太人大屠殺所作的思想鋪陳。讀者可參考史奈德在第一章〈生存空間〉、結論當中對生存空間概念的闡發。

另一個恐怕比較拗口的翻譯是「協力」（collaboration）與「協力者」（collaborator）。雖然翻譯成協力（者）在中文中有時略顯語句不順，但在此係沿用如臺灣、朝鮮半島在日本殖民時期「協力」（きょうりょく）與「協力者」的漢字。關於協力（者）的討論乃是衍生自史奈德前一本專書《血色之地：希特勒與史達林之間的歐洲》（*Bloodlands: Europe between Hitler and Stalin*）的主要論述[3]：亦即，在所有「雙重占領」（double occupation）的地帶都有當地人與占領方協力的身影，他們參與在對當地猶太人的壓迫當中。雙重占領指的是那些先於一九三九年遭到蘇聯占領、然後在一九四一年巴巴羅薩行動（Operation Barbarossa）之後遭到德國入侵的地帶——在波蘭、烏克蘭等地，更精確說來應該是蘇、德「輪番占領」、「先後占領」。史奈德認為，在這樣的輪番占領下，內務人民委員部（NKVD）首先鎮壓了於戰間期形成的民族國家，其後納粹再將蘇聯建立的國家機器摧毀殆盡。德軍入侵時，這些曾配合蘇方打壓地主、官員、資本家的當地協力者，為了掩蓋自己於蘇占時期的暴力行為，並為了保住自己已經侵吞的原屬猶太人、波蘭人的財產，遂再主動與德軍政策協力，以永久地避免日後猶太人回來秋後算帳。

在這樣普遍的通論下，史奈德對東歐諸國（乃至西歐的法國、荷蘭、丹麥等國，詳第八、九章）又作出了非常細緻的區分，藉以探討國家機器的完整度與猶太人存活率的高度正相關。這是史奈德教授本書中最為核心的論點，也是他同時針對左右翼對猶太大屠殺歷史的詮釋所作出的回應：左翼將納粹視為現代國家理性發展到極致的表現；而右翼則視國家社會主義為福利國家的極致，因而主張自由市場競爭。兩者最終殊途同歸，都走向了反對國家機器的結論（完整請見結論）。但史奈德的歷史研究恰恰告訴我們：如果國家機器還能維持一定程度的運作，即便只是流亡政府或者憑藉職權之便核發簽證的外交人員，都比冷戰以後興起的人道主義話語所頌揚的那種人道救援更為有效，能拯救出更多的猶太人。

上述的「星球—生存空間」、「協力—雙重占領」這兩組關鍵概念大致貫穿了《黑土》全書。揆諸近年來發生在臺灣的關於白色恐怖檔案開放的問題、晚近北美學界對朝鮮半島殖民地時期的協力者研究、乃至當今歐洲、東南亞、非洲的難民危機等，本書當中關於占領與協力的某些論述或許能予以讀者一些啟發。此外，本書也值得專攻生命政治（biopolitics）、猶太大屠殺（Holocaust）、創傷與歷史記憶等研究領域的研究者參考。

（本書的翻譯受益於康乃爾大學比較文學博士候選人林書嫺、多倫多大學比較文學博士候選人王昱，特此致謝。）

序曲

維也納時尚的第六區，大屠殺的歷史就鐫刻在人行道上。在猶太人曾經居住、工作的建築物前，他們一度必須徒手搓洗的人行道上安置著小小的銅製方形紀念碑，上面記載著人名、驅逐日期，以及他們的葬身之地。

在成年人的心目中，這些文字連結著現在與過去。孩子的觀點則迥然不同。孩子的認知從事物開始。

有一位住在維也納第六區的小男孩日復一日地觀察一群工人在對街沿著一棟又一棟的建築物工作。他看著他們像是在修理管線或鋪設電纜把人行道掘開來。有天早晨，在等待開往幼稚園的公車時，他看著這些對街的人剷起、鋪平還冒著煙的黑色瀝青。謎樣的紀念碑在戴著手套的手中，映照出一縷蒼白的陽光。

「他們在做什麼，爸爸？」男孩的父親默不作聲，逕自望向街道那端等待公車。他猶豫著，啟口回答：「他們在建……」欲言又止，難以啟齒。然後公車來了，阻斷了他們的視線，在一絲汽油味中，車門開啟，開往又一個平凡的日子。

＊＊＊

七十五年前，一九三八年三月，維也納的大街小巷中四處可見猶太人在清理著人行道上的「奧地利」字樣，一個隨著希特勒的大軍壓境而不復存在的國家就於焉遭到抹除。今天，就在同一條人行道上，猶太人的名字控訴著已復國的奧地利。奧國如同歐洲全體一般，仍然不知道如何評價自己的過去。

維也納的猶太人為何蒙受迫害，一如奧地利被從世界地圖中抹除？為何在奧地利的反猶情緒昭然若揭之時，猶太人卻被送到一千公里以外的白俄羅斯才慘遭謀害？在一城（一國，乃至一整個大陸）安身立命的人民的歷史又是如何以暴力作收？為何陌生人要彼此殺害？鄰人又為何彼此殺戮？

在維也納以及中、西歐的諸多大城，猶太人是都市生活中頭角崢嶸的一群。在維也納以北、以南、以東的土地上，為數眾多的猶太人已定居逾五個世紀。然後，就在短短五年之內，逾五百萬的猶太人橫遭謀害。

＊＊＊

我們的直覺往往會攏我們一道。我們想當然爾地將大屠殺與納粹意識型態聯想在一塊，但卻忘了許多兇手並非納粹人士。雖然幾乎所有命喪大屠殺的猶太人都居住在德國境外，我們第一時間想到的卻仍是德國的猶太人。提到大屠殺時，我們總想起集中營，儘管被殺害的猶太人中只有相對少數曾經見過集中營。儘管只有在國家體制被破壞的情況下殺戮才可能發生，我們卻仍將過錯歸咎於國家（state）的頭上。我們歸咎於科學，但反而因此為希特勒世界觀中一個重要元素背書。我們將過錯怪到民族（nation）的頭上，卻因此沉浸在納粹黨人使用的簡化觀點中。

我們認同猶太人受害者，無可厚非，但卻常常將同情與理解混為一談。維也納第六區的紀念碑宣稱是「為了未來而記憶」（Remember for the Future）。在大屠殺業已成往事的此際，難道我們應該深信一個看得見的未來正等著我們？我們與被遺忘的犯罪者和被紀念的受難者共享同一個世界，而我們的誤區卻並非無辜的過失。我們的星球現在正改變著，正重新喚醒希特勒時代為人所熟知的恐懼，而希特勒當時也不過是對此做出回應而已。大屠殺的歷史尚未結束。其開啟的先例是永恆的，而人們尚未記取教訓。

能對於歐洲猶太人大屠殺具有啟示的說明必須是星球性的（planetary）說明，因為希特勒的思想是生態學式的（ecological），他將猶太人視為自然界的創口。這一段歷史必須是殖民的（colonial）歷史，因為希特勒想要的是在猶太人居住的鄰國土地上發動一場場滅種戰爭（wars of extermination）。它必定是國際性的（international）歷史，因為德國人和其他被謀殺的猶太人並非身處德國，而是身在其他國家。它必須是按照時間順序的（chronological）歷史，因為希特勒在德國的崛起只是一部分的歷史，繼之而來的是征服奧地利、捷克和波蘭，以及重訂最終解決方案（Final Solution）。它必須是政治的（political）歷史，因為德國毀滅鄰邦（尤其是在蘇聯德占區）創造了一些發明出毀滅手段的地帶。它必須是多重聚焦的（multifocal）歷史，提供納粹觀點以外的觀點，徵引發生殺戮的地區內外不同群體的資料，不論是猶太人抑或非猶太人的資料。這不僅關乎正義，也關乎理解。而這種理解也必須是人性的理解，將求生的意志以及謀害的企圖都記載下來，描述謀求活路的猶太人以及那些少數試著幫助他們的非猶太人，接受每個個人與每段值遇都有其固有且難以化約的複雜性。

一段大屠殺的歷史必須是當代史，使我們得以體驗希特勒時代所遺留在我們心中與我們生活中的面向。希特勒的世界觀本身並不足以導致大屠殺，但隱藏於其中一以貫之的思想卻生出了某種新的毀滅性的政治型態，也產出關於人類執行大規模屠殺的能力範圍的相關知識。意識型態與情境要像，一九四一年這樣縝密結合的條件已不復見，但是類似的事件卻仍可能再度發生。因此，要了解我們自身，也必須了解過去。大屠殺不僅僅是歷史，也是警示。

導論　希特勒的世界

希特勒認為，我們無法知道未來，但可以知道我們星球的極限，即「某個精確測量出的空間的地表。」[1]生態不外乎就是稀少性，生存即是對土地的爭奪。生命不變的結構就是將動物區分為物種，註定會是「內在的孤立」（inner seclusion）以及無盡的打鬥，至死方休。[2]希特勒相信人類就如同物種。最高等的物種仍然自較低的物種演化而來，意味著雜種繁殖（interbreeding）固然可能，但卻是罪惡的。不同的種族應當如同物種那般與同種交配，與異種殺伐。這對希特勒來說是一條鐵律。種族鬥爭的法則就如同萬有引力的法則一般確定。誰會贏得什麼？可以贏多久？誰也不知道。在希特勒的理解中，同一個種族可以取得勝利，繁榮壯大，也可能遭受饑饉，以至絕種。

在希特勒的世界，叢林法則就是唯一的法則。人們應該壓抑憐憫的傾向，盡可能地強取豪奪。因此，希特勒與那種認為人類之所以異於自然是因為人類有能力想像並創造出新的合作形式的政治思想之間有著斷裂。「政治思想家從這樣的假說出發，試圖描繪出某種不僅只可能實現且還最公正的社會形式。然而對於希特勒而言，大自然才是獨一無二的、殘忍卻壓倒性的真實，歷史上所有試圖做他想的嘗試都不過是幻影。[3]頂尖的納粹法學家卡爾・施米特（Carl Schmitt）解釋道：政治並非發端於歷史或概念，而是肇始於我們的敵對意識（sense of enmity）。我們的種族敵人係由自然所揀選，而我們的任務則是鬥爭、殺伐，至死方休。」[4]

「自然沒有政治性的界線。」希特勒寫道。[5]由於政治即自然，而自然即鬥爭，因此政治性的思想是不可能的。此一結論堪稱十九世紀普遍認為人類活動即生物學的極致表述。在一八八〇、九〇年代，受達爾文（Charles Darwin）天擇說影響的嚴肅思想家與大眾寫手稱政治思想的古老問題已然為動物學界的突破所解決。在希特勒年輕的時候，將達爾文闡釋為競爭即社會之善（social good）的說法影響了政治的方方面面。[6]對於捍衛資本主義的英國人史賓塞（Herbert Spencer）而言，市場就如同適者生存的生態圈。沒有阻礙的競爭關係所帶來的效益可以合理化其立即造成的惡。反對資本主義的第二國際社會主義者也競相擁抱生物學的類比，逐漸將階級鬥爭看成是「科學性的」，將人類看成是眾多動物中的一種動物，而非具有某種人類本質的特殊造物。當時的傑出馬克思理論家卡爾．考茨基（Karl Kautsky）也堅信人類是動物。[7]

但是這些自由派或社會主義者仍舊為習慣與體制所囿，無論他們自己有沒有發現；從社會經驗而生的心理習慣讓他們無法達成更為激進的結論。倫理上，他們致力於諸如經濟成長或社會正義等善，故而把自然競爭想像成達成這些善的途徑對他們來說要不就是有吸引力，要不就是某種很便捷的想法。希特勒將其著作題名為《我的奮鬥》（德語：*Mein Kampf*，英語 *My Struggle*。書名的「奮鬥」與本書中常見的「鬥爭」是同一詞——譯按）。從本書的書名到兩冊的巨著乃至其長達二十載的政治生命，與其他人相比，希特勒的自戀毫無止境，其貫徹一致到了冷酷無情的程度，而其虛無的態度卻又旺盛無比。種族間無盡的爭鬥不是生命的因素，而是生命的本質。這麼說不是為了建立一套理論，而是為了觀察宇宙的本真。鬥爭即生命，不是什麼達到其他目的的區區手段而已。鬥爭也不是由其所理應帶來的繁榮（資本主義）或革命（社會主義）所正當化。希特勒的重點不是用什麼稱心如意的目的來正當化血腥的手段。本來就沒有什麼目的，只有手段本身。種族才是真實的，個人、階級都是人為的建構，紕漏百出，轉瞬即逝。鬥爭不是隱喻或類比，而是可以觸及的絕對真實。由於「膽小的民族不配存在在這個世界上」，弱者將被強者宰制。這就是你所需知道、相信的一切。[8]

* * *

希特勒的世界觀對宗教與世俗傳統不屑一顧，卻又仰賴這兩種傳統。儘管他並不是什麼有原創性的思想家，但卻為思想與信仰的危機提供了某種特定的解決方法。正如許多前人一樣，希特勒試圖結合兩者，然而他想設計的卻不是某種提升性的綜合方案來拯救心靈與心智，而是某種讓兩者相互碰撞進而毀滅的誘惑。希特勒的種族鬥爭理應由科學來背書，但他卻稱其目的為「日用的飲食」（daily bread）。[9]他徵引這個字眼來召喚基督教最著名的文本之一，同時卻又大肆竄改其意義。基督教的信眾向上帝請求道，「賜給我們今日日用的飲食。」基督教禱告詞所描述的宇宙中有一形而上的秩序超脫於這星球而存在，那是從一個領域進入另一個領域的美善概念。那些朗讀著上帝的祝禱詞的人們請求上帝「免我們的債，如同我們免了人的債。不叫我們遇見試探；救我們脫離兇惡。」在希特勒的「自然資源爭奪戰中」，不緊緊抓住所有你可以攫獲的東西、放他人一條生路是一種罪惡。慈悲使弱者得以肆行。希特勒說，人類只能也只得違反《聖經》的十誡。「如果要我接受任何神聖的戒律，」他寫道：「那道戒律便是：『惟應保護種族。』」

希特勒善用基督徒所熟知的意象和象徵——諸如上帝、禱告詞、原罪、十誡、先知、選民、彌賽亞——甚至是基督徒熟知的三元時間結構：始於天堂，然後出埃及記，終於救贖。我們活在汙穢當中（譯按：見《哥林多前書》第四章第十三節），必須努力淨化自己和淨化世界，才能回到天國。將天國看成是物種之間的戰爭（而非造物的和睦）是把基督教式的嚮往與生物學上顯而易見的現實結合起來。人皆相伐（war of all against all）的狀態並非恐怖的無目的性（terrifying purposelessness），而是宇宙間必然的唯一目的。自然的豐饒就如同《創世紀》所載是供給人類的，但只給予那些遵循自然法則、為自然戰鬥的人類。大自然在《我的奮鬥》中如同在《創世紀》一樣，是為人類所取用的資源——但並非供給予所有的人類，只供給勝出的種族。伊甸園不是一座樂園，而是一條戰壕。[10]

如同在《創世紀》當中，對於身體的知識不是問題，而是解答。勝出者應當彼此交配：希特勒認為，人類在殺伐之後的責任是性和繁衍。在他的宏圖當中，導致人類墮落的原罪是心靈而非身體。對希特勒來說，我們不幸的弱點就是我們懂得思考，理解到屬於其他種族的人也會思考，因此認知到他們也是人類。人類之所以離開希特勒的血腥天國不是出於肉體的知識，而是出於善惡的知識。[11]

當天國墮落了，人類與自然分家，諸如《創世紀》中的蛇這樣既非人類也非自然的角色就要承擔罪責。如果說事實上人類只不過是大自然中的一分子，而科學已證明大自然不過是場血腥的鬥爭，那麼一定有某種自然之外的東西在腐化物種。對希特勒來說，將善惡的知識帶到世上來的人、那摧毀伊甸園的人就是猶太人。是猶太人告訴人類他們比其他動物優越，有能力決定他們自己的未來。是猶太人引介了政治與自然、人類與鬥爭的錯誤分野。希特勒自認他的使命就是要為猶太人的精神性原罪找到救贖，並恢復那血腥的天國。由於人類唯有透過毫無保留地種族殺戮才能生存，猶太人的理性戰勝直覺就意味著物種的末路。希特勒認為，種族所需要的是一種讓該種族得以勝出的「世界觀」；在他最終的分析當中，這意味著對自己盲目的任務「忠誠」。[12]

希特勒對猶太人威脅的描繪揭櫫了他把宗教觀與生物學概念混為一談的獨特方式。一旦猶太人優勝了，希特勒寫道：「那麼這皇冠便將成為人類送葬的花圈了。」一方面，希特勒設想一座沒有人類的宇宙，這個意象形同接受了科學的定論：人類在一座古老的星球上演化。他寫道，猶太人勝利以後，「地球又將空無人類而運行於太空之中，和數百萬年前一樣。」同時，《我的奮鬥》中的同一段清楚表明，這座古老的種族的地球和滅絕的地球是上帝的創造。「所以，我發信心，謹遵造物的意旨；和猶太人奮鬥，這就是我在代上帝行事。」[13]

＊＊＊

希特勒認為人類可依種族分類，但否定猶太人是人類。猶太人既非某個劣等種族亦非優等的種族，而是個「非種族」（nonrace）或者「反種族」（counter-race）。各個種族都遵照自然律爭奪土地和食物，但猶太人遵守的卻是「非自然」（un-nature）的外來邏輯。[14]他們拒絕滿足於征服土地，藉此抗拒自然的基本指令，甚至還說服其他人也如此行事。他們堅持要全面統治整座星球與星球上的人們，並為此發明出了將種族拉出自然鬥爭的想法。這座星球除了血與土地外沒有任何可以提供的東西，而猶太人卻異乎尋常發明出某些概念，讓世界看起來不再像是生態學的陷阱（ecological trap），而是人類的秩序。所有政治性互惠的觀念，所有將其他人當人看的行為，都來自猶太人。

希特勒的基本評判並不是那種良善的人性被猶太文明給腐化這種尋常的評斷，而是人類就是動物，而任何倫理上的思慮本身都是猶太人腐化的跡象。試圖樹立一套普世理念的這種企圖和努力方向本身就值得憎厭。希特勒最重要的心腹海因里希・希姆萊（Heinrich Himmler）並沒有遵循希特勒思考上所有的細部轉折，但他掌握到了結論：倫理學本身就是謬誤；唯一的道德就是忠於種族。希姆萊堅稱參與大屠殺是良善的行動，因為大屠殺能為種族帶來內在的和諧以及與自然之間的統一。要觀看數千具的猶太人屍身之難，本身就標誌著超越於傳統道德之上。為了種族之未來，一時的殺戮是值得的犧牲。[15]

希特勒認為，任何非種族主義的態度都是猶太人的態度，而任何普遍的觀念都是猶太人的支配機制。資本主義與共產主義都是猶太人的主義。它們表面上擁抱鬥爭，但那不過是用來掩飾猶太人主宰全世界的欲望。希特勒寫道：「沒有所謂國家是自身最終目標這回事。」他繼續解釋道：「人類的最高目標」並非「保存任何國家或者政府，而是要保存他們的人種。」既有國家的疆界必須在種族鬥爭的過程中由大自然的力量沖毀：「人類不能被政治疆界的存在偏離了永久權利（Eternal Right）的疆界。」

如果說國家不過是道脆弱的藩籬，而不是什麼人類令人驚豔的成就，終要被自然給征服，那麼法律就是特殊的而不是普遍的，是種族優勢的人造物，而非達成平等的管道。二戰期間德占波蘭總督、也是希特勒的御用律師漢斯．弗朗克（Hans Frank）堅稱法律是根據「吾等日耳曼人民生存要素」所打造。任何奠基在種族以外要素的法律傳統都是「冷血無情的抽象化」（bloodless abstractions）。法律除了將元首一時關於其種族的善的直覺給法典化之外沒有別的目的。德語的法治國（Rechtsstaat）概念——在法治統治下運作的國家——沒有任何實質可言。如同卡爾．施米特所解釋的，法律是為種族服務，國家也是為種族服務，因此種族才是唯一切中題旨的概念。被外在法律的標準約束的國家觀是設計來壓迫強者的贗品。[16]

希特勒稱，普世性的概念一旦滲入非猶太人的心理，就會削弱種族社群，讓猶太人坐收漁利。各種政治概念的內容都不是重點，因為這些全部都是為傻子設下的陷阱。沒有所謂的猶太自由派、猶太民族主義者、猶太彌賽亞、猶太布爾什維克主義者：「布爾什維克主義是基督教的私生子。兩者都是猶太人的發明。」[17]希特勒認為耶穌是猶太人的敵人，耶穌的教誨已經被保羅給曲解成了猶太普世主義的又一例——即對弱者的憐憫。[18]希特勒認為，從聖保羅（Saint Paul）到托洛茨基（Leon

Trotsky），只有猶太人會採取各式各樣的偽裝來引誘天真的人。[19]觀念沒有所謂的歷史淵源，與事件的相續或與個人的創意也毫無關係。它們都不過是猶太人的策略性創造。就這個意義來看，它們全部都是一樣的。

誠然，對於希特勒來說沒有所謂的人類歷史。[20]他宣稱：「所有的世界——歷史事件無論如何都只不過是各個種族出於自保的驅力的表現而已。」只有猶太人不斷地試圖要歪曲大自然的結構這件事需要以古為鑑。只要猶太人還在這世上，這就會繼續下去。希特勒寫道：「總是在摧毀秩序的，就是猶太人。」[21]強者應當把弱者餓死，但猶太人卻可以做出讓弱者轉而餓死強者的安排。這種不公不義不是一般意義下的不公不義，而是違背了存在的邏輯。在一個被猶太人的觀念所扭曲的宇宙裡，鬥爭將導致不可設想的後果：不是適者生存，而是適者被餓死。

從這個想法出發，只要猶太人存在，德國人就必淪為受害者。身為最高等種族的德國人理應獲得最多，也因此蒙受最多的損失。猶太人的非自然力量會「殺死未來」。[22]

* * *

儘管希特勒努力要界定出一個沒有歷史的世界，他的觀念也隨著他自己的經歷而改變。在自詡為文明的大陸開打的第一次世界大戰是史上最血腥的一次戰爭，這讓許多認為鬥爭都是利大於弊的歐洲人信心盡失。然而，許多極右翼和極左翼的歐洲人卻得出了相反的結論。對他們來說流血的程度遠遠不足，犧牲也不夠壯烈。帝俄的布爾什維克黨人紀律森嚴，是信奉唯意志論（voluntarist）的馬克思主義者，他們認為一戰及其帶來的革命性動能是展開以社會主義重構世界的契機。對希特勒和許多其他德國人而言，一戰在真正決定前就已告終，種族優越的人在他們得到回報之前就已被撤離戰場。當然，德國應當獲勝的這種情緒十分廣泛，且不僅存於軍事武鬥派和極端主義者之間。德國最偉大的作家之一、後來反對希特勒的托瑪斯・曼（Thomas Mann）也曾論及德國「有主宰的權利，有權參與這個星球的管理。」[23]曾發展出同情（empathy）理論的傑出德國哲學家艾蒂特・史坦茵（Edith Stein）認為「我們毫無疑問會被打敗」。在希特勒掌權之後，她在修道院遭到緝捕，並因為猶太人的身分而遭到殺害。[24]

對希特勒來說，第一次世界大戰的結束顯示這個星球已是廢墟一片。希特勒對於此一後果的理解超越了他的同胞日耳曼人的民族主義。他對敗戰的回應只有在表面上跟那些普遍對領土淪喪感到憤懣的情緒類同。對希特勒來說，德國的敗北顯示出整個世界的結構有某些地方已經扭曲；這是猶太人已經精通掌握自然的方法之明證。他宣稱要是在戰爭初期就用毒氣毒死個幾千名德國籍的猶太人，德國就會獲勝了。[25]他相信猶太人一般會把落在他們手上的人餓死，並將一戰期間（及其後）英國對德國的海上封鎖（naval blockade）視為這種方法的應用。這是一個永久狀況的案例，證明更多的苦難還在後頭。寧教德國人想餓死誰就餓死誰，莫教猶太人餓死德國人，否則世界就會陷入失衡狀態。

希特勒從一九一八年的敗戰當中得出了有關日後任何衝突的結論。只要猶太人不涉入其中，德國人就能屢戰皆捷。但由於猶太人宰制了整個星球，且他們的觀念深植德國人心，因此為了壯大德國勢力而進行的鬥爭必須以兩種形式進行。單單只是征服的戰爭無論多麼秋風掃落葉都嫌不足。德國人除了要把低下的種族給餓死、把他們的土地據為己有之外，同時還得要擊潰猶太人，因為猶太人橫跨全球的勢力和他們陰險狡詐的普世觀念會破壞任何健全的種族行動。因此德國人既有以強者之姿打擊弱者的權利，也有以弱者之姿對抗強者的權利。身為強者，他們必須宰制他們所遭遇的弱者的種族；身為弱者，他們必須將所有的種族從猶太人的宰制當中解放出來。藉此，希特勒將上個世紀全球政治兩股龐大的動力——殖民主義與反殖民主義——給合而為一了。

希特勒用極其劇烈、不是你死就是我亡的方式來看待為了土地所做的鬥爭和對抗猶太人的鬥爭，但他看待這兩者的方式卻又有所不同。為了領土而對抗劣等種族的鬥爭是為了控制地球表面的一部分。對抗猶太人所做的鬥爭則是生態學式的，因為這事關地球上的生活條件，而不只是特定的種族敵人或領土而已。猶太人是「一種瘟疫，精神上的瘟疫，比黑死病還要糟糕」。[26]由於他們是帶著觀念來戰鬥，他們的勢力遍及各地，任何人都可能在期然或不期然之間變成他們的代理人。消滅這場瘟疫的唯一方式就是把禍根連根拔起。「如果說大自然創造出猶太人這種讓諸民族衰亡的禍根，」希特勒寫道，「那大自然也為這些國家提供了健全回應的可能。」[27]連根拔起必須全盤實施：要是有一戶猶太人家還留在歐洲，整個大陸都會被感染。[28]

人類的墮落可以復原回到墮落前的狀態；這個星球可以康復。「除掉了猶太人，」希特勒說，「人們就可以回到自然秩序了。」[29]

＊＊＊

希特勒對人類生命和自然秩序的觀點是總體的、循環式的觀點。所有關於政治的問題都彷彿被當作關於自然的問題來回答；所有關於自然的問題則都要回溯到政治上來回答。這個圈圈是由希特勒親自繪製。如果政治和自然並非經驗和觀點的來源，只不過是空洞的刻板印象，政治與自然的存在只相對於彼此，那麼所有的權力就都掌握在可以散布陳腔濫調的人手裡。迴圈取代了理性，咒語取代了論證。如同書的標題所示，「鬥爭」（奮鬥）是「我的」——希特勒的。在作者的心中，任何事件都可以用生命即鬥爭（奮鬥）這種總體式的觀念來詮釋。

將自然和政治混為一談所捐棄的除了政治思想之外，還有科學的思考。對希特勒來說，科學所全面揭櫫的不是假設、實驗的過程，而是種族鬥爭的律法，是某種浴血的終極福音。科學提供了一套語彙來描述動物學式的衝突，而不是一套概念和程序以使我們產生更寬廣的理解。科學有解答，但沒有問題。人類的任務就是臣服於這個教條，而不是將猶太人那似是而非的思想加諸在自然之上。由於希特勒的世界觀需要一個單一、循環的真理來含納一切，因此，即便只是最簡單的多元主義形式也可能讓這套世界觀無從招架：舉例來說，人類改變了環境可能也會進而改變社會。如果科學能夠改變生態體系以至於人類的行為都被改變的程度，那麼他的所有論點就變得毫無根據。希特勒的邏輯迴圈——社會即自然，自然即社會；人類即禽獸，禽獸即人類——就會不攻自破。[30]

希特勒承認科學家和專家在種族共同體當中派得上用場——製造武器、增進溝通、促進衛生。強勢的種族應該要有更好的槍枝、收音機和健康以便宰制弱者。他將此看作是實現鬥爭這項大自然的命令，而不是違反大自然的律法。科技成就乃是種族優越的明證，而不是普遍科學理解進步的證據。「今天在這個世界上我們所欣賞的每樣東西，」希特勒寫道，「學術、藝術、科技、發明都不過是一小撮人的創造物，或許最初都只是一個種族的創造物。」無論一個種族多麼地進步，都不能透過任何發明創新來改變大自然的基本結構。大自然只有兩種變體：一種是天堂，在天堂裡，高等的種族屠戮低賤的種族；另一種是墮落的世界，在墮落的世界裡，超自然的猶太人拒絕讓高等的種族擁有他們理應享有的豐饒物產，並且儘可能找機會餓死高等種族的人。[31]

希特勒知道，農業科學對他這套體系的邏輯會帶來特地的威脅。如果人類可以在不占有更多土地的情況下干預大自然並創造出更多的食物，他的整套體系就瓦解了。因此他拒絕承認在他眼前所發生的事——也就是後來稱為「綠色革命」（Green Revolution）的科學——的重要性：糧食混種、化學肥料、殺蟲劑、擴大灌溉。即便在「最佳的情況下」，他都堅持認為飢餓比作物改良重要。所有科學改良都有其「限制」。誠然，人類已經嘗試過所有「管理土地的科學方法」，且都失敗了。在可見的未來，進步的程度都沒有大到足以讓德國人「靠自己的領土範圍」就能餵飽肚子。[32]科學能讓德國的領土變得更肥沃，但不能保障食物來源，唯有透過征服沃土才能保障食物來源。一切都是猶太人為了降低德國人征伐的胃口、準備把德國人送上毀滅的絕路才故意鼓吹相反的信念。「試圖灌輸這樣致命的想法且老是能得逞的，總是猶太人。」希特勒寫道。[33]

希特勒必須保衛他的體系不受人類的發現所侵擾。在他看來，人類的發現與人類的團結同樣是問題。科學並不能拯救物種，因為終究分析起來，所有的觀念都是種族的觀念，不過是鬥爭的美學式衍生物。相反的概念，例如觀念真的可以反映自然或者改變自然，都是「猶太人的謊言」和「猶太人的騙局」。希特勒堅稱，「人類從來沒有用過任何方法征服自然。」普世的科學就如同普世的政治觀一樣，應當被看成是猶太人的威脅，而不是人類未來的展望。

在希特勒看來，世界的問題在於猶太人誤將科學與政治區分開來，並且做出蠱惑人心的承諾，承諾進步和人性。他所提出的解決方案是將猶太人暴露在自然即社會，社會即自然的殘酷現實當中。必須將他們與其他人分開，迫使他們住在某種黯淡無光、不宜人居的地帶。猶太人之所以這麼有力量是因為他們的「非自然」（un-nature）將其他人吸引過來。他們是弱者，因為他們沒有辦法面對殘酷的現實。一旦把他們放置到偏遠的地方去，他們就沒有辦法用他們怪力亂神的概念操弄他人，而且就得要服從於叢林法則。希特勒執迷於某種極端的自然環境，「無政府狀態下的一座島嶼」。[34]後來他的念頭轉向到西伯利亞的荒原。至於猶太人究竟是被送到前者還是後者，他說：「無關緊要。」[35]

一九四一年八月，也就是希特勒說這句話之後約一個月，他的人馬便開始在發生於歐洲的大屠殺當中，在一個由他們自己弄成無政府狀態的環境下，在烏克蘭的黑土挖出的屍坑上，以每次數以萬計的規模射殺猶太人。

第一章　生存空間

儘管希特勒假設人類只不過是動物，但他自己的人性直覺卻使他將其動物學（zoological）理論轉化為某種政治上的世界觀。他堅信適者生存的種族鬥爭同時也是為德國求取尊嚴的運動，其束縛不僅僅來自生物學，也來自英國。希特勒知道日常生活中的德國人不是在地上攫取食物的野獸罷了。一九二八年他完成了《第二本書》（*Second Book*），在構思此書時他明確表示，確保穩定的食物供給不僅關乎身體的存活，也與某種控制感（sense of control）息息相關。一戰時，英國海軍封鎖的問題不僅在於軍事衝突、休戰乃至最後塵埃落定之間數個月內帶來的疾病與死亡。這次封鎖也迫使中產階級的德國人為了獲取所需的食物而破壞了法律，致使他們一個個感到惶惶不安，對權威不抱信任。[1]

一如希特勒所言，一九二〇、三〇年代的世界政治經濟局勢是由英國的海軍勢力所構成的。他相信英國提倡自由貿易只是他們想主宰全世界的幌子。提倡自由貿易能使所有人衣食無虞這樣的虛言對於英國而言是合理的，因為這種信念能打消其他人與英國海軍競爭的念頭。實際上，也唯有英國人能在身陷危機時防禦他們自己的補給線，也因此得以防止食物落入外人手中。所以英國人在戰時封鎖了他們的敵人——這顯然違反了他們自己鼓吹自由貿易的意識型態。希特勒強調，這種既能確保食物來源、又能避免食物外流的能力，正是一種權力的形式。這種除了英國人以外所有人都缺乏穩定食物來源的狀態，希特勒稱之為「和平的經濟戰爭」（peaceful economic war）。[2]

希特勒明白，德國在一九二〇、三〇年代末能透過自己的領土餵飽自己，也知道如果德國人盡力嘗試的話就能免於挨餓。德國當時應當可以從德國的土壤中生產出足夠的卡路里來餵飽其人口，只是必須得犧牲一些工業、出口、外幣。要使德國繁榮需要仰賴與英國的貿易，但希特勒認為也可以藉由征服一座規模足以與英國匹敵的陸上帝國來取代這種交易型態。德國只消獲取適切的殖民地便可以維持其工業優勢，並將自己的食物來源從英國所控制的海路轉移到自己的帝國內部。如果德國控制了足夠的領土，德國人便能夠擁有他們所渴求的食物種類和數量，且毋須犧牲德國工業。只要德意志帝國規模夠大，就能夠具備「自給自足的經濟」（autarkic economy），衣食無虞。[3]希特勒將德國的農民浪漫化為拓墾遠方荒地的英雄，而非平和的耕者。[4]

英國人被尊為德國人在種族上的親族與偉大帝國的肇建者。重點是要穿透他們的權力網路，但又不迫使他們予以回應。在希特勒的想像中，從他人手中奪走土地不至於威脅到那偉大的海洋帝國。長期下來，他期望與大不列顛「在瓜分世界的前提下締結和平」。[5]他期望德國能成為世界強權，但也避免「與英國同歸於盡」（Armageddon with England）。[6]對他而言，這是個萬無一失的辦法。

另一件可以肯定的事是，這種世界秩序的另一選項——某種再全球化（regloablization）——在晚近也曾經實現過。對於幾代以來的德意志帝國主義者和對於希特勒本人來說，陸上帝國的實例就是美利堅合眾國。[7]

＊＊＊

美國教會了希特勒需求與欲望是如何彼此交纏，還有欲望是如何因比較而生。德國人不只是為求生存尋求糧食的動物；德國社會也並非只是在難以預測的英國全球經濟中謀求安定的社會。家家戶戶都會觀察其他的家庭——不僅僅是觀察街坊鄰居；拜現代媒體之賜，人們也看得到全世界的其他家庭。人生應當如何過的觀念已不再限於維生、安定乃至於舒適等標準，生活水準已經變成比較性的，而比較則變成了國際性的。希特勒寫道：「現代科技與通訊使人與人之間的國際關係變得如此不費吹灰之力，如此緊密，以至於歐洲人不知不覺地將美國的生活當成是他們自己生活的基準。」[8]

全球化帶領希特勒走向美國夢。每位日耳曼軍人的背後在想像中都站著一名貪得無厭的德國女性。美國諺語「和左鄰右舍比闊」（keeping up with the Joneses，譯按：原文指「跟上瓊斯家（的生活水準）」）意指生活水準是相對的，建立在認知他人的成功之上。在他最尖酸刻薄的時候，希特勒甚至呼籲德國人要變得像蟲魚鳥獸那樣心裡只想著存活與繁殖。但是他隱藏著的幽微恐懼其實是相當男性化的，亦即對日耳曼家庭主婦的畏懼。將自然界的鬥爭圍籬拉得更高的就是她們。在第一次世界大戰之前，當希特勒還是個年輕小伙子的時候，德國的殖民語言就已經在玩弄經濟（Wirtschaft）一詞的雙重意涵：同時指家戶（household）與經濟（economy）。德國婦女被指示要將舒適與帝國等同起來。而由於舒適總是相對的，在政治上將殖民地正當化也永無止盡。如果德國家庭主婦比較的基準是瓊斯太太而不僅只是約拿斯太太（Frau Jonas，按：德國姓氏），那麼德國人就需要擁有像美國一樣大的帝國；德國男人就必須在遙遠的前線鞠躬盡瘁，死而後已，以救贖其種族與地球。而女人則要支持他們的男人，這同時也具現著某種無情的邏輯，永無止盡的、追求更富足的家庭的欲望。[9]

在德國人的心目中，美國是個難以忽視的存在，這也是希特勒認為科學不能解決日耳曼民族最根本問題的終極原因。雖然新發明的確增加了農產量，但是要與美國並駕齊驅的話，德國不能僅依賴這個力量。兩國都擁有科技，而可耕地的數量卻是變因。[10]所以，德國需要擁有與美國同樣廣大的土地與同樣高的科技成就。希特勒宣稱永無止盡的土地鬥爭是自然法則，同時他也明白人類想要更加富足的欲望也可以產生恆常的動力。

且如果德國的經濟繁榮只能是相對的，那麼終極的成功就遙不可及。希特勒沉痛地寫道：「日耳曼人的前景黯淡。」[11]但又緊接著澄清：「不論是現在的生存空間還是恢復一九一四年國界，都無法使我們過上與美國人一樣好的生活。」只要美國存在一天，這奮鬥就不會結束，而這表示奮鬥將會非常曠日費時。希特勒將美國視為後起的世界強權，美國的核心人口（「極端純淨無汙染的日耳曼人」）[12]是「世界階級的人民」，他們比留在歐洲的「日耳曼人還要年輕，還要健康」。[13]

＊＊＊

在希特勒寫作他第一本書《我的奮鬥》時，他學到了生存空間（Lebensraum）這個重要的德語詞彙，並且將之挪為己用。從為了生存而永無止歇的種族戰鬥，到主觀上為了得到最高的生活水準而進行的永無止盡的戰爭，這個詞在他的書寫和演講中含括了他所賦予自然競爭的完整意涵。生存空間一詞是以法語的群落生境（biotope）或者住所（habitat）的同義字進入德語系統。[14]在社會語境（而非生物學語境）下，它有另一層意涵：代表家庭的舒適，即某種接近「客廳」的東西。這兩重意義並存於一個字中，更推進了希特勒的套套邏輯：自然無非是社會，而社會又無非是自然。[15]因此，動物為了生存所做的鬥爭其實就無異於家家戶戶爭取更好的生活。兩者都是關於生存空間。[16]

二十世紀是為了相對的舒適而引起無止盡的戰爭。希特勒早期的納粹同志之一羅伯特・萊伊（Robert Ley）給生存空間下的定義是「一個種族必須擁有更多文化、更多的美，否則該種族便會滅亡。」希特勒的宣傳員約瑟夫・戈培爾（Joseph Goebbels）將滅絕戰的目的定義為「豐盛的早餐、午餐和晚餐」。上千萬人可能必須挨餓，而他們挨餓不只是為了讓德國人得以存活而已，而是要讓德國人爭取到舉世無雙的生活水準。[17]

＊＊＊

希特勒曾抱怨道：「美國人有一樣我們所缺乏的東西，那就是廣闊無垠的開放空間。」他這是在重複德國殖民者數十年以來都在說的話。在一八七一年德國一統時，世界早已被其他的歐洲強權所殖民。德國在第一次世界大戰的失敗使其喪失了僅有的海外領地。所以，二十世紀哪裡還有開放空間可供德國攻占？德國的前線、德國的「昭昭天命」（Manifest Destiny）歸於何方？[18]

僅剩的就是德國所位在的歐洲大陸了。希特勒寫道：「為了德國，唯一可能的健全的耕地政策就是在歐洲本土奪得土地。」[19]可以確定的是，德國附近並沒有任何杳無人居之處。因此關鍵在於要把歐洲「空間」想像成實際上是「開放的」。種族主義是一種將有人居住的地方變為潛在殖民地的一種想法，而種族主義者的神話起源在於晚近的北美殖民與非洲殖民。歐洲人對這些大陸的征占與剝削形成了希特勒那一個世代的歐洲文學想像。如同一八八〇至九〇年代出生的其他上百萬名孩子，希特勒玩的遊戲是非洲戰爭，讀的書是卡爾·邁（Karl May）的美國西部小說。希特勒說邁打開了他「看世界的眼睛」。[20]

十九世紀末，德國傾向於將美國印地安人的命運看作是在他們統治下的非洲人命運的先例。其中一個殖民地是德屬非洲東部——今天的盧安達、布隆迪、坦尚尼亞和莫三比克的一部分——一八九一年開始歸柏林管轄。一九〇五年馬及馬及起義（Maji Maji rebellion）時，德國人餓死了至少七萬五千非洲人。[21]第二個殖民地是德屬非洲西南部，也就是今天的納米比亞。德國殖民者控制了當地約百分之七十的土地。一九〇四年的起義中，德國人阻斷赫雷羅族（Herero）和那馬族（Nama）人取得水源的途徑，直到他們淪落為「他們自己國家自然環境的受害者」——官方軍事歷史是這麼記載的。[22]德國人將倖存者監禁在一座島上。赫雷羅族人口從原本的八萬減少到一萬五千人；那馬族則從兩萬人變成一萬人。[23]對於倡議這種政策的德國軍官而言，歷史正義是不言而喻的。他說：「土著必須讓位。看看美國吧！」[24]當地的德國行政長官將西南非比作內華達、懷俄明和科羅拉多。德國殖民政府的人民領袖對此的看法也大致相仿：「美國殖民史的努力方向是世界史上最大，前所未見，它所做的第一件事就是將原住民全面撲殺。」[25]他理解到一場「滅種行動」的必要。德國的官方地質學家高呼要有一個「對於土著問題的解決方案」。[26]

如同希特勒一般，有一本關於德屬西南非的著名德國小說結合了種族鬥爭與神聖的正義的想法。因為世界是屬於「最強健的人」的，所以屠殺黑人是「上帝的正義」。[27]如同大多數的歐洲人一樣，希特勒對於非洲人抱持著種族主義的態度。他宣稱法國正在透過通婚「染黑」（niggerizing）他們的血統；他與當時的歐洲人一樣，對法國在一戰後用非洲軍隊占領德國萊茵河域的做法感到憤慨。[28]然而希特勒的種族主義並非歐洲人對非洲人的鄙視。他將全世界都視為「非洲」，用種族的觀點來看待所有人，包含歐洲人。在這點上他的觀點比其他人都還要從一而終。畢竟種族主義便是一種判定誰才是真正的人類的聲明，藉此便可以隨心所欲地應用種族上的優劣。即使是看起來並無異於德國的鄰國社會都可能被定義為與德國有著種族上的不同。

當希特勒在《我的奮鬥》中寫道德國唯一可能的殖民機會便是歐洲時，他也就拋棄了重返非洲的可能性，將之視為不切實際的想法。德國人不再需要遠渡重洋去尋找可以統治的劣等種族，因為他們就身處在東歐。畢竟，十九世紀時，德國殖民主義的競技場並非神祕的非洲，而是鄰近的波蘭。十八世紀晚期，普魯士便藉著波蘭—立陶宛聯邦的分裂而斬獲一塊波蘭人聚居的領土。因此過去波蘭的土地早就是一八七一年普魯士所創建的統一德意志帝國的一部分了。波蘭人占德國人口的百分之七，且在德國東部是多數人口。他們首先在俾斯麥反對羅馬天主教的文化鬥爭中遇難，該運動的主要目的是抹除波蘭的民族認同。後來他們又在政府資助的內部殖民運動中受害。有一部關於德國殖民波蘭的暢銷文學作品將波蘭人描繪為「黑人」。作品中的波蘭農民有著黝黑的臉，而德國人則被指稱為「白人」。黑頭髮、黑眼珠的波蘭貴族愚昧無用。在這些故事中，美艷性感的波蘭尤物往往將純真的德國男人帶往種族的自我墮落。[29]

一戰期間，德國失去了非洲西南部，而在東歐的情勢卻頗為不同。一九一六至一八年間，德國軍隊似乎在那裡組成了廣大的新領土以供統治與經濟剝削之用。德國首先將他們在戰前取得的波蘭領土與他們從帝俄手中奪取的土地合併，扶植了一個附屬的波蘭王國，歸一名親德獨裁者統治。[30]他們的戰後計劃是迫遷所有鄰近德波邊界的波蘭地主，並徵收其土地。[31]一九一八年初，在布爾什維克革命使俄羅斯無暇參戰之際，德國在波蘭東部從波羅的海到黑海的部分建立了一長串的附庸省分，其中最大的便是烏克蘭。[32]一九一八年德國在法國戰敗，但是並未真正地在東歐的戰場上敗北。對德國人來說，他們並未真正失去這塊新的東歐領土，僅僅是放棄它。[33]

一戰期間和戰後，徹底失去非洲殖民地一事醞釀了對種族統治的緬懷，這種懷舊的感覺模糊不清，容易受到扭曲。關於非洲的暢銷小說諸如《主人，回來吧！》（*Master, Come Back!*）這類的標題唯有在與非洲徹底切割的情況下才能顯出意義。德國人仍將自己視為良善的殖民者，即使殖民地本身已經變得朦朧不明，僅能被投射在未來。漢斯・格林（Hans Grimm）的小說《沒有空間的人們》（*A People Without Space*）於二戰前在德國熱銷了五十萬本，故事內容是關於一名德國人離開非洲後遭遇的困境，這是由於領土狹小的德國的封閉與不公平的歐洲體制使他感到失意挫敗。[34]

這個問題本身就揭示了它的解答。由於種族主義確立了各個種族對於這個地球的權利的階序關係，因此可以將種族主義應用在住在德國東部的歐洲人身上。非洲作為一片土地固然逝者已矣，「非洲」作為一種思考方式卻可以被普遍化。東歐經驗證明鄰居也可以是「黑人」。歐洲人可以被想像為是期待「主人」君臨並且願意讓出「空間」的人。到了戰後，考慮重返東歐遠比重返非洲更實際可行。在此，就如同許多其他的案例一樣，希特勒將模糊的感受變成了某種一意孤行的結論。他將歐洲最大的文化群體、同時也是德國東邊的鄰居斯拉夫人描繪為種族上的弱者。

＊＊＊

希特勒寫道：「斯拉夫人天生就是一群奴性深重的人，渴盼著他們的主人到來。」[35]他指的首先是住在廣袤肥沃土地上的烏克蘭人，以及他們的鄰居——俄羅斯人、白俄羅斯人（Belarusians）和波蘭人。他說：「我需要烏克蘭，這樣就沒有人能夠再讓我們像上一次戰爭那樣挨餓。」[36]征服烏克蘭可以保證「我們的人民往後數百年都能夠透過生存空間的分配而擁有穩定的生活。」這關乎自然正義：「優等的人們必須痛苦地生存在過於狹窄的土地上，而對文明沒有絲毫貢獻的烏合之眾卻占有世界上最富饒的廣大土地之一，這簡直無法想像。」[37]希特勒說，當烏克蘭人的土地被奪走的同時，他們可以得到「圍巾、玻璃珠和所有殖民地人民喜歡的東西」。[38]在每個村落裡只要一個擴音器就能「給他們許多跳舞的機會，村人會感激我們」。納粹文宣甚至將烏克蘭人從視線範圍內一筆抹消。有一首為了女性殖民地開拓者而做的關於烏克蘭的納粹歌曲如此唱道：「那裡沒有農莊也沒有壁爐，那裡的土地渴盼著耕犁。」[39]被希特勒任命統管烏克蘭的埃里希・科赫（Erich Koch）輕描淡寫地陳述烏克蘭人種的低劣：「就算有哪一名烏克蘭人值得與我同桌而坐，我都必須將他擊斃。」[40]在種族化的殺戮的威脅當中，就連餐廳都可以成為背景。

一九四一年，當德國占領烏克蘭時，烏克蘭將自己比作非洲和美國。有一位識字的烏克蘭婦女在自己的日記中以納粹種族主義不會使用的反省口吻寫道：「我們就像奴隸一般。我時常想起《湯姆叔叔的小屋》（*Uncle Tom's Cabin*）這本書。我們曾經為那些黑人潸然淚下，而今我們自己卻顯然就在經歷同樣的事情。」[41]然而從某種角度看來，在東歐所發生的殖民主義與美國販奴和征服非洲並不相同。東歐的殖民主義需要先想像讓兩樣東西憑空消失：一是想像東歐人民的消失，二是想像與德國類同的政治實體消失。縈繞在希特勒心頭的自然上的種族將人民與政府雙雙排除。摧毀國家永遠是有正當性的；如果這些國家被摧毀了，那正意味著他們早就應該被摧毀。[42]

希特勒稱有些國家遭到攻擊是自找的。低劣的種族無法建立國家，所以它們那看起來像是政府的東西只不過是幻覺而已——猶太勢力也是如此。希特勒堅稱奴隸無法管理他們自己。德國東邊的土地一直以來都被「外來因素」所統治：帝俄「本質上便是德國上層階級與知識分子」所創造的；要是沒有這個德國統治階層的傳統，「俄國人可能還活得像兔子一樣。」[43]烏克蘭人本質上就是被殖民者，如同德國殖民官僚所稱的「黑人」一樣。一九一八年德國被迫撤回其部隊並且將其新興的帝國拱手讓人之後，烏克蘭的部分土地（就如同帝俄的絕大部分一樣）都被整合入一個新的共產主義政體，稱為蘇維埃社會主義共和國聯盟（Union of Soviet Socialist Republics，簡稱蘇聯〔Soviet Union，USSR〕）。希特勒聲稱蘇聯是猶太「世界觀」的表達形式。[44]共產主義的想法只是謊言，是用來讓奴隸們接受他們的「猶太新領導階層」。

希特勒認為所有的普遍觀點都是猶太人的觀點，所有猶太人都是普遍觀點的奴隸，而共產主義就是最接近普遍觀點的例子。論證猶太身分與共產主義的關係——亦即猶太布爾什維克迷思（Judeobolshevik myth）——對希特勒來說最能夠闡釋猶太人超自然的力量和猶太人在現世的脆弱。它顯示猶太人可以透過其不自然的觀點，取得凌駕於群眾之上的毀滅性權力。他寫道：「國際猶太布爾什維克主義企圖從它所控制的蘇俄出發，讓全世界諸民族的核心都腐爛。」[45]然而這種不幸事實上卻是一個機會。透過戕害蘇聯斯拉夫民族中最強大的成員，猶太人所做的事就是德國人終究需要做的事。以此觀點來看，猶太共產主義「對未來而言是萬幸的」，希特勒寫道。[46]因此，希特勒認為一九一七年的布爾什維克革命「僅僅是準備」未來重返「德國宰治」。[47]

希特勒將十月革命詮釋為猶太人的詭計，這並非不尋常的解釋，至少一開始邱吉爾（Winston Churchill）和威爾遜（Woodrow Wilson）也持同樣的看法。[48]倫敦《泰晤士報》一篇通訊將猶太人說成是引領世界布爾什維克陰謀的一股勢力。[49]但希特勒的不尋常之處在於他不厭其煩地做出系統性的結論：德國可以藉由剷除東歐的猶太人、推翻他們的蘇聯堡壘來贏得全球性的權力。他主張這不過是出於自我防衛，因為不論布爾什維克主義靠著什麼陰險狡詐的手段取得勝利，都會導致「日耳曼民族的毀滅——最終的滅絕」。[50]不過，只要正面迎擊，就可以剷除猶太人的威脅。蘇聯猶太人的毀滅將會導致蘇聯「瞬間瓦解」[51]，會證明蘇聯不過是「紙牌屋」或「雙腳是用泥巴糊起來的巨人」。[52]斯拉夫人會「像印地安人那樣」作戰，並且得到和印地安人同樣的下場，然後在東方「會再度重複和征服美洲大陸類似的過程」。[53]當德國人學會用對待美洲土著或非洲土著一樣的方式來看待其他歐洲人且將歐洲最大的國家看成是一個脆弱的猶太人殖民地時，第二個美洲大陸就行將在歐洲誕生。

在這一幅種族主義式的拼貼畫中，歐洲人與非洲人、北美原住民穿插交替。希特勒將整段帝國的歷史和總體式的種族主義壓縮成一個極為簡短的公式：「我們的密西西比河應該是伏爾加河，而不是尼日河。」非洲的尼日河在一九一八年後不再歸德意志帝國主義所管，但非洲仍然是殖民式想望的泉源。伏爾加河是歐洲往東的疆界，也是希特勒所設想的德意志勢力往外所及之處。密西西比河不只是由北至南縱貫美國中部的河川，也是傑弗遜（Thomas Jefferson）希望將印地安人驅逐到河川彼岸的分界線。「誰還記得印地安人？」希特勒這麼問道。對希特勒來說，非洲是帝國用以當作旁徵博引的泉源，但並非帝國實際統御的位址——東歐才是，而且必須像重新組建北美那樣的方式對東歐如法炮製。[54]

希特勒設想，只要毀滅蘇聯，就能讓正確的種族主人基於正確的原因將正確的次人類（subhuman）給餓死。一旦德國人取代猶太人成為殖民主人，來自烏克蘭的糧食就可以從毫無用處的蘇聯人口嘴邊轉移到上帝賜福的德國城市和屈尊其下的歐洲。希特勒的至理名言是：生命就是一場飢餓戰爭。他提議讓斯拉夫人挨餓，這反映在他於一九三三年掌權德國後著手擘劃的政策文件上。[55]在賀爾曼．戈林

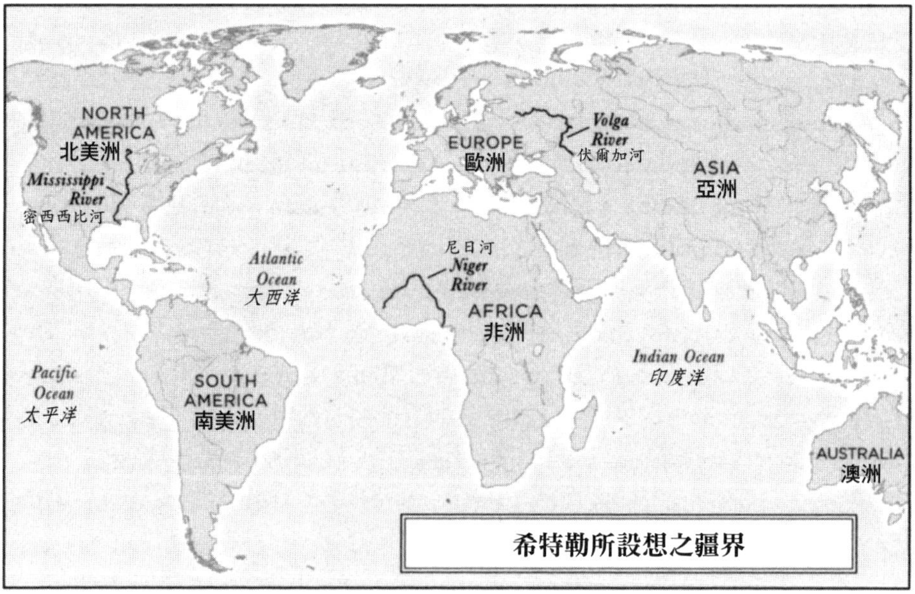

希特勒所設想之疆界

（Hermann Göring）掌權之下打造的「飢餓計劃」（Hunger Plan）[56]預見「在這一塊領土上，數千萬人會變成多餘的人口。他們要不就得死，要不就得移居到西伯利亞。」[57]然後根據在掌權之下所訂定的第二輪計劃，德國人的殖民就可以於焉開始。

希特勒將星球性的生態系統描繪成一個被猶太人的觀念給汙染的體系，而猶太布爾什維克的概念則讓這描述能付諸實行。猶太布爾什維克迷思似乎界定出德國人的勢力在什麼點上可以打下一座帝國，重新恢復地球秩序。這也使得某種戰爭政治觀和滅絕政治觀風行，這對猶太人造成了決定性的影響（對德國人也是，只是影響的方式不同）。猶太人的權力是遍及全球的意識型態權力的這種觀念，似乎使得猶太人在特定土地上的根基更淺（而非更深）。要是可以剿滅猶太人，他們就不能再傳播全人類團結這種錯誤的觀念，並且得將他們宰制這星球的地位給讓出來。因此，猶太布爾什維克迷思是藉著必勝的承諾來招兵買馬。

要是戰事並未照計劃進行，要是沒有辦法輕易摧毀蘇聯，那麼猶太人霸權凌駕整個星球的觀念就可能會回到修辭和政策的前線上。要是對蘇聯領土的第一次襲擊並未削弱猶太人的力量，那麼對抗他們的戰爭就必須升級。要是德國必須與全球性的敵人作戰，那麼似乎除了針對猶太人的全面行動之外就沒有別的替代方案了；因為在漫長的戰爭當中，猶太人可能在任何時間、從任何地點發動襲擊。必須殲滅在德國人統治之下的前線後方的猶太人，這個想法潛藏在希特勒的心底深處，而在實際上得到了實現：第一波大規模殺害猶太人的行動並不是發生在柏林，而是發生在蘇聯東邊德軍勢力的前線上。當戰局逆轉時，大規模的殺戮才從占領下的蘇聯往西邊轉移到占領下的波蘭，然後才是歐洲其他地方。[58]

對特定有價值的領土發動先發制人的打擊以對抗全球性的天敵，這似乎可以透過猶太布爾什維克迷思來合理化。這種迷思將殲滅猶太人與征服斯拉夫人連結在一起。如果這種連結在理論上可以成立，德軍可以往東深入戰場，那麼希特勒在實際上就很難失敗。要是征服斯拉夫人的行動失敗了，反而可以為殲滅猶太人找到理由。[59]

＊＊＊

猶太布爾什維克的概念是二戰的一個主因，其根源來自一戰。當帝俄於第一次世界大戰在東線瓦解時，德國的一場特殊經驗使得猶太布爾什維克迷思出現在希特勒的心中。

從柏林方面的觀點來看，一戰在西線是對法國（以及英國、然後是美國）作戰，在東線則是對帝俄作戰。德國被兩面夾擊，必須試著迅速消滅其一，才能擊敗另一面的敵人。一九一四年進攻法國失敗了，讓德軍身陷兩邊作戰的窘境。在這樣的條件之下，德國的外交人員試圖透過非軍事的手段——例如煽動革命——讓帝俄不再介入爭端。一九一七年四月，在俄羅斯的第一次革命發生之後，德國安排用一列密閉的火車將布爾什維克的領導人列寧（Vladimir Lenin）從蘇黎世轉送到彼得格勒（Petrograd）。列寧與他的同志成功地於十一月組織了第二次革命，然後將帝俄撤出戰場。起初，這似乎是德國方面一次重大的勝利。[60]

一九一七年的革命前，帝俄是許多猶太人的家園，猶太人人口數比世界上任何一個其他國家的猶太人還多——但同時帝俄又是一個極為反猶太主義的國家。猶太人承受著官方政策上的歧視，並在強度愈來愈大、頻率愈來愈高的反猶暴行（pogroms）中屢遭針對。這些反猶暴行並非由國家所組織，但參與暴行的帝俄臣民相信他們是在遵行沙皇的意志。猶太人移出帝俄的機率是俄羅斯人的約兩百倍，部分是因為他們更可能想要離開，另部分是因為帝國當局也希望他們走人。一戰期間，猶太人被大幅地排除在國家政體之外。[61]

猶太人居住在帝俄的西部，帝俄軍人向德奧進發、從德奧撤出時都取道於此。一九一四年秋天，俄軍挺進哈布斯堡君主國領地時，一旦發現有猶太人擁有農地（這在帝俄是非法的）便馬上將他們的土地給沒收。一九一五年一月，帝國官方通報譴責猶太人從事破壞行為。同月，帝俄軍隊將數十萬猶太人從華沙附近的四十座城鎮驅離。當地的波蘭人將猶太人的財產據為己有。[62]當德軍於一九一五年將俄軍打回東部時，帝俄軍人又怪罪猶太人，並發動了百起反猶暴行。[63]俄羅斯議會的派系頭子（後來的內政部長）用國際性的猶太寡頭（Jewish oligarchy）政治計劃來解釋軍事上的挫敗。同時，帝俄將約五十萬名猶太人趕出他們自己的家門，理由是他們可能會與入侵者合作。軍隊是遣送行動的執行者，因而軍人和官員得以大肆掠奪和他們一樣同屬帝俄臣民的猶太人。歷史上，這次將猶太人大規模驅逐出他們的心臟地帶以及隨之而來的系統性的掠奪、頻繁的暴力行徑是打亂猶太人傳統生活最大的一次行動之一。[64]

在歐洲人的心目中，俄國的遣送行動改變了猶太問題。[65]數以萬計的猶太人逃離帝俄，予人一種來自東方的猶太人突然充斥各地的印象。這些遣送行動塑造了廿世紀許多不論左派右派主要的猶太革命家的一生。梅納赫姆・貝京（Menachem Begin）和亞伯拉罕・斯特恩（Avraham Stern）都在非常年幼的時候就流離失所，後來雙雙成為右翼激進分子。[66]在帝俄內部，從前線被遣送出境的猶太人前往莫斯科、聖彼得堡、基輔等大城市。當地人們往往怕他們是間諜，避之唯恐不及，因此他們得不到工作或庇護。在一九一七年二月革命之後，當帝國步履蹣跚地走向共和之際，猶太人正式被解放成了公民。當時在莫斯科約有六萬名左右的猶太人，其中約半數是難民。[67]許多人參與列寧當年十一月的第二次俄國革命。對於猶太人在他即將定都的城市中提供決定性的支持，列寧感激不已。

及至一九一七年十一月，猶太人突然成為新成立的革命國家中平等的一員，而不是帝國中被壓迫的宗教少數。大多數猶太人在一九一八年試圖回到他們的故居，卻常發現已經被人鳩占鵲巢。猶太人的鄰人無意歸還他們據為己有的東西，反而常常攻擊猶太人。當政權遞嬗，所有涉入其中的人都拿猶太人當作目標。革命之後最初的幾起反猶暴行都是由紅軍所執行，但他們的指揮官的意識型態是國際主義，且官員經常試圖阻止針對猶太人的暴力行徑。

但鬥爭的另一方則普遍沒有這樣的約束。拿起武器對抗列寧革命的人沒有代表一個自成一格的運動；最接近所謂反革命的意識型態就是反猶太主義。反對新政權的人將傳統宗教上的反猶太主義與當下的威脅給結合起來，將布爾什維克黨人描繪成現代的撒旦，以試圖從人群中尋求支持。內戰方殷之際，數百萬人死於非命，反對革命的記者和政治宣傳家遂發展出猶太布爾什維克迷思。他們從《錫安長老會紀要》（Protocols of the Elders of Zion）中汲取某些概念。全球性的猶太勢力這個概念似乎可以解釋革命和軍事挫敗的雙重災難，將普世性概念對民族性概念的勝利偷換成某個可以指認的群體的陰謀，於是這個群體的人就可以加以懲處。[68]

* * *

一九一七年時德國在背後支持革命家，但不久之後卻又站到了反革命那邊。在列寧革命成功之後的動盪當中，德國得以在波羅的海與黑海之間扶植一系列的附庸國家，其中最重要的是烏克蘭。德國一九一八年的計劃是將軍隊從東召回到西線作戰，並用烏克蘭的糧食來餵飽德軍。德國人稱他們於一

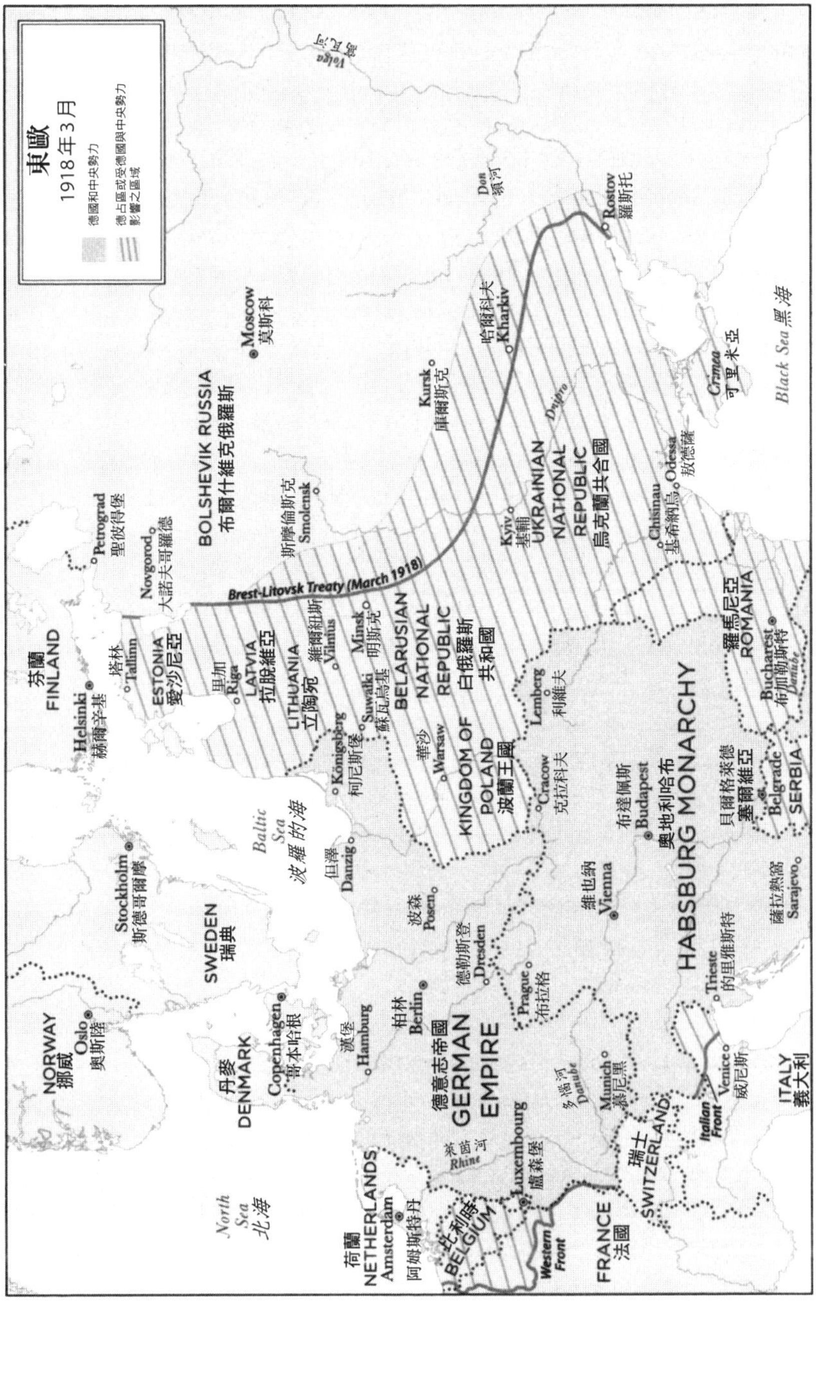
東歐
1918年3月
德國和中央勢力
德占區或受德國與中央勢力影響之區域
Brest-Litovsk Treaty (March 1918)
BOLSHEVIK RUSSIA
布爾什維克俄羅斯
Moscow
莫斯科
Petrograd
聖彼得堡
Novgorod
大諾夫哥羅德
Smolensk
斯摩倫斯克
Volga
窩瓦河
Don
頓河
Rostov
羅斯托
Kursk
庫爾斯克
Kharkiv
哈爾科夫
Dnipro
UKRAINIAN NATIONAL REPUBLIC
烏克蘭共和國
Kyiv
基輔
Odessa
敖德薩
Chisinau
基希納烏
Crimea
克里米亞
Black Sea 黑海
FINLAND
芬蘭
Helsinki
赫爾辛基
Tallinn
塔林
ESTONIA
愛沙尼亞
Riga
里加
LATVIA
拉脫維亞
LITHUANIA
立陶宛
Vilnius
維爾紐斯
Minsk
明斯克
Suwalki
蘇瓦烏基
BELARUSIAN NATIONAL REPUBLIC
白俄羅斯共和國
Königsberg
柯尼斯堡
Warsaw
華沙
KINGDOM OF POLAND
波蘭王國
Lemberg
利維夫
Cracow
克拉科夫
ROMANIA
羅馬尼亞
Bucharest
布加勒斯特
Danube
HABSBURG MONARCHY
奧地利哈布斯堡
Budapest
布達佩斯
Vienna
維也納
Belgrade
貝爾格萊德
SERBIA
塞爾維亞
Sarajevo
薩拉熱窩
Trieste
的里雅斯特
Prague
布拉格
Baltic Sea
波羅的海
Danzig
但澤
Posen
波森
Dresden
德勒斯登
Berlin
柏林
Hamburg
漢堡
GERMAN EMPIRE
德意志帝國
Munich
慕尼黑
Danube
多瑙河
Rhine
萊茵河
Luxembourg
盧森堡
SWEDEN
瑞典
Stockholm
斯德哥爾摩
NORWAY
挪威
Oslo
奧斯陸
DENMARK
丹麥
Copenhagen
哥本哈根
North Sea
北海
NETHERLANDS
荷蘭
Amsterdam
阿姆斯特丹
BELGIUM
比利時
Western Front
FRANCE
法國
SWITZERLAND
瑞士
Italian Front
Venice
威尼斯
ITALY
義大利

九一八年二月與烏克蘭簽署的條約為「麵包和平」（Bread Peace），這在德國非常受歡迎。德軍迅速將紅軍驅離烏克蘭，但由於烏克蘭的農民、民兵、政黨的抵抗，靠著剝削烏克蘭來贏得戰事的計劃失敗了。然而在一九一八年值得紀念的六個月間，烏克蘭絕大部分都宛如德國殖民地。在被封鎖挨餓的時刻，烏克蘭「聚寶盆」的形象深深烙印在德國人的心板上。[69]

德國於一九一八年十一月兵敗西線，被迫簽署停戰協定時，列寧的軍事人民委員托洛茨基（Leon Trotsky）將注意力轉向了德國放棄的附庸國，這些附庸此前是在帝俄以西的地帶。德國的官員和軍人留駐在拉脫維亞、立陶宛、白俄羅斯、烏克蘭等地與托洛茨基的紅軍作戰。烏克蘭於一九一九年陷於一場膠著的內戰，數十萬猶太人在戰事中被來自各個方面的軍人殺害——布爾什維克黨人、反布爾什維克黨人（白軍）以及尤其是獨立烏克蘭的軍人。無論這些劊子手的身分為何，效忠於誰，他們多數都是在帝俄軍隊中學到如何對猶太人施加暴力。這些猶太人受難者經常是在戰爭期間被帝俄的政策給遣送出境，因而在當地缺乏安全保障和人脈。[70]

數十萬的被擊敗了的帝俄臣民湧進了戰敗國德國，其中也不乏相信猶太布爾什維克這種論點的人。其中有一個人帶著《錫安長老會紀要》，一九二〇年一月該書的德譯版問世。[71]列寧戰勝後，逃離俄國的人當中也包括波羅的海地區的德國人，他們不需借助文本就可以傳達猶太布爾什維克的概念。其中包括麥克斯．爾文．馮．休伯納—里希特（Max Erwin von Scheubner-Richter）和阿佛烈．羅森堡（Alfred Rosenberg），他們是早期對希特勒產生影響的納粹。希特勒於一九一九、二〇年與知悉《錫安長老會紀要》的人交談過並親自閱讀該書後，將猶太布爾什維克迷思與猶太人把人餓死的概念結合。這些概念在當時是激烈辯論的焦點。一九二〇年七月，駐柏林的蘇聯代表宣稱多數猶太人都是布爾喬亞階級，反對革命，將來在蘇聯領地上將沒有他們的容身之處。他們不會統治，而是要被「毀滅」。[72]這種觀點並不能說服德國人。德國人當時正在尋找能打開革命契機的鑰匙，這把鑰匙可以往革命的方向轉，也可以往反革命的方向轉。休伯納－里希特其時正在慕尼黑籌錢，招兵買馬，準備發動武裝行動朝布爾什維克黨人進發，他特別強調的是要解放烏克蘭。[73]

猶太布爾什維克觀念有其特定的歷史淵源：它既是俄羅斯官方反猶太主義的延伸，是危機浮現時基督教末世觀點的挪用[74]，是解釋古代帝國秩序崩解的方法，是內戰時的戰鬥口號，也是在戰敗之後一種安慰的方式。當納粹運動開始，武裝反革命在俄羅斯和烏克蘭境內正如火如荼。在希特勒的左右手的心中，武裝反革命仍然大有可為。在一九二〇年的短暫期間，紅軍似乎正在開拔到德國的路上。當布爾什維克主義的軍人於同年八月向華沙進發時，革命勢力與反革命勢力似乎終於要正面交鋒了。但在波蘭出人意表地打贏了那場戰爭後，且歐洲的體系隨後於一九二一年鞏固，問題的性質也產生了改變。[75]

休伯納－里希特試圖集結一支反布爾什維克的軍隊，但於一九二三年潰散。當他與希特勒於一九二三年在慕尼黑一齊行軍時，對他來說，納粹起義的政變是步履蹣跚地通往東方的最終道路。當休伯納－里希特被殺、希特勒被囚時，有些納粹黨人不認為這是年輕的威瑪共和國（Weimar Republic）的勝利，而是他們所反對的猶太布爾什維克勢力的勝利。希特勒於一九二四年在獄中寫作《我的奮鬥》時，與其說布爾什維克黨人是個具體的政敵群體，毋寧說更是某種讓他可以將猶太人與一片領地連結在一起的方式。希特勒對帝俄所知不多，他是以非常抽象的方式來想像猶太布爾什維克這個概念。對他來說，那代表的不是俄羅斯鬥爭的終結，而是德意志聖戰的開端；不是煥發自苦痛事件的一樁迷思，而是照見永恆真理的閃爍星芒。

猶太布爾什維克迷思似乎為希特勒的整套計劃提供了最後一片拼圖，讓在地與全球統合在一起，將對抗斯拉夫人的殖民戰爭與對抗猶太人的反殖民光榮鬥爭合而為一。對蘇聯作出致命一擊就可以一舉解決所有德國的問題。摧毀蘇維埃的猶太人意味著清除猶太勢力，藉此可以打造出一座東方的帝國，以在東歐複製美國的邊疆開拓史。種族式的德意志帝國將會改寫全球秩序，開始將全球的自然恢復到被猶太人汙染之前的狀態。一旦打贏這場戰爭，就可以輕易殲滅猶太人。如果德國人不幸被低下的斯拉夫人給扯後腿，後果就由猶太人來承擔。不論是哪一種結果，追求種族式的帝國都會帶來剿滅猶太人的政治觀。[76]

＊＊＊

在希特勒的生態學當中，地球是被猶太人的存在洗劫一空，因為猶太人引進了腐敗墮落的觀念，以此對抗大自然的律則。其解決之道是將猶太人暴露在滌淨了的大自然之中，在大自然裡，只有血腥的鬥爭才算數，抽象的思考毫無用武之地，這樣一來，猶太人就不能用他們的觀念把他人耍得團團轉，因為根本沒有所謂他人存在。希特勒所幻想可以將猶太人遣送到的異境——馬達加斯加和西伯利亞——終究沒有淪於德國的勢力之下，然而歐洲的絕大部分的確淪於德國治下。在希特勒發表了他關於日用飲食和自我保衛的戒律之後不久，歐洲人就開始強迫猶太人背誦《主禱文》（Lord's Prayer），並將那些辦不到的人殺掉。歐洲本身成了伊甸園的悖反，遍布著壕溝與戰場。[77]

在一場死亡行軍中，米克諾斯・勞德諾提（Miklós Radnóti）寫下一首詩，藏在衣角，留待後人將他的屍骸從屍坑中挖出來時發現：「我乃一株根莖，亦曾為花朵／我的庇蔭在一片黯淡之下／根基刨盡／奪命鋸在遠方哀鳴。」[78]

第二章　柏林、華沙、莫斯科

世界觀並不是什麼奪權的方案。猶太布爾什維克迷思提供了一種敵方的面貌，但沒有提供出什麼外交政策。生存空間只是帝國的號令，而非帝國的軍事策略。對於思想家希特勒而言，問題在於：德國政治、鄰國、歐洲秩序都不是大筆一揮就能勾銷的。在他一九二四年出獄之後，希特勒在未修改其理論的情況下學到了一些實際的教訓。身為一戰的老兵，希特勒已經可想見如同一九二三年慕尼黑政變這樣的戲劇性態勢已足以轉變德國。在這點上希特勒甚為堅定。他的戰友休伯納－里希特（Scheubner-Richter）失敗了，死於國家勢力之手。但在他政變失敗的十年之後，希特勒畢竟掌權了，其政治手腕也更為老練。隨後，憑著大規模的群眾支持，他和黨內同志改變了德國政壇。希特勒能把蘇聯想像成一個懦弱的猶太人蛇鼠一窩的地方。在這點上希特勒錯了。但他仍舊在掌權德國的八年後向莫斯科宣戰，開啟了猶太問題的「最終解決方案」。

若要以希特勒的世界觀來改變世界，他得先成為新型的政治人物，實踐新的政治型態。理論上的無政府狀態若要轉變成實踐上的滅絕手段，必須得先重整德國旗鼓，消滅鄰邦。要屠戮歐洲的猶太人，必須得先消滅猶太人擁有公民身分的那些國家。大多數的猶太人居住在德國境外，其中又以波蘭為眾。波蘭不僅是猶太人主要的家園，也是將德國與蘇聯區隔開來的國家。無論如何，波蘭在希特勒消滅猶太人和消滅蘇聯的計劃中肯定位居要津。

希特勒上臺後六年成功地改變了德國，但並未成功招募到波蘭政府一同參戰。倘若一九三九年波蘭與德國聯手攻打蘇聯，歐洲的猶太人肯定早已大禍臨頭。然而，我們今天所熟知的大屠殺乃是緊接在德蘇聯手入侵波蘭之後才發生的。第二次世界大戰於一九三九年九月始於剿滅波國政權、滅絕波蘭民族的戰役，而這既是由於希特勒雖在國內躊躇滿志，卻未能將波蘭拉攏到他對外征伐的美夢中之故，同時也是蘇聯領導人願意參與侵略戰爭的結果。[1]

＊＊＊

乍看之下，德國—波蘭聯軍成軍的可能性還比德國—蘇聯聯軍的可能性大。納粹和蘇聯在一九三〇年代後半彼此攻訐的宣傳戰當中各自將對方描述得窮凶惡極。相較之下，華沙與柏林之間的共通點看起來則多得多。一九三五到三八年間，德國、波蘭這兩個中歐國家都曾向鄰邦施壓，並都高唱著一套改變世界的宏大修辭。在柏林和華沙的領導人都違反世界秩序地抑制食品、原物料、人口的全球流動。兩者都將猶太問題放在各自外交辭令的中心，指出猶太問題在歐洲的解決方法關乎國際正義。兩者也都強調蘇聯共產主義的威脅。

通常人們都以希特勒和他的宣傳家自己的用語——諸如柏林方面想要調整邊界的行動或是華沙對此舉的抵抗——來解釋為何一九三九年德國決定向波蘭出兵。實則不然。德國與波蘭之間的戰爭其實是雙方在猶太問題和蘇聯問題的分歧所造成，這兩個問題長年為波蘭的外交政策所掩蓋。基於對抗莫斯科與對抗猶太人的大計，希特勒很樂意與華沙結盟；但在這種同盟關係機會渺茫之際，希特勒也很樂意將波蘭摧毀殆盡——如同一九三九年初所發生的事。無論是哪一種方案，希特勒都只不過把波蘭當成他自己的遠大計劃中的一項元素而已：要不就是其東征大計的助手，要不就是可以任憑戰火肆虐的地帶。希特勒對前者的可能性考慮較多，後者其實是緊接在一九三九年初德國—波蘭外交關係出人意表地失敗之後的即興演出。在此期間，波蘭都是照著自己設定的目標行事。德、波之所以最終彼此互扯後腿，乃是因為兩者的外交政策奠基在對於全球政治、國家角色截然不同的分析之上。

希特勒得勢後，柏林的全球定位可以姑且被名為再殖民（recolonial）。像這樣的帝國是正義的，是良善的。最好的帝國就是種族的帝國。英國、美國是種族優勢的最佳典範，而德意志帝國將讓世界歸於平衡。人類的世界自然理應由彼此競合的諸多帝國所組成；不符自然的是猶太帝國——蘇聯——的存在，以及猶太人對倫敦、華盛頓、巴黎和其他地方的影響。在希特勒的心目中，波蘭在這種再殖民計劃中的定位就是幫助德國：戰間期姑且充當同盟或者不沾鍋的中立國家，戰後則充當衛星國家或傀儡政權。依這樣的概念，德、波邊界毋須劇烈調整，因為在聯手擊潰蘇聯之際，波蘭可以用領土向德國交換一些戰利品。凡此種種最終都不具意義，因為反正一旦開戰，波蘭就會受制於德國。

與此相反，華沙的全球態度可以稱為去殖民（decolonial）。整部波蘭的歷史就是一部毀滅史。古波蘭立陶宛王國（Polish-Lithuanian Commonwealth）一七九五年為周邊的帝國所滅，一九一八年成立民族國家。在波蘭人看來，帝國不特別具合法地位，而根據歷史的邏輯與正義，帝國終究要向民族國家過渡。帝國（如納粹黨人所想一般）或將毀滅，但如果當真毀滅了，取而代之的也應該是民族國家，而非種族政權（racial regimes）。所有的國家或多或少在歷史中都是平起平坐的參與者，朝向自由顛躓邁進。多數波蘭政治領袖都認同民族國家的內在價值，視之為晚近的集體成就。國家那不光彩的保守定義——暴力的壟斷者、法律的執行者——對許多波蘭人來說卻是極其珍貴、得來不易的成就。無論外交政策的詞藻多麼華麗，沒有任何一位波蘭領導人曾設想波蘭會取代任何一個世界強權。不像希特勒或其他納粹黨人，波蘭的領導階級並沒有什麼關於蘇聯祕密領導階層或者純猶太人帝國的理論，也不會去幻想其他強權有不可告人的弱點。蘇聯或多或少參與在內的帝國體系最終畢竟會過渡到民族解放。同時，海洋帝國諸如英、法則終究要向百萬波蘭猶太人開放，讓他們得以遷徙落戶。華沙方面則希望波蘭的猶太人起義反抗諸帝國，成立波蘭—猶太國家，將波蘭的影響力擴及所有猶太人的落腳處——甚至到巴勒斯坦也未嘗不可。以色列是華沙的美夢所能企及的最遠之處。

柏林與華沙方面都支持將百萬猶太人從歐洲攆走。對希特勒來說，這是生態復原（ecological restoration）廣大計劃的一部分；一旦德國戰勝，將猶太人一舉殲滅，這個星球便得以修復。德意志國家是達致目的的手段，它也將會經受變動，暴露於危殆之下。反猶主義在波蘭（至少在一九三三年以前）的迴響可能還多過於在德國，但是沒有任何像希特勒那種想法能沾上波蘭政權的邊。德國的政策在於摧毀猶太人居住的國家。波蘭的政策則尋求成立猶太人的國家。德國一九三〇年代晚期外交政策的內在本質是謀求在東歐肇建廣袤的種族帝國。波蘭外交政策的內在意涵則是從國家聯盟（League of Nations）給予大英帝國的巴勒斯坦領土內肇建以色列國（State of Israel）。

納粹的再殖民心態與波蘭的去殖民心態其實各自有各自的激進方式。兩者俱挑戰現存的帝國秩序。前者想本著種族原則重建帝國，後者則認為帝國終將為後殖民國家所取代。兩者產生出的外交政策看起來也許頗為相仿，尤其是對於身在柏林、渴求同盟的元首希特勒而言。然而在政治理論至關緊要的層次上，兩者的對立卻再簡單不過：對傳統國家的拒斥對上對傳統國家的背書。

對國家態度的根本差異大抵肇因於一戰中截然相反的經歷和詮釋。一戰是二戰的基本成因。對於波蘭愛國人士來說，一九一八是奇蹟的一年，逾一世紀未曾出現在歐洲地圖上的獨立波蘭國家再次浮現。對於德國人而言，一九一八則是難以想像的軍事挫敗，緊接是一九一九年**《凡爾賽條約》（Treaty of Versailles）**中領土淪喪之恥——大部分割讓給了波蘭。

* * *

政變失敗以後，希特勒學到了圓滑的處事方式，學會了利用德國人的憤懣來推展其宏圖。他充分利用德國人對於修正歐洲政治秩序的共識，儘管其實他自己的目標是摧毀這套秩序。他以民族自決的堅定擁戴者自居，儘管他其實並不相信民族權利那一套。類似地，他也學會了軟化其猶太威脅論的立場，不復在公眾場合說基督教的「猶太」程度與布爾什維克主義的「猶太」程度一致。在德國的基督徒獲准修正他們的信條，不必被迫放棄信仰，因為他們正被捲入一場更大的鬥爭當中，這場鬥爭行將讓基督教的信條意義盡失。對希特勒而言，他的德國同胞唯有在能被動員，為共創種族榮光未來的願景而鞠躬盡瘁的情況下才有價值。換言之，（對希特勒來說）一九二〇年代威瑪共和國短視近利，當時的德國人也膚淺到無可救藥的程度。但希特勒不能這麼跟他們直說，所以他對此事也噤口不提。[2]

出獄之後，跟執政的德國社會民主黨人和傳統的保守派比起來，希特勒聽起來仍顯激進，但是現在為了贏得選票，他的激進主義開始與其他政敵對話。[3]一九三〇年代初，世界經濟蕭條，資本主義與共產主義似乎雙雙失敗，成功的曙光乍現，為國家社會主義者開啟一道裂縫，他們將資本主義、共產主義具現為瘋狂的選項，注定失敗，而他們自己則扮演拯救者，而非革命家。希特勒此時尚未如在《我的奮鬥》中強調唯有透過滅絕猶太人才能保全德國和全世界，避免受制於（資本主義和共產主義）這兩套被認為是猶太人的體系。在一九三二、三三年的選戰當中，希特勒將他自己的國民社會主義呈現為穩定社會的方案，以與資本主義、共產主義意識型態的瘋狂做對比。[4]

實際上，國家社會主義寄理想於摧毀共產主義、肇建一個巨大的帝國以將德國隔絕於全球資本主義的變動之外；這個目標沒有絲毫保守主義的色彩。希特勒不把他的反共主義描繪成對強權發動軍事征伐，而是描繪成為了德國商業買賣以及餵飽選民肚子所應堅守的底線。一九三三年春，在蘇聯引介的集體農業陷數百萬農民於饑饉之際，希特勒以飢餓的幽靈來力勸德國人不要投給左派。他在柏林的「體育宮講話」（Sportpalast）演說中提及「百萬人口正陷於饑饉」是為了訴諸中產階級和他們的恐

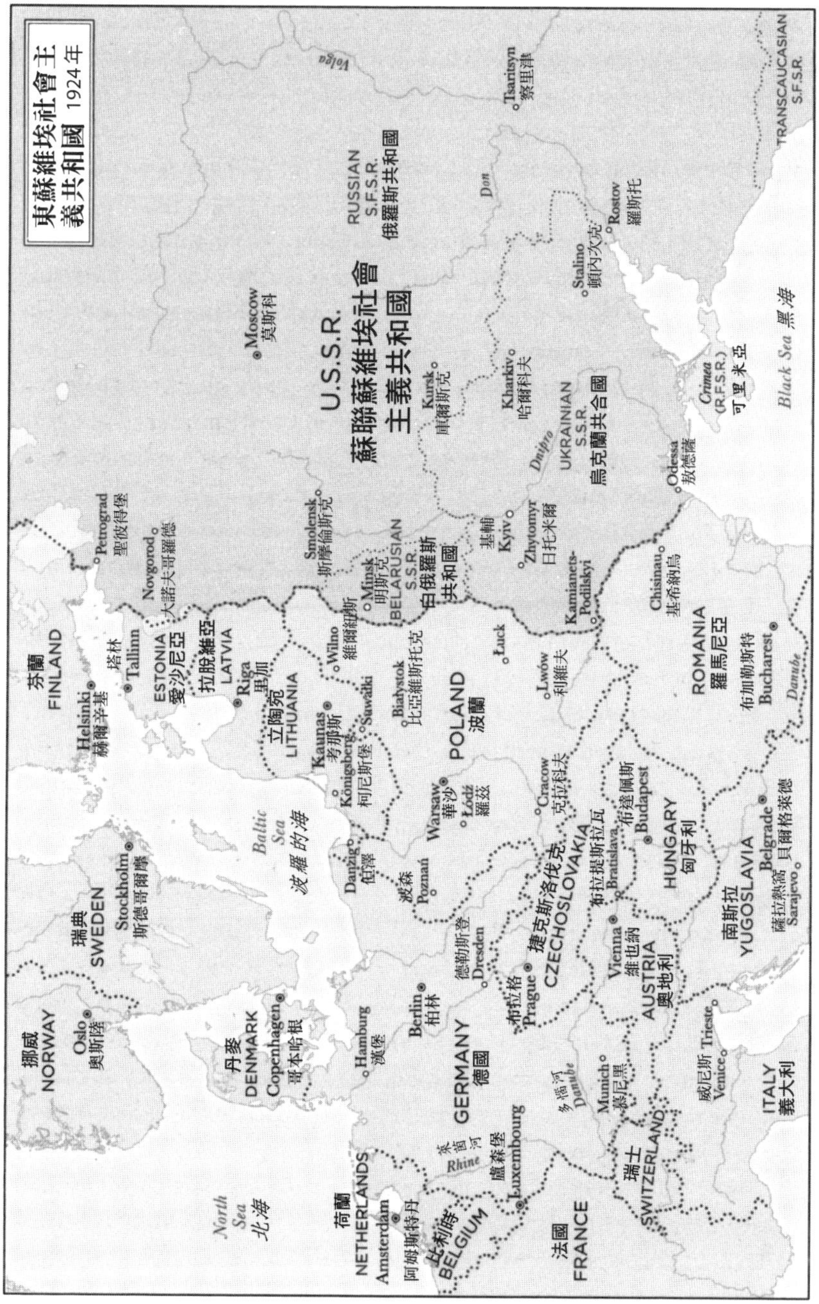
東蘇維埃社會主
義共和國 1924年
U.S.S.R.
蘇聯蘇維埃社會
主義共和國
RUSSIAN
S.F.S.R.
俄羅斯共和國
UKRAINIAN
S.S.R.
烏克蘭共合國
BELARUSIAN
S.S.R.
白俄羅斯
共和國
TRANSCAUCASIAN
S.F.S.R.
Crimea
(R.F.S.R.)
可里米亞
Moscow 莫斯科
Tsaritsyn 察里津
Volga
Don
Rostov 羅斯托
Stalino 頓內次克
Kharkiv 哈爾科夫
Kursk 庫爾斯克
Dnipro
Odessa 敖德薩
Smolensk 斯摩倫斯克
Minsk 明斯克
基輔 Kyiv
Zhytomyr 日托米爾
Kamianets-Podilskyi
Petrograd 聖彼得堡
Novgorod 大諾夫哥羅德
芬蘭 FINLAND
Helsinki 赫爾辛基
塔林 Tallinn
ESTONIA 愛沙尼亞
拉脫維亞 LATVIA
Riga 里加
立陶宛 LITHUANIA
Kaunas 考那斯
Wilno 維爾紐斯
Suwałki
Białystok 比亞維斯托克
Łuck
Lwów 利維夫
POLAND 波蘭
Warsaw 華沙
Łódź 羅茲
Cracow 克拉科夫
Königsberg 柯尼斯堡
Danzig 但澤
波森 Poznań
Chisinau 基希納烏
ROMANIA 羅馬尼亞
Bucharest 布加勒斯特
Danube
Black Sea 黑海
Baltic Sea 波羅的海
瑞典 SWEDEN
Stockholm 斯德哥爾摩
挪威 NORWAY
Oslo 奧斯陸
丹麥 DENMARK
Copenhagen 哥本哈根
North Sea 北海
Hamburg 漢堡
Berlin 柏林
GERMANY 德國
Dresden 德勒斯登
布拉格 Prague
捷克斯洛伐克 CZECHOSLOVAKIA
布拉提斯拉瓦 Bratislava
布達佩斯 Budapest
HUNGARY 匈牙利
Vienna 維也納
AUSTRIA 奧地利
Munich 慕尼黑
多瑙河 Danube
萊茵河 Rhine
盧森堡 Luxembourg
荷蘭 NETHERLANDS
Amsterdam 阿姆斯特丹
比利時 BELGIUM
法國 FRANCE
瑞士 SWITZERLAND
威尼斯 Venice
Trieste
ITALY 義大利
南斯拉 YUGOSLAVIA
Belgrade 貝爾格萊德
薩拉熱窩 Sarajevo

懼；他接下來所說的「蘇維埃烏克蘭可以是全世界的糧倉」則是對納粹黨羽說的。[5]他把生存空間的一層意義（血腥征伐棲息地）隱藏在其另一層面（承諾實際的舒適生活）背後（譯按：見導論）。

一九三三年，在漫長的德國憲政危機將權力集中在聯邦總理府（office of the chancellor）之際，希特勒以勝者的姿態從民主選舉中脫穎而出。他的國家社會主義黨在一九二八年只拿下國會十二席，在一九三二年七月卻豪奪兩百三十席，一九三二年十一月跌到一百九十六席。希特勒於一九三三年元月被任命為聯合政府的總理，獲得保守派與民族主義者的支持，這兩方當時都以為自己可以制約希特勒，但他們大錯特錯。希特勒二月以**國會縱火案（Der Reichstagsbrand）**來限制德國公民的權利，創造永久的例外狀態（state of exception），讓他得以在不用顧慮國會監察的情況下遂行統治。[6]

一九三三年春天，在希特勒鞏固權力的數個月之內，他的黨羽策劃了反猶暴行（pogroms），並組織杯葛猶太企業的行動。大約五千名在德國的波蘭猶太人並不受此壓制；他們的波蘭公民身分保護了他們接下來五年內暫不受納粹壓迫。[7]在波蘭境內的波籍猶太人出手反制，策劃反杯葛案、拒絕與德國的交易時，這個事實變得更加惹眼。[8]至少與先前發生的事情比較起來，杯葛德國猶太企業、毆打德國的猶太人表面上看起來很野蠻，但這些與希特勒心目中盤算的政治末日（political Armageddon）相比之下都只是小巫見大巫。他需要的是一場戰爭，而且是一場型態特殊的戰爭。為此他需要的不只是在德國掌握權柄，還得要重組德意志的權力架構。

希特勒於一九三三年崛起之後，先花了六年多的時間重整內政才發動第一場戰爭。對於一個認為恢復自然界秩序亟需仰賴血祭的人來說，毋寧算得上是很長的一段時間了。希特勒在一九二三年政變之後學到了軍事策略，甚至某種特定的戰術，但他的選舉開局策略差強人意。包裝個人的終極目的以獲取權力與贏得權力後日復一日地做決策畢竟是截然不同的。希特勒並非體制的信徒，當然也不會輕易滿足於把德國的行政機構為自己所用。他甚至稱不上德意志民族主義者。在他的觀點來看，德國人理應優於其他所有人，但這種優劣的階序唯有透過發動種族戰爭才能樹立起來。他需要透過特殊的手段才能將德國人導向那樣的一場戰爭，且唯有透過不尋常的手法才能將國家導向無政府狀態。

這些都是重大的任務；而他的戰略與之相同。

＊＊＊

根據希特勒本人所言，起初的靈感來自巴爾幹半島模式（Balkan Model）。如同許多同時代的其他政治人物一樣，從衰頹的鄂圖曼帝國雄起的巴爾幹半島民族國家中，希特勒看到了安內與攘外之間恰如其分的關係。塞爾維亞和其他巴爾幹半島國家已經展示如何透過「軍事衝突」達成「特殊的外交政策目標」。巴爾幹風格的軍事主義彰顯出一種特殊的政治經濟學。國家領導人只擁有有限的市場，主要仰賴農業出口，卻又想要更大的經濟體。解放被棄置在國界另一側的同胞成了合理化擴張國家領土的理由。在國內，選民被告知戰爭即解放；實際上，領土擴張也擴大了稅源。希特勒宣稱，內政的唯一目的就是方便調動能源和資源，以獲得境外的生存空間。[9]

某種程度來說希特勒不啻為巴爾幹風格的軍事主義者。他在國內外擴張軍事需求的行事風格是經典的巴爾幹民族自決論。國內政治因此成為積累資源、操弄輿論的手法，致使戰爭成為可能，乃至似乎無由避免。儘管希特勒個人似乎不甚關心境外德國人的苦難，但他肯定這種民族主義頗能夠動員德國人的情感。希特勒強化武裝力量的程度超越過去諸般限制，顯然也超越了理性的範圍。義務徵兵制於一九三五年恢復，軍事預算也連年飆漲。在製造戰爭機器的同時，希特勒高築債臺，而唯有透過戰爭才有可能清償債務，這種情境遂也成為發動戰事的論點。預算優先順序的兩難古已有之（槍枝與奶油孰先孰後？），可透過傳統的巴爾幹風格（透過槍枝獲取奶油）來解決。如同希特勒所言，「自由的麵包生於戰爭的苦難。」[10]

他崇尚巴爾幹模式，但只視巴爾幹模式為第一步，而非最終極的標竿。儘管希特勒需要控制德國，德國的擴張卻並非其目的；雖然他了解如何利用德國民族主義，他卻並非民族主義者。他稱其德國同胞的民族情緒為某種「征服空間的力量」[11]，足以驅使他們參與種族鬥爭，在種族鬥爭當中，他們能夠看見更高的使命，並且加以實現。必須動員對國家的愛以將德國人拉出國家的範疇，進入他們可以征服的異域。如同一位了解希特勒的女人所言，「關在封閉空間的傾向如同黏土一般緊緊黏著德國人不放，必須加以克服。」[12]為了獲取更遠大的生存空間的野心，希特勒引介七套新制進入巴爾幹模式：黨國（party-state）、暴力的執掌（entrepreneurship of violence）、無政府狀態的輸出（export of anarchy）、體制的混雜化（hybridization of institutions）、無國家狀態的生產（production of statelessness）、德籍猶太人的全球化（globalization of German Jews）、以及對戰爭的重新定義（redefinition of war）。[13]

＊ ＊ ＊

不像那些他勉強予以尊重的巴爾幹半島領導人，希特勒並不是脫胎自既有的合法性與主權概念的國王。他不是帶有義務或利益的人民的朝代化身，而是註定要血腥鬥爭直至永遠的種族代表。大自然的使徒必須將傳統體制囊括到他自己對未來的願景當中，這意味著他得要在發動戰爭前轉化這些體制。從出任這顛顛巍巍的共和國總理職務伊始，希特勒和納粹黨人就繼承了大量的體制，創造出新的事物。

新舊德國之間在理論上的調和是黨國體制。這樣的綜合體是十年以前由列寧首創。蘇維埃國家在各個方面都必須要有國家應有的樣子：有行政、國會、司法、政府、行政、甚至有部憲法。實際上，蘇維埃的國家體制屈從於理應代表工人和工人利益的共產黨之下。共產黨歸中央委員會管理，中央委員會又由一群少數人（時常是一個人）操持政治局（politburo）。列寧集革命的優缺點於一身；希特勒的政黨卻沒有。因此，納粹將國家納入政黨，逐步達成黨國的「一體化」（Gleichschaltung）。[14]

一九三四年，希特勒被正式授銜為「元首暨總理」（Führer and Reich Chancellor）。[15]這個模稜兩可的稱謂意味著希特勒同時既是一個種族體（racial body）的頭子，又是政府的首領。希特勒在理論上是種族的殖民主義者，在實際上是威瑪共和的反對者。他以種族團結之名摧毀共和國的基本自由，嘲弄憲法。然而其官僚卻普遍將希特勒的統治視為行政體系的合法延續。[16]

＊＊＊

當然，黨國的概念本身是自我矛盾的。納粹黨是建立在無盡的種族衝突的假設之上，而任何傳統的國家都主張控制與限制暴力。必須保持衝突，但同時又需疏導衝突。因此，黨國的存在仰賴希特勒的第二項發明：暴力的執掌（entrepreneurship of violence）。

德國社會學家馬克思・韋伯（Max Weber）為國家所下的經典定義是，國家是尋求壟斷合法性暴力（monopolize legitimate violence）的體制。在一九二〇年代及三〇年代初期，希特勒希望藉揭發威瑪共和國其實無法壟斷合法暴力的事實使人民對威瑪共和國失去信任。他的武裝親衛隊衝鋒隊（SA）、黨衛隊（SS）在他一九三三年接掌政權前就以暴力的去壟斷者（de-monopolizers of violence）之姿運作。在擊敗對手或者開啟爭端的同時，他們是在展示既有體系的弱點。墨索里尼在義大利掌權後，希特勒蕭規曹隨，在自己執政後也保留自己的輔助軍隊（paramilitaries）。職業惡棍往往在革命之後才屈從於國家之下，成為秩序的僕役，不扯國家秩序的後腿。但即使在取得政權後，衝鋒隊與黨衛隊仍然是黨的組織。儘管其成員穿戴制服，編有軍階，但這並不代表他們在國家階序中擁有特殊位置。衝鋒隊與黨衛隊乃是權力的組織，但此處的權力並非被傳統國家所囿限的權力。他們終極的權力來源是其元首所定義的種族的福祉。在一九三三年接收政權後，他們成為暴力執掌者，為種族帝國大業找尋殺戮的方法與手段，甚至在德國落入納粹的控制之際亦然。[17]

＊＊＊

然而這個創新的手段繼而造成一個基本的問題：希特勒所企求的是一場境外戰爭，因此需要德國內部的力量來為他戰鬥，這些（暴力的）執掌者要如何在德國宣揚暴力？在希特勒視為基地的國家有多少熱血可以為他欲以種族之名發動的全球戰爭而拋灑？如果習於暴力的人們接受了暴力的訓練，哪裡可以將他們的訓練內容學以致用？蘇聯的統治者早先也面臨相同的問題，並且將之優雅地解決了。理論所需要的衝突必須持續下去，但並非在理論家所掌控的土地之上。共產黨理應透過艱苦卓絕的階級衝突來指揮工人，但當然，在革命之後，蘇聯不能承認階級衝突的存在。因此，布爾什維克稱他們的國家為社會主義的平和家園，為全世界未來和平的表率。蘇聯的對外政策是基於一個假設，亦即在蘇聯境外的階級衝突終究會搞垮世界資本主義、創造新的盟友。同時對於蘇聯的對外政策而言，鼓勵這個歷史過程於理於法都是再正確不過的了。換言之，蘇聯當局在自己的國家內壟斷暴力，並輸出革命。

希特勒的第三個創造物——無政府狀態的輸出——也是類似的方案，用以解決在合法化培養暴力的同時還須維持自身權威的兩難。一九三三年後，納粹德國主要是進行更深入的境外行動的基地，而這些境外行動將會回過頭改變德國自身。德國體制的改變一部分是為了改變德國人，但主要也是為了在德國境外施行前所未見的暴力手段做準備。革命會在境外持續進行，一旦成功，就能拯救德國人，使德國的國力更強大。德意志國家之所以必須被保存下來正是為了摧毀其他的國家，這項成就將建立一套新的種族秩序。[18]

在希特勒掌權後的一年多，這項解決方案的大綱於一九三四年六月浮上檯面。一組暴力的創新者——更大也更為民粹的衝鋒隊（Sturmabteilung，SA）被另一組人馬——更菁英的保鑣，原稱黨衛軍（Schutzstaffel，SS）所取代。衝鋒隊及其領導人恩斯特・羅姆（Ernst Röhm）忠於納粹意識型態，無論是從字面上理解的納粹意識型態還是以反政治的角度來解讀納粹意識型態。羅姆想像他的衝鋒隊成員會成為一種新的軍隊，在德國內外煽動革命。他高唱第二次革命，以響應希特勒一九三三年的就職。相對地，希特勒了解，在透過境外戰爭完成革命之前，必須先有一段德國的政治轉變期。在「長刀之夜」（Night of the Long Knives），黨衛軍逮捕並處決羅姆及其他衝鋒隊的領導人，政治宣傳卻譴責這些受難人是同性戀。如同許多納粹的行動，表面的保守主義僅是幌子，用以掩蓋實質上極為激進的事情。法學理論家卡爾・施米特（Carl Schmitt）解釋道，希特勒之所以將自身與傳統理解上的法律對立起來，是為了保護一條真正的法則——種族的法則。透過鎮壓衝鋒隊，希特勒得以安撫德國武裝勢力的指揮官們，因為他們一直將衝鋒隊視作威脅。[19]

衝鋒隊代表的是青年希特勒的無政府狀態，而黨衛軍理解的則是對於某種新的種族政治需求；這種新的種族政治固然激進，卻也需要從長計議。黨衛軍非與德軍為敵，也不對德國的秩序構成威脅。其指揮官海因里希．希姆萊追隨希特勒，將德國視為政治的領域，改變在此可能是循序漸進的。黨衛軍並未加入德國內部的革命勢力，他們參與的是摧毀境外國家的行動。這關乎的是未來與軍隊之間的分工，而非眼下的爭權奪利。德國體制雖然有用，但也必須與他們想搞叢林法則的欲望之間互相權衡；現下在德國採取的行動必須是為了日後的衝突做準備，衝突才是國家社會主義的本質。德軍會透過打敗敵軍來鋪路，然後黨衛軍會透過摧毀國家、剿滅人類來恢復自然的種族秩序。[20]

此一任務所許諾的未來的優越感讓加入黨衛軍的青年能夠調和種族主義與菁英主義，調和野心與宿命。他們相信自己正在捍衛德國民族性中最優越的部分，儘管其組織的存在已經改變了德國這個國家。[21]

* * *

在長刀之夜過後，黨衛軍執行了希特勒的第四個創造物：體制的混和。犯罪被重新定義；種族組織與國家組織合併，幹部也不斷輪替。在一九三五年一次重要的改革當中，希姆萊露骨地將黨衛軍與警察合併，將之重新定義為一個保護種族的機關。服膺於種族運動（而非傳統國家）的希姆萊自一九三六年起親自擔綱黨衛軍、德警兩者的指揮。[22]黨衛軍的調查機關黨衛隊保安處（Sicherheitsdienst，SD）提出了對政治犯罪的新定義：它不是反國家的犯罪；國家唯有在代表種族的情況下才有效。由於政治除了生物學以外什麼也不是，政治犯罪即反德意志種族的犯罪。希姆萊的首長萊茵哈德・海德里希（Reinhard Heydrich）——希特勒稱其為「鐵石心腸之人」——負責指揮黨衛隊保安處。[23]

希姆萊於一九三七年建立的黨衛隊高層暨警長（Higher SS and Police Leaders）是將兩個指揮鏈合為一體的新的高層，僅有寥寥數人，由希姆萊選任且聽他發號施令。這些新的職位在戰爭期間德國境外領地至關重要。黨衛隊高層暨警長受到德國自身的治警單位和法律的層層約束；不過他們後來在東方發展出了一套新的政治秩序，不受諸如此類的阻撓。一九三九年九月，海德里希被任命為新成立的帝國安全部（Reich Security Main Office）部長，國安部將他的黨衛隊保安處（黨的體制和種族體制）與治安警察（國家的體制）合為一體。海德里希日後負責創建納粹特別行動隊（Einsatzgruppen），循德軍的腳步進入被征服的地帶。納粹特別行動隊也是一個混雜的組織，將黨衛隊成員與其他人員混編。警察內部也是混雜的，因為員警被黨衛隊招募，而黨衛隊員也被編為員警。祕密國家警察（蓋世太保〔Gestapo〕）、刑事警察（Criminal Police，Kripo）、甚至正規的穿著制服的治安警察（Order Police，Orpo）都將變成希姆萊的種族戰士。[24]

* * *

戰前德國的黨衛隊負責的寥寥數件任務當中，其中一件就是在德國境內建立小型無國家狀態的集中營。這種無國家狀態的先例是希特勒的第五個創造物。希姆萊於一九三三年在達豪建立第一個集中營，（相對於德意志國家的）國家社會主義黨——在黨領導人認為必須時可在不受法律支配的範圍——在集中營內對人加以懲處。[25]政治的敵人和社會的敵人就是種族的敵人，而集中營就是為了要圈禁所有這些群體的人。將社會主義者、共產主義者、政治異議分子、同性戀、罪犯、以及被認為「怕工作」（work-shy）的人關押在集中營內，將他們隔絕在國家的正常保護之外，並將他們從德意志民族社群過濾出來。他們的勞動將幫助德國為一場摧毀其他國家的戰爭做好準備。

集中營最重要的面向是開創先例。一九三〇年代德國集中營體系的規模並沒有特別大——德國一八九〇年代的殖民設施規模也相仿，而當代蘇聯古拉格勞改營的規模則大上百倍。德國的集中營主要的重要性在於，只消依照元首的意志，這個脅迫的機關（organs of coercion）就可以透過鐵絲網把集中營與法律和國家隔絕開來。以此，集中營成了黨衛隊為了在德國境外執行更多任務而進行訓練的場地：以種族的體制摧毀國家。在黨衛隊行將摧毀國家的地方，在東歐國家的死亡率遠比一九三〇年代在德國集中營的死亡率還高。

＊＊＊

希特勒的第六個在政治上的新發明是德國猶太人的全球化。現實上，猶太人只占德國人口非常少的一部分，不到百分之一。大多數猶太人在語言上和文化上已經十分融入德國社會；二十世紀初期的德國高級文化（包括許多至今仍被稱頌的現代主義）其實很多出自猶太人的手筆。多數德國人在日常生活中見不到猶太人，也不是很擅長區分猶太人與非猶太人。要換上新的種族眼鏡就得要鞏固德意志「民族共同體」（Volksgemeinschaft）。[26]

希特勒掌權以後，是否被視為德意志國家一員與納粹黨入黨資格的規定如出一轍。一九三三年，猶太人被禁止服公職及擔任律師。根據一九三五年的《紐倫堡法》（Nuremberg Laws），猶太人成了二等公民。對於納粹法學家施米特來說，這些法令是「自由的構成」（constitution of liberty）的一部分，因為這些法令是專斷劃分敵友的具現，這在他的觀點中能使正常的政治成為可能。[27]及至一九三八年，猶太人在德國都不能行使任何商業、醫療、法律的權利。讓猶太人從公共生活中緩緩退場是為了驅使他們離開德國，以及為了要修正德國人的世界觀。在日常生活中，種種對猶太人不利的措施迫使德國人思考猶太人，注意到猶太人。將自己定義為「亞利安人」則是把和他們共享這個國家的猶太人給排除在外。[28]

同時，納粹宣傳機器則積極地把德國的猶太人包括在一個想像的國際性的猶太陰謀群體當中。猶太人常常被形容成不是一個個的個人，而是「世界猶太」（Weltjudentum，world Jewry）的成員。[29]在焚書的同時，其信息是全球性的：在海德堡，那些「猶太的、馬克思主義的或類似起源的」書被燒掉；在哥廷根，焚書的同時旁邊還有著蘇聯國家創始人「列寧」字樣的印記。以此，猶太人變成了布爾什維克黨人，這個連結與焚書的行為合而為一。[30]不久之後，被焚燒的就不再只是書本而已；猶太人自己就背著這樣的印記被活活燒死。

一九三〇年代德國猶太人的全球化雖至關重要，但成效有限。對希特勒來說重要的是猶太人仍然存在在德國內部。要將猶太人從德國人口中析離出來，唯有透過把猶太人從整個世界上處理掉才能辦到，但此際這還不能透過任何精確的方式來表述。日後的經驗會說明，要想殺害猶太人，首先要先將他們從德國給攆出去。除了幾百起例外之外，德國人不會在戰前屬於他們共同的家園中殺害德籍猶太人。在德國境外的德國人四處進犯、占領鄰國，並在政治權威失落、猶太人無恃可依的地方碰到猶太人時，往往以政治宣傳品所宣導的非人的角度來形容猶太人。德國境外的猶太人占大屠殺受害者的最大宗。一旦與世界大戰結合，種族主義的全球化便告成功。

希特勒的最後一項發明是戰爭的重新定義。希特勒版本的軍事主義超越了為（如同在巴爾幹半島的）傳統形式的戰爭備戰。他不僅意圖拿下可能被描繪為族裔上不純淨的領地（如同在巴爾幹半島模式），也想摧毀一整個國家，主掌一整個種族。「血，」如同黨衛隊的口號所言，「才是我們的邊界。」[31]一九三八年，希特勒廢黜了戰爭部長的職位，親手指揮武裝勢力。希姆萊、戈林、海德里希及其他納粹領導人計畫在東歐發動一場滅絕、饑饉、殖民的戰爭。[32]

奇怪的是，這次計畫並非針對德國實際上的東線邊界。波蘭在希特勒一九二〇年代的書寫中無足輕重，而在他一九三三年掌權後是以德國亟欲拉攏的同盟之姿出現在政策當中。考量到波蘭是歐洲猶太人主要居住的地方，這點就更加奇怪了。波蘭猶太人公民的數量約是德國猶太人公民的十倍。在像是華沙、羅茲（ ód ）等個別波蘭城市，猶太人人數就相當於整個德國的猶太公民人數。更有甚者，波蘭就介在德國與蘇聯之間，而希特勒打算在蘇聯發動真正的革命。

戰爭一直都是希特勒政策的目標。一場戰事之所以發生乃是在德國境內擘劃的結果。但關於波蘭，希特勒犯了一個錯誤：他認為波蘭只是更大的德國事業的一個工具而已。但波蘭卻是以一個政治行為者、一個主權國家之姿行事的。

＊＊＊

一九一八年德國的災難是波蘭的奇蹟。幾乎所有一戰對德國造成威脅的結果都令波蘭振奮。一九一九年的《凡爾賽條約》在德國是不公不義的象徵，但卻是獨立的波蘭得以存在的法治樑柱。當德軍從東方撤出時，可以有一支新的波蘭軍隊來填補權力的空窗。波蘭人為了前德國附庸國與紅軍交戰，贏得了波蘭—布爾什維克戰爭。一九二一年的《里加條約》（Treaty of Riga）確立了波蘭東部與蘇聯接壤的邊界。[33]

波蘭是一個由三個舊帝國領土——俄羅斯、哈布斯堡、德國——聚合而成的新國家。猶太人大量遍布在幾乎全國的範圍，因此，對於波蘭的其他公民來說，與猶太人的互動是日常生活中的一部分。猶太人占醫生、律師、商人的大多數，因此在更廣大的知識、權力、金錢的世界扮演著中介者的角色。猶太人繳付波蘭逾三分之一的稅，且猶太人所擁有的公司負責約一半的外貿。[34]在波蘭被同化的猶太人與在德國被同化的猶太人差不多多；差別在於，每有一名同化的波籍猶太人，就有十名說意第緒語（Yiddish）且持某種形式傳統信仰的猶太人。在波蘭，猶太人有著與非猶太人並行的教育體制、媒體與政黨體系。[35]

效忠於波國與否的問題不能簡單以語言或宗教人口的調查結果來回答。直接認為所有只說波蘭語的人都認同波蘭這個國家，而來自其他背景的人們一定不認同，那是被族裔民族主義（ethnic nationalism）牽著鼻子走。並非所有操波蘭語的人都效忠於或甚至認同這個新的國家。大多數波蘭人是農民，而多數農民都在等待某種國家的姿態來激發他們的忠誠。波蘭的鄉間人口大幅過剩，農村失業率居高不下。土地改革停擺且程度不足。波蘭國家並未從大型地產重新分配土地，而是在買賣與由此而來的借貸協商中充當代理人。農民不滿於交易的遲滯，且在大蕭條借貸被撤回時蒙受損失。多數農民希望擁有自己的耕地以及共有地的傳統使用權利，這樣的欲望在意識型態上是相互矛盾的，但在實踐上卻可以理解。當所有的土地都變成私有財產時，過去使用牧場和森林的權利就無法執行。半個世紀以來，大批波蘭農民持續移往美國，但在一九二〇、三〇年代，新的美國法律讓他們卻步。獨立的波蘭同化、接納了大批農民，但也必須處理農村相當程度的不滿情緒。[36]

波蘭愛國主義從知識階層開始向外傳布，知識階層主要是由持有土地的貴族後裔和新興中間階級所構成的社會群體，包括上層猶太人的子嗣。波蘭政治社會分裂為兩種主要的傾向，對於新政體的設置和目的持截然相反的觀點。在波蘭人當中最受歡迎的是**羅曼．德莫夫斯基**（**Roman Dmowski**）所領導的**國家民主黨**（**National Democracy**）。國家民主黨支持土地改革，但唯有在有助於波蘭人（而非在波蘭東部為數眾多的烏克蘭人和白俄羅斯人）的前提下才支持土地改革，這些烏克蘭人或白俄羅斯人若非和波蘭人一樣窮苦，就

是比他們更窮。第二個主要的陣營來自畢蘇斯基的波蘭社會主義黨（Polish Socialist Party），他們原則上支持土改，但就權力而言屈服於持有土地的貴族的聲音，因為社會主義黨傾向將貴族視為國家的堡壘。[37]

兩者在民族問題與猶太問題上的分歧是根本的。國家民主黨人認為，波蘭兼容並蓄的傳統導致了十八世紀古波蘭立陶宛王國的覆滅，唯有波蘭民族的人是值得信任的。國家民主黨人往往強調要在說波蘭語的農民當中建國，他們將烏克蘭人與其他斯拉夫人（約占人口四分之一）視為有可能被同化的，但認為猶太人（約占人口十分之一）是異邦人。儘管該運動是受社會達爾文主義的影響，視生命為鬥爭的世俗非信者所創立，但是隨著時間的推移，它也將傳統的反猶宗教觀吸納進來，例如猶太人應為耶穌之死負責的想法。如同羅馬天主教會，國家民主黨人傾向於將猶太人與布爾什維克主義連結起來。猶太人在波蘭為數頗眾，使得反猶主義比在德國還要顯著，但這也讓像是德莫夫斯基這樣的反猶主義者更難將猶太人以一種單一刻板印象的方式呈現。儘管陰謀論與猶太布爾什維克論的確存在於宗教和世俗的政治宣傳當中，但是波蘭的反猶主義者仍傾向於認為猶太人也是波蘭人，而非將之視為星球性的問題。[38]

德莫夫斯基的對手畢蘇斯基對政治的觀念則始於國家（state）而非民族（nation）。他傾向於重視古波蘭立陶宛王國的傳統，並相信其寬容的遺產仍然適用。他將個人看作國家的公民，彼此有互惠的義務。他以社會主義革命家之姿起步，即便他疏離了自己年輕時的理念，卻仍然維持著革命性的暴力是合理的這樣的信念。儘管他的支持者可能少於德莫夫斯基，但他在戰術上通常握有發球權。若說德莫夫斯基傾向認為波蘭民族的立國之本在於農民，那麼畢蘇斯基則認為在任何時間點上都要準備好召集各方勢力。[39]

一戰是畢蘇斯基的時代。他透過在哈布斯堡王朝內部組織軍團為歐洲的危機做足準備。其理念是與哈布斯堡的正規軍並肩作戰，只要這能保證能在這多民族帝國中為波蘭人帶來政治利益，並在時機成熟時用軍事訓練來完成其他目的即可。眾帝國崩解之際，他也組織了祕密的波蘭軍事組織，其任務是贏得獨立，劃出有利的邊界。畢蘇斯基順利在華沙掌權，甚至於一九一九至二〇年率兵擊敗列寧的革命國家。但他無法說服多數的波蘭人接受他的國家主張。前社會主義同志**加布里埃爾・納盧托維奇（Gabriel Narutowicz）**獲選為波蘭第一任總統，旋即遭到一名狂熱民族主義者暗殺。畢蘇斯基隨後退出了他致力打造的國家政治。[40]

一九二六年，畢蘇斯基之所以得以重新掌權，是透過政變，一方面推翻國家民主黨右派及其對波蘭社會的宰制，一方面也推翻國家民主黨人的沙文主義變相助長的共產主義左派。他並未修改波蘭共和國的憲法，而是玩弄其體制，尋找在國會中製造可能多數的方法。他成立一個選舉的組織**「政府合作非政黨集團」（Non-Party Bloc for Cooperation with the Government）**，支持者為少數民族，包括傳統猶太人。[41]正統猶太黨派**「以色列組織」（Agudat Yisrael）**成了支持他體制的堡壘。[42]猶太教會堂堅決投票給畢蘇斯基的黨團，拉比（rabbis）們將其追隨者引入甕中。有些運作黨團的人是世俗的猶太人和烏克蘭人。[43]

畢蘇斯基帶來了結合一絲改版自由主義的假民主。他之所以在一九二六年以後維持民主程序的表象是為了保留合法性的感覺，同時避免讓國家民主黨人贏得政權。他的威權體制或許延遲了災難。從畢蘇斯基發動政變之後到他死亡之間，全球經濟崩解，極右翼在全歐洲興起，希特勒奪權並開始一體化，史達林鞏固權力，蘇聯集體化導致饑荒。畢蘇斯基將國家視為所有公民所平等共有的，這在當時逐漸變得老套。他的政府抹除了所有針對猶太人的法律性歧視，為當地負責宗教、文化事務的猶太社群創造出法律性的基礎。[44]

畢蘇斯基對國家的基本尊重與希特勒對國家根本的蔑視迥然不同，這從畢氏賴以奪權的組織之命運可見一斑。如同希特勒有他的衝鋒隊和黨衛軍，畢蘇斯基也有他的軍團和波蘭軍事組織。但效力於這些波蘭準軍事組織的男男女女或於戰後、或於畢氏一九二六年重新掌權後都被融進了傳統的國家體制。他們有時被納入畢蘇斯基所製造的陰謀裡，但並未有建立在物種學上的無政府主義或認為他們的種族較優越而形成另一種體制。這些組織的老將肯定浸淫在以畢氏為民族救星的浪漫神話以及世俗彌賽亞主義的普遍崇拜中，這些是他愛國主義在精神層面的要素。其根本的概念是波蘭人在這世上遭受著苦難，但波蘭人和其他人同樣也可能可在這個世上從苦難中被解放出來。[45]

隨著時間推移，這些觀念變得只能緬懷，無法再振奮人心，因為一九一八年贏得的波蘭獨立如今被來自東西的威脅夾擊。及至一九三三年希特勒上臺時，畢蘇斯基那些如今擔任外交官、間諜、士兵的老同志們心之所繫的是要在柏林和莫斯科之間護衛這得來不易的國家。

＊＊＊

畢蘇斯基是蘇聯的敵人。他曾在波蘭—布爾什維克戰場上擊敗紅軍，並且視史達林為匪徒。不像希特勒那樣，他對蘇聯的感覺來自於自身對帝俄的體認。對俄羅斯的歷史和種族性格展現出強大信念的希特勒並不諳俄語，也從未親身經歷帝俄或蘇聯。畢蘇斯基生來就是俄羅斯的帝國臣民，並在伊爾庫次克（Irkutsk）政治流亡五年期間學會用俄文罵髒話——直到死前都仍保持著這個習慣。畢氏曾穿越烏拉山脈（Ural Mountains），這對希特勒來說與希伯里爾（Hyperboreans，譯按：希臘神話中崇拜太陽神阿波羅的北方淨土之民）一樣，與神話無異；畢氏曾被遣送至西伯利亞，而希特勒只夢想過把猶太人遣送到那兒。

對畢蘇斯基而言，俄羅斯和左派都不是抽象的概念。身為一八八六年**卡爾可夫**（**Kharkiv**）的學生，他與俄羅斯革命民粹派「人民的意志」（Narodnaia Volia）一起移動，該運動行將啟發接下來的布爾什維克世代。一年後，他的兄長與列寧的兄長一同謀劃暗殺沙皇。畢蘇斯基被控涉案，被判刑流放西伯利亞五年。獲釋後，他協助建立波蘭社會主義黨並編輯黨報《工人》（*The Worker*）。他曾是俄國革命派，因為他和他的同志在一個非法的地下組織與俄羅斯人、猶太人與（帝俄內所有可能的）社會主義者一同行動。[46]

畢蘇斯基很清楚左派也有猶太人：在俄羅斯社會主義運動中反對波蘭獨立的猶太人、他所合作的對象、想要猶太自治的猶太人、在他自己的波蘭社會主義黨內的猶太人等等。在他的政治青春期和某種程度來說的政治成熟期，他的同志戰友當中都有猶太人的身影。他認識參與在布爾什維克革命中的波蘭籍猶太人和其他波蘭人。對他來說，這些都是有名有姓有過去的個人，他們犯下過可怕的錯誤。他自己相信國家地位應當先於社會主義存在。一戰期間與戰後，他與他的軍團和波蘭軍事組織中的許多猶太成員一同謀劃、戰鬥。他的圈子認為猶太布爾什維克的想法是愚蠢的。蘇聯是個實際上的外在威脅，而猶太問題則是國內政治的事。[47]

畢蘇斯基和他的同志們傾向於視帝國為民族的培養皿，視進步為民族解放。身為曾經從失能的帝俄領土上建造獨立民族國家的人民，他們傾向相信同樣的過程也可以再度在蘇聯內部發生。在他們的想法裡，主要的民族問題在於烏克蘭。如果說，希特勒和納粹黨人傾向於視烏克蘭為定居者殖民（settler colonization）的區域，那麼畢氏及其同志則視之為一個鄰國、一個可能的政治資產。對許多波蘭籍領袖而言，烏克蘭即是家園。畢蘇斯基來自立陶宛，但在東烏克蘭就學。許多畢氏的中尉都是來自烏克蘭的波蘭人，一九一九至二〇年對抗布爾什維克的戰役大多在那裡交鋒。數以千計來自烏克蘭的波蘭人在那命喪沙場，也有數以千計的波蘭人並未喪命。來自烏克蘭的波蘭人有時多愁善感地看待這個國家，也常常對之表示輕視，但終歸將之視作一個有人居住的地方。不像納粹黨人，沒有哪個波蘭的政治家會將烏克蘭看成荒陬一片或者杳無人煙之地。[48]

畢蘇斯基一九二六年回歸執政後，外交部和軍事情治單位中的一些老同志著手進行一個計劃，名為**普羅米修斯計劃（Prometheanism）**。該政策的名字典故來自用光庇佑人類、而又以希望詛咒人類的希臘神話巨人。這項政策支持對抗帝國的被壓迫民族，尤其是蘇聯內部的烏克蘭問題。蘇聯是奠基在前民族共和國的結盟之上。蘇聯領導人設想透過承認其他民族的存在，加上一些懷柔動作，便可以招募新的非俄羅斯與非猶太菁英。他們這種樂觀的想法是奠基在馬克思主義的信念之上，相信有朝一日工人階級終將取得勝利，而勝利將帶來社會主義。由不同的歷史體系出身的波蘭普羅米修斯人則認為歷史的行動者是蘇聯民族，而非社會階級，一旦予以適切的支持，這些民族就能弱化蘇聯。普羅米修斯計劃乃是波蘭外交政策隱而不彰的部分，資金來自祕密的預算，由可以信任的人來實行。其最為核心的是波蘭最烏克蘭的省沃里尼亞。數年以來，沃里尼亞的烏克蘭文化都受到官方支持，以利吸引蘇聯內部的烏克蘭人的注意與同情。[49]

對蘇聯內部民族運動的支持乃至整個普羅米修斯計劃都理所當然被認為是服膺於波蘭的利益。即便如此，許多參與在運動中的人都相信他們在賡續一種特定的族裔傳統，也就是犧牲小我，完成民族的大我。一戰的結果並未挑戰他們的自由民族主義，反而肯認了這種民族主義。十九世紀浪漫愛國者的標語是「為了你們的自由和我們的自由！」所有的人都會做出犧牲，所有的人最終都會獲勝。

＊＊＊

畢蘇斯基視蘇聯為一個堅實的政治體系，對於波蘭而言則是持續的威脅。在這點他是正確的。但他將蘇聯看作帝俄的更新版。在這點上他是錯誤的。希特勒掌握到蘇聯的新穎與激進，但錯誤地把其領導人的觀念與目標化約為猶太人對世界的宰制。蘇聯意識型態家將畢蘇斯基與希特勒雙雙描繪為「法西斯主義者」，這忽視了國家地位的威權捍衛者（defender of statehood）與窮兵黷武的生物學式的無政府主義者（warmongering biological anarchist）之間顯著的差異。但馬克思主義者正確地注意到，在波蘭和德國都大行其道的私有財產制與蘇聯體系極為不同，以致於華沙方面與柏林方面都幾乎不可能理解共產主義。

蘇聯、波蘭、德國體系可以由其與土地的關係來界定。如同資本主義者，共產主義者必須面對一個基本的兩難，既要維持農村的穩定，又要滿足都市的人口。在一九二〇年代的蘇聯，都市的人口許多皆是理論上的工人階級，寓居在幾乎無建設的城市裡，由在像是烏克蘭等地與自己的耕地緊密連結的真正的農民所餵養。納粹黨人將土地問題輸出，視之為對外征戰的理由。波蘭政府試著透過較為法律性的途徑來解決這個問題，但是卻失敗了。史達林直面這項議題所得出一個邏輯的結論是：現存的蘇聯農民、農村將會由屬於工人與城市的未來所替代。波蘭人沒有農民烏托邦的恢宏視野；納粹在農業上對生存空間的看法則仰賴於對外的勝利。蘇聯相信他們的革命可以在國內發生，而其代價正由廣大的農民階級承擔，這些人在社會主義的任何情況下都毫無地位可言。[50]

在莫斯科、華沙、柏林，土地問題一直既是國際問題，又是國內問題。如果說德國是再殖民，圖

LATVIA
拉脫維亞
R.S.F.S.R.
蘇聯共和國
Baltic Sea
波羅的海
Klaipėda (Memel)
克萊佩達
立陶宛
LITHUANIA
考那斯
Kaunas
柯尼斯堡
Königsberg
Wilno
維爾紐斯
Danzig
丹茲克
EAST PRUSSIA (Germany)
東普魯士
蘇瓦烏基
Suwałki
明斯克
Minsk
白俄羅斯蘇維埃社會主義共和國
BELARUSIAN S.S.R.
Allenstein
奧爾什丁
格羅德諾
Grodno
Niemen
德國
GERMANY
蘇聯
U.S.S.R.
Vistula
Bug
Poznań
波茲南
Warsaw
華沙
布列斯特
Brześć
Pińsk
平斯克
Pripiat
Łódź
羅茲
POLAND
波蘭
Radom
拉多姆
Lublin
盧布林
Breslau
弗次瓦夫
Oder
沃里尼亞
Volhynia
羅夫諾
Równe
卡托維治
Katowice
Cracow
克拉科夫
Lwów
利維夫
UKRAINIAN S.S.R.
烏克蘭蘇維埃社會主義共和國
捷克斯洛伐克
CZECHOSLOVAKIA
Dnister
波蘭共和國
1922年
波蘭王國1918年
匈牙利
HUNGARY
羅馬尼亞
ROMANIA

謀從其他帝國奪取土地，而波蘭是去殖民，希望解放其他帝國以讓其公民得以遷出，那麼蘇聯則是自我殖民（self-colonial）。史達林希望將他認為帝國主義者會套用在土著身上的政策給套用在他自己的臣民身上。由於蘇聯與資本主義世界隔絕但卻又需要與資本主義的發展並駕齊驅，唯一的希望就寄託在剝削蘇聯境內包括人在內的資源。由於蘇聯是世上最大的國家，占世上大陸的六分之一面積，這種想法唯有在莫斯科才可能實現，不可能出現在柏林或是華沙。史達林自我殖民的核心在於一九三〇年積極開始進行的農業集體化：奪取私有農地，將一些農民變成受控管的農業勞動者，其他農民則變成城市或勞改營的工人。[51]

這項政策先是帶來大規模的抵抗，然後是大規模的饑饉：首先在哈薩克蘇維埃社會主義共和國，百萬人在蘇維埃哈薩克罹難，因為當地狂熱地將游牧民族綁在耕地上，國家旋即又把土地從他們手中拿走；再來是在南蘇俄以及烏克蘭蘇維埃社會主義共和國全境，這裡是生產力豐饒的地帶，但農業集體化將土地從農民手中奪走。一九三二年下半葉，史達林將烏克蘭境內的饑饉看作政治問題，把問題歸咎於烏克蘭人，並宣稱整起危機都是波蘭情治工作所導致的結果。該年秋冬，蘇聯領導班子在蘇維埃烏克蘭實施一系列的特殊政策，以確保死於饑饉的情況集中在那兒，而非在其他地方。約三百三十萬蘇維埃烏克蘭居民於一九三二、三三年無端慘死於饑饉與疾病。[52]

從集體化之初，數以千計的農民往往以村為單位逃離蘇維埃烏克蘭，越過波蘭邊界，乞求解放戰爭。[53]一名農民坦言一旦「戰事爆發，人們的心情是：如果波蘭軍隊來了，所有人都願意親吻波蘭士兵的腳，並攻擊布爾什維克黨人。」[54]另一人表達希望「波蘭或者其他國家能儘快來把他們從苦難和壓迫中解放出來。」[55]負責訪問蘇聯難民的波蘭邊境守衛報告的要義是：「人民希望來自歐洲的武裝干預。」

在地球上最豐饒的地區所發生的蓄意造成的大規模饑荒終究難逃輿論注意。但華沙與柏林方面的反應則頗為不同。儘管兩者都記述著饑荒的發生，但是根據波蘭的邊境守衛與情治官員回報道，第一波逃難潮後，蘇聯軍力集結在邊境以強化饑荒。[56]波蘭的普羅米修斯們思考著集體化致命的政策，它的現代性毫無疑問，他們開始自問是否真的了解蘇聯。有鑑於這種新的不確定性，有些人開始懷疑自己先前使用民族問題嘗試理解蘇聯，就政治上和道德上來說是否合宜。波蘭外交政策在此出現急轉彎。波蘭於一九三一年同意蘇聯的提議，商議互不侵犯的條約，並於一九三二年簽署。這將波蘭與他們先前的烏克蘭附庸切割開來，也將之與「烏克蘭問題」切割開來。而這些確實有著道德上的危險。

在蘇維埃烏克蘭的波蘭外交人員觀察到了集體化的後果，並同時受著良心的煎熬。在當時蘇維埃烏克蘭首都卡爾可夫（Kharkiv）的領事估計五百萬人已死於饑饉，這個數字對於蘇聯整體而言太低，但對於烏克蘭本身而言又稍微過高。[57]一九三三年二月，他彙報說有男人前來他的辦公室哭訴自己的妻小正在挨餓。另一名外交人員寫道，在卡爾可夫「的街頭可以看到行將就木的人們，以及屍體。」每晚都有數百具屍體被清理，卡爾可夫的居民還抱怨軍方清理得不夠快。波蘭的情治單位正確地彙報，在農村裡，饑荒的狀況甚至更為嚴重，農民逃離鄉間只為到卡爾可夫的街頭行乞。[58]軍方試圖睜一隻眼閉一隻眼，每天抓的孩童高達兩千名。即使死亡人數從數十萬攀升到數百萬，波蘭軍事情報首腦在一九三三年三月仍寫道「我們要忠於」蘇方的安排，「即使他們持續挑釁和勒索我們。」[59]

波蘭人從烏克蘭問題中撤出，對於烏克蘭人而言可以說是相當於遭到背叛的體驗——而這也的確並非虛言。[60]波蘭關於民族問題的領銜專家記錄下了蘇聯－波蘭協議的一個後果：「條約的簽署消解了境外救援的希望，因此對這眾多的人民來說，蘇方勢力成了絕對的生死主宰。而這也可從一九三三年春農業人口大規模亡佚的事實得到證明。」烏克蘭農民的最後希望，根據他們自己所說，就是德國入侵蘇聯，並摧毀蘇聯秩序。

習於將民族和忠誠視為政治事務的波蘭外交人員開始自問，如果德國人日後真的入侵了，他們會怎麼管理蘇維埃烏克蘭？有人寫道，德國人「將必須深思熟慮他們對待當地人口的實質的和道德上的方法，應該用什麼口號，以及如何實現這些口號。」這些枝微末節都不是希特勒的考量。他正準備進犯蘇聯，奪取烏克蘭，但其目的在於種族殖民，而不是民族解放。他沒把烏克蘭人或者蘇聯公民視為政治的主體，甚至不把他們當成完整的人類看待。

* * *

在蘇維埃烏克蘭發生的政治性飢荒重新整編了強權之間的外交關係，也為第二次世界大戰鋪路。一九三〇年大規模的集體化開始之際，史達林與蘇聯的領導班子警覺到他們自己的政策後果，尋求與畢蘇斯基和談，以避免波蘭在集體化的亂局期間出手干預。在**大蕭條**期間，波蘭的領導階層縮減國防預算，且為軍事干預的道德意欲所苦，因此他們欣然同意和談。莫斯科與華沙於一九三二年簽訂了互不侵犯條約。柏林方面非常機敏地警覺到這項協議可能有礙自身利益。畢蘇斯基指派其於一九三二年走馬上任的外長約瑟夫・貝克（Józef Beck）與德國也簽訂了類似的協議來加以平衡。這個舉措來得正是時候。畢蘇斯基曾嘗試引起歐洲人的注意，以對希特勒採取先發制人的行動，然而這嘗試無疾而終。[61]希特勒也有意與華沙方面達成和解。一九三四年一月，柏林與華沙簽訂互不侵犯的聲明，同意不會以武力改變兩者之間的邊界。

對一九三三、三四年的波蘭領導人而言，面對希特勒與史達林的崛起，維持現狀本身就是目的。

對於柏林方面而言，這項聲明是對蘇聯領土發動東線戰爭和殖民宏圖的第一步。希特勒知道與波蘭維持和平在德國內部並非民意所向，但他毫不在意。他視德、波領土問題為日後打造東方帝國的跳板。他期望與波蘭達成協議，從中波蘭會自願讓出一些領土以換取從蘇聯得到的土地。那樣一來，傳統的德國恢復失地運動者（revanchists）就能得到他們想要的——這也能讓他們願意參與希特勒想要的戰爭。共同聲明發布之後，反波蘭的假情報從德國報紙上消失了。德國宣傳部長約瑟夫・戈培爾（Joseph Goebbels）在華沙針對一個極具挑戰性的主題「國家社會主義德國作為歐洲和平的要素」進行演說；貝克承諾會阻止在波蘭召開猶太人組織的國際大會。而今身體已每況愈下的畢蘇斯基竟開始以軍事鬼才的形象出現在德軍的出版品中，敘述他如何早在一九二〇年就在快速的包圍戰中擊敗紅軍。他的回憶錄以德文出版，由國防部長慷慨作序。[62]希特勒思索著要怎樣才能拉攏波蘭人，使之成為德國徹頭徹尾的軍事同盟，並告訴他的將軍這就是他所衷心期盼的。[63]

莫斯科方面則對烏克蘭的饑荒所帶來的外交轉變有自己的一套詮釋。華沙方面認為與莫斯科、柏林各自互不侵犯的協議證明現狀的政策廣受支持，柏林方面認為自己與華沙的合作指向共同對抗蘇聯的行動，莫斯科方面則認為德波和解是波蘭與蘇聯之間永遠不可能結盟的信號。在史達林所預期的歐陸戰爭中，波蘭若非與蘇聯為敵，便是保持中立。這意味著波蘭的國家地位對蘇聯而言沒有正面的價值，因此一旦時機成熟就必須予以殲滅。這證實了在蘇聯西邊為數頗眾、但卻是相對少數的波蘭人被日後可能發生的蘇波協議所裹脅。一旦史達林不再相信波蘭能成為蘇聯的盟友，波籍的蘇聯公民就變成刀俎魚肉。蘇方可以將政策的失敗（例如在烏克蘭的饑荒）歸咎於蘇聯境內的波蘭人並加以懲處。[64]

從一九三四年一月德波聲明簽署到一九三九年一月德波關係生變的這五年之間，蘇聯境內的波蘭人成為族裔清洗行動的對象。德波聲明發布後數週，第一波遣送蘇聯波蘭人的行動始於蘇維埃烏克蘭與蘇維埃白俄羅斯的邊境地帶，而這一直持續到一九三六年。蘇聯境內的波蘭共產黨人被描繪成意圖搗毀蘇聯秩序的參與者。經審訊他們「發現」了這個「密謀」，這於是用來合理化一九三七、三八年間的波蘭行動（Polish Operation）——是這前後數年間大恐怖期間蘇聯針對特定族裔規模最大也最血腥的行動。逾十萬名蘇聯公民公然以波蘭間諜問罪遭到槍殺。這是人類歷史上在承平之日針對特定族裔規模最大的射殺行動。[65]

波蘭行動開始之際，史達林說他想要為了「蘇聯的利益」銷毀「波蘭間諜行動的爛泥」。當毀滅整個波蘭國家的機會來臨時，他更不會放過。波蘭是歐洲最大的猶太人家園，有逾三百萬人。扼殺他們的政體對於他們的命運來說事關重大。[66]

第三章　巴勒斯坦的應許

一九三〇年代在蘇聯境內有波蘭間諜的存在是理所當然的事，其中，有些間諜肩負的任務頗不尋常。一九三五年六月八日，波蘭軍事情報機構下令在烏克蘭蘇維埃社會主義共和國的軍官尋訪一九一九到二〇年**波蘭—布爾什維克戰爭**（Polish-Bolshevik War，譯按：稱波蘭—蘇聯戰爭（Polish-Soviet War）是錯誤的，因為當時蘇聯尚未成立）的戰場。這次任務不是在為新的行動做準備，而是為了要紀念一場過去的行動。約瑟夫・畢蘇斯基（Józef Pi sudski）於此前一個月身亡，所以波蘭軍情機構要收集來自戰爭各處遺址的一小撮土，以作為其埋葬之用。[1]

一條政治生命的消殞使得人們開始重新探討波蘭的國家性格。畢蘇斯基的權威建立在個人之上，而在經濟蕭條之際，想要蕭規曹隨的老同志們（「上校」）必須與群眾政治較勁。畢蘇斯基的宿敵國家民主黨人（National Democrats）選擇充分利用人民的反猶情緒來挑戰在畢氏逝世後其同僚所打造的體制。[2]雙方均認為他們對反猶暴行（pogroms）的鼓動同時既是種族主義的表現又是違法行為。由於新政權充分利用了畢蘇斯基還在世的時候所構想出的威權憲法，因此反而在形式上享有比畢氏本人更大的權力。雖然他的繼任者並非都打從心底反猶，但是為求從國家民主黨人的挑戰中全身而退，他們仍採取了反猶的公共政策。[3]藉此，畢蘇斯基的繼任者犧牲了畢氏政治的基礎道德前提，也就是波蘭乃是一個國家，而非一個種族。

一九三五年，猶太事務相關責任由內政部轉交予外交部。[4]猶太人不再是被國家所吸納、所保護的正常公民，反倒成了異邦人：猶太人成了牽涉世界層面的問題。他們成了未來命運可能要經由與國外官員磋商來決定的客體。畢蘇斯基在猶太人之間頗受歡迎的選舉機構被與政府行政部門關係密切的黨派所取代，且該黨派將猶太人排除在外。這個新的「民族統一陣營」（Obóz Zjednoczenia Narodowego，簡稱 OZON）創設於一九三七年，該陣營宣稱將會遺送波蘭約九成的猶太人出境。[5]這項政策是為了防止民族主義者所組織的反猶暴行；多數波蘭中間派與左派憎惡這項政策，認為它悖離了傳統與原則。民族統一陣營領導人的髮妻也是猶太人——這對於納粹黨人而言簡直不可想像。[6]然而，如果與先前波蘭的政治實踐對照來看，一九三五年的變動仍然是根本性的改變，這點是不容置疑的。

負責猶太政策的是與波蘭外長約瑟夫・貝克（Józef Beck）合作密切的維克多・托米爾・德米爾（Wiktor Tomir Drymmer）。有軍事情報背景的德米爾正式職掌外交部的人事與領事事務，同時也是移民局的頭子，負責安排公民離境。波蘭的官方立場是：歐洲的海洋帝國應該讓波蘭有權取用其海外殖民地的資源，或者允許波蘭公民移住該地。這種分析的力度超越了涉猶政策本身。在農村失業率超出百分之五十時，華沙方面試圖推動讓所有公民都有移民的權利。[7]就猶太人的案例來說，波蘭的外交人員指出，將移民路徑給凍結會導致戲劇性的後果。在一戰前，每年約有十五萬猶太人離開歐洲；到了一九三〇年代，離開歐洲的猶太人人數則只有這個數目的一小部分。在「試圖尋求過剩人口的出路」時，波蘭政府「心裡所首先想到的是猶太人。」[8]

＊＊＊

安置歐洲猶太人的問題是歐洲普遍的問題。波蘭的立場介於納粹（剿滅猶太人，移民是達成此目標的實際方法）與猶太復國主義（猶太人有權擁有自己的國家，從某個既有的殖民地建立）之間。

十九世紀就已經開啟了如何安置歐洲猶太人的問題。彼此立場迥異的政治人物和意識型態空想家都把提議指向同一處：馬達加斯加島。馬達加斯加是法國在印度洋上非洲東南沿岸外海的殖民地；一八八五年，反猶派的保羅・德・拉格拉德（Paul de Lagarde，其實是名叫波提謝〔Botticher〕的德國人）率先發難將馬達加斯加島納入討論範圍。對此方案持敵對與贊同態度的人都有，從大不列顛到德國都有人支持，包括納粹的領導階層。只有在法語當中才有「把猶太人給馬達加斯加化」（Madagassez les Juifs）的說法，但並非所有考慮這個選項的法國人都與猶太人為敵。就連猶太復國主義者都考慮過馬達加斯加，雖然大多數的復國主義者持反對態度。[9]

波蘭高層也曾受到殖民馬達加斯加的想法所誘惑，並於一九二六年首度提出波蘭公民移居馬達加斯加的意見；當時的想法是移居人口過剩的鄉間波蘭農民。[10]十年後，畢蘇斯基身亡後，這個想法以猶太人的版本借屍還魂。貝克於一九三六年十月向法國總理萊昂・布魯姆（Léon Blum）提議讓波蘭猶太人移居馬達加斯加，布魯姆同意讓波蘭人組成三人調研小組到島上勘查。[11]波蘭政府代表認為可以馬上讓約五萬名猶太人移居——為數頗眾，但尚且不至於影響波蘭的人口均衡。猶太移民協會（Jewish Emigration Association）的調查團認為可以移居四百個家庭。來自巴勒斯坦的農業專家認為即使這樣還是太多。馬達加斯加的居民反對任何來自波蘭的移居。法國民族主義者則擔心波蘭殖民計劃一旦成功，屆時馬達加斯加就變成波蘭人的了。[12]同時，波蘭政權贊同馬達加斯加計劃的宣傳產生了後座力：當他們發現馬達加斯加島適合殖民，波蘭民族主義者疾呼：「馬達加斯加只能給波蘭人！」（Madagascar only for the Poles!）

貝克和德米爾都對巴勒斯坦這個現在英國轄下的前鄂圖曼領土的未來興致勃勃。鄂圖曼帝國的衰亡對於許多歐洲政治家來說都是一次生聚教訓。希特勒傾向於視巴爾幹脫離鄂圖曼帝國、肇建民族國家為軍事主義的正面案例。波蘭人則將同一段歷史理解為民族解放會從歐洲傳播到亞洲。從歐洲帝國脫離出來的領土在一戰後多成為民族國家，但亞洲領土則（時而以國家聯盟「託管」〔mandates〕的形式）多變成法蘭西帝國或不列顛帝國的一部分。這些地方被宣告主權的條件尚未具足，因此被分配給強權來施行政治教育。從失能的鄂圖曼南敘利亞區脫離的巴勒斯坦就屬於這樣的託管案例。儘管當地在一九二〇年英國掌控時只有相對少的猶太少數，英國的政策卻將巴勒斯坦的面貌描繪為猶太人未來的家園（future Jewish National Home）。這與猶太復國主義者的希望不謀而合，冀望有朝一日完整的國家地位能夠實現。

希特勒的猶太政策迫使列強明確表示他們各自對巴勒斯坦未來的立場。希特勒

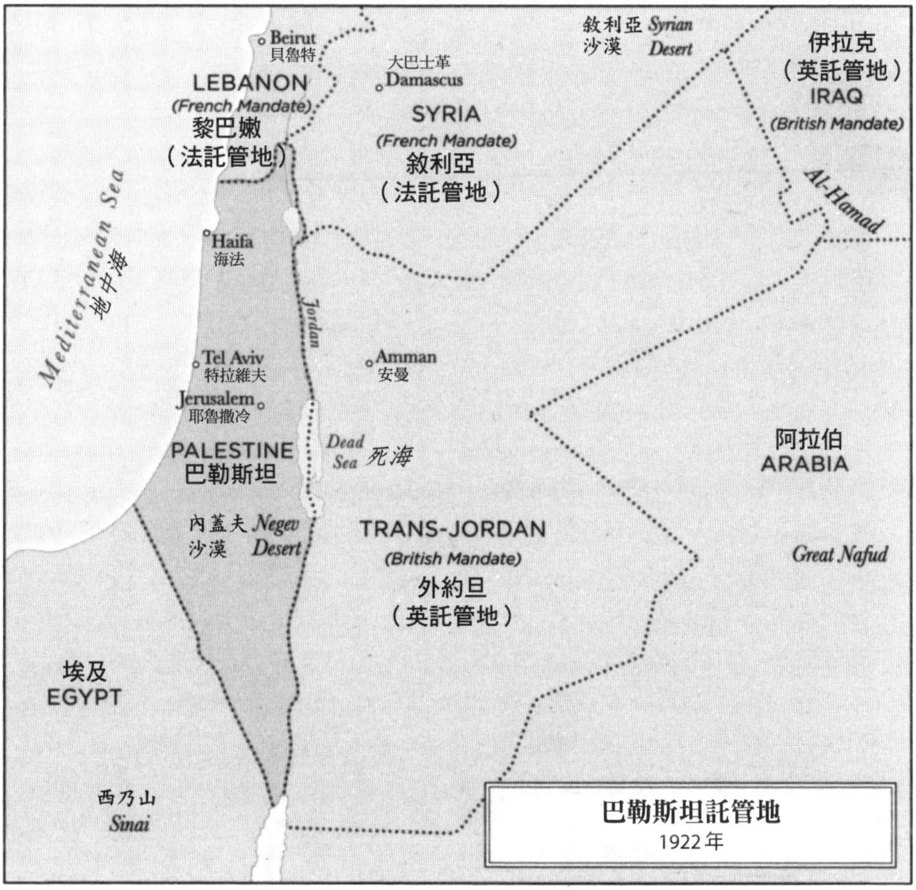

巴勒斯坦託管地
1922年

掌權後數年內約有十三萬德國猶太人移民[13]，其中約五萬人移居巴勒斯坦。[14]他們紛至沓來，降低了在地阿拉伯人的人口優勢。阿拉伯的領導班子設想持續不輟的猶太移民將會導致猶太復國主義成功，遂開始組織政治行動：首先是一九三六年四月的暴動，再來是罷工委員會的成立，以及持續到十月的總罷工行動。[15]這代表一九三七年對於歐洲國家而言乃是一個事實昭示的時刻，大不列顛、納粹德國、波蘭都對巴勒斯坦的未來昭告他們的興趣。

倫敦方面對阿拉伯騷亂的最初回應是提案切割巴勒斯坦。當這又再度導致政治亂局，英國人就對猶太人的移民額度設限。在倫敦眼裡看來的世界，巴勒斯坦不過是不列顛帝國廣袤的阿拉伯、穆斯林領土內的彈丸之地而已。在巴勒斯坦議題上取悅猶太人可能會疏遠了整個近東世界和南亞世界的穆斯林。柏林方面於一九三七年明確聲明對於猶太復國主義的立場以及肇建以色列國的可能。巴勒斯坦對於納粹政權的吸引力則在於提供一個猶太人可以移居的地方，只要這對近東沒有明確的政治影響。[16]但一九三七年春，德國駐耶路撒冷領事憂心在巴勒斯坦建立以色列國將會弱化德國在世界上的地位。德國外長在該年六月周知所有大使館和領事館其官方立場：由於以色列國會成為猶太人舉世陰謀的匯集之處，德國反對在巴勒斯坦建立猶太國家。[17]

波蘭的立場異於英、德兩方。[18]倫敦方面傾向於（在遙遠未知的某處）打造猶太國家，但暫時反對更多的猶太移民。柏林方面反對打造猶太人的國家，但希望猶太人儘速離開德國前往遙遠未知的地方。華沙方面則是希望猶太人大規模移出歐洲並在巴勒斯坦打造猶太人的國家。在公開場合，波蘭外長與其他外交官呼籲英國鬆綁移民限制，儘速打造猶太民族家園（Jewish National Home）。對於這個家園的樣貌，波蘭人有非常特定的想法：「一個猶太人的獨立的巴勒斯坦，愈大愈好，直通紅海。」[19]這意味著約旦河的兩岸；私底下，波蘭外交官甚至與英國外交官提議要打埃及西奈半島的主意。[20]一九三七年，波蘭武裝勢力開始提供哈加納（Haganah，在巴勒斯坦主要的猶太復國主義自衛軍）武器和訓練。[21]

＊＊＊

猶太復國主義是活躍半個世紀的猶太人政治運動，其提倡者認定猶太人的未來就在於移居巴勒斯坦，建立一個國家。大體上，猶太復國主義者相信這可以透過與不列顛帝國及其他強權合作來達到。儘管其提倡者所持的政治地位殊異，派系繁多，但在一九三〇年代，有許多猶太復國主義者是左翼人士，想像著農業公社能夠同時轉變古老的猶太人的土地和現代的猶太人民。在波蘭，猶太復國主義是從極左到極右林林總總的政黨所共享的意識型態。而令倫敦和紐約的猶太復國主義領袖失望的是，運動整體的方向大幅受到波蘭內部的猶太復國主義政治所影響。

全球的猶太復國主義運動在一九三五年九月分裂，正如同波蘭對猶政策被畢蘇斯基的繼任者所修改。佛拉迪米爾・雅博廷斯基（Vladimir Jabotinsky）因而以修正猶太復國主義（Revisionist Zionism）從猶太復國主義黨運動（General Zionist movement）中嶄露頭角。他呼籲歐洲的猶太人考慮大規模、迅速地移民出境，同時訴求立即在巴勒斯坦託管地和外約旦（Trans-Jordan）託管地建立以色列國。這個猶太復國主義的版本訴諸的是波蘭的新領導人。一九三六年六月，雅博廷斯基向波蘭外交部提出其「疏散計劃」（evacuation plan）。[22]他宣稱巴勒斯坦長期下來可以吸納八百萬名猶太人。數週後他的提案見於波蘭的媒體，具體的目標是在往後的十年內讓一百五十萬名猶太人移居巴勒斯坦，橫跨約旦河兩岸。

雅博廷斯基希望波蘭從大不列顛繼承巴勒斯坦託管地。他甚至提議敘利亞託管地交予波蘭，波蘭便可用以交易巴勒斯坦託管地，或者普遍上用來當作跟阿拉伯人協商的籌碼。[23]這種外交策略的想法普遍存於波蘭的外交傳統之中——想像性地嘗試將不存在的東西變成協商籌碼。雅博廷斯基與波蘭領袖之間輕易達成的協定確實並不只是共同利益的問題。雖然雅博廷斯基在華沙以法語來佐證他的論點，但他和大部分的波蘭領導人一樣是出生在帝俄，受俄文教育。從把歷史上屬於民族的土地切割開來的帝國中建立民族國家是他們共有的想法。

及至一九三六年，波蘭人是雅博廷斯基的政治權力基礎。修正（猶太復國）主義是以年輕人為主的運動，奠基在準軍事組織之上。其中截至此時為止規模最大的是右翼的猶太青年準軍事組織貝塔（Betar），其成員宣誓將生命奉獻給「在約旦河的兩岸、以猶太人為多數的猶太人國家的復興」。貝塔的模式是一戰的波蘭軍團（Polish Legions）。[24]在帝國之間彼此斬刈殺伐的有利條件下，波蘭軍團為波蘭的獨立鋪路。如同軍團中的波蘭人一樣，貝塔組織當中的猶太人從事武裝訓練，等待全面衝突的恰當時機來臨。貝塔組織的大多數成員都是波蘭學校體系下的產物，吸收了其世俗彌賽亞主義（secular messianism）核心（「我們的夢想是為人民而死！」）。[25]貝塔與猶太左派組織發生齟齬時，其成員會高唱波蘭愛國歌曲——用波蘭語唱。身著制服的貝塔成員手持武器在波蘭的公開儀式與波籍童子軍和士兵聯袂行軍表演。他們的武器和訓練是由波蘭國家體制所組織，並由波蘭軍官提供。貝塔的領導人之一梅納赫姆・貝京（Menachem Begin）呼籲貝塔成員在戰事發生時要防衛波蘭邊境。貝塔成員的機關報上寫著兩個祖國：巴勒斯坦和波蘭。他們揚起兩面旗幟：復國主義的旗幟與波蘭的旗幟，至死方休——在一九四三年的猶太區起義中，他們在華沙最高的建築物上高舉這兩面大旗。[26]

梅納赫姆・貝京與另一名貝塔分子伊扎克・沙米爾（Yitzhak Shamir）都珍視十九世紀波蘭的浪

漫詩人，並在猶太人的集會場合引用他們。[27]新猶太右翼（Jewish Right）的偉大詩人尤里・茨維・格林堡（Uri Zvi Greenberg）一九三〇年代就在波蘭。貝京、沙米爾的世俗彌賽亞主義及貝塔運動與十九世紀波蘭長期無國家狀態中發展出來的世俗彌賽亞主義的波蘭版本甚為相仿：即以在此世的犧牲換取在此世的轉變。[28]

* * *

畢蘇斯基於一九三五年卒後，不僅只有波蘭籍的間諜被賦予為他的紀念活動找尋適合的象徵性土塊的任務，貝塔組織的成員也從他們自己的聖地巴勒斯坦的生命嶺（Tel Hai）帶來土塊。他們自己的英雄約瑟夫・特倫佩爾多（Joseph Trumpeldor）在此遭到阿拉伯人殺害。（「貝塔」是第三次羅馬猶太戰爭〔Third Roman-Jewish War〕最後負隅頑抗的戰場；這個名字後來在希伯來文中重新附會成「約瑟夫・特倫佩爾多盟約」〔Covenant of Joseph Trumpeldor〕的希伯來文首字母縮寫。）特倫佩爾多和畢蘇斯基還在世的時候都是帝俄臣民；兩者都為了調和民族正義與社會正義而鬥爭；兩者也都指揮理應要培養民族軍隊和民族國家幹部的軍團。畢蘇斯基在一九二〇年曾經在對抗蘇聯的解放戰爭中獲勝；特倫佩爾多則於同年被殺。[29]因此，也許他們在死後被拿來相提並論並不足為奇。大批貝塔成員參加了畢蘇斯基的戶外告別式。他們騎著摩托車排成整齊劃一的隊伍，高舉波蘭與猶太復國的旗幟。雅博廷斯基說這是「在祖國的聖壇上永恆的、無法毀滅的犧牲」。畢蘇斯基成為波蘭領導人與猶太革命家兩大傳統的主要崇拜對象。[30]

然而對於如何界定畢蘇斯基的遺緒所產生的分歧是無可避免的。[31]畢氏過的生活繽紛璀璨，卻也曾在不同情況下動用過暴力。究竟哪一個畢蘇斯基才是猶太人未來的模範？是名義上效忠於帝國的那位軍團、又準備開戰讓帝國對其讓步的畢蘇斯基？這是雅博廷斯基所側重的部分，而且起初雅博廷斯基的看法定義了貝塔的看法。然而隨著時間的推延，對於猶太叛軍來說，利用恐怖行動和政治宣傳的那位波蘭軍事組織的畢蘇斯基變得更有吸引力。這些路線各有各的政治邏輯，各自基於對其所處的歷史關頭的判斷。軍團的邏輯是：在戰時支持帝國就造成了承平之時要償還的債務。恐怖主義的邏輯是：恐懼能夠摧毀一套脆弱的體系，進而為新的體系開創空間。在一九三〇年代後期，貝京對雅博廷斯基提出挑戰，支持政治恐怖主義而非軍團。在一九三八年九月於華沙舉行的一場貝塔會議中，貝京公開批評了雅博廷斯基的判斷。

及至一九三八年，波蘭的統治菁英所支持的是所有修正主義的猶太復國主義者之間所能選擇的最為激進的選項——在巴勒斯坦運作的國家軍事組織（National Military Organization）屬意能夠促使歷史關頭到來（而非坐等歷史關頭降臨）的恐怖主義。在一九三六年發生阿拉伯暴動和罷工以及一九三七年英方向阿拉伯人讓步之後，哈迦納組織的成員之間對未來看法產生了分歧。[32]較為激進的年輕右翼分子離開哈迦納成立國家軍事組織（Irgun Tzvai Leumi）。國家軍事組織是仿效波蘭軍事組織命名，通常簡稱為「伊爾貢」（Irgun），其核心成員是來自波蘭、曾參與貝塔組織的猶太人。[33]一九三九年三月以來，波蘭的貝塔領袖是貝京；在貝京的帶領下，貝塔組織逐漸成為伊爾貢的前沿。[34]

伊爾貢透過駐耶路撒冷的波蘭領事維托德・胡蘭尼基（Witold Hulanicki）與波蘭政府斡旋。胡蘭尼基所收到的原則指示是要把自己描繪成「與猶太復國主義分享類似願景的國家的代表，而且這個國家能夠為這些願景的實現做出貢獻。」胡蘭尼基往往在伊爾貢採取行動前就事先知道這些行動。從他的角度看來，伊爾貢是一個「（對我而言）非常舒適且非常有必要的政治工具」[35]，而伊爾貢的其中一名領導人亞伯拉罕・斯特恩（Avraham Stern）則是一位波蘭探員。

＊＊＊

亞伯拉罕・斯特恩是革命之子，一九〇七年生於蘇瓦烏基（Suwałki），那是在帝俄西邊奧古斯圖夫森林（Augustów Forest）附近的一個猶太波蘭小鎮。斯特恩孩提時與家人和數十萬其他猶太人一同被遣送，成為那些被帝俄的瓦解所激化的青年猶太人的一員。他與家人在巴什基爾（Bashkiria）居住了六年，遍覽革命後的俄羅斯諸城鎮，成為共產黨員，然後回到此時業已成為一個獨立的波蘭國家的蘇瓦烏基。斯特恩開始尊崇畢蘇斯基及其波蘭國，一如他仰慕列寧及其新肇建的蘇聯。他於一九二〇年代移民到巴勒斯坦，並開始在耶路撒冷希伯來大學（Hebrew University of Jerusalem）就讀，教授們認為他是猶太人文研究的明日之星。[36]但他沒有任何賴以為生的途徑，一九二九年起他開始喝西北風。[37]

儘管斯特恩是一名天賦異稟的語言學家和作家，一九三〇年代卻選擇投筆從政。自墨索里尼的義大利伊始至畢蘇斯基的波蘭，他的行跡履及歐洲各地，為的是尋求對於獨立猶太國家的支持。縱然他早已從波蘭移民（因此不是貝塔組織的產物），對於波蘭文化他仍然優游自得其中。他以波蘭語書寫浪漫詩，主題是喚醒鐵石心腸、讓死者復生。他以三種革命語言——俄文、希伯來文、波蘭文——賦詩當作自己的習作。在一篇以希伯來語和波蘭語寫就的詩中，他述及為其快樂的童年潸然流下的眼淚、青春期的憂慮苦惱、以及受挫的男子氣概。[38]斯特恩在宏偉的東歐革命諸勢力——共產革命、波蘭建國、猶太復國主義——中長大成人。他是一個嚮往成為革命之父的革命之子。「現實並不是看上去那個樣子，」他寫道：「而是由意志的力量和對目標的渴望所造就。」[39]

波蘭駐耶路撒冷大使胡蘭尼基對外交部上級形容斯特恩為伊爾貢「極端分子」的「意識型態領袖」。[40]一九三八年二月，胡蘭尼基寫信給在華沙的德米爾，請求他與斯特恩一會。斯特恩在胡蘭尼基的支持之下帶給德米爾的是提議波蘭為伊爾貢訓練指揮官。然後由波蘭訓練出來的伊爾貢菁英將充作未來即將征服巴勒斯坦的猶太革命軍官員的兵源，兵源來自數以千計從波蘭引進的貝塔受訓戰士。[41]其中一名伊爾貢成員想像會有「武裝士兵乘大量的船隻而來，成批的軍營同時在大以色列（Eretz Israel）沿岸的各處登陸。」[42]

德米爾為此想法背書，在幾個月內就開始在地處波蘭東南的沃里尼亞（Volhynia，貝塔在此接受波蘭軍隊訓練行之有年）進行野外訓練，在倫波圖夫（Rembertów，華沙近郊的軍事基地）進行工作人員培訓。沃里尼亞成為一個軍事集結的待命區，意圖暗中將受過軍事訓練的猶太革命家非法移民到英國託管的巴勒斯坦。在沃里尼亞，三分之二的猶太學生就讀猶太復國主義的學校，該區的行政首長亨尼里克．耶賽夫斯基（Henryk Józewski）對修正主義的猶太復國主義運動寄予同情。[43]

＊＊＊

德國的對猶政策與波蘭的對猶政策之間第一次主要的遭遇並未發生在歐洲，而是發生在亞洲。納粹的壓迫導致德籍猶太人移民前往巴勒斯坦，導致了阿拉伯的騷亂，阿拉伯的騷亂進而又激化了右翼的猶太復國主義，為波蘭的對外政策創造出新的可能性：支持伊爾貢。

儘管波蘭的領導人對英國人、德國人、阿拉伯人、猶太人的行動做出了反應（他們對這些人的行動影響甚微），他們自己的政策卻並未遵循一條固定的路線。某種意義上，一九三五年制定對外政策的一小撮波蘭人只是從一種普羅米修斯計劃的形式轉移到另一種普羅米修斯計劃的形式。在畢蘇斯基之下，最初的普羅米修斯計劃設想華沙能夠援助東方鄰國的人民（尤其是烏克蘭人）從莫斯科的宰制下取得自由。正在浮出檯面的新的選項則涉及支援猶太民族對抗在巴勒斯坦的英國統治。在波蘭的官方揮棄希特勒所激賞的反蘇路線之際，他們轉向親猶太復國主義的陰謀（pro-Zionist conspiracy）。就算納粹黨人知道任何關於親猶太復國主義陰謀的事，他們也無法理解。[44]

在人事上，從第一次的普羅米修斯計劃到第二次的普羅米修斯計劃之間有些許的連貫。支持修正主義的猶太復國主義運動的沃里尼亞行政首長耶賽夫斯基是最重要的普羅米修斯計劃分子。畢蘇斯基和雅博廷斯基是他的英雄，他稱他們為「猶太世界的使徒」。[45]他的省是一九三〇年代初期猶太間諜的出發點，並於一九三〇年代末成為猶太革命派的訓練地。身負處理猶太問題的外交部高官德米爾曾是波蘭軍事組織的特工，也是普羅米修斯計劃一員。[46]波蘭軍事情報頭子塔德烏什·佩烏琴斯基曾組織伊爾貢的訓練課程，同時既是波蘭軍事組織的老鳥也是普羅米修斯計劃成員。駐耶路撒冷領事維托德·胡蘭尼基是波蘭軍事組織的另一個產物。

這之間的連貫既是意識型態上的連貫也是個人的連貫。對於在華沙的掌權者而言，支持右翼猶太人就意味著支持反共產主義的同胞。修正主義的猶太復國運動有朝一日可能將數以百萬計的波籍猶太人領往巴勒斯坦；同時，他們也將部分一頭熱的年輕猶太人拽離共產主義，在爭執中毆打選擇極左派的猶太男性，並支持波蘭政府對抗蘇聯。[47]所有這些波蘭陰謀的老鳥們都能看出猶太人需要國家的地位，就如同波蘭人曾經需要的那樣。他們所支持且有時交好的年輕猶太男性期待著國家地位，如同老一輩的波蘭人懷想國家的肇建那般。因此對波蘭人而言，猶太式的普羅米修斯計劃是一個重溫青春的機會，而這項年輕的成就如今似乎已陷於危殆之中。誠如一位波蘭外交人員對一位甚感困惑的主流猶太復國主義支持者解釋緣何為修正主義背書時所說：「情感上，他們對我們的吸引力最大。」[48]從烏克蘭版的普羅米修斯計劃到猶太版的普羅米修斯計劃，其間所延續的是一種基本的樂觀傾向，認為民族從帝國解放出來是件可從歷史中預期的好事。波蘭人同樣保留了用弱者的武器來對抗帝國以創建國家的根本傳統。他們仍然具現政治的某種特定的菁英浪漫傾向，相信以俐落的手段打造國家是落在少數智勇雙全的人身上的事，這些人到了日後才會在恰當的時機把群眾帶在身邊。而且他們也同樣偏好以祕密的手段行事。

然而第一次與第二次的普羅米修斯計劃之間也有一些顯著的差異，這相應於一九三五年波蘭對猶政策的根本轉變。一九三五年後，該政權對於蘇聯內部發生改變的可能性益顯悲觀。曾效力於普羅米修斯運動的波蘭人或者變成對新政權的自由派批評家，或者恪守該觀念的新的右翼版本。第一次普羅米修斯主義將其他國家的民族少數——主要的例子是蘇聯內的烏克蘭人——視為該國家的問題。第一次普羅米修斯計劃也攸關蘇聯的穆斯林民族。就如同普羅米修斯計劃的成員在一九三五年以前曾經介入耶路撒冷一樣，這也是伊斯蘭民族運動的中心。第二次普羅米修斯計劃視波蘭內部的民族少數為波蘭的負擔。猶太人不再被看成是共和國的公民，而是可以在他處解決的民族問題，或者被看成是可以被部署在海外的民族勢力。耶路撒冷不再被當成是當今穆斯林的城市，而是明日（波籍）猶太人的城市。「為了你們的自由和我們的自由！」這樣表達團結的口號已不復見。第二次普羅米修斯計劃的口號可能可以是：「為了我們從你們那兒得來的自由！」[49]

在第一次普羅米修斯計劃中，波蘭為少數民族的權利背書，藉以樹立榜樣，並且鬆動沒有為少數民族權利背書的鄰近國家政權。在第二次普羅米修斯計劃中，創造出會讓波蘭自己的公民想要移民出境的條件是正當的行為。一九三五年後，波蘭的威權體制支持使用經濟壓力來鼓勵猶太人離開國家。警察雖然阻止反猶暴行，但卻將杯葛猶太企業當作合法的經濟選擇。國會通過猶太教規屠宰法（kosher slaughter）的禁令，雖然從未施行。市民社會也朝著同一個方向前進。猶太人為主的職業組織必須將其成員登記在案。多數的大學學府在猶太學生遭到毆打、恫嚇，以至於他們不得不坐到講堂最後幾排被稱為「猶太板凳」（ghetto benches）的座位時，校方往往只是袖手旁觀。在波蘭以及歐洲其他地方的羅馬天主教會的牧師持續宣稱普遍來說猶太人應當為現代性之惡負責，更具體說來，應該為共產主義負責。[50]

不像納粹體制，波蘭政府並未將猶太人形容成應為全球危機負責的幕後黑手或者是波蘭所有苦難的罪魁禍首，而是將猶太人列為在經濟、政治上不受歡迎的名單。波蘭希望往後國內大部分的猶太人口都消失這點固然是反猶主義的，但這並非從根本上把猶太人認定為造成這個星球上生態學的惡或者形而上的惡的那種反猶主義。不同於德國，波蘭對猶太的反對是有其理路可循的。[51] 華沙方面最大的政黨波蘭社會主義黨和華沙市長一樣反對政府的路線。猶太政黨名為猶太人勞工總同盟（the Bund），致力於在歐洲宣揚社會主義以及讓猶太人留在波蘭，該黨於一九三八年的地方選舉上所向披靡。並且，一九三八年時，猶太人在波蘭經濟中所占的比重比大蕭條開始的時候還多。在一九三〇年代告終之際，猶太人的商業活動和政治活動都很活躍，這點與在德國的情況頗為不同。[52]

＊＊＊

納粹領導人在波蘭的身上看到了他們想看到的。柏林方面會產生一定程度的誤解或許也是無可避免的。在柏林看不到波蘭當地猶太人的成功，而對於波蘭官方對猶太生活的限制，德國的輿論則持正面報導。在波蘭，更為野心勃勃地支持猶太復國主義的分子是在暗處採取行動，而官方的反猶主義則是公開的。以此，納粹領導頭子自然可以如此解讀種種來自波蘭的跡象：一九三四年開啟的友善的德國外交政策起到了作用，並且可以向外延伸出去。

這固然是一場誤會，但是那些波蘭外交人員在沒有什麼更好的想法的情況下，也會在能力可及的範圍內刻意製造出這樣的誤會。對於畢蘇斯基和之後的貝克而言，一九三四年一月的《德波互不侵犯聲明》與一九三二年的《蘇波互不侵犯條約》彼此呼應。對希特勒來說，《德波互不侵犯聲明》則是日後可以用來號召對抗蘇聯聖戰的平臺。如同大多數希特勒在一九三〇年代的政策一樣，《德波互不侵犯聲明》的重要性在於它對未來的許諾。一九三四年五月，希特勒已經在揣想波蘭究竟需要什麼樣的理念才肯加入對抗蘇聯的同盟。[53]同年八月，希特勒與波蘭大使**約瑟夫．利普斯基**（**Józef Lipski**）交談時，稱波蘭為德國「東邊的盾牌」（shield in the east）。翌年一月，他宣布德國與波蘭被迫聯袂對蘇聯開戰。如同希特勒後於一九三五年對貝克所解釋的，應該將德波宣言理解為德意志宏圖的一部分。[54]

對於華沙方面來說，這個圖謀所意味的馬上變得顯而易見。希特勒涉波蘭事務全權代表**賀爾曼．戈林**（**Hermann Göring**）對他跟波蘭方面溝通的對象頗為直截了當。一九三五年一月在**比亞沃維耶扎森林**（**Białowieża Forest**）與波蘭官員一同狩獵時，戈林揭露德波共同入侵蘇聯的大計，波蘭可從中獲取烏克蘭為戰利品。波蘭駐柏林大使利普斯基認為不可行，並要求戈林在回到華沙後不要告訴畢蘇斯基這個想法。戈林終究還是說了，但遭到畢氏忽略；不管怎麼說，畢氏此時已經病重垂危。在畢蘇斯基卒後，戈林至少又再四度提出類似的方案，有時提議把蘇維埃烏克蘭的土地劃給波蘭，有時提議蘇俄北邊的領土。華沙方面沒有任何人被這些提案給說動，儘管戈林與其他人的諸多提議持續不斷達數年之久。[55]

日後，戈林還會再回到比亞沃維耶扎打獵——在戰事爆發之後，在波蘭崩毀之後，在黨衛軍把猶太人的林野給清理乾淨之後。[56]

* * *

即便是個人崇拜在一個人身故後的蓋棺論定也是有開放性的空間。畢蘇斯基的諸繼任者掙扎著要透過實現他們所認定的畢氏一九三二年至三四年間的政治遺緒——亦即納粹德國與蘇聯之間的外交平衡——來維持現狀。想要改變歐洲的人懷想的是年輕時的畢蘇斯基：貝塔組織看到的是一九一八年一戰的軍團師長，伊爾貢看到的是那個一九一九年波蘭軍事組織的陰謀論國家肇建者——而納粹黨人看到的則是曾於一九二〇年擊敗紅軍的軍事指揮官。希特勒視畢蘇斯基為「偉大的愛國人士及政治家」，既然他曾經擊敗過布爾什維克黨人，如果還有機會，肯定會願意故技重施。[57]波蘭的領導階層雖然很樂意涉足發生在巴勒斯坦的猶太革命，但對於畢蘇斯基一九三〇年代對歐洲開的藥方則抱持較為保留的態度。對於納粹德國和蘇聯這兩個致命的威脅，波蘭應當同樣保持距離。

波蘭領導階層的希望是：波蘭如果能在畢蘇斯基稱之為「總體性國家」（totalistic states）之間維持中立，就不會有戰事發生。[58]波蘭人傾向於認為任何戰爭都會將波蘭捲入，要不就是成為蘇聯的盟友，要不就是成為德國的盟友，因為任何涉及德、蘇的戰事都會發生在波蘭的領土上。他們的計劃是藉著拒絕加入德、蘇以阻止戰爭，藉著挺立於德、蘇之間來阻止這兩股流竄的勢力。儘管畢蘇斯基本人也明白這個策略最多只能撐個幾年，他的繼任者則墨守成規，以維持中立為籌碼，並且奉若圭臬。這妨害了他們對希特勒野心的認知，也妨害他們理解史達林已經視波蘭如敝屣，並在等待著希特勒方面的提案。[59]

就在畢蘇斯基卒後，戈林提議德波共同進犯蘇聯，並於一九三六年再重啟提議。那年整年，希特勒都一直對波蘭人提出類似的提案。波蘭外交部當中只位居貝克之後的簡・森貝克（Jan Szembek）於一九三六年八月在柏林奧運與希特勒交談後，在彙報中指出：「希特勒對我們的政策是奠基在將來與蘇聯和與共產主義發生衝突時，波蘭自然會站在他那一方的假設之上。」[60]同年十一月，德國與日本簽訂**反共產國際協定**（**Anti-Comintern Pact**）。雖然這顯然是對抗國際共產主義的防禦安排，但很快地這也成為軍事同盟的基礎。柏林方面於一九三七年要求華沙加入協定，這是在義大利成為其第三個會員國的整整六個月前。[61]華沙當時拒絕了這一提案，此後至少又拒絕了五次。

對於波蘭外交人員來說這是一個難捱的時刻。跟德國人、日本人、義大利人不一樣的是，波蘭人有過與共產黨勢力交手的經歷，也大概明白與蘇聯發生衝突代表什麼。許多一九三〇年代末主掌這個國家的波蘭人都曾於一九一九至二〇年間與蘇聯對戰過，在戰事中有同志喪命於紅軍和蘇聯祕密警察（當時稱為**「契卡」**〔**Cheka**，肅反委員會的縮寫——譯按〕）之手。其中還有些人曾在亂葬崗看見自己的親朋好友被虐致死的屍首；凡此種種都還歷歷在目。一九三六年，駐蘇聯的波蘭外交人員收到一紙指令，指示他們若遭到內務人民委員部逮捕時應當如何自處，因為此時他們已經知道了蘇聯祕密警察的存在。[62]一九三七年起，波蘭外交人員開始呈交或者讀到關於波蘭族裔的人大量從烏克蘭蘇維埃社會主義共和國、白俄羅斯蘇維埃社會主義共和國以及蘇聯各大城市消失的彙報。

來自波蘭軍事情報單位華沙總部的基本指令明確表示：波蘭在蘇聯內部的慘況並不會隨著德國的

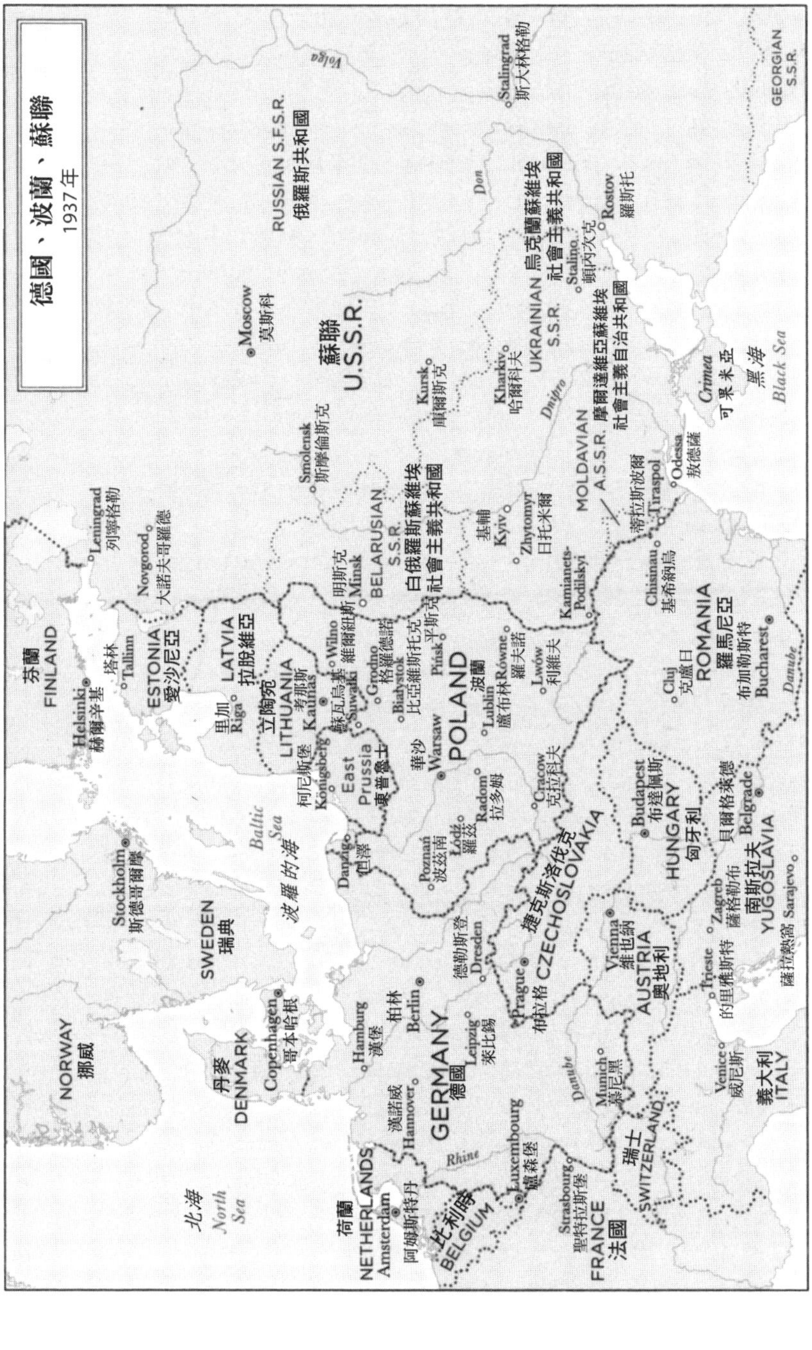
德國、波蘭、蘇聯
1937年
NORWAY 挪威
SWEDEN 瑞典
FINLAND 芬蘭
DENMARK 丹麥
NETHERLANDS 荷蘭
BELGIUM 比利時
FRANCE 法國
GERMANY 德國
POLAND 波蘭
CZECHOSLOVAKIA 捷克斯洛伐克
AUSTRIA 奧地利
HUNGARY 匈牙利
ROMANIA 羅馬尼亞
YUGOSLAVIA 南斯拉夫
ITALY 義大利
SWITZERLAND 瑞士
LITHUANIA 立陶宛
LATVIA 拉脫維亞
ESTONIA 愛沙尼亞
U.S.S.R. 蘇聯
RUSSIAN S.F.S.R. 俄羅斯共和國
BELARUSIAN S.S.R. 白俄羅斯蘇維埃社會主義共和國
UKRAINIAN S.S.R. 烏克蘭蘇維埃社會主義共和國
MOLDAVIAN A.S.S.R. 摩爾達維亞蘇維埃社會主義自治共和國
GEORGIAN S.S.R.
North Sea 北海
Baltic Sea 波羅的海
Black Sea 黑海
Crimea 克里米亞
Volga
Don
Dnipro
Danube
Rhine
Moscow 莫斯科
Leningrad 列寧格勒
Stalingrad 斯大林格勒
Rostov 羅斯托
Stalino 頓內次克
Kharkiv 哈爾科夫
Kursk 庫爾斯克
Smolensk 斯摩倫斯克
Minsk 明斯克
Kyiv 基輔
Zhytomyr 日托米爾
Kamianets-Podilskyi
Odessa 敖德薩
Tiraspol 蒂拉斯波爾
Chisinau 基希納烏
Novgorod 大諾夫哥羅德
Helsinki 赫爾辛基
Tallinn 塔林
Riga 里加
Wilno 維爾紐斯
Kaunas 考那斯
Grodno 格羅德諾
Białystok 比亞維斯托克
Suwałki 蘇瓦烏基
Pińsk 平斯克
Königsberg 柯尼斯堡
East Prussia 東普魯士
Warsaw 華沙
Lublin 盧布林
Równe 羅夫諾
Lwów 利維夫
Cracow 克拉科夫
Radom 拉多姆
Łódź 羅茲
Poznań 波茲南
Danzig 但澤
Stockholm 斯德哥爾摩
Copenhagen 哥本哈根
Hamburg 漢堡
Berlin 柏林
Hannover 漢諾威
Leipzig 萊比錫
Dresden 德勒斯登
Prague 布拉格
Vienna 維也納
Budapest 布達佩斯
Munich 慕尼黑
Luxembourg 盧森堡
Strasbourg 聖特拉斯堡
Amsterdam 阿姆斯特丹
Cluj 克盧日
Bucharest 布加勒斯特
Belgrade 貝爾格萊德
Zagreb 薩格勒布
Sarajevo 薩拉熱窩
Trieste 的里雅斯特
Venice 威尼斯

入侵而有所改善。波蘭沒有能力干預蘇聯領土，而德方的干預只會讓事情更糟。波蘭保持同樣距離的政策意味著其領土不僅只是擋在德國東邊的盾牌，同時也是擋在蘇聯西邊的盾牌。這種情境如同虎尾春冰，但當然，波蘭外交人員並未向德國的同僚解釋這個邏輯。一如所有外交人員都會做的，他們試圖在不對他們磋商的對象做出實質承諾的前提下，從對方想要的東西當中得到最大的好處。一旦被要求德波聯手對抗蘇聯，他們就儘可能拖延這個話題。而當最終終究被迫要給出一個明確的答覆時，他們便明確地拒絕了。[63]

一九三八年夏天，戈林再度試圖用烏克蘭豐饒的土壤來誘惑波蘭人。該年十月，當希特勒對波蘭人提出所有德波關係問題的「全面解決方案」（comprehensive solution）時，問題已經來到了不得不面對的緊要關頭。像這樣下猛藥的作風非常符合希特勒的風格，且他或許也認為他提供給波蘭的是一個再合理也不過的安排。[64]他對波蘭提出的領土方面的要求比德國主流派的提議還要溫和，例如讓波羅的海沿岸的但澤自由市（Danzig）回歸德國；允許德國官方建造穿越波蘭領土的境外公路以銜接德國主要領土與其未接壤的普魯士區。[65]這兩個議題是可以磋商的，後來也的確就此加以協商。真正的問題還是波蘭可以從中「拿回」什麼。如德國外長約阿希姆・馮・里賓特洛甫（Joachim von Ribbentrop）對利普斯基大使所解釋的，德國人預見在可見的未來可以「在殖民事務上共同行動，將猶太人趕出波蘭，並基於《反共產國際協定》制訂聯和對蘇政策。」[66]

里賓特洛甫提議在征服蘇聯後讓波蘭拿走大部分的烏克蘭領土，但波蘭對此充耳不聞。一九三三年華沙方面已經決議不干預蘇聯。波蘭領導人已經不相信外在因素可以輕易轉化烏克蘭。他們估算著德國人在波蘭人的協助之下也許可以拿下莫斯科，但看不出來後續如何能夠在政治上取得勝利。他們警覺到德波共同入侵蘇聯會讓大規模的德軍出入波蘭或游移在波蘭四周，並且預期到任何這類的戰爭都會讓波蘭淪為德國的衛星國家。

一九三八年尾的數週是緊要關頭。在那期間，德、波領導人之間次要的話題是關於猶太問題。希特勒已於九月向利普斯基解釋他希望德國、波蘭、羅馬尼亞共同採取反猶太行動。十一月，希特勒讚揚波蘭官方對猶太人採取關鍵性的鬥爭。在他提出「廣泛解決方案」的時候以及嗣後與波蘭外交人員的討論中，希特勒強調反蘇同盟與把猶太人從歐洲清除之間的正相關，這首先要先從波蘭和羅馬尼亞開始。在他的心裡，蘇聯的毀滅是對抗全球性的猶太威脅這更大行動的一部分。他的波蘭磋商對象並未遵循這樣的思考邏輯。[67]

在這些協商當中，德國人與波蘭人在討論的似乎是雙方同樣想要的結果：把數以百萬計的歐洲猶太人移到馬達加斯加去。儘管雙方談及的顯然是同一座島以及同一項行動，但他們的意涵卻迴然相異。德國人正確地理解到波蘭的領導階層害怕蘇聯，且想要處理掉大多數的波籍猶太人。波蘭人視這些為顯著的問題，而解決一個問題可能造成其他的問題。無論如何，他們反對發動侵蘇戰爭。且他們就是不能明白德國人在遣送歐洲猶太人的同時入侵蘇聯心裡在做什麼盤算。任何諸如此類的大規模遣送都必須要英、法等殖民勢力的合作配合，但這些殖民勢力顯然不可能願意援助一個試圖透過武力改變全球秩序的國家。簡單就後勤而言，這個想法也不具意義。波蘭怎麼在被動員參戰的情況下同時遣送數百萬猶太人？要把數十萬名猶太籍軍官從波蘭的軍隊中拔除軍階嗎？波蘭人一理解到德國的意圖就備感憂慮。[68]

最重要的事情是波蘭人所不理解的事。他們無法把握納粹思想中的一個特色：正因為知道失敗能為更激進的路線鋪路，因此明知其不可為而為之。在此波蘭人的地緣視界限制住了他們。他們沒看出對納粹黨人而言，「馬達加斯加」不只是一個地方，而是一個標籤，一本焚燒中的書裡的書籤，與

「最終解決方案」是同義詞；或者用希姆萊的話來說，與「全盤根除猶太的概念」是同義詞。對波蘭人來說，馬達加斯加就是在實際存在的於印度洋上一座實際存在著的島嶼，是實際上法國帝國的實際上領土，是一個實際上探險任務的實際上位址，是實際上討論中的話題，是兩個被認真考慮用做將波蘭猶太人大規模移居的目的地之一（另一個是巴勒斯坦）。波蘭領導人並未把握到的是：對納粹黨人來說，重點不在於某項遣送計劃能否得以施行，而在於創造出某種普遍條件讓猶太人可以被用各式各樣的方法摧毀。由於波蘭人執迷於國家地位的概念，他們無法看出一場即興演出的血腥風暴正席捲而來。德國的侵略行動行將摧毀各色政體，為原先無法設想的事殺出一條血路。日後，德國領導人仍會持續把「馬達加斯加」掛在嘴邊，儘管理應移居馬達加斯加的猶太人正遭到他們自己的人馬屠戮。[69]

＊＊＊

華沙方面的政治視域遠及以色列國。若說一場歐洲的危機即將襲來，像是亞伯拉罕・斯特恩這樣的猶太反叛者也許能夠組織一場叛變——以打造出一個張開雙手歡迎數百萬波蘭籍猶太人的猶太國家。波蘭軍官本已經開始訓練伊爾貢的叛軍以領導這樣的叛變，由貝塔組織的年輕人充當其生力軍。一九三八年十二月，希特勒與里賓特洛甫針對「全面解決方案」向波方施壓之際，德米爾下達指令明示波蘭對貝塔組織和伊爾貢政策的最終目的。華沙方面支持伊爾貢和貝塔組織，是為了讓它們準備好在危機到來的時刻以暴力進發猶太國家。[70]

一九三八年一整年，歐洲國家已經在納粹的施壓下紛紛崩解。年終之際，危機似乎就要襲來。

第四章　國家毀滅的人

「一夜之間！就在一夜之間。」多年後，艾莉卡．M還是無法掩飾她的驚詫，對於奧地利的瓦解，對於她的國家的末日，在三月十一日，在那關鍵的一九三八年。[1]

艾莉卡歡度愉快童年的奧地利是「一個小孩所能擁有最美妙的存在」，但奧地利的肇建卻也許也是不太可能發生的事。一九一四年一戰爆發時，「奧地利」（Austria）只不過是位在強權哈布斯堡君主國（Habsburg monarchy）的一些德語區的非正式名稱。當一戰以哈布斯堡帝國的潰敗作收時，奧地利以一介新共和國之姿成立，成為那些德語人士的家園——包括約二十萬名猶太人，其中多數居住在首都維也納。最初幾乎沒有人相信這個高山上的小國能夠生存下來。「無法謀生」（Lebensunfähig）一詞是經濟學家、政治學家對奧地利共同的判斷。[2]較諸哈布斯堡的五千三百萬人口，奧地利的人口只有區區七百萬人。[3]舊君主國最富裕的地帶淪於新成立的捷克斯洛伐克。許多如今淪於波蘭、匈牙利、南斯拉夫、羅馬尼亞的領土與奧地利分離，這摧毀了活躍的廣大內部市場。許多奧地利人或者覺得民族身分意義不大，或者就認為自己是德國人。

新國家的領導人試圖以「德意志—奧地利」（German-Austria）之名成立共和國，其憲法甚至尋求與北方更大的德國統一。這儼然是一戰的勝利方——美國、英國，更尤其是法國——所要避免的。在巴黎、倫敦方面看來，正是維也納與柏林的結盟展開了這場世界史上最血腥的戰役。逾百萬法國軍人戰死沙場，不是為了讓德國在終戰時能握有開戰時不曾擁有的奧地利領土。因此，一九一九年在維也納和聖日耳曼（Saint-Germain）簽訂的條約明確禁止德、奧統一。美國於一九一七年加入西線戰事時，民族自決原則是總統威爾遜為西方同盟帶來的道德理據，而聖日耳曼的條約毋寧是對民族自決原則的違逆。

二十世紀初奧地利矛盾的形象往後二十年間凝結在希特勒與許多其他歐洲人的心中。希特勒對他的出生地哈布斯堡王朝和讓他畫家之夢破滅的維也納絲毫不寄予同情。他把城市看成是一個種族混雜的地方，只不過是個由實際掌權的猶太人用詭計所凝聚起來的空間。他於一九一二年從維也納搬到慕尼黑的時候，相信自己正從一座非德國的城市前往一座德國的城市。他似乎是為了逃避在哈布斯堡軍隊服義務役才前往德國，但一九一四年又自願從軍加入德國軍隊，並在一戰時充當通信兵。選擇成為德國人的他與許多德國士兵、政客分享同樣的想法：多族群的舊王朝正是由於其多民族的本質而註定要崩毀。對希特勒而言，奧地利的過去根本配不上德國人，至於其未來則根本不值一哂。他是加入德國的奧地利人；終有一日，其他所有人（當然，除了猶太人以外）都會跟上腳步。[4]

雖然希特勒在一九二〇、三〇年代並沒有把奧地利放在其思考的中心位置——這個位置總是留給蘇聯——但他認為奧地利和德國有朝一日自然會統一。他的國家社會主義黨（National Socialist Party）——包括其準軍事的單位衝鋒隊和黨衛隊——在奧地利和德國都很活躍。[5]尤其在奧地利，顯然這些種族化的組織所從事的工作並不僅止於從內在轉變德國；畢竟，奧地利與德國在歷史上從未統一為單一民族國家。「德奧合併」（Anschluss）是納粹擘劃的願景中與奧地利人最為相關的一部分。[6]

但是，對於像艾莉卡·M這樣從出生起就都生活在獨立的奧地利的猶太女孩來說，奧地利才是她的現實，而這個現實從一九三八年三月十一日起卻起了翻天覆地的變化。在第一次世界大戰後的二十年間，無論如何奧地利國畢竟成立了，並從舊帝國中繼承了有大眾政治經驗的政黨。戰後奧地利建國後的最大黨社會民主黨（Social Democrats）由於未能使新的共和國加入德國而旋即失去民心，然而社民黨在維也納大都會的執政卻並未受阻。這是第一個自力治理逾百萬人的城市的社會主義政黨。他們打造了一個小型的福利國家，名為「紅色維也納」（Red Vienna），成效卓著，頗受歡迎。[7]

在維也納之外的地方，基督教社會黨（Christian Socials）是主要的政黨。如同其社會主義派的勁敵，基督教社會黨在民主制度當中的競爭經驗豐富，其歷史可回溯到王朝時代。然而不像社民黨，基督教社會黨從不相信與某種理想化的德國統一那一套。他們認同羅馬天主教，而羅馬天主教信仰是區別多數奧地利人與多數德國人的特徵之一。其中一些人是君主制主義者（monarchists），每每緬懷古老的多民族帝國。[8]

在奧地利的猶太人數量比在德國略多，在奧地利兩大政治運動中都位居要職。多數奧地利猶太人居住在維也納，其中多數投給社民黨。但保守組織中也有猶太人的身影。例如，奧地利君主制運動的領袖就是猶太人。

奧地利的主要政治衝突就存於左派和右派這兩股在地傳統當中。一九二七年，甫贏得選舉的社民黨在首都組織了總罷工，但卻也沒有奪權的打算。一九三四年，基督教社會黨在左右翼準軍事組織發生衝突時支持右翼，導致了短暫的內戰。奧地利正規軍支持右派，左派遭到鎮壓，其象徵性的結局是：軍隊從俯瞰城市的山丘朝向公共住宅區開火，而公宅正是紅色維也納的政績。社民黨自此遭禁，而基督教社會黨則自我革新為右翼聯合勢力「祖國陣線」（Fatherland Front）的最大一支。與社民黨有所牽扯的奧地利政治家、記者則逃離國家，其中猶太人為數頗眾。[9]

納粹從來就不是奧地利最大的政黨，也未曾贏過選舉。他們雖是重要的第三勢力，但人氣難望前兩名項背。然而隨著一九三三年社會主義派蒙羞，而希特勒模式則在德奧國界兩邊上演，納粹借勢得以挑戰奧國的威權政體。一九三四年七月二十五日，奧地利納粹黨人謀殺了奧國總理**恩格爾伯特．陶爾斐斯**（Engelbert Dollfuß），但這場政變並未導致他們所設想的舉國上下叛亂，兇手反而遭到逮捕處決。奧國的猶太人把陶爾斐斯的政權看做阻隔國家社會主義的藩籬。雖然祖國陣線看起來與法西斯組織非常相仿，服儀規範自成一格——甚至有自己的十字黨徽用以與納粹的**卍字黨徽**（Hakenkreuz）

匹敵——但兩者的政治觀卻頗為不同。祖國陣線認為奧地利是「更好的德國」（the better Germany），認為奧地利人是德國人，但卻並不把德國人視為一個種族。祖國陣線中固然有反猶主義者，但卻並未按照希特勒的模式制訂反猶政策。儘管左右翼都有相當程度的反猶主義，但猶太人仍持續在奧國政府機關任職，以奧地利公民身分生活，並未受到太多阻礙。[10]

希特勒一九三三年掌權德國，這以新的經濟形式引發了奧地利問題（Austrian question）。德國從大蕭條當中復甦所製造出的吸引力不能只歸因於傳統或民族主義。在德國謀得職位的奧地利人對此相當驚艷。如同其東歐的鄰國，奧地利乃是一個農業國家，因此也受到大蕭條的重創。祖國陣線雖姿態看似激進，但若純以經濟政策而論，卻是歐洲最保守的政府之一。在納粹德國累積了大筆的預算赤字之際，祖國陣線治下的奧地利奉行緊縮的財政貨幣政策以囤積外幣和黃金儲備。從希特勒的角度來看，這是另一個奧地利必須與德意志國合併的理由——而且是日漸迫在眉睫的理由——因為德國需款孔急。[11]

正當德國在歐洲確立地位的同時，奧國正在失去其盟友。一九三四年，在奧國的納粹政變失敗之際，法西斯主義的義大利重整旗鼓以保衛奧地利。義大利的法西斯「領袖」（*Duce*）墨索里尼（Benito Mussolini）仍希望在巴爾幹半島、匈牙利、奧地利確立義大利的影響範圍。兩年後，在希特勒重新武裝德國後，墨索里尼唯有接受合夥關係（而且很快地成為合夥關係中的配角）。他從奧地利問題中抽手，把問題丟給希特勒解決。因此，一九三六年，在日後名為「君子協定」（Gentlemen's Agreement）的協議中，奧國的納粹黨人得到特赦，其中某些人還得以進入政府。奧國的納粹利用他們來進入公領域對德奧合併的議題施壓。同年十月，納粹德國和法西斯義大利宣布締結「軸心」（Axis）。對維也納方面而言，這意味著政治孤立。以當時的術語來說，軸心國就像是一把叉，而奧地利就宛如在這把炙叉上炙烤著。

一九三八年二月，希特勒在位於巴伐利亞阿爾卑斯山的宅邸召見奧國總理**庫爾特・許士尼格（Kurt von Schuschnigg）**。如同前任總理陶爾斐斯一樣，許士尼格代表基督教社會黨和祖國陣線，也就是代表反對德奧合併的奧地利右翼。希特勒要求對方讓步，意味著奧地利主權的喪失。許士尼格受到威逼，但一旦回到了維也納，他又再度挺直了背脊，違抗希特勒的意願，宣布就奧地利獨立議題舉行公投。希特勒利用民族自決的語言來把德方的要求施加在他認為是德國領土的地方，因而讓奧地利人民作決定。許士尼格確信能夠贏下公投：投票的問題充滿繁文縟節來確定正確答案為「是」；投票過程全程公開，並非祕密進行；有些發送的選票上已經印上了答案；一九三八年，多數的奧地利人口的確偏向獨立；最後，無論如何，他的威權政府在必要的時候也可以操弄結果。

一九三八年三月九日、十日，支持奧地利獨立的宣傳透過廣播、報紙以及（依循奧地利傳統）在維也納街頭的彩繪標語整整持續了兩天，主要的宣傳口號單純就是「Österreich」——奧地利。奧國毫無外援，已為過去的盟友義大利所遺棄，又不受大不列顛和法國垂青。為求集結內部的支持，許士尼格希望能反對希特勒的要求，喚起歐洲強權的注意。理解到箇中風險的希特勒威脅要入侵；在這第二輪的威脅之下，許士尼格屈服了。公投並未舉行。

＊＊＊

艾莉卡・M是對的：一夕之間風雲變色。三月十一日傍晚，奧地利人緊偎在收音機旁收聽來自總理的一則重要宣布。這是週五的夜晚，但艾莉卡的家人與其他原先很遵守宗教傳統的猶太人一樣打破安息日的戒律來聽收音機。儘管這或許並不會對於特定人士造成立即的威脅——若是這樣還能合理化他們違反猶太律法的行為——但在維也納的猶太人把這則收音廣播看成攸關生死的事是正確無誤的。傍晚七點五十七分，許士尼格宣布決定奧地利不再防禦希特勒的入侵。就從那時起，奧地利國就不復實存。正式的權力落入奧籍納粹律師**阿圖爾・賽斯—英夸特**（**Arthur Seyß-Inquart**）的手裡，而其大計就是終結他現在正在治理的政體。群眾對奧地利的終結之意義領會得竟遠比在維也納和柏林的納粹人士所預期的都還要快。當晚，群眾嘯聚街頭，大呼納粹口號，四下找猶太人來毆打。對於猶太人而言，那一夜無法治狀態的奧地利比過往二十年奧地利有國家地位的時候都還要危險。他們的世界陷落了。[12]

「擦洗派對」（scrubbing parties）於翌晨開始。奧地利先鋒隊成員透過名單、透過個人情報、透過路人所知，識別出猶太人，強迫他們跪地用刷子清洗街道。這是一場儀式性的羞辱。猶太人往往是醫生、律師或其他職業人士，但現在忽然得雙膝跪地，在群眾的譏嘲前做粗活。恩斯特・波拉克（Ernst Pollak）回憶道，「擦洗派對」的奇觀是「給奧地利人的餘興節目」。[13]一名記者形容道：「灰塵撲面的猶太籍外科醫師跪倒在五、六名配戴猶太卍字臂章、手持狗鞭的小太保面前，蔚為奇觀。輕佻的維也納金髮女郎們彼此嬉笑打鬧，只為了更靠近這一幕。」[14]同時，猶太女孩遭到性虐待，而年老的猶太男性則被迫公開表演體育活動。[15]

隨著猶太人地位的象徵性摧毀而來的，是從猶太人身上的巧取豪奪。一九三八年三月十一日，圍繞著維也納第一區華美的環城大道（Ringstrasse）上約有百分之七十的住宅屬於猶太人的財產。三月十二日拂曉開始，這樣的比例每時每刻在銳減。猶太人的企業被標記起來，他們的私家車被開走。衝鋒隊早已為他們自己想要占有的猶太人公寓列出清單，眼下機不可失。猶太籍教授、法官被趕出自己的辦公室。奧地利的猶太人開始自殺：三月有七十九人自殺，四月再增加六十二人。[16]

「擦洗派對」也是政治性的。猶太人在特定的地點用強酸、刷子或徒手清除一種記號。他們在擦拭的是一個數日之前才塗在維也納街道上的文字——那便是「奧地利」。那個字是許士尼格公投宣傳的口號，而今猶太人會被說成是公投的組織者。這也是猶太人曾在其中身為公民的國家之名。在街道上一圈又一圈的圍觀群眾中，在目光和譏嘲之下，猶太人將奧地利拭去。[17]

奧地利人用以將自己與其他公民以及與消逝的國家區別開來的除了言行還有他們的「大頭針」——跟鋪在路上的政治宣傳，大頭針也是一項奧地利的政治文化傳統。除了納粹黨人以外，三月十一日以前曾是社民黨員或基社黨員的人也開始佩戴納粹大頭針。因此，在「擦洗派對」邊上袖手旁觀之舉萬萬不是一個中立的立場或者一次觀察的行為而已。旁觀之舉本身就傳達了新的群體疆界，且將責任推諉給過去。我們觀看，他們表演。猶太人應為奧地利負責，他們才應該為那舊秩序負責，不是我們。他們現下的懲罰就是他們過去共謀的明證。我們之所以區隔開來則是我們無罪的明證。責任因而在自欺欺人之下完美切割。霎時，種族化組織的暴力取代了過去二十年的政治體驗。

奧地利的諷刺能手卡爾．克勞斯（**Karl Kraus**）曾於一九二二年寫道：奧地利是世界末日的實驗室。此際對德國人來說，奧地利成了實驗的領域，並開發出些許令人驚豔的教訓。有位維也納的猶太人追憶道：「奧地利人一夕之間都成了反猶主義者，並教會了德國人如何對待猶太人。」[18]此前沒有奧地利版的**紐倫堡法案**（**Nuremberg Laws**），猶太人出現在公共領域並不受限，也不會將猶太人排除在社會之外。在許士尼格發表演說前，猶太人一直是平等的公民。猶太人在經濟上擔綱要角，有些人在政體內也起到重要的作用。奧國的終結在五週內為奧籍猶太人招致而來的暴力可以比擬德籍猶太人在五年的時間裡在希特勒統治下所經受的磨難。在奧地利的組織者通常是納粹黨羽，但他們乃是在國家崩解的條件下運作，國家的傾頹使他們的革命能加速進行，走得更遠。諷刺的是，在一九三四年長刀之夜受到屈辱的衝鋒隊的確辦到了其被謀害的首領所想要的「二度革命」（second revolution）——只不過是在奧地利，而非德國。

奧國的納粹黨員在數日乃至數小時內所辦到的，對於德國納粹黨人來說毋寧帶來始料未及的靈感和啟發。居然能夠立即獲致群眾支持併吞，希特勒本人也甚感驚喜。在維也納皇宮外部的英雄廣場（Heldenplatz）上，希特勒宣布德奧合併。這發生在三月十五日，許士尼格投降的四天之後。隨希特勒而來的是利用衝鋒隊製造出無政府狀態的納粹領導人，將無政府狀態作為己用。三月二十八日，**賀爾曼・戈林（Hermann Göring）**要求有序地重新分配搶奪而來的猶太財產。[19]及至一九三八年底，在奧地利的猶太企業約五分之四已經收歸亞利安人所有（aryanized），遠比德國本土的步調還快。八月，萊茵哈德・海德里希（Reinhard Heydrich）的黨衛隊（SD）猶太部門的首領**阿道夫・艾希曼（Adolf Eichmann）**在維也納設立**猶太移民中央局（Central Office for Jewish Emigration）**。一九三八年，六萬名左右的猶太人離開奧地利，德國則有約四萬人離境。而且多數德籍猶太人是納粹將維也納的所學付之實踐之後被驅離。[20]

＊　＊　＊

一九三五年，德籍猶太人已經淪為次等公民。一九三八年，部分納粹黨人發現，要將猶太人與保護國家區分開來最有效的辦法，就是摧毀國家。任何法律上的區分都會由於法律以及官僚的其他面向被其所未曾預見的後果弄得太過複雜。即使是看似簡單的事情如徵收、移民等等，在納粹德國都進行得相對緩慢。相對來說，在奧國崩毀之際，奧地利的猶太人就已不再享有任何國家的保護，並且被認為逝者已矣、來者可追的大多數人加害。無國家狀態為那些準備好要施加暴力、偷拐搶騙的人打開了一扇窗。根據德奧合併本身的邏輯來看，納粹國家必須關上這一扇窗，因為奧地利應當成為德國的一部分，而衝鋒隊所激化的無政府狀態則會削減其自身統治的能力。但即使只是片刻短暫的無國家狀態就已經足以造成嚴重的後果。一九三八年三月是納粹黨人頭一次可以對猶太人為所欲為，其結果就是猶太人的羞辱、苦痛、逃亡。

＊＊＊

激進的猶太復國主義者及波蘭體制的附庸亞伯拉罕．斯特恩此刻正好羈旅中歐。他在一九一八年於布拉格召開一場修正主義的猶太復國會議之後，訪查華沙以期向波蘭官方諮詢。從波蘭返回巴勒斯坦的路上，他在奧地利停留並與新的納粹官方討論將一些右翼同志移往巴勒斯坦的事宜——他帶出來的其中一人相信斯特恩已「與艾希曼協商」。[21]這就是波蘭官方一直希望斯特恩能做的事，儘管他們希望進行的規模可以更大。[22]

一九三八年三月十五日，也就是德奧合併之日，波蘭外交人員正準備向美國人提出親猶太復國主義的請求。他們請求美國國務院向英國外交事務部（British Foreign Office）施壓，讓巴勒斯坦對從歐洲來的猶太移民開放。總體而言，波蘭人呼籲美國外交人員支持以色列獨立，且疆界要愈廣愈好。這個時機寧非巧合。德奧合併的後果恰恰正與波蘭領導階層所想要的相反。德國和波蘭的政策都旨在將猶太人逐出；現在經過擴張後的德國則正將猶太人遣送到波蘭。在奧地利境內的猶太人當中約有兩萬名是波蘭公民，他們當中有許多人宣稱有權回到他們的出生地，並也取得了這項權利。由於美國和巴勒斯坦仍然此路不通（除了像是斯特恩這種膽大妄為的人仍然來去自如），隨著德國的勢力擴散，可以預期將有更多猶太移民湧入波蘭。[23]

波蘭外交人員不停從中斡旋，以讓巴勒斯坦對猶太移居開放，但卻又沒有立場對這項議題施壓。德國對猶太人的壓迫並未讓英國人的立場軟化，反而使他們對猶太人移居巴勒斯坦的界線更加強硬。在德奧合併後，波蘭外交部照會波蘭國會，要求重審所有已居住在海外逾五年的公民的文件。一九三八年三月卅一日國會同意了。儘管法令與大多數的內部官僚通信都避免使用「猶太人」一詞，這項新政策的目的很明顯是為了防堵下一波波蘭籍猶太人海歸的浪潮。如德米爾本人所言，這次目標是「排除沒有價值的東西，尤其是要處理掉毀滅性的成分」[24]，對他來說這指的當然是猶太人。這是波蘭公民身分政策的一次質變，肇因於德奧合併的壓力、巴勒斯坦和美國的移民限制，且是由德國的案例所啟發。直至一九三八年，無論波蘭外交人員自身的感受為何，他們已經代表所有（包括猶太人在內的）波蘭公民干預了政策的走向。[25]

納粹黨人能夠了解波蘭這次措施對於一九三八年間住在德國約六萬名持波蘭公民身分的猶太人而言意味著什麼。如果這些人在客居德國的期間失去了他們的波蘭公民身分，之後就很難再把他們驅逐到波蘭。柏林方面向華沙請求延後實施波蘭的這項法令，然後動員了截至目前為止最具脅迫性的國家機器。在希姆萊的批准之下，海德里希於十月廿八日採取了極其強制性的方法將約莫一萬七千名有波蘭公民身分的猶太人驅逐到德波邊界的對面去。以當時的標準而言，這是極為令人震驚的大規模脅迫性之舉。這也是黨衛隊第一次執行這一類的主要行動；黨衛隊施加暴力的能耐在德國的邊境迅速地擴張。此際希特勒正在與波蘭政府討論共同的對猶政策，而德國出乎意料地將猶太人遣送到波蘭的舉措與希特勒的言談之間產生了奇異的對照。[26]

＊＊＊

一九三八年在歐洲的各個首都看來，國家的崩毀可能像是他人的瓦上霜，甚至像是對戰後秩序有益的矯正。西方強權與波蘭人都不在乎奧地利亡國。猶太人的觀點則不同：他們看到的是與歐洲國家分離的普遍過程，並開始察覺到他們無處可逃。一九三八年七月，以美國為首的三十二個國家的代表在法國**埃維昂萊班**（**Évian-les-Bains**）聚商猶太人離境事宜。同時，猶太人在歐洲與國家分離開來的形形色色的方法彼此產生交互作用，相互增強。德國人摧毀了奧地利，將猶太人帶到波蘭。華沙方面的反應是試圖取消僑居海外的波籍猶太人的公民身分。柏林方面的反應則是將這樣的人驅逐到德波邊界的對面。以當時時空的標準來看，這對猶太人而言彷彿像是一場災難，尤其是對那些被捲進去了的個人和家庭而言，這些人往往這輩子都已經在德國生活，與波蘭之間的聯繫甚是有限。[27]

比方說，格林斯潘（Grynszpan）一家於一九一一年從帝俄移居德國，這是在波蘭重新取得獨立的七年之前。格林斯潘家的小孩出生在德國，說德語，也視自己為德國人。在一九一八年後他們持波蘭護照，只因為他們的父母來自帝俄境內成為波蘭的一部分領土。一九三五年，格林斯潘一家將當時十五歲的兒子赫歇爾（Herschel）送到巴黎與叔叔嬸嬸同住。到了一九三八年，他的波蘭護照和德國簽證雙雙過期，因此不再能夠合法居留法國。他的叔叔嬸嬸只得將他藏在閣樓裡以免被驅逐出境。十一月三日，他們把一封來自他姊妹的明信片交給他看，卡片是在他的家人從德國被遣送到波蘭之後不久寄出的：「我們的一切都完蛋了。」翌日，赫歇爾．格林斯潘買了一把槍，搭乘地鐵到德國大使館，要求會晤外交人員，然後就一槍把同意見他的人給斃了。他對法國警察的自白說，這是為了給他的家人和他的同胞的苦難報仇。[28]

有些納粹高層認為在德國領土上走向「最終解決方案」的契機已經來臨。在希特勒的許可之下，十一月九日，戈培爾對猶太人的財產和教會堂發動攻擊。由於玻璃碎了一地，這一夜後來就稱作「水晶之夜」（Kristallnacht）。官方主導的反猶暴行無疑對許多德籍猶太人而言的確是一次破碎的經驗，約有兩百人被殺或自殺。因此，一九三八年十一月發生在德國本土刻意的暴力行為終結了一個循環，這個循環始於奧地利的崩毀。德奧合併導致猶太人逃亡到波蘭；這促使波蘭對住在海外的猶太人設下新的禁令；這又造成德國人將波籍猶太人驅逐出境；這又造成巴黎發生一起暗殺，為德國境內的組織化暴力行為埋下了種子。水晶之夜的反猶暴行不僅顯示出奧地利的崩毀所能夠造成的後果，也顯示出將奧地利模式的暴力層面應用到德國境內的限制。在奧地利，從奧地利的權威終止到德國樹立權威之間，公開的暴力行為是可能發生的。但這樣的空隙不太可能產生在德國，德國會產生轉變，但不會被摧毀。[29]

戈培爾的確透過水晶之夜展示出奧地利的沒收模式和移民模式可以在德國運作。唯有在暴力行為發生在全國性的規模時，德籍猶太人才會開始大批離開家園。然而，在帝國內部的無秩序暴力本身則是死路一條。德國大眾多數的意見都反對混亂。隨處可見的慘況反而使他們對猶太人表達同情，而不是像納粹本來所以為的那樣：德國人會在精神層面與猶太人保持距離。當然，德國人同時既不想看到暴力施加在猶太人身上，但完全不想看到猶太人的情況也是有可能的。戈林、希姆萊、海德里希立即作出結論道，在德國境內煽動反猶暴行是一場錯誤。不久之後，他們會繼續以戈培爾的方式組織反猶暴行，但是是在德國境外，在戰爭期間，在德軍勢力已將國家摧毀的地方。[30]

希特勒並未為戈培爾辯護——儘管最初戈培爾這頭脫韁野馬是由希特勒所釋放出來的——也未公開對水晶之夜置一詞。水晶之夜三天後，戈林說現在希特勒會對西方強權提出猶太人移居馬達加斯加的計劃。[31]水晶之夜兩週後，希特勒與波蘭外交人員討論將歐洲的猶太人遣送到馬達加斯加。波蘭外交人員對此感到困惑不已。他們所不能理解的是：德國人在奧地利和德國有能力組織的好像只有騷亂，但為何卻意圖施行這樣後勤補給如此複雜的計劃？除此之外，就先前德國對猶政策的後果而言，在德波關係問題的「全面解決方案」還在討論之際，這個想法有種威脅的味道。及至一九三八年，已有三萬多名猶太人因德國的政策被轉送到波蘭。如果波蘭同意遵循希特勒的提議與德國改善關係，德國就會停止把猶太人送往波蘭，轉而合力將他們送往他處。猶太問題業已成為德波關係的緊張來源。希特勒對全面解決德波問題的想法（提出對涉猶事務共同政策的承諾）不具吸引力的一個原因是德方施加的壓力。希特勒的協商風格在維也納或許有效，但一九三八年在華沙，這種協商風格則產生了與其設想截然相反的效果。[32]

＊＊＊

一九三八年一整年，希特勒尋求摧毀奧地利國家（這點他成功了），且努力招募波蘭為同盟（這點他失敗了）；同時，他也試圖在捷克斯洛伐克挑起衝突。前提是有三百萬斯洛伐克公民認同自己是德國人。一九三八年二月，在希特勒對奧地利領導人施加威脅之際，他同時也宣稱在捷克斯洛伐克的德國人處在他的個人保護之下。這在法理上不具意義，但是這就是重點：國家不重要，種族才重要；傳統不重要，個人決定出來的元首才重要。一九三八年奧地利淪陷時，捷克斯洛伐克的前景也同樣一片黯淡。希特勒對於捷克斯洛伐克境內或其他任何地方的德國少數並沒有發自內心的關懷。在他的世界觀裡，德國人是一個種族，有權利掌有他們為自己征服的東西。希特勒所想要的是利用少數問題來混淆敵人並挑起戰事，所有的德國人都會在戰事當中證明他們的種族氣概。他代表在捷克斯洛伐克的德國人提出本來以為不可能的要求，但在捷克斯洛伐克及其盟友答應了他所有的要求後又感到洩氣。其結果就是第二次即興演出般地摧毀一個歐洲國家，進一步地陷歐洲的猶太人於危殆之中。

如同奧地利一樣，捷克斯洛伐克是一戰戰後和平條約的產物。只不過，奧地利以殘存的哈布斯堡王朝的繼承者身分被當作敵人受懲，而捷克斯洛伐克這個新國家立國的本意則是要當作盟友的獎勵。第一次大戰前，捷克政治人物在哈布斯堡王朝境內一直頗感舒適。哈布斯堡王朝的多民族性質以及自由的組成保護了捷克人不受德國人宰制。唯有在王朝的存在受到威脅的時候他們才開始談論國家獨立。到了一戰的中間，舊王朝看起來無論成敗可能都行將覆滅。要是贏了，最多也不過是成為德國的衛星國家，而德國必定會壓迫捷克人。要是輸了，就會被西方勝戰的民主國家所摧毀。在這種情況下，少數捷克人開始在西方各國首都充當說客。由於他們所擁有的只是一小群人，他們宣稱斯洛伐克人也屬於同一個種族。由於希望可以防禦自己的國家，他們要求要擁有主要由德國人居住的山脈。捷克斯洛伐克的成立奠基在民族自決的原則上，搭配政治現實主義。[33]

因此，捷克斯洛伐克就猶如舊哈布斯堡王朝一樣，既是多民族組成又是自由派。不像其鄰國，捷克斯洛伐克到一九三八年仍然維持著民主的體系。在希特勒企圖瓦解捷克斯洛伐克之際，他將德國人居住的山區稱為「**蘇臺德地區**」（**Sudentenland**），要讓人誤以為兩者之間有什麼歷史上的淵源。儘管在希特勒所界定的區域中德國人占大多數，但那裡也包含捷克人占多數的區域，另外也包括捷克斯洛伐克的天然屏障，以及捷克斯洛伐克軍隊所打造的軍事要塞。當時捷克斯洛伐克的軍事工業是全歐洲最好的，而希特勒劃定的區域也包括其主要的工廠。頗負盛名的「斯柯達」（Škoda）是歐洲最教人驚艷的工業複合體之一，就落在「蘇臺德地區」內部的三哩處。[34]

捷克斯洛伐克是西方民主國家所創造出來的，因此也自詡為西方民主國家之一。捷克斯洛伐克是法國的盟友，也享有些許英方的同情——雖然可能比實際上值得的同情還少。巴黎的明眼人能看出希特勒所宣稱的對德國人的防衛其實是在政治上為侵犯捷克斯洛伐克做準備，而如果法國人履行其條約的義務，這將導致一場全面的歐戰。此際蘇聯表露出對捷克斯洛伐克福祉的興趣，並且對巴黎方面拋媚眼。法國領導人希望與莫斯科之間做出某些安排以阻撓希特勒，或至少減少法國必須單獨與德國抗衡的機會。

不幸的是對法國人來說，正當其時，蘇聯的內務人民委員部正在一波巨大的恐怖浪潮中肅清紅軍當中半數的高官。儘管法國的參謀總部並不知道詳情，但是法國的官員和外交人員確實注意到與他們交流的蘇方人士不斷地消失，去向不明。[35]就算不說這種令人士氣消沉的發展，法國人也必須得說服波蘭或者羅馬尼亞允許蘇聯勢力穿越它們的國土。蘇聯與捷克斯洛伐克並未接壤，因此紅軍的任何干預行動都勢必涉及讓蘇方軍隊通過第三個國家。看在華沙和布加勒斯特眼裡，捷克斯洛伐克危機就像是蘇聯在中歐干預行動的先聲。比起德國入侵捷克斯洛伐克，波蘭人和羅馬尼亞人更害怕蘇聯入侵自己的國家。

九月，一九三八年的第二次歐洲危機臻於高峰。希特勒於五月下令準備與捷克斯洛伐克開戰，預計於十月進犯。他也指揮德國少數民族的領導人升高他們的要求。九月十二日，希特勒發表了一場慷慨激昂但實際上卻荒誕不經的演說，內容是關於將德國人從捷克的滅絕政策中拯救出來的必要，以及全面鏟除捷克斯洛伐克的必要。其實，希特勒的野望完全沒有任何實現的必要。捷克斯洛伐克國家在大多數層面都頗為令人激賞；在結合了繁榮和自由這方面來說，捷克斯洛伐克確實在中歐乃至可能整個歐陸都找不到對手。公開地談論摧毀捷克斯洛伐克使得摧毀成為可能，尤其是歐洲的領導人可以藉此說服自己說，屈服於這樣的辭令之下或多或少也就意味著屈服於理性之下。

即使在倫敦與巴黎方面都呼籲布拉格要妥協之際，蘇方還暗示他們願意出手干預中歐以保護捷克斯洛伐克。有四個師的蘇聯軍隊遷移到波蘭邊界。希特勒發表演說的三天後，蘇聯政權加速了國境西邊的族群清洗。九月十五日起，蘇聯官方在完全沒有審議的情況下快速透過波蘭行動實施大規模的處決。地方高層組成「聯合特別法庭」（troikas）——由地方黨魁、檢察官以及內務人民委員部高級軍官三者組成。聯合特別法庭可以逕行處死人，毋須經過任何確認就可以行刑。[36]來自口頭上的指令清楚地指示「必須完全消滅波蘭人。」[37]

一九三八年九月，在與波蘭接壤的蘇維埃烏克蘭全境，波蘭人遭到大規模地槍決。在伏羅希洛夫格勒（Voroshilovgrad，今盧甘斯克〔Luhansk〕），蘇聯官方在捷克斯洛伐克危機當中藉波蘭行動之便審了一千兩百二十六起案件，並下令了一千兩百二十六起處決。[38]一九三八年九月，在毗鄰波蘭邊境的烏克蘭蘇維埃社會主義共和國，蘇聯單位以行刑隊之姿從一個村子移動到下一個村子，射殺波蘭男人，將婦孺送往古拉格，事後才呈交彙報。[39]在毗鄰波蘭的日托米爾（Zhytomyr）區，蘇聯官方於九月廿二日判處一百人死刑，九月廿三日再判處一百三十八人死刑，九月廿八日再判處四百零八人死刑。

那一天正是希特勒為入侵捷克斯洛伐克所設下的期限。德軍就駐守在捷克斯洛伐克的邊境，紅軍則駐在波蘭邊境；且內政人民委員部已經透過大幅射殺、遣送波蘭人，清除了後方的可疑分子。德軍若進犯捷克斯洛伐克將會為蘇聯進犯波蘭鋪路。或許屆時紅軍也會進入捷克斯洛伐克並試圖與德軍交火。更有可能的是，紅軍可能會與德國達成某種停戰協議，讓他們可以兵不血刃地從波蘭取得領土，而毋須與德軍交鋒。這樣的懷疑其來有自，因為下一次蘇聯勢力集中在波蘭邊境時已經是十一個月以後的事了，就在莫斯科與柏林達成這樣的協議之後，但由於危機已經解除而無法確知。一九三八年九月卅日，英、法、義、德於慕尼黑決議捷克斯洛伐克必須將希特勒所想要的領土割讓出去。[40]

在這次慕尼黑協定當中，捷克斯洛伐克沒有說話的分，但法律上也並非被其約束。被盟友遺棄的捷克斯洛伐克領導人決定不要獨立對德作戰。捷克斯洛伐克軍警於十一月從「蘇臺德地區」撤出時，政治性的暴力隨處可見：大抵來說，德國人攻擊其他的德國人、支持納粹的人則殺害敵對的社會民主黨人，當時社民黨人的政治傾向在納粹德國非法化已有五年。十一月，「蘇臺德地區」併入德國——德國人、捷克人、山川、軍事要塞、軍工廠，無一例外。有一支納粹特別行動隊進入蘇臺德區肩負殲滅政敵的任務，但其隊員被明令禁止殺戮。過去生活在當地的三萬多名猶太人就如同幾個月前在奧地利的猶太人一樣，突然被剝奪了國家的保護。其中約一萬七千人被德國人遣送或者逃逸；他們失去財產。在捷克斯洛伐克，猶太人害怕他們的國家被完全摧毀，因而失去財產權，而他們的擔憂也是正確的。約三分之一捷克斯洛伐克的銀行和工業資本本來由猶太人所持有；其中大部分都在一九三八年末、三九年初被德國人以極低的價格取得。[41]

＊＊＊

波蘭與所有受到一九三八年覆滅危機波及的國家毗鄰，包括德國、奧地利、捷克斯洛伐克、蘇聯等。華沙方面對布拉格不寄予同情，因為捷克斯洛伐克軍隊已於一九一九年在波蘭軍隊忙著對抗蘇聯時奪得了許多泰申（Teschen）附近的重要工業領地。波蘭外交人員稱捷克斯洛伐克是一個「人為的創造」且「荒謬」。[42]當柏林方面以捷克斯洛伐克境內德國人少數的保護者自居時，華沙方面也有樣學樣，以捷克斯洛伐克境內波蘭人的保護者自居。當德國奪取他稱之為蘇臺德地區的領土時，波蘭也藉機占領捷克斯洛伐克於一九一九年取得的泰申區。

此一時期的波蘭看起來像是德國的盟友，儘管事實上其政策是獨立的，華沙方面還得向柏林解釋其政策。波蘭之所以想要泰申區和德國想要蘇台德地區的某些理由是相同的：資源豐富、鐵路交會、工業發達。泰申能夠幫助波蘭備戰，但德國人不能完全確定波蘭會站在哪一邊。波蘭外交人員試圖取信於柏林他們與蘇聯為敵的「確定立場」，但沒有成功。[43]希特勒有意激起歐戰，且無論是以哪種形式開戰都願意一試。對於波蘭成為蘇聯干預捷克斯洛伐克的屏障這點他不覺得有什麼驚豔之處，因為他真正想要的是與蘇聯大動干戈。他對於波蘭人的期待遠比只是在地方上發生危機時模仿德國政策還高出許多，並且他也如此告訴他們。

及至一九三八年十一月，德國已經吸收了奧地利和大部分的捷克斯洛伐克。約九百萬人被加入到了帝國當中，加入到帝國中的還有奧地利的黃金和捷克斯洛伐克的軍隊。希特勒無疑認為對於波蘭領導階層而言，這些戰果會讓他對德波問題提出的「全面解決方案」更加難以拒絕。畢竟德國已經展現出在任何情況下都能予取予求的能力。希特勒相信，華沙方面除了承認在涉猶事務與涉蘇事務上的共同利益以外，別無選擇。但是，華沙方面看待猶太問題與蘇聯問題的方式卻與柏林方面頗為不同，並且將日漸壯大的德國勢力看成是值得憂心的原因，而非妥協的理由。波蘭人理解到，由於德國人長年來已經有如此的表述，其在中歐的領土調整也就不過是更大的計劃中的一小部分而已。

奧地利、捷克斯洛伐克的崩毀使猶太問題與東歐問題浮上檯面，也令華沙方面備感困擾。「擦洗派對」與「水晶之夜」已經把數以萬計的猶太人帶往波蘭。同時，慕尼黑協定使得捷克斯洛伐克全境領土——包括名為**喀爾巴阡盧森尼亞**（Subcarpathian Ruthenia）的遠東地區——成了一項議題。德國於一九三八年十月宣布喀區自治。根據一九三八年十一月的維也納仲裁裁決（First Vienna Award），南部一區割予匈牙利，然後德國承認剩下的地區為一國家。十月，華沙方面在這新的小國維持兩週的影響力，直到其人馬被奧古斯汀・沃洛辛（Avgustyn Voloshyn）與其他的烏克蘭民族主義者所取代。這些人相信應當滅掉波蘭並在其領土上建立起烏克蘭國。因此，就在德波關係的未來正在被決定之際，德國支持的烏克蘭修正主義者掌控了波蘭邊境的敏感地帶。在一九三八年的最後幾週，對於華沙方面而言，看起來好像柏林方面正在利用烏克蘭抗波蘭——就在德國外交人員向波蘭承諾要將從蘇聯割出來的烏克蘭領土交給波蘭之際。[44]

德國希望波蘭割讓領土，並承諾三樣報酬：對蘇聯開戰、解決猶太問題、割讓烏克蘭領土。波蘭高層不想要戰爭，針對三項議題都懷疑德國的好意。德方的提議看起來要不就是自相矛盾，要不就是出於惡意。在一九三八年即將告終之際，對於烏克蘭的不確定性是華沙方面另一個不支持希特勒「全面解決方案」提案的原因。

* * *

邁入一九三九年，希特勒終於遭逢言語所不能克服的國際性抵抗。一月五日，波蘭外長約瑟夫・貝克（Józef Beck）在一次私人談話後拒絕了希特勒的提案。波蘭人已經做好了割讓但澤（Danzig）和波蘭走廊的準備，但這些當然都不是重點。從希特勒的角度來看，這些領土相關事務是對德國大眾做出的宣傳信號，指明他的修正主義關乎大多數德國人所想要的。貝克對希特勒主要的提議——虛無縹緲地承諾解決猶太問題、聯手攻擊蘇聯後取得烏克蘭領土等等——絲毫不感興趣。因此，波蘭成了一個問題，對於希特勒發動致命種族毀滅戰爭的主要目的構成了障礙，而不是將德國人送往東方的橋梁。在這幾週之內，波蘭人的確曾試圖將他們的外交政策轉向莫斯科。[45]

希特勒的問題在於，即使他的波蘭的談話對象不見得完全理解他的外交政策，至少也比德國大眾還懂。德國外長約阿希姆・馮・里賓特洛甫（Joachim von Ribbentrop）在一月廿五日（有象徵意義的一天，因為是德波互不侵犯條約簽署的五週年）做出最後的努

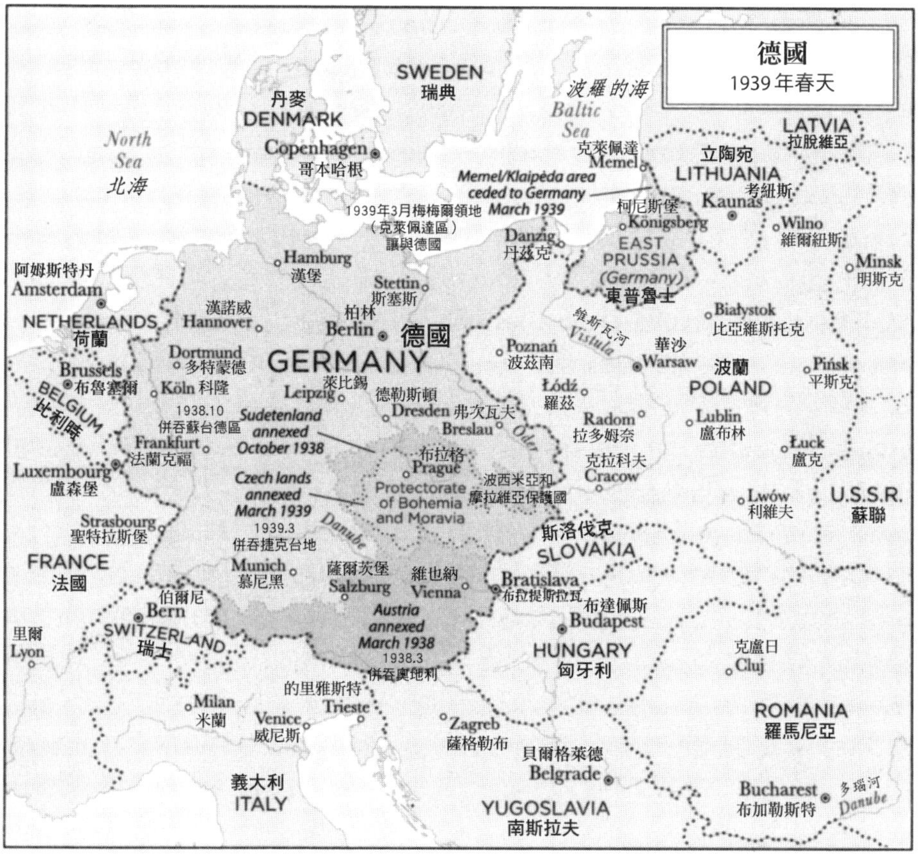

力。[46]烏克蘭再一次成為誘餌。德國再一次失敗了。波蘭外交人員要求里賓特洛甫不得在柏林宣稱達成或者可能達成任何協議。這次談話的同一天，波蘭外長貝克在《紐約時報》刊出一篇文章，稱蘇聯的外交政策與納粹德國的外交政策並無二致。藉由當著外媒面前將兩個鄰國都稱為「盟友」，貝克明示波蘭將不會加入任何一邊對另一邊的作戰。翌日，里賓特洛甫返回柏林，確定波蘭永遠不會成為德國對抗蘇聯的盟友。[47]

里賓特洛甫週四自華沙返回；隔週一，希特勒進行了個人生涯最惡名昭彰的一次演說。一九三九年一月卅日希特勒向德國國會宣布：如果猶太人開啟一場世界大戰，其結果將以他們自己的滅絕作收。波蘭對希特勒而言一直以來都是實際上的問題，而不是理論上的問題，而此刻，即興演出已經抵擋不住盛怒。他在一九三八年所發展出的特殊的國際政治觀——用言語而非武器來摧毀鄰邦——功敗垂成。他對波蘭的盤算、猜想波蘭的領導人會加入對抗蘇聯的反猶太聖戰也錯得一塌糊塗。關於猶太問題和烏克蘭問題的威逼利誘也雙雙失敗。波蘭的決定終結了五年以來納粹的幻夢。[48]

希特勒決定將波蘭當作國際關係上的目標予以鏟除。他突然感到有必要入侵波蘭，這一點對他的計劃具有重大的意義。一戰時德國是因為被包圍才戰敗的；如果有波蘭作為盟軍，或者讓波蘭維持中立，德國可能就可以避免被包圍的老問題。如果有波蘭在側，德國就可以先入侵法國，將法軍趕出戰場，然後再將注意力放在真正的目標，也就是蘇聯的財富上。在希特勒基本的計劃當中，德國首先要擊潰蘇聯，在法國潰不成軍、英美袖手旁觀的情況下成為世界強權。在拯救了德意志民族、成為歐陸強權、著手實行讓全球不受猶太侵擾的大計之後，德國就可視情況需要再與英美對抗。但一旦波蘭與德國為敵，整場盤算便有所差池。及至一九三九年一月卅日，希特勒縱然在波蘭問題上失算了卻仍然決意要引發戰事，其結果是他必須考慮在贏得歐戰之前（而非之後）就先引爆一場全球性的衝突。德軍入侵波蘭可能引發法國參戰對抗德國，進而導致被包圍。更糟的是甚至可能把英國也拉下水，這是希特勒一直以來所極力避免的。一旦德國在西線的戰事必須拉長，那麼就必須擔憂蘇聯從東線干預。[49]

當然，在希特勒的心中，任何諸如此類對抗德國的陰險狡詐的結盟形式肯定是猶太人幹的好事。由於他相信猶太人在外資方面握有真正的權力，他們才是決定一九三九年德國入侵波蘭會否真的成為一場世界大戰的人。希特勒似乎相信只要讓猶太人了解世界大戰對他們自己沒有好處，那麼法、英、蘇自始就會遠離爭端。要是可以通過威脅來讓猶太人斷念，就可以將德國對波蘭的戰爭限縮為東歐內部的地方性衝突，只是希特勒計劃當中一小次受挫，而不是大規模的瓦解。因此，希特勒失敗的對波政策所帶來的並非對波蘭人的警告，而是對猶太人的警告。

希特勒認為，只要威脅消滅猶太人就足以影響各大強權將來制定政策的方向。這個想法大錯特錯。一九三九年一月卅日，希特勒在其後來的演說中所稱的「預言」（prophecy）並未在巴黎、倫敦或莫斯科造成迴響。要緊的是，德國在數週之後仍然繼續侵略捷克斯洛伐克。一九三九年三月十五日，德國繼續將捷克斯洛伐克消滅的行動，並將捷克的**波西米亞**（**Bohemia**）和**摩拉維亞**（**Moravia**）兼併為「保護國」（Protectorate），且創造出一個獨立的斯洛伐克充當德國的盟友。那些一九三八年九月在慕尼黑背叛斯洛伐克投向德國懷抱的人此刻被德國給背叛了。由於希特勒所拿走的土地是捷克人（而非德國人）世居的地方，顯然他所宣稱的只對民族自決感興趣是個謊言。在倫敦、巴黎的那些共謀侵奪捷克斯洛伐克的人此刻恍然大悟到他們這是在為二戰鋪路。一九三九年三月，英法發現他們與波蘭在一九三九年十二月所達成的結論是一樣的：即德國即將發動大規模的侵略戰爭，剩下的選擇唯有抵抗或投降。

一九三九年三月廿一日，也就是捷克斯洛伐克淪陷的數日之內，德國昭示其對波蘭的新宣傳陣線。在對華沙方面進行了五年的政治宣傳後，戈培爾終於可以說出他（以及無疑是許多德國人）的心聲。[50]一夕之間，波蘭在宣傳機器口中又成了德國的宿敵、壓迫德國的國家、以及不公不義的戰後處置下所創造出來的洪水猛獸。希特勒將對華沙方面外交上的失意轉變成國內政治上的得意。在一九三九年，戰爭並非一個受歡迎的選項。但是現在，為了邊境領土而發動對波戰爭已如箭在弦上，和與波蘭聯手對抗蘇聯的大規模意識型態戰爭比起來，這顯然已經不再那麼不受歡迎了。[51]

一九三九年三月廿五日，希特勒下令為全面摧毀波蘭的戰爭做準備。除了針對德國輿論和全球輿論所必須要做的政治性準備工作以外，軍事計劃行動與但澤市或其他境外走廊（extraterritorial corridor）並沒有任何關係。當然，這和傳統上所理解的戰爭形勢關係不大。希特勒突發奇想的內容是把波蘭全面摧毀，並將所有可能建立波蘭國家的波蘭人給滅絕。在接下來的數週他會不斷這麼重複。這種推翻政體、毀滅國家的激進計劃與他普遍對斯拉夫人的態度一致，而入侵的同時也是往東向烏克蘭的糧倉更進一步的方式。然而，這與他前此五年的行動並不一致，也不符合此刻在媒體上宣傳德國與波蘭敵對的原因。政治宣傳的目標是為了要刺激德國人更深陷於東方的衝突而不自知。

相對而言，對於戰爭的後果為何，波蘭人處在一個更加了解的位置。他們知道他們的選擇並非如英國首相**張伯倫**（**Neville Chamberlain**）在慕尼黑所設想的那樣介於戰爭與和平之間，而是介於一種戰爭形式和另一種戰爭形式之間——要不就得以德軍盟友之姿進攻蘇聯，要不就得防禦德軍的追擊。波蘭外長貝克認為，一旦波蘭選擇了屈尊於同盟關係之下，而不是負隅頑抗，「我們就能擊敗俄羅斯，然後，我們會把希特勒的牛群帶到烏拉山脈的草原。」[52]貝克在擔任外長的這一大段時間裡在歐洲樹敵甚多，但此刻卻藉著公開與希特勒對抗將自己塑造成了一號英雄人物。一九三九年五月五日，他對波蘭國會發表談話以作為對希特勒演說的回應。在此之前，從來沒有其他的政治人物（包括那些地位相對安穩的政治人物）曾經用過貝克所使用的那種語言來針對希特勒。在很多議題上都可以妥協，但是在主權方面不能妥協。「在人民、民族、國家的生活裡，只有一樣東西無價，」貝克說，「那就是榮譽。」[53]

＊＊＊

但無論是德波關係的崩解，還是對德作戰的威脅，對於波蘭對自己內部的猶太人政策都沒有任何影響。波蘭的對猶政策總是主權的政策，係因民眾的反猶太主義與大規模失業而起，是關於波蘭的利益精密計算的結果。從波蘭的觀點來看，德國在猶太問題上只是一個尚處於混亂且令人困惑而又無濟於事的夥伴，因為德國的對猶政策關閉了巴勒斯坦的大門，並將數以萬計的猶太人驅趕到波蘭。當英國對德國侵略捷克斯洛伐克所做出的回應是保證波蘭的安全時，在華沙方面看來，這打開了對猶政策的新局，出現了一個新的可能的夥伴。畢竟大不列顛掌握了巴勒斯坦的託管權，並決定有多少歐洲的猶太人可以移往該處。[54]

波蘭與英國在一九三〇年代關係冷淡，且及至一九三九年春季為止，外交官員都沒有適切的場合可以提起巴勒斯坦議題。在日內瓦的國家聯盟會議上，波蘭外交人員攔下英國的外交人員，試圖向他們解釋將波蘭的猶太人移往巴勒斯坦的必要，但這很容易被置之不理。[55]波蘭人所能提出的唯一論述是全世界都只把焦點放在非常少數的德籍猶太人口，但都忽略了更大的波籍猶太人口。波蘭外交人員警告，如果巴勒斯坦只對德籍猶太人開放（這其實在任何情況下都並未發生），那麼波蘭境內會認為這非常地不公平。一九三九年春季，波蘭外交人員則可以將移居猶太人與更重要的事掛勾——那就是即將發生的戰爭。

貝克於一九三九年四月飛往倫敦時，討論的內容本來應該是關於德國對於歐洲的威脅，但他卻把猶太問題說得彷彿猶太問題才是首要任務。由於貝克和英國的外交聯邦事務大臣**哈利法克斯伯爵（Lord Halifax）**幾乎不認識對方，將猶太問題列為優先考量導致了近乎超現實的交流。哈利法克斯知道貝克的來意，因而試圖讓駐華沙大使向波蘭人解釋兩國之間並沒有「殖民地問題」好討論。[56]當貝克提及巴勒斯坦問題時，哈利法克斯則充耳不聞。同時，英國政策正往與波蘭偏好的方案背道而馳的方向走去。該月，張伯倫首相說道，如果英國非要激怒巴勒斯坦哪一方的話，那應該激怒的是猶太人，而非阿拉伯人。在大英帝國的內部，阿拉伯人與穆斯林整體的忠誠太重要了，不能輕易挑戰，尤其是在此一衝突節節近逼的時刻。一九三九年五月分的英國國防白皮書建議道，未來將猶太人移往巴勒斯坦的事務須交由阿拉伯人批准。倫敦方面決議保護波蘭不受德國人威脅，在此意義上間接地意指保護波蘭不受波籍猶太人的威脅。但是，對於波蘭方面認為巴勒斯坦應當立即開放大規模的猶太人移住的想法，英國人卻相應不理。

儘管華沙與倫敦之間建立了新關係，但波蘭的巴勒斯坦政策密謀在一九三九年仍維持運作。波蘭當局仍與修正主義復國主義領袖雅博廷斯基保持友好關係。在水晶之夜後，雅博廷斯基希望能在一九三九年將百萬猶太人疏散出去。[57]他知道他在波蘭的後臺會將他的意願上報給英國知悉。[58]同一年頭幾個月，如同他的波蘭籍夥伴一樣，雅博廷斯基相信戰爭在即，這可能會讓倫敦方面打開一道縫隙。他希望組成猶太人軍團為英國對德作戰，並冀望從中取得政治資本，以便在戰後能取得英國支持建立以色列國。然而，他的追隨者當中愈來愈多人心裡想的不是軍團作戰，而是恐怖策略，希望藉由恐怖行動，把被戰火削弱的帝國趕出民族家園。波蘭的政策因此與英國人最害怕的猶太叛軍連成一氣。

一九三九年二月到五月之間，就在英、波聯手對抗德國之際，波蘭的軍方情治單位正在安德里赫夫（Andrychów）左近一處隱蔽的地方祕密訓練一批伊爾貢小組成員。波蘭軍官特別強調使用諸如破壞、爆破、對占領軍採取不正規作戰等在一戰期間與戰後成功的那些手段。接受訓練的廿五名猶太人來自巴勒斯坦，但是訓練的語言是波蘭語（搭配希伯來文翻譯）。[59]在訓練告終時，亞伯拉罕·斯特恩抵達現場並發表了一場振奮人心的演說。他以波蘭語感謝波蘭軍官的支持，並強調猶太與波蘭解放鬥爭的雷同之處，又以希伯來文描繪未來猶太人將如何入侵巴勒斯坦。如同後來一位參與者低調地指出，「波蘭曾希望與英國簽署條約，而波蘭政府對伊爾貢的支持可以看成是對英國不友善的舉措。」[60]

斯特恩演說的對象成為了伊爾貢的官員，他們日後將領導對抗英國的叛亂。當他們於一九三九年五月回到巴勒斯坦時，時值英國發表國防白皮書，也正是在波蘭接受英國安全保障之後不久，這些猶太激進分子開始運用他們從波蘭接收的武器和訓練來對付波蘭的新盟友。英國人注意到了這個訓練，沒收了一些武器，但從來沒有與華沙聯繫。[61]

＊＊＊

波蘭軍事情治官員在訓練伊爾貢的那些暴動中的表現如同他們在反情治工作當中的一些層面一樣傑出。舉例來說，軍事情治的一個特別小組破解了機械化的德國密碼系統「恩尼格瑪」（Enigma），並複製出一臺機器以破解訊息。一九三九年七月，波蘭解碼專家把這些知識和複製品傳授給英、法盟軍。這項工作在戰爭後期將對英國至關重要，為布萊切利園（Bletchley Park）的解碼站打下了基礎。然而在戰事會如何開展的推斷上，波蘭情治單位人員卻犯下了重大的錯誤。[62]

一九三三年以後，波蘭的軍事情治單位總參二部（Second Department of the General Staff）把蘇聯和納粹德國兩者都視為威脅，其中又以蘇聯更令人憂心。總參二部的高層論辯蘇聯和德國哪一個更可能入侵波蘭。少有軍官認知到波蘭拒與納粹德國結盟的決定將會導致德國迅速入侵波蘭。一旦英、法保證了波蘭的主權，德國就會面臨來自東西兩方的包夾。希特勒本來希望英國在德國對蘇作戰時保持中立或支持德國，但（至少就此刻而言）已對此不抱期望。本來不應該有任何影響力的波蘭打亂了《我的奮鬥》當中的算計。邏輯上來說，德國唯一避免被包夾的機會就在波蘭的東邊——蘇聯本身。而這的確也成了希特勒所遵循的邏輯。[63]

波蘭人沒有料到這一步是可以諒解的。他們強烈懷疑德國會進犯蘇聯。但在華沙或其他地方，很少人能料到希特勒的招式變換得如此迅速。希特勒眼裡只有終極的目標，因此在過程中可以無所不用其極。因此，即使截至目前為止都採反共立場，且持續招募波蘭聯袂對蘇聯作戰達五年之後，此時他卻決定詢問蘇聯一同對波蘭作戰。一九三九年八月廿日，他要求召開一場會議，與會的有外交部長里賓特洛甫以及蘇聯的領導班子。[64]史達林一直希望能召開類似這樣的會議。柏林方面可以給出倫敦、巴黎所給不了的東西——重組東歐。那年春天，德國政策公開轉向與波蘭為敵後，史達林也對希特勒示好：他知道希特勒永遠不可能與猶太共產黨人和平共處，因此在德、波公開決裂的數週之後就開除了他的猶太裔外交政委馬克西姆・李維諾夫（Maxim Litvinov）。希特勒告訴其陸軍司令官說：「李維諾夫的解職起到了決定性的作用。」[65]里賓特洛甫抵達莫斯科時，他與一名俄國人維亞切斯拉夫・莫洛托夫（Viacheslav Molotov）談話。

里賓特洛甫與莫洛托夫於一九三九年八月廿三日簽署的協議遠遠不僅是互不侵犯條約。當中包括一項祕密協定為芬蘭、愛沙尼亞、拉脫維亞、立陶宛、波蘭劃定蘇聯和德國的影響範圍。波蘭被一分為二，顯見意圖是蘇聯將會與德國聯袂入侵，一同摧毀波蘭的國家與政治社會。敏於形勢的觀察家不消知道這項祕密協定確切的內容，也可以清楚了解協定的意義。與蘇聯達成和平至少意味著希特勒的行動可以不受拘束。

莫洛托夫與里賓特洛甫的協議經由世界媒體報導時，世界復國主義大會碰巧正在日內瓦召開。來自歐洲及世界各地的猶太人聞訊震驚不已。「朋友們，我只有一個願望：希望我們都能繼續活下去。」猶太復國主義黨領袖哈伊姆・魏茲曼（Chaim Weizmann）以這句話為大會作結。這句話當中沒有芭樂劇的情節。蘇聯和德國的祕密協定中所覆蓋的範圍乃是全球猶太人的核心地帶；五百年以來，猶太人世居此地。這塊核心地帶行將成為猶太人整個歷史上最為危險的地方。二十個月後，大屠殺將在那裡發生。三年之內，數以百萬計在那裡生活的猶太人將死於非命。[66]

＊＊＊

能與希特勒達成協議對史達林來說如釋重負。他與許多黨內同志都讀過希特勒的作品，並嚴肅以待。史達林了解希特勒的目標直指烏克蘭肥沃的農地，並在許多場合中都曾言及此事。在同意與希特勒瓜分東歐的同時，他希望將武裝衝突導向西歐。在西歐，英、法才必須要對付德軍。以蘇聯的意識型態角度來看，這意味著資本主義的衝突在蘇聯外交的點撥之下正在戰場上自我解決。從史達林的戰略角度而言，作戰的最佳方法就是讓其他人自行失血過多，然後再前往收割戰果。

史達林關於未來衝突的算計就如同他當下與希特勒所形成的利益共同體一樣。一九三九年，希特勒得出了一個史達林一九三四年就已經下的結論：由於波蘭已經不再是歐戰當中可以指認出的盟友，因此波蘭也不再有存在的理由。莫洛托夫將波蘭說成是凡爾賽條約的「醜陋的後裔」（ugly offspring），而希特勒則說是凡爾賽的「不真實的創造」（unreal creation）。[67]史達林宣稱雙方都有著「共同的欲望，要除去老舊的平衡狀態」。他知道把舊的平衡打破對猶太人就意味著無政府狀態和磨難。他知道把波蘭一分為二意味著把兩百萬名猶太人拱手交給希特勒處置。一九三九年九月廿八日簽訂的《德蘇邊境友好條約》中將是日在德國圍攻下投降的華沙從蘇聯轉交到了德國轄下，也就是說，史達林將歐洲最重要的猶太城市交給了希特勒。史達林說，聯手入侵波蘭意味著蘇聯與德國以「血」封印的友誼。戰時在波蘭所飛濺的血則來自猶太公民，包括在華沙的三十萬猶太人。[68]

除了蘇、德兩方攜手合作的政治宣傳家以外，少有人能在莫洛托夫—里賓特洛甫協定中看見任何好處。千哩之外的美國傳福音者——又稱時代論者（dispensationalists）——則是一個例外。他們相信在即將來臨的末日裡，他們會被帶往天國。他們將納粹黨人和史達林派之間不太可能達成的協定讀作聖經預言（《以西結書》第三十八章）的實現。在聖經的預言裡，歌革（Gog）和歌篾（Gomer）聯袂進擊以色列家園（Land of Israel），從而完成了彌賽亞回來的前提條件之一。[69]

其時正在巴勒斯坦的亞伯拉罕・斯特恩從莫洛托夫—里賓特洛甫協定中總結道：希特勒比他看起來的還要更為務實。如果元首連他總是譴責為猶太勢力前沿的蘇聯都可以磋商了，那直接與猶太人打交道又有何不可？或許，即將到來的衝突無論如何也能提供猶太人某種救贖的機會。[70]浸淫在世俗彌賽亞主義的斯特恩與那些想像耶穌佩劍（而非帶著橄欖枝）歸來、屠殺敵人（而非神愛世人）的美國人也相去不遠。斯特恩的詩學靈感來源尤里・茨維・格林堡曾寫過彌賽亞乘著坦克車降臨。[71]斯特恩自己也預言猶太人所流的血將是彌賽亞來臨的紅毯，以從他們的頭顱中飛濺出來的腦漿的白色百合花加以雕飾。[72]

* * *

斯特恩行將在一次與最黑暗的詩學幻想無異的血腥悲劇中失去靠山。一九三九年八月廿二日，希特勒周知他的將軍們，「波蘭的毀滅」已經「近在眼前。我們的目標不僅只是要推進到特定的邊界，而是要摧毀活著的勢力。」在此有一個機會（儘管是始料未及的機會）可以展開一場種族戰爭。他繼續說道：「不要悲天憫人。只要殘酷的行動。八千萬人必須得到回饋，他們的存續必須受到保障。強者才有權利。」[73]德國當然強上許多，有一大部分原因是因為希特勒於一九三八年從奧地利和捷克斯洛伐克不戰而獲的戰果。

對波蘭的入侵來自四面八方：九月一日，德軍從北邊和西邊入侵，德軍與支援德軍的斯洛伐克軍隊從原為捷克斯洛伐克的南面入侵。九月十七日，紅軍從東邊進入。德軍與蘇軍在布列斯特（Brest）會師，並組織一次聯合勝利遊行，槌子和鐮刀旗尾隨著猶太的卐字符號，國際歌緊接著「德國高於一切」（Deutschland über Alles）的歌聲。蘇聯指揮官邀請德國記者在共同「對資本主義阿爾比恩（Albion，譯按：大不列顛島的古稱）取得勝利」後造訪莫斯科。[74]一些在布列斯特大街上供人欣賞的坦克車可能是捷克斯洛伐克的產品；有些入侵波蘭的德軍士兵與黨衛隊員其實是奧地利人。德國在科技方面的優勢（希特勒視之為種族優勢）乃是事實。當德軍的空軍飛過布列斯特的遊行隊伍時，其機長是暫時從對波蘭的城市進行恐怖轟炸的任務中稍歇。[75]在當時，只要是用在殖民地上的話，轟炸平民在歐洲人的眼中是合法的戰略；如今這被沿用到了歐洲本土。於德國一九三九年九月在華沙進行的恐怖轟炸中喪生的猶太人數遠比希特勒掌權後的六年內德國所有的政策加總起來所殺死的人數還多。同樣地，七千名猶太士兵於抵抗德國入侵的行動中喪生，這個數量也遠比此前在德國被殺死的猶太人數還多。[76]

德國對波蘭的入侵乃是基於波蘭未曾以主權國家之姿存在、也無法以主權國家之姿存在的邏輯。被俘的士兵可以槍殺，因為波蘭軍隊本來就稱不上軍隊。緊接著這次行動結束後所開始的並非占領，因為根據納粹的邏輯，先前本來就沒有政體可言，自然也沒有所謂領土可以占領。波蘭只是一個地理上的標誌，意思是可以拿走的土地。德國的國際律師論證說波蘭並非國家，只不過是個沒有合法主權的地方，因此德國人在此稱王，宣告波蘭法律無效——當然，根本不曾存在過。這些都是單純基於元首的意志；一旦戰爭開始，元首的意志便可以適用於戰前德國的國境之外。真正的納粹革命，業已開始。[77]

＊＊＊

國家地位和法律的廢除不只是技術上的事情，而是攸關生死的事。傳統上，歐洲國家視承認彼此的政體合法，即便是彼此交戰的時候也承認對方的存在以及對方憲政傳統的特殊性。公民身分唯有在彼此相互承認的時候才有意義；希特勒在摧毀鄰邦的同時則也摧毀了公民身分的原則，將德國和整個歐洲都帶往一個無法律狀態的境地。德國對待波蘭的方式猶如歐洲國家在最最毀滅性的時刻對待移居殖民地的方式：視之為一片由無人治理的不明生物所棲居的土地。黨衛軍出版物上將人口三千萬的波蘭稱為「處女地」。[78]義大利人很快地就領會到了箇中意涵，將波蘭比擬作他們在非洲唯一的征服地衣索比亞。[79]

要將這種烏托邦式的殖民地形象與二十世紀歐洲的政治現實調和起來，除了得要威壓人民之外，同時也需要摧毀實際上存在著的體制。德國在波蘭的大部分帝國工作無關於創造出新的東西，而更關乎清除實際上存在於那裡的東西。在森林於千年以前已被清理的地方重新樹立叢林法得要大費周章。

波蘭國家的摧毀是在筆墨與血跡當中達成的。律師敲打他們的打字機，劊子手則扣他們的板機。希特勒下令「大規模滅絕波蘭的知識階層」。要是當真有所謂波蘭文化存在，希特勒心想，那也會隨著其相對少數的「乘載者」（bearers）的鏟除而消失。希特勒眼見一個「波蘭問題的解決方案」，就是殺戮那些可以被視為完整的人類的人。入侵波蘭予以黨衛隊的國家毀滅者蒙上一層戰爭的面紗，讓他們得以執行無法律狀態的任務。海德里希組織了特別行動隊，係由員警和黨衛隊員組成的行動小組，通常是由黨和長期黨衛隊員所領導。他指揮下屬殺害波蘭的領導階級，以讓波蘭的抵抗勢力群龍無首。舉例來說，所有波蘭軍團與波蘭軍事組織的老鳥都要被揪出來處死。特別行動隊的主要行動稱為**坦能堡**（Tannenberg），其計劃是要殺死約六萬一千名波蘭市民。[80]

一九三九年的秋天，特別行動隊在波蘭殺了和預期差不多多的人，儘管起初他們無法追蹤特定的個人。然而，在軍事行動於十月分結束後，他們持續殺害被劃定的群體，並且在波蘭諸城鎮設立德國駐警。海德里希預計在十一月之前完成「清理波蘭的領導頭子」。當一九三九年數以萬計的波蘭人遭到射殺卻似乎仍嫌不足時，更多的「領導分子」被甄別出來，以便於一九四〇年主要城市外叢林裡的大規模射殺行動中「清理」掉。[81]在海德里希的設想中，殺害波蘭菁英可以讓波蘭人成為一群勞動者。希姆萊預測波蘭國家的概念本身將會消弭於無形。

＊＊＊

一開始，德國在軍事、政治、種族各方面進擊的核心是針對作為政治實體的波蘭，而非針對波蘭的猶太公民。但波蘭亡國對於波蘭的猶太人後果最為嚴重。少數族群最仰賴國家的保護和法治，在無政府狀態和戰爭下受到最大磨難的也往往是他們。當然，波蘭的猶太人在一九三〇年代末也得要害怕官方和民間的反猶主義。但一旦波蘭覆滅，他們所失去的遠比其他的波蘭公民要多得多。波蘭被納粹勢力給殲滅不只是簡單的消失而已，而是既存體制的破碎，破碎的結果會產生鋒利傷人的碎片。

第一層的破碎是民族權威（national authority）的破碎。一九三九年九月分的《德蘇邊境友好條約》提到了「波蘭的覆滅」；一夕之間，猶太人就不再是任何國家的公民了。此外，持波蘭身分證明文件的波蘭人、烏克蘭人、白俄羅斯人或者其他任何人也是一樣（除了突然變成既得利益者的德國少數民族）。大部分人馬上就適應了德國人對不同人種不同的預設標準。德國人進入波蘭市鎮分配食物時，有些波蘭人指出隊伍當中的猶太人，以便讓波蘭人能拿到更多的食物，猶太人則拿到更少（甚至完全拿不到）食物。[82]種族主義和物質主義打從一開始便交纏在一起。隨著公民原則的撤廢、種族原則的確立，沒有人會想要受到比猶太人更差的待遇。

波蘭西部大部分的地方被德意志帝國所兼併——或者以官方的說法來說，是脫離了併吞狀態（de-annexed）回到德意志帝國轄下。德國從波蘭領土所奪得的新區域（*Gaue*）是由希特勒的親信納粹老同志所治理。這些領導人在行動上享有的自由程度比起在戰前德國還要更高。[83]在戰前，這些人總必須處理法律和官僚體系上的負擔。新斬獲的區域中最大且最重要的是**瓦爾特高（Warthegau）**。瓦爾特高是四百二十萬波蘭人和四十三萬五千名猶太人的家鄉，那裡只有三十二萬五千名德國人。這是一種新的德國區域。戰前的德國大多數人口為德國人；在此，德國人是殖民地菁英，而大多數人口是「受到保護的臣民」。舉例來說，波蘭的孩童在學校裡所學的是洋涇浜的德語（pidgin German），藉以將他們劃分成劣等的種族，但又有能力可以接收命令。[84]波蘭中部的大部分地區被轉變為名為「**總督府**」（**General Government**）的殖民地。總督府起初稱為「被占領波蘭地總督府」（General Government of the

Occupied Polish Lands），但是後來將這個修飾語棄而不用，因為這個名號暗示了波蘭曾經存在過。根據納粹的邏輯，占領不曾發生，有的只是殖民一個在法律上「無人」的領域。在這裡，德國人享有的自由程度甚至比其他新的區域還更高，因為在這裡甚至不用佯稱有德國法律。

在兼併區與總督府中，波蘭的民法被反猶太鎮壓活動所取代。反猶鎮壓活動以不可能在戰前德國見到的步伐加速進行。一九三九年十月，德國人奪取了「前波蘭國的財產」及所有猶太人的財產。猶太人被禁止從業，且猶太男性須登記從事勞動。猶太人失去了留居他們所在的地方的權利。[85]海德里希與新總督漢斯・法朗克（Hans Frank）兩者皆下令將波蘭籍猶太人集中在猶太區（ghettoization）。這在不同區域裡以不同的方式進行；及至一九四一年，多數波蘭籍猶太人都生活在猶太區的牆裡。四處都簡單地假定可以把猶太人區隔在法律的保護之外：他們無權決定自己身在何處，也無法持有財產。從波蘭的先例開始，德國人將在所有他們試圖摧毀的國家中都打造猶太區，但在行傳統的占領統治的地方則不會設猶太區。猶太區就是摧毀國家的城市版本表述。

在城市建造猶太區從根本上改變了波蘭的地景。戰前在波蘭幾乎隨處可見的猶太人如今被集中在一小撮都市地帶。[86]這使得德國人得以竊取所有他們想拿走的猶太財產（以及強暴猶太婦女）。[87]對於周遭的人口來說，這個信號絲毫不含糊。在戰間期的波蘭，猶太人往往身處在任何道德考量之外；現在他們更是被排除在法律與日常生活的範圍之外。當猶太人被關進甫建造好的猶太區時，他們的波蘭籍鄰居早已被一年以來的德國人統治給洗劫得一貧如洗，這讓波蘭人在機會來臨的時候更有可能把猶太人的東西據為己有。如同在世上所有的地方一樣，在波蘭，人們往往憎恨那些他們行竊的對象，而正是因為他們從對方的身上奪走了東西。[88]

一九四〇、四一年的猶太區化（ghettoizations）對多數波蘭人而言，是猶太人從他們的生命中消逝的時刻。數百年以來混居的生活忽然一夕之間於焉告終。以往每天在各式各樣場合隨處可見的猶太人，現在唯有在工地或透過圍牆才能得見——或者在極少的情況下，猶太人躲了起來。他們在村裡的房子、在城裡的公寓如今就在那兒任人鳩占鵲巢。傳統上屬於猶太人的職業（如商業與其他專業）現在則由他人來操持。德國的占領對於波蘭人來說顯然並不代表社會地位的晉升，因為受過教育的波蘭人已經被殺，其他人則被當作無聲的無產階級。總督府裡的波蘭人在大街上被抓住，然後送到集中營內充當勞力。凡此種種，都創造出一種相對剝奪感，在這當中，波蘭人覺得在猶太人消失之際，從猶太人身上拿走可以拿走的東西是可以接受的。波蘭人竊取猶太人的財產並不意味著波蘭是德國的盟友，但卻也確實讓他們試圖合理化他們的所作所為，並且支持任何防止猶太人重新拿回屬於他們的東西的政策。無論如何，在總督府內，幫助猶太人離開猶太人區最重可以處以死刑。[89]

德國摧毀波蘭所造成的第二層破碎是地方權威（local authority）的破碎，無論是戰前村、縣級行政機關的地方權威，還是戰前猶太人作為一個自治的群體的權威。波蘭的中央政府遭到摧毀，波蘭的法律遭到撤廢，波蘭的國家被宣稱從來不曾存在過。波蘭的地方權威實際上確實仍然在位，但此際已與先前的法律與傳統切斷了聯繫。這些機關被德國的政策移出此前的體制階序，其功能也從根本上被納粹的優先考量順序所改變了。他們不再執行中央部會下達的命令，也不再代表在地公民的利益。部會與公民都不復存在。取而代之的是，地方權威現在被要求以個人的身分對德國種族政策的施行負責。他們監督波蘭的猶太人被遣送入猶太區的過程，以及未被德國人拿走的財產的分配過程。

迎接著被送到猶太區的猶太人的是**猶太委員會（Judenrat）**——這是在戰間期的猶太高層的仿傚，於一九三九年由法朗克總督所設置。畢蘇斯基的統治准予波蘭的猶太人選擇地方自治當局，稱作一個息落（kehillot）或者基礎自治體（gminy）。這些單位負責婚喪喜慶等事宜，某種程度上也負責社會福利和教育。猶太共同體當局被授權准予接受國外贊助這些活動的款項。在德國人的治下，這些地方當局（通常是同一批人）成了猶太委員會，負責執行德國人的命令。他們與（已不復存在的）波蘭的關係並不是彼此互惠的關係，於是自此與全球其他猶太人的社群切斷了臍帶。對於德國人來說，最簡單的就是讓個息落（kehillot）繼續存在，同樣地，讓波蘭地方首長續任也是最簡單的方式。能起到決定性影響的通常是波蘭的亡國以及德國政策的特色，而非這些個人的特色。要是真的有人離職也能輕易取代之。[90]

新的配有警棍的猶太警力在技術上隸屬猶太委員會，但在關鍵的案例中卻會接受德國人的命令。在華沙的猶太區兩千多名猶太員警的指揮官是約瑟夫・瑟林斯基（Józef Szeryński）。[91]出身貝塔組織、曾接受波蘭武器訓練的猶太年輕男性也傾向於加入猶太警隊。猶太員警常常試圖解決猶太人之間的爭端，以避免訴諸德國當局。一九四〇年起，猶太員警負責監督所有猶太人都被要求從事的強制勞動。一九四一年起，他們圍捕猶太同胞，將他們從猶太區遣送至集中營；一九四二年則將他們送至死亡設施。為德國人提供服務的猶太線民通常在戰前的波蘭警隊中就留下過充當線民的紀錄。當然，他們現在所提供的是截然不同的情報。[92]

波蘭的第三層破碎是將一個曾經中央集權的體制——波蘭警隊——從打碎了的階序中區分出去。波蘭正規警隊在此之前是階序上組織化的體制，從屬於內政部轄下。一九三〇年代，波蘭警隊被用來保衛猶太人的生活、商業、政治。猶太商人與負責保護城鎮市場的員警（通常透過賄賂）保持著友好的關係。儘管波蘭民族主義者抱怨波蘭員警支持貝塔組織，但在波蘭人與猶太人之間發生齟齬時，波蘭員警有時也會站在波蘭人那邊。波蘭法官往往會判決猶太人在引發暴力行為上有罪，儘管猶太人往往是這些暴力行徑所針對的對象。不過整體而言仍希望透過波蘭警隊來避免反猶暴力，並且他們一般來說的確會這麼做。在一九三〇年代的波蘭，反猶暴力行為乃是對私有財產的侵犯，並且會將國家的弱點給暴露出來。無論他們對猶太人的觀點為何，多數員警都能理解他們對布爾喬亞秩序的責任。[93]然後命令改變了。傳統上尋求壟斷暴力的國家遭到一個試圖導入無政府狀態的種族化的政治體制所摧毀。[94]當波蘭於一九三九年九月亡國時，其員警不再有上司來指導他們。波蘭的國家高層已經從華沙疏散，大權旁落，員警得自己決定接下來該怎麼做。但也不能因此就說波蘭員警站到了德國人那邊去。波蘭全境許多員警都選擇在華沙被包圍之際聚集在首都迎戰德軍。[95]投降以後，他們面對到典型的維持秩序的困境。擅離崗位會引發混亂與犯罪；留下則意味著效力於外來入侵勢力。多數波蘭員警選擇了後者。於是**德國治警（German Order Police）**將整個單位給種族化，整編為從屬的波蘭治警（Polish Order Police，又稱藍警〔Blue Police〕）：猶太人不能再執勤，波蘭人不能逮捕德國人。德國人若是拒絕遵守射殺平民的命令通常不會受到處分，但是波蘭的警察卻有可能因此被殺。[96]波蘭員警從屬於一個他們不可能理解的德式結構：他們從屬於德國治警，終究來說這代表他們從屬於希姆萊。在往後數年間，約三萬名德國治警將參與殺害波蘭猶太人的行動當中。[97]隨著時間的遞嬗，波蘭警察成了從屬於德國種族戰爭機器的一部分。[98]

＊＊＊

波蘭必須得被摧毀，因為在一九三九年，希特勒已經怒不可遏，失去耐心，除了鏟除橫陳在德蘇之間的國家以外，找不到接近蘇聯邊境更好的方法。希特勒的意識型態武裝是藉自然之名摧毀國家，並且握有一支秋風掃落葉的軍隊和特別行動隊，其核心任務是摧毀政治體制以便為種族戰爭打開坦途。黨衛軍與特別行動隊首先在波蘭進行大規模的殺戮行動——但他們的主要目標是波蘭的菁英而非猶太人。

猶太人不被看作是一個人種，必須要從居地徹底清除出去。在將猶太人從家園趕到城裡的猶太區這方面，新的德國無法治狀態採取了令人詫異的作法。在德國人眼裡，猶太區藏汙納垢；猶太人先在這裡集中在一起，然後才被遣送到某個異地去讓大自然接管。在人口過剩的猶太區裡，死亡人數是出生人數的十倍。在頭幾個月內死亡的人多是從鄉村或者其他市鎮遣送而來的猶太人，他們在此沒有財產也沒有人脈。像華沙這樣偌大的猶太區彷彿披上了一層殖民地的面紗，拉車伕取代了汽車（因為汽車被德國人據為己有）和街車（街車的使用遭到德國人的限制）。[99]威壓他人的光環吸引了德國遊客紛至沓來，他們到訪後往往帶著帝國征服的成就感返家，躊躇滿志。[100]但對於那些身在柏林的負責人而言，最大的問題是缺乏一個實際上的境外殖民地可以遣送猶太人口。

一九三九、四〇年的納粹種族政策——即淨化被征服的波蘭領地——宛如一座殘酷的屠宰場。一九三九年十月七日，希姆萊獲得更大的權力，像是某種種族的政委一般。他所設想的最好的方法就是將猶太人和波蘭人從被德國所兼併的波蘭領土遣送到總督府。即便這項政策成功了（實際上並沒有成功），也不過將種族仇敵稍微往東移了一些而已。在兼併區內波蘭人的數量讓這項計劃顯得不切實際。在被帝國所兼併的領地中，波蘭人比德國人的比例約是二十比一，甚至連猶太人口都比德國人口略多。以人口來說，納入納粹德國領土的羅茲（Łódź）成了納粹德國最大的猶太城市和波蘭城市。

在實際的運作上，希姆萊先遣送波蘭人。他們被視為政敵，他們的農地則拱手交給從之前遭到蘇聯入侵過的領地來的德國人手裡。一九三九年十二月，約八萬七千八百八十三人被從兼併地遣送，翌年初再遣送了四萬一百二十八人，其中大部分是波蘭人。[101]這些數字反映出大規模的人正在受到磨難，但幾乎並沒有改變人口統計學上的均衡。把猶太人從帝國輸送到波蘭總督府在概念上毫無意義，在實際上也並未成行。然而，對於身在戰前帝國領地上的一些德國人來說，這卻非常振奮人心。他們開始發起遊說，要把猶太人從他們所在之處遣送出境。海德里希只得在一九三九年十二月停止了這項地方性的措施。[102]就在一九四〇年一月，海德里希的下屬艾希曼向史達林聯繫：也許蘇聯願意從德國占領的波蘭帶走兩百萬名猶太人？[103]史達林對於放大批未經檢查篩選的人進入蘇聯似乎興趣缺缺；接收猶太人似乎是他與希特勒結盟的這段時間內納粹方面少數遭拒的請求。

猶太區成了更宏大的遣送計劃──把猶太人疏散到馬達加斯加──的臨時收容所。這對猶太人來說是個黑洞，戰前在德國和整個歐洲最為受到矚目。這是希特勒在一九三八年向波蘭領導人提出的建議，但波蘭領導人無法理解他要怎麼把這個遣送計劃和戰爭結合起來。德國的領導人希望如果戰勝法國，就可以大開時為法屬殖民地的馬達加斯加的門戶。擊敗波蘭後，希特勒回到他對於戰爭的基本設想：將法國的威脅從西線清除，以避免圍攻的戰略問題，然後再攻擊蘇聯以達成戰事的終極目標：生存空間。一九四〇年六月十四日德軍進入巴黎後，艾希曼派遣一名使節去找尋一九三六年波蘭和法國討論馬達加斯加的相關紀錄。在維琪（Vichy）新成立的法國政府支持馬達加斯加遣送計劃。但是要將百萬人口從歐洲運送到印度洋的計劃，得先取得大英帝國的准許和支持。法國淪陷的時候，英國還留在戰爭當中。[104]

希特勒對此大吃一驚。他在一些戰略上的預測連連失準。西邊的盟友理應保衛捷克斯洛伐克，但卻沒有出手；波蘭不應該起而反抗，但卻起而反抗了；法國理應要支撐更久；而一旦法國淪陷，英國理應要求和，但卻沒有。繼任張伯倫擔任首相的邱吉爾仍持續反抗。一九四〇年七月十日，希特勒對英國採取空戰，並相信只要英國敗北就可以清除馬達加斯加計劃的最後一道障礙。但他對英國卻毫無勝算。英國的空軍軍力有優異的波蘭、捷克機長坐鎮，較德國的空軍軍力為優。德國的海軍規模太小，無法對英國的海岸採取海空聯合作戰。就像其他許多計劃一樣，入侵英國並沒有經過全盤考量。馬達加斯加遣送計劃的綱領於一九四〇年完成之際就已經顯得過時了，因為到了這個時候，希特勒已經放棄了占領大不列顛的意圖。[105]

當希特勒明白馬達加斯加計劃不可行時，他的念頭轉回到了蘇聯。一九四〇年七月卅一日[106]，也就是他並不怎麼認真考慮過的英國計劃開始的僅僅三週後，他要求將領重新檢視侵略蘇聯的計劃。他提醒這些將領：對蘇聯作戰只有在德國可以在「一擊之間」就「擊潰該國」的前提下才能成立。十二月，他發出正式指令要求提出「在迅速的行動中擊潰蘇聯」的作戰計劃。[107]

因此，猶太人的「黑洞」從某個充滿異國風情的帝國殖民地移到了另一個地點，從熱帶的南方海洋移到了酷寒的北方凍土。希特勒設想在幾週之內就能擊潰蘇聯，然後其境內的猶太人以及也許其他的猶太人就可以被遣送至西伯利亞。關於這個，他仍然錯了。但是犯錯本來就是納粹邏輯中根本的一部分。元首永遠不會錯，出錯的是這個世界；而當這個世界出錯的時候，永遠都是猶太人要來背黑鍋。

＊＊＊

納粹關於特定國家行為的戰略預測通常有失精準，但普遍來說，納粹黨人卻能在其他國家淪陷之際習得教訓。誠然，對鄰邦人民的理解不足迫使他們採取前所未預期的摧毀他國的行動，這於是又開啟了另一個實驗的領域。對奧地利的兼併加速了對猶太人的遣送，入侵波蘭創造出把他們關進猶太區的機會，然後對蘇聯的毀滅戰爭（war of annihilation）則讓「最終解決方案」得以付諸實現。這不是此前所考量過的那種最終解決方案——即將他們遣送至某個從其他帝國斬獲的不知所終的遠方——而是大規模殺戮的最終解決方案，就發生在東歐，發生在猶太人的家園內。

於一九四一年六月集結入侵蘇聯的那三百萬名德國人此時身在已被殖民、行恐怖統治的波蘭領土上。這三百萬德軍所看到的波蘭已經今非昔比。其猶太人口遭受羞辱，被關進猶太區，其他人口則屈從於某種即興演出式的剝削性的無政府狀態下。同月廿一日這三百萬人跨越德蘇邊境時，他們首先踏上的是一塊非常特殊的區域：德國於一九三九年九月讓予蘇聯的領地。因此德國對蘇聯的入侵其實是對一個甫遭到入侵的領域的再入侵（reinvasion）。德國對蘇聯的攻擊意味著緊接在蘇聯摧毀一九二〇、三〇年代獨立國家的國家機器後，德國又要摧毀新的蘇聯國家機器。雙重的強權入侵雖然夠戲劇性，但還稱不上前所未見。

但像這樣的雙重國家毀滅，卻是前所未見。

第五章　雙重占領

戰爭期間，才華洋溢的政治思想家漢娜・鄂蘭（Hannah Arendt）已經窺知正在發生的事。身為來自德國的猶太籍政治移民，她知道國家社會主義的意識型態可以如何實現。若要將猶太人斬草除根，首先要將他們從國家分離出去，如同她後來所寫的：「唯有對那些無國家狀態的人民可以為所欲為。」[1]

如同後來的大屠殺歷史學者一樣，鄂蘭根據她與一些德裔猶太史學家所共同遭遇過的經歷出發，將這種從國家分離出來的形式看作對權力漸進式的剝奪。如同她所觀察到的：「the first essential step on the road to total domination is to kill the juridical person in man.」表示要剝奪猶太人所受的法律保障、並把無法治狀態的觀念灌輸給非猶太人，最簡單的方法就是像在奧地利和捷克斯洛伐克那樣摧毀整套司法體系。鄂蘭逐漸理解到，猶太人「were threatened more than any other by the sudden collapse of the system of nation states。」意即在國家瓦解的同時，身為該國公民的猶太人常首當其衝，身陷於危機。一九三九年德國入侵波蘭；隨著國家沿著新的殖民線分裂，新的剝奪形式也應運而生。但即使是把猶太人關進猶太區或殖民秩序的頒布都尚不足以導致大屠殺。大屠殺的發生還需要更多的條件予以配合：亦即國家的雙重摧毀（double destruction of the state）。

希特勒於一九三九年與史達林結盟時所盤算的是透過代理戰爭來摧毀諸國。[2]《德蘇互不侵犯條約》（German-Soviet Treaty on Borders and Friendship）中將波羅的海的立陶宛、拉脫維亞、愛沙尼亞及波蘭的東半部讓與莫斯科。希特勒對於蘇聯對這些地方的統治有著繪聲繪影的概念，但他以為蘇聯恐怖就是鏟除所有思考的人、使數千萬人死於饑饉，這樣的想法說起來卻略嫌誇張。[3]希姆萊也曾將「滅絕國家」寫成是「布爾什維克的方法」（Bolshevik method）。[4]希特勒在與蘇聯結盟的同時一直都在籌劃進犯那些他讓與蘇方的領土。他之所以於一九三九年誘使史達林摧毀這些國家，是為他自己一九四一年可以在同一塊土地上遂行自己的行動鋪路。職此，這位德國元首在盤算的是國家的雙重摧毀：首先透過他認為極端激進的蘇聯式手法來鎮壓戰間期形成的民族國家，然後再用當時正在成形的納粹式手法來鏟除蘇聯所新創立的國家機器。

德國人於一九四一年入侵蘇聯的時候，首度找到他們「可以為所欲為」大量殺害猶太人的條件。在蘇聯統治先於德國統治的雙重占領區內，先是由蘇方摧毀戰間期的國家，然後德國再廢除蘇聯的體制，最終解決方案於焉成形。幾乎所有一九三九年淪於德國統治的兩百萬名猶太人都在劫難逃。一九三九、四〇年淪於蘇聯統治下的兩百萬名猶太人亦然。最初淪於蘇聯統治的猶太人最早被德國人大規模殺害。[5]

＊　＊　＊

一九三九年九月德蘇聯手入侵波蘭時，如果以政治暴力來講，蘇聯還算是前輩。蘇聯祕密警察內務人民委員部（NKVD）具有任何德國機構都無法匹敵的大規模殺戮經驗。六十八萬一千六百九十二名左右的蘇聯公民在一九三七至三八年大恐怖（Great Terror）期間遭到逮捕槍決，死無葬身之地。內務人民委員部於準備發動戰爭的數年間在蘇聯自己領土上射殺的波蘭人人數是納粹特別行動隊（Einsatzgruppen）在德軍於一九三九年實際入侵波蘭時射殺人數的兩倍。就比例而言對比更為顯著：十一萬一千〇九十一名蘇聯公民於一九三七至三八年的波蘭計劃（Polish Operation）中喪生，改變了蘇聯西邊的國籍結構。戰事爆發前，蘇區波蘭人的役齡男性中有三分之一在波蘭計劃和其他恐怖活動中遭到殺害，他們的妻小多被解除國籍，送至集中營或孤兒院。毗鄰波蘭的烏克蘭蘇維埃社會主義共和國和白俄羅斯蘇維埃社會主義共和國內，大量的波蘭少數族群——烏克蘭五萬九千九百〇三人、白俄羅斯六萬一千五百〇一人——喪生或被遣送出境。[6]

史達林大規模屠殺波蘭國籍的蘇維埃公民不是出於種族的理由，而是基於族群的策略（ethno-strategic）。在史達林的指導下，內務人民委員部透過嚴刑拷問發展出一套理論，稱波蘭在波蘭軍事組織（Polish Military Organization）的策劃下暗中策劃推翻蘇聯。這完全是無稽之談。雖然前波蘭軍事組織特工在波蘭軍事情報單位和國家高層中頗為活躍，但該機構已不復存在，當然更不會在蘇聯領土上從事暗殺或破壞活動。儘管前波蘭軍事組織特工在一九三〇年代後期曾暗中陰謀從事暴力計劃，他們所設想的目標也是在巴勒斯坦的英國人。然而，在大恐怖的尾聲，內務人民委員部已經藉由刑求湊合出足夠的自白來捏造一套故事，甚至宣稱連若干蘇維埃國家的領導階層都是波蘭的特工。這甚至足以危及內務人民委員部自身，因為在一九三七、三八年間，假想的陰謀論每週不斷滋長，委員部的長官隨時都有可能被指責過去忽視波蘭帶來的危險。

一九三八年，史達林成功讓大清洗的目標從原本的蘇共內部轉向針對內務人民委員部。在高層祕密警察自己都身陷囹圄、橫遭殺害之際，年輕一輩取而代之。結果，內務人民委員部的國籍結構也改變了，過去多由有革命光環加持的都會菁英所把持，其中猶太人（與拉脫維亞人、波蘭人）占高比例的現象不復存在。波蘭官員被迫去職，甚而常常在波蘭計劃當中遭到處決。接著，整個內務人民委員部都遭到了清洗：起初的理由是不夠警覺，後來的理由則是太過警覺。一九三八年末，內務人民委員部已經成為由俄羅斯人（占高層百分之六十五）與烏克蘭人（占高層百分之十七）主導的組織。至此，在內務人民委員部當中，相比俄羅斯人在整個蘇維埃人口當中的比例，俄羅斯人在內務人民委員部當中占據的比例過高。猶太人的百分比則從將近百分之四十下降到低於百分之四，且已不再有任何波蘭人。[7]

精於謀殺的內務人民委員部就這麼被史達林給貶謫和「俄化」（russified）。在蘇聯一九三九年九月十七日入侵波蘭東部後，內務人民委員部轉而對付波蘭的機構和波籍菁英。對於內務人民委員部來說，在波蘭東部攻擊可能的反抗者遠比在蘇聯內部執行波蘭計劃容易得多，因為從波蘭公民當中就可以揪出真正的敵人，並彙報實質的進展。德、蘇軍隊所導致的波蘭解體所造成的混亂可以做做表面功夫來控制。在波蘭東部，蘇聯軍人將男人毆打致死，只為取得他們的金牙；他們強暴女人，知道反正這只會被當作「兒戲」。蘇聯的入侵意味著在地共產黨人的暴動，他們時常搶劫甚至殺害本來當政的波蘭人；在地的民族主義者也加入暴動，因為他們通常相信蘇聯關於東方民族自由以及紅軍解放的宣傳。蘇聯的入侵也使得波蘭的官員、地主遭到攻擊。在隨著政權遞嬗而來的暴亂的情況下，秋後算帳也是可以預見的。[8]

在此背景下，蘇維埃內務人民委員部可以為被占領的波蘭東部帶來某種安定。[9]內務人民委員部官員精於生殺予奪之道。他們的任務在於打造某種國家地位模式的基礎，不像納粹特別行動隊那樣到了一九三九年為求德國種族優勝才初次濫殺無辜。[10]內務人民委員部官員（通常是俄羅斯人或烏克蘭人）在一九三九年底大批轉移到新占領的波蘭東部領土。一九四〇年一整年，整個蘇聯大部分的逮捕、監禁都發生在被占領的波蘭東部，而東波蘭只占了蘇聯領土的一小部分而已。典型的刑期是流放古拉格（Gulag）八年；八千五百一十三人左右被個別判處死刑。[11]

跟德國人不一樣的是，蘇聯人有大規模遣送出境的機制和經驗。相對於殖民式的幻想，他們的遣送目的地——勞改營的廣大網絡和名為古拉格的特殊機構——已經通過了時間的考驗。蘇聯的內部殖民印記就銘刻在西伯利亞的凍原和草原上。一九三九年十二月五日，史達林下令準備第一波的遣送，目標指向波蘭的國家機器與其有影響力的支持者。十三萬九千七百九十四人左右於一九四〇年二月從家裡被強行帶走，送上開往古拉格的火車，目的地通常是**哈薩克蘇維埃社會主義共和國（Soviet Kazakhstan）**。波裔猶太人於一九四〇年被扣上資本家的帽子大批遣送到古拉格；一九四〇年六月，更多的人遭到遣送，只因他們表達希望維持波蘭公民權。在蘇聯入侵後的數個月內，共約二十九萬兩千五百一十三名波蘭公民在四波主要的行動中被遣送到古拉格，此外在較小的行動或是個別的逮捕中尚有大約二十萬人。在這四波行動中，大約百分之六十的受害者是波蘭人（約占波蘭東部人口百分之四十）、百分之二十出頭為猶太人（人口的百分之八）、百分之十的烏克蘭人（人口的百分之三十五）、百分之八左右的白俄羅斯人（人口的百分之八）。[12]

其中一名遭逮捕送至古拉格的是來自凱爾采（Kielce）的年輕作家古斯塔夫・赫林—格魯金斯基（Gustaw Herling-Grudziński）。他遭到蘇維埃相關單位指控非法擅離波蘭，前往立陶宛參與對抗蘇聯作戰。他禮貌地請求訊問的員警將指控改為意圖離開波蘭參與對抗德國作戰。員警向他保證兩者的結果都是一樣的。赫林日後提供蘇聯勞改營內部生活最為強而有力的寫照。在勞改營裡，得來不易的孤寂是不可得的自由之唯一替代方案；在截然不同的情境下拼裝起來的個人性格在此分崩離析。「在那裡，」在古拉格，「證明了當肉體到達忍耐的臨界點時，人們就不再能如同我們本來所以為的那樣依靠性格的強韌或是對精神性價值的認知；事實上，在飽受飢餓和痛苦折磨的情況下，沒有什麼事是不能強迫人做的。」赫林逐漸相信，「人唯有在人的條件下得以為人。」[13]

從蘇維埃的角度來看，波蘭最危險的群體就是官員階級。官員階級帶來三重的威脅：他們是敵軍的領導階層；某些老一輩的官員是對抗蘇聯行動中的老鳥；後備官員則代表波蘭的受教育階級。蘇聯視波蘭受教育階級為波蘭政治國家的基礎。針對這些人立即性地逮捕與剿滅是為了讓政治抵抗更形艱鉅。投降或被俘的波蘭軍官被關進集中營接受個別偵訊拷問。然後內務人民委員部指揮官拉夫連季・貝利亞（Lavrentii Beria）派任聯合特別法庭（troika，由祕密警察頭目、檢察長、公安局長組成——譯註）聯合進行群體審判。「他們每一個，」貝利亞給史達林的信上寫道：「都在等待獲釋，以便積極參與對蘇聯的抗戰。」他建議「處以極刑——槍決」，獲得了史達林的批准。[14]

一九四〇年四月，約有兩萬一千八百九十二名波蘭官員、公民遭到內務人民委員部官員在卡廷森林（Katyn Forest）與其他四處射殺。由

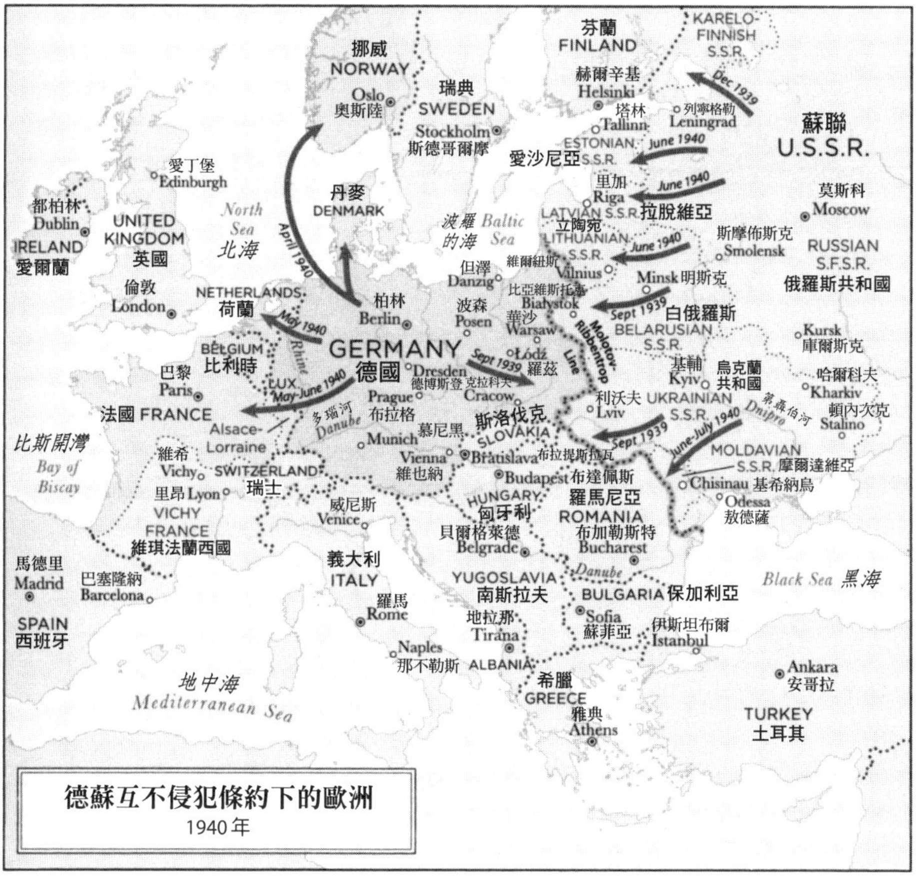

德蘇互不侵犯條約下的歐洲
1940年

於波蘭軍隊是社會階級向上流動的途徑，許多死者（約百分之四十）是工農背景出身。又由於波蘭的軍官階級由許多國籍組成，許多死者來自少數民族，包括猶太人。伊爾貢的成員亨利克・史特拉斯曼（Henryk Strasman）頸部被子彈貫穿，屍骨埋在卡廷森林的亂葬崗。[15]威罕姆・恩格克萊斯（Wilhelm Engelkreis）是名醫官和預備軍官，也在卡廷遭到殺害；他的女兒後來在以色列憶及幼年喪父的痛楚。希洛寧・布蘭德瓦金（Hironim Brandwajn）醫師也在卡廷被殺害，他太太米拉（Mira）兩年後卒於華沙猶太區，至死都不知道丈夫的下落。米契斯洛夫・普洛能（Mieczys aw Proner）是名藥劑師、化學家、猶太人、波蘭人、預備軍官，也是一名戰士，他在波蘭軍隊中與德軍作戰，結果在同一波行動中遭到蘇聯逮捕、殺害；數個月後他的母親被下令移送到華沙猶太區，兩年後再被遣送至特雷布林卡毒死。[16]

在內務人民委員部殺戮的兩萬一千八百九十二人當中全都是男人，只有一人例外。[17]他們當中許多人就像這裡提到的波蘭裔猶太人，有家室在德國占領區，這些家庭此刻在一家之主不在的情況下面對德國的壓迫。由於蘇聯與德國一致以受教育的菁英波蘭公民為目標，蘇聯讓德國人的任務容易許多。如果這些被殺害的軍官在蘇聯占領區內安家，內務人民委員部就會將這些家庭遣送至古拉格。這些被突如其來的敲門聲給嚇壞的人幾乎無一逃出魔爪。[18]其中少數的例外之一是一名波蘭軍官的妻子將小孩託付給值得信賴的猶太人鄰居。[19]但這是內務人民委員部少數的失敗案例。一九四〇年蘇聯的這些遣送行動是複製了大恐怖的手法，只不過規模稍小。在波蘭計劃中，波蘭男人也被射殺，妻小也被遣送、剝削、褫奪國籍。

人事方面也有所賡續：瓦西里・布洛欣（Vasily Blokhin）是波蘭軍官中的一名劊子手，頭戴毛線帽，身著圍裙，手套及於手肘，每晚親手射殺約兩百五十個人，在整個大恐怖期間共殺戮了數千名蘇聯公民。[20]在蘇聯的體系裡，行刑員人數極少，而且都是軍官。他們在嚴格的階序裡遵循明確的書面命令。蘇聯體系內部就包含著法定的例外狀態（states of exception）用以合理化大規模恐怖所需的特殊手段，但也可以被終止。在德國的體系裡發展的結果則是，下層發明出的手段與上層的意願交相賊，因此命令往往含混不清，軍官常試圖將射殺的責任推諉給下屬，或者推諉給碰巧出現在附近的非德國人。因此，蘇聯的體系在殺戮方面更為精確高效。不過德國的體系在創造出大批的劊子手這方面則更為有效。[21]

蘇方（或至少一部分的蘇聯人士）衷心相信他們在做的事，畢竟這是他們親手執行的，並且以精確的語言在官方文書中記載他們的所作所為，並確實歸檔。他們與自己的所作所為兩者之間是可以聯繫在一起的，因為確切的責任就落在共產黨身上。納粹雖用宏大的種族優越修辭，希姆萊固然高唱為種族殺人的道德崇高性，但當時機到來，德國人的行動既沒有計劃又有失精確，而且沒有責任意識。[22]在納粹的世界觀裡，發生了就發生了，強者得勝，但沒有任何事是確定的，特別是過去、現在、未來之間的關係。蘇方則相信歷史站在他們這邊，並據以行動。納粹黨人什麼都害怕，唯獨不怕他們自己創造出來的失序狀態。體系與心態是截然不同的兩回事，也因此格外耐人尋味。[23]

然而，這兩個體制卻在同樣的時間和地點執行行動。無論蘇方做什麼，動機為何，他們行動的對象若未被殺害或被遣送，就得要面對納粹和納粹的手法。內務人民委員部造成的破壞是將人遣送或者殺死，摧折生命，消磨意志。蘇方摧毀了他們所掌握的那一半波蘭，這至關重要；他們清除了那些與波蘭國家地位相關的人，這同樣至關重要。但也許最重要的是蘇聯政策如何影響了那些倖存者：這些亡國的子民成為了新的蘇聯公民，即將於一九四一年遭遇德意志國防軍（Wehrmacht）和黨衛軍。

＊＊＊

一如納粹黨人所想的一樣，蘇聯認定一九一八年成立的波蘭無權存在，不值一哂，因此可以透過法令來鏟除。然而德蘇雙方嘲弄波蘭的形式有著顯著的不同。蘇方同德方都摧毀了波蘭的國家象徵物，但是蘇方是基於波蘭代表「布爾喬亞」、「反動」、「白人」或者「法西斯」波蘭的邏輯。在蘇方的觀點看來，波國的問題在於那是上層階級的創造。這與納粹的觀點非常不同。納粹的觀點是波蘭人這樣的下等種族不值得任何政治意義上的存在。

在納粹德國占領的波蘭西部和中部，波籍高官遭到緝捕、囚禁在集中營，最終往往遭到殺害，而低階官員如縣市首長、村長等則得要遵循來自德國當局的新型命令。如同德國殖民地（稱為總督府〔General Government〕）對其任務的描述：「我們現在在波蘭所甄別出的領導階層要素應該被消滅。」——這是一場種族戰爭：消滅敵方的重要種族勢力，然後壓榨其下層分子。[24]

奠基在納粹原則上所建立的帝國必須要讓低下的種族公開屈從，從而在德國人的政治性存在與其他人的政治性存在之間劃出一道清晰可辨的界線。蘇聯帝國則是奠基在延伸既有的蘇聯領土之上。在蘇聯占領下的波蘭東部對待波蘭高官的方式大致如同他們在德占區被對待的方式。但至少有一段時間裡，他們的位置被出身卑賤的人篡奪，甚至被獄中的當地共產黨員所篡奪。[25]在一個又一個城鎮，政治犯成了地方高幹。這是個政權遞嬗之際短暫卻重要的時刻，因為這把蘇聯革命的重責大任至少在表面上轉移到了當地人身上。因此，有些波蘭公民被捲入蘇聯式的種族戰爭當中：將敵人的布爾喬亞階級或封建領導人梟首，拔擢工農，然後使每個人都屈尊於某種宣揚自己平等主義的大秩序之下。

伴隨著蘇聯式對社會的梟首（decapitation）而來的是社會體的殭屍化（zombification）。蘇聯對於波蘭反抗的可能性遠比德國更加嚴肅以待，因為對蘇聯而言，波蘭代表著國際資本主義權力的一例，而非只是某個屍居餘氣的種族的最後拚搏。內務人民委員部所採取的手段也遠比德國的**蓋世太保（Gestapo）**更為細緻：通常是先觀察反抗團體，進而逐一逮捕、招募，並慢慢地試著擊破整個組織，或理想上在其成員不知情的情形下將之交到蘇方手中。由於就蘇方的定義來看，反抗就是國際謀反詭計的一部分，蘇聯總是希望能從波蘭地下黨追索到波蘭流亡政府及其英、法盟軍。在實際的操作上，蘇聯的統治孕育出不信任感，準備好要謀反的波蘭公民變得對彼此有所遲疑，無從探知哪些地下團體才是站在自己這邊的，哪些又是內務人民委員部的前沿。因此，蘇聯意義上的平等浮現在占領下的波蘭東部：波蘭公民學會了「平等地」不信任彼此。每個人都成了潛在的叛徒，表象不復能夠相信。這個新的現狀在數週之內就抹消了舊的社會現實。[26]

德國人將波蘭公民排除在新秩序的參與之外，而蘇方則迫使波蘭公民參與蘇聯用來表徵解放的政治儀式。蘇方引進他們自己的民主版本，政治參與在這個版本當中是強制性的公開票選，選民別無選擇。一九三九年十月二十二日，在前波蘭東部的居民被召集選出他們在全國大會的代表。在蘇聯占領區，波蘭人是最大的民族群體，但不是多數。烏克蘭是南方的多數，白俄羅斯是北方的多數，而猶太人則是在各地都人數眾多。蘇聯的概念是將大部分的被占領地劃分成南方的烏克蘭區和北方的白俄羅斯區，分屬於既存的蘇維埃烏克蘭共和國和蘇維埃白俄羅斯共和國。這就是當時發生的事情。

這次投票是義務強制性的，對人羞辱有加，且舞弊叢生。根據這次票選的結果，一九三九年十一月分頭幾天召開的全國大會各地都宣稱希望併入蘇聯。這使蘇聯公民身分延伸到及於所有波蘭東部的居民，這種象徵性的平等是在納粹帝國所無法想像的。當然，這也使得數以千計來自更東邊的蘇聯的（通常是俄羅斯和烏克蘭）官員紛至沓來，他們的手中握有實權。當地的共產黨人，屬於烏克蘭、白俄羅斯和猶太少數民族可以被用來當作自我解放者。但他們的解放意味著被納入一個有自己的優先考量的權力體系，其中一項考量就是與納粹德國維持同盟關係。試舉一顯例說明：猶太籍的屠夫失去了他們自己的屠宰場，結果只能充當蘇聯的國家雇員，為與西方民主國家交戰的德軍打包肉塊。[27]

從蘇方的表現看來，彷彿波蘭東部已經永遠地加盟他們的社會主義家園。當然，這並非實情，因為蘇聯的盟友——也就是讓這次領土重劃得以實現的納粹德國領導人——正在坐等時機成熟以進犯蘇聯。史達林早預料到了希特勒的背叛，但及至一九三九、四〇、乃至四一年都還相信他的盟友能被蘇方所表達出的忠誠和善意所安撫。因此，蘇聯不僅保障了德國以東的安全，也供應一九四〇年被用在西歐作戰的物質資源如石油、礦物、糧食等。**英國皇家空軍（Royal Air Force）**提議轟炸蘇聯的軍用機場以減慢希特勒在西歐挺進的速度。[28]烏克蘭蘇維埃社會主義共和國的農民歌唱著：

物產豐饒的烏克蘭啊
將她的糧食給予德國人
她自己則飢腸轆轆[29]

* * *

在其新取得的土地上，蘇聯為德國人創造出物質、精神、政治等各方面的資源，這為日後納粹勢力在東歐打開了（一九三九年以前尚不存在的）前此所未有的契機。儘管蘇方並無意要創造這些資源，能夠取得這些資源對德國人進犯這些領土後諸多事件的進程起到了決定性的作用。這對一九三九年的波蘭東部再真實也不過，對一九四〇年夏天被蘇聯占領、兼併後的波羅的海國家而言更是如此。

為了終結資本主義，蘇方創造出一種物質性資源。從蘇方的角度來看是以平等為目標，但是平等化就意味著一部分人的損失和另一部分人的獲得。即便在紅軍抵達之前，當地的「共產黨人就像是發了失心瘋一樣，在夜間實行改革方案，搶奪波蘭人甚至殺害波蘭人。」[30]駕私家車逃離德軍入侵的猶太人喬伊・希基爾曼（Joel Cygielman）在蘇聯軍官用手榴彈威脅的情況下只得拱手讓出自己的車輛。在科韋利（Kovel），手持花束喜迎紅軍的猶太人發現士兵只對他們店家裡面的東西感興趣。[31]起初蘇軍偷走他們所能偷的，然後用溢價的盧布來消費剩下的東西。雞犬升天的當地共產黨員藉口搜查武器的名義來搶奪鄰人。[32]

以多數人的經歷而言，波蘭的民法告終意味著偷竊行為的合法化。既然財產能為國家所侵吞，也就可能再被搶回去。財產缺乏法律上的保障，這使得那些新取得土地、住宅的人們相信他們必須得靠自己的力量來確保原來的所有人永遠不會再回來。猶太人擁有最多城市中的財產，而他們通常也保不住這些財產，人財兩失：他們持有的貨物被國有化，他們自身也被遣送到哈薩克蘇維埃社會主義共和國。[33]蘇聯並不以此歧視猶太人；蘇聯是個「反反猶太主義」（antiantisemitic）的政體，已將族群歧視入罪。然而有鑑於波蘭東部的市場經濟社會結構，蘇聯的反資本主義措施對猶太人所造成的影響比對其他人都還要大。固然普遍來說波蘭東部非常貧窮，儘管其社會遠比蘇聯社會還要繁榮，因而波蘭社會必須以蘇聯社會為標準來扁平化。來自**魯特斯克**（**Łuck**）的奶酪農場員工孟德爾・謝夫（Mendel Szef）是這麼描述的：「在我們國家被占領後，都說人人平等，無分貧富。結果是所有人都窮，因為有錢人被逮捕，送往俄羅斯的深處。」[34]

蘇聯大規模的遣送、處決為城鄉兩處的社會革命創造出空間。人們四下爭奪數以萬計突然無主的農田與房舍。在波蘭東部的鄉村，一九三〇年代農村失業人口逾百分之五十，人們渴求土地。不是所有人都從他們的鄰人手中搶走土地，但的確也有許多人趁虛而入。就像在其他所有的案例中一樣，農人知道如果他們不占走無主的農場、農舍，遲早別人也會這麼做。有些烏克蘭籍的農民不肯占走那些被遣送的波蘭鄰居的土地，結果被用槍指著逼迫他們這麼做。[35]在許多城鎮裡，大多數屋況良好的石屋由猶太人所擁有，而這些猶太人往往被遣送到古拉格。對他們那些住在木屋、茅屋的鄰居來說，移居到城鎮中心的石屋當中就是他們所能設想的社會晉升的極致了。蘇方並未將猶太人作為一個種族群體來沒收財產。即便如此，蘇方率先沒收大批猶太人的財產的作為已為之後到來的德國人創造出一個超出預期的機會。在蘇聯的權力被德國取代時，非猶太人能夠試圖拿回他們的財產，但猶太人不行。其他人可以侵吞猶太人已然失卻的財產。蘇聯起初迅速、有系統的沒收被接著到來的德國人所種族化了。

多數在波蘭東部的猶太人社會地位卑下。然而猶太人畢竟提供了農民與市場之間和城鄉之間的連結。換言之，蘇聯官員看作是投機、牟利等等的行為通常是由猶太人所實行的商業活動。例如，在波蘭的沃里尼亞區，註冊在案的商人百分之七十五（一萬九千三百三十七人當中的一萬四千五百八十七人）是猶太人。波幣的急遽貶值以及一九三九年波幣廢止摧毀了小有儲蓄或投資的猶太人的社會地位。[36]以波幣計值的債務的終結，對許多人來說如釋重負，但對放貸的猶太人來說卻是個負擔，也讓他們在社群當中的權威來源登時消弭於無形。雖然針對猶太人並非蘇聯政治宣傳的本意，但蘇聯宣傳隊伍無盡地詆毀商業的確削弱了猶太人的社會地位。[37]

＊
＊
＊

在改變政治性格的同時，蘇聯也創造出一種心理的資源（psychological resource），給予猶太人權力的表象，卻沒有權力的實質。紅軍於一九三九年九月抵達以後，地方的猶太人出現在負有權責的位置上，數量比戰間期還多。波蘭中央政府採取行動以確保即使在猶太人占大多數的城鎮，在市議會上猶太人也不占多數。儘管普遍來說在波蘭警隊和行政機關中有少許猶太人，但一般傾向減少他們的人數。因此，一九三九年的變化可說是戲劇性的轉變。蘇方並未特別屬意讓猶太人晉升，雖然的確有些指揮官員認為猶太人比波蘭人更可靠。不過，可以出任職位的人當中仍有猶太人的身影，且他們也展現出勝任新職的意願和技巧。猶太人從來都不是當地與蘇聯體制協力的多數；總的來說，白俄羅斯人與烏克蘭人的協力者要更多。然而政權的遞嬗仍然陷猶太人集體於危殆之中。當德國人進犯的時候，蘇聯的新領土上的實際行政官員（也就是來自東方的蘇維埃官員）可以整頓他們所需的物資逃之夭夭。但是地方上的猶太人無論（曾與蘇聯合作與否）普遍上都被留置在後方。[38]

蘇聯政策以其他方式也為報復的行動創造出了條件。一九三九年，蘇方已經擊潰了無論是世俗的還是宗教的傳統權威。他們主宰了算舊帳的混亂時刻，同時更多的「新帳」被創造出來，等待著下一次政權交替的暴力時刻來見分曉。在總人口略高於一千三百萬人的土地上，他們已遣送或射殺五十萬人，意味著大多數的家庭都或多或少被內務人民委員部動過。波蘭的迅速滅亡不只是一個事實，也是羞恥的來源，是一場需要替罪羔羊的災害。[39]

即使蘇聯的勢力生產出羞恥憤懣的感覺，這也迫使社會打破與外來勢力協力的禁忌。一些特定人士從一開始就選擇協力；更多人則是怕一旦沒有展現出忠誠就會遭到遣送，於是透過持續保有自己的位置來協力。隨著時間的推延，幾乎所有人都或多或少與蘇聯體制有所掛勾。這是體系的本質使然。蘇聯的領導班子為求將波蘭東部轉化為本國的一部分，透過脅迫票選、鼓勵舉報、刑求逼供、誘使叛變等方式頗為強烈地將在地人口含括進這個過程。由於蘇聯體系是納入性（inclusive）的體系，受害人與協力者之間的界線往往含混不明。通常導致協力的經驗如刑求、監禁多半也意味著受害經驗。這以某種特殊的方法使得心理上的資源更形精緻。在蘇聯的狀況下，受害經驗與協力經驗廣泛普及，難以界定，因此下一個掌權者就成了有權加以界定的人。[40]

* * *

最後，蘇聯在滅國之際也創造出某種政治性的資源（political resource）。波蘭、愛沙尼亞、拉脫維亞、立陶宛看似國力孱弱，漏洞百出，但終究是千百萬歐洲人的家園。將羽翼豐滿的現代國家給全盤摧毀是極為激進的一步。固然不是所有這些（前）國家的（前）公民都那麼在意國家獨立與否，但也有許多人的確很在意。只要蘇聯將人們所想要的國家給鏟除，又只要德國人擺出盟友之姿出現在那些想要復國的人面前，那麼德國人就能夠將一股強而有力的欲望操弄於股掌之間。當然，這種契機的本質有賴民族群體的領導班子相信他們能從占領者手中得到什麼，又會損失什麼。比方說，德蘇聯手入侵波蘭並未為德國人創造出多少波蘭方面的政治資源。已經於一九三九年進犯波蘭的德國人在一九四一年從波蘭殖民地入侵蘇聯時，已難再以波蘭的解放者自居。德國人在地方的層級上也許可以矜誇自己終結了蘇聯的壓迫，但卻難以向波蘭確保其政治自主。

一些波蘭少數族裔的政治領袖的觀點則頗為不同。波蘭是烏克蘭人在蘇聯以外最大的家園，也是猶太人在世界上最大的家園。幾乎所有波蘭的烏克蘭人和三分之一以上波蘭的猶太人都於一九三九年淪於蘇聯的統治下。烏克蘭人和猶太人在擴張的蘇聯下都過得不好；普遍說來他們的經驗都遠比預期的要糟。

就烏克蘭的例子而言，這給予德國人的機會頗佳。波蘭的烏克蘭少數民族頗為壯大，在地域上集中，毗鄰蘇聯的烏克蘭共和國。儘管烏克蘭民族主義從來都不是波國烏克蘭人政治生活上最主要的政治傾向，但的確也吸引到鄰近諸國的注意力。一九二〇、三〇年代，所有的地區性勢力都試圖將烏克蘭問題（Ukrainian question）轉向服膺於他們自己的目的。蘇方一九二〇年代在蘇維埃烏克蘭採取積極平權（affirmative action）的政策，並在波蘭領土上成立**西烏克蘭共產黨**（**Communist Party of Western Ukraine**），以期將烏克蘭人從波蘭吸引到蘇聯。波蘭人在其沃里尼亞區仿效此一政策，以便將蘇聯的烏克蘭人吸引到波蘭。德國人在波蘭內部培植烏克蘭籍的探員（通常是民族主義者），他們正確地相信德國是唯一可能摧毀兩方敵人——波蘭和蘇聯——的強權。[41]

話雖如此，與德國聯手的烏克蘭民族主義者清楚地知道他們所獲得的支持主要來自於社會問題——尤其是農地的再分配。而蘇聯則頗為清楚地意識到西烏克蘭共產黨需要處理民族問題。民族主義者考量徵用地產，共產黨人高舉民族旗幟，意識型態某種程度的合體在一九三〇年代於焉成為唯一準則。[42]例如，烏克蘭共產主義有位當地的領導人是猶太籍女性（名叫弗萊妲・絲普琳潔〔Fryda Szprynger〕），而同時，她手下最成功的地下分子卻可以化名為「希特勒」。

一九三九年，蘇聯入侵波蘭東部，導致在波蘭境內合法運作的烏克蘭主流政黨瓦解，例如曾試圖在法定體制內運作、反對官方反猶太主義的烏克蘭民族民主聯盟（Ukrainian National Democratic

Alliance，UNDO）。[43]蘇聯的統治創造出對此前非法的群體（如民族主義者與共產主義者）來說相對優渥的條件——對民族主義者來說，是因為他們本來就已經習慣了從事地下活動；對共產主義者來說，則是因為他們可以從地下活動竄起並與體制協力。然而，如同猶太人和波蘭人容易注意到的，在地方上就任蘇聯當局職位的往往是烏克蘭民族主義者而非共產黨人（如果這個區分有意義的話）。烏克蘭民族主義者與共產主義者無疑出於政治目的和自利的動機雙雙藉機向蘇聯當局舉發當地的波蘭人。在多數波蘭東南部的村莊裡都有位烏克蘭分子知道內務人民委員部想要找的類型，並且很樂意將適合的波蘭人給交出來。這讓農田、農舍空了出來；舉報和遣送竟成了一種土地改革的版本。[44]

在蘇聯統治的頭幾個月裡，來自境外的社會革命吸引了許多烏克蘭人。[45]波蘭當局往往被烏克蘭人所取代，儘管在關鍵的位置上仍由來自烏克蘭蘇維埃社會主義共和國的烏克蘭人擔綱。少數的猶太籍市長也被來自東方的烏克蘭人所取代。[46]起初蘇聯的遣送行動主要針對波蘭人，尤其是波蘭地主，因此對於烏克蘭籍的農民來說可以稱得上是社會晉升的體驗。蘇聯式的革命通常有兩個階段：首先是向農民招手，接著是奪取他們的田地。一九四〇年，蘇聯開始在從波蘭兼併的領土上實施集體化農業，就如同十年以前他們在蘇聯內部所實施的一樣。有些烏克蘭人於是想起在蘇聯境內隨之而來的飢荒。幾乎沒有任何人想要拱手把土地交出來給蘇聯。集體化使得烏克蘭共產黨人在人民之間不受信任，有些烏共因而轉向民族主義。[47]

烏克蘭民族主義者這邊則希望一九四〇年德國會入侵蘇聯，以便為烏克蘭的獨立創造出機會。這些人曾經是波蘭公民，他們把自己看成是數百萬波蘭烏克蘭人的代表以及數千萬蘇聯烏克蘭人的代表。從他們的觀點看來，唯有德國才可能透過摧毀波蘭、蘇聯兩者來為烏克蘭開創立國的條件。波蘭及至一九三九年已不復存；一九四〇年，有些烏克蘭民族主義者加入德國毀滅蘇聯的準備行動。德國人利用烏克蘭情報員來為名為「巴巴羅薩行動」（Operation Barbarossa）的入侵鋪路，並招募、訓練數百名烏克蘭人為烏克蘭蘇維埃社會主義共和國的先遣隊所用。一九四一年初，內務人民委員部察覺德方的威脅，開始大量逮捕烏克蘭人。蘇聯於一九四一年五、六月間發動的第四波遣送行動對象大多是烏克蘭人，有數千名烏克蘭人遭到監禁。一九四一年六月德軍終於抵達時，發現這些人的屍首就被遺棄在蘇維埃的監獄裡面。

* * *

總而言之，蘇聯的占領關閉了猶太人的機會。這是否也為德國人創造出猶太人的政治資源呢？如同烏克蘭人一樣，猶太人在戰間期的波蘭也有民族主義右派組織「貝塔」戮力要透過革命和暴力的途徑建立獨立的民族國家。然而不若烏克蘭民族主義者，猶太民族主義者是波國的附庸而非敵人。他們希望離開波蘭領土，而非將之據為己有。在一九三九年九月一日德軍入侵後，貝塔組織的領導人向東逃亡，逃離了德國人，卻在蘇維埃的天羅地網下被捕獲。不像烏克蘭激進分子，猶太激進分子並沒有地下工作經驗，蘇方因而得以迅速將他們識別出來並予以逮捕。[48]內務人民委員部意識到貝塔是伊爾貢的前沿組織，進而也破獲伊爾貢的地下圈子。[49]在波蘭的貝塔組織領導人梅納赫姆．貝京從華沙逃到**維爾紐斯**（**Vilnius**，立陶宛首都——譯按），勉強藏身了一段時間，然後終究——在一場西洋棋的棋局之間——遭到內務人民委員部的逮捕，判決在沃爾庫塔（Vorkuta）勞改八年。[50]

貝塔組織在占領下的波蘭內部很快地就失去力量。其根據地在兩千公里以外的巴勒斯坦的姊妹組織伊爾貢則仍保有武力。伊爾貢的陰謀家（大部分是波蘭籍猶太人）如今身處在前所未預期的窘境：

盤算著戰爭所帶來的機會，但卻失去了此前試圖幫助他們備戰此一時刻的奧援。他們在一定程度上接受了波蘭人的訓練以及銀彈和子彈，但這一切本來都是為了準備大幹一場——將數以千計的貝塔成員在波蘭的幫助下空降到巴勒斯坦——此際卻變得無法想像。再也不會有其他來自波蘭的奧援了。曾經協助伊爾貢訓練的波蘭官員要不就已經身亡，要不被關進了集中營，要不就是正在藏匿或流放。最新一批來自巴勒斯坦要輸送給伊爾貢的波蘭武裝於一九三九年八月在格地尼亞（Gdynia）的碼頭遭到德軍的炮火摧毀，儘管波蘭人拚命要打開武器的包裝用以自衛。伊爾貢雖然一直為與大英帝國之間的衝突備戰，但並未準備在來自波蘭金主襄助全盤缺席的情況下作戰。如同一名貝塔成員在一九三九年末在憂憤之際寫給他同志的信上所稱：「我們覺得背後毫無奧援。」[51]

一九三〇年代對巴勒斯坦興致勃勃的三個歐洲國家當中，到了三〇年代的尾聲還存在的只剩下納粹德國和大不列顛。他們彼此處在交戰狀態中，這意味著在巴勒斯坦的猶太戰士可能可以透過選邊站來獲得籌碼。納粹德國是歐洲猶太人的天敵（儘管即便到了一九三九年都還尚不能確定與之敵對的程度）。納粹德國同時也是不列顛帝國的敵人，不列顛掌控了巴勒斯坦，並且阻止猶太人移民。伊爾貢在保衛猶太人和為了猶太人國家而戰之間無法做抉擇，因此選擇在德、英之間保持中立。此時，亞伯拉罕・斯特恩正在伊爾貢內部製造分裂，最終成立了一個分離出去的組織，稱為萊希（Lehi）。另一名波蘭籍猶太人伊扎克・沙米爾（Yitzhak Shamir）加入了斯特恩。沙米爾一度希望繼續在波蘭受訓，但已時不我與。然後萊希組織做了其他極右翼組織當時也做的事：像希特勒提出提案。[52]

猶太人民族主義者與烏克蘭民族主義者向希特勒提出的訴求極為相似。烏克蘭民族主義者組織（Organization of Ukrainian Nationalists）於一九四一年六月使用了如下的語言：「新崛起的烏克蘭國家將會與納粹大日耳曼帝國密切合作。日耳曼帝國在元首希特勒的領導下正在歐洲和全世界營造出嶄新的秩序，這將會幫助烏克蘭從莫斯科的壓迫下解放出來。」在巴勒斯坦，萊希看待英國的方式就大致如同烏克蘭民族主義者看待蘇聯的方式，並在實際上達成同樣的結論。一九四一年一月，斯特恩提議「在『新德國與一個復興的種族—民族的希伯來（racial-national Hebrewdom）之間的合作』，這攸關民族與集權的基礎上肇建一個歷史性的猶太人國家，這個猶太人國家與德意志帝國將會締結條約，保護並強化未來德國在近東的地位。」[53]

斯特恩設想希特勒希望把猶太人趕出歐洲，這樣一來，邏輯上的解決方法就是把他們全部送到巴勒斯坦。或許斯特恩是受到自己與波蘭菁英階級之間的接觸所誤導，他將波蘭與德國的行事方法給混為一談了。波蘭的政體的確支持將猶太人大規模移居巴勒斯坦，也支持成立猶太人的國家。斯特恩繼續說道：對納粹德國而言，萊希值得信任，萊希可以打造出一個能成為納粹德國好夥伴的猶太人國家，因為「在其世界觀和結構當中，它與歐洲的極權主義運動密切相關。」斯特恩這是在要求柏林取代華沙成為萊希的金主。他（正確地）注意到，在現在由德國控制的波蘭檔案局當中可以找到關於波蘭的官方猶太復國主義的文件。[54]

無論是烏克蘭人還是猶太人的民族主義宣言，都不應該理解成表達出該民族的欲望、或者表達出該宣言作者的信念。在波蘭覆滅、德軍挺進之際，與納粹結盟看起來似乎是符合邏輯的——至少對於那些預期舊秩序遲早垮臺的激進分子而言。當然，那些提出這類訴求的人並不打算被納粹黨人利用，而是打算反過來利用納粹黨人來達成自己的目的，無論這樣的算計是多麼地不切實際。即使是在意識型態上表達同情也毋須太就字面上去理解：有些烏克蘭民族主義者曾經是共產黨人，而萊希在幾年之後也會轉向親蘇聯路線。

＊＊＊

任何改變世界的方法都有優缺點。不同的戰術會產生出不同的需求。選擇軍團（如同雅博廷斯基仍然呼籲在巴勒斯坦的猶太人這麼做）的一方賭的是占領的帝國勢力會贏得戰爭，然後會自認對被壓迫者有所虧欠，並在戰勝之後會支持弱勢。選擇恐怖的一方則需要占領的帝國勢力被摧毀，但幾乎總是缺乏自己將之付諸實踐的力量，因此對於外在的奧援有著客觀上的需求。理論上，這種對於外援的需求對於德國人來說就成了唾手可得的政治資源。[55]

這些與納粹德國協力的猶太官員和烏克蘭官員註定要失敗，最終也的確失敗了，而且某種意義上來說是一起失敗的。在向希特勒提出建議的時候，烏克蘭民族主義者揭露出了一種政治性的資源——對國家的欲望——希特勒也的確在一定程度上利用了這種心理上的脆弱。由於德軍勢力的確正要進入烏克蘭人所居住的地方，德國的領導階層便可能將烏克蘭民族主義者的建國欲望挪作己用。對於在巴勒斯坦的猶太人來說事情則截然不同。沒有德國軍隊能夠開進巴勒斯坦；就算他們真的開進巴勒斯坦了，他們會遭遇到的大部分人口也會是阿拉伯人而不是猶太人。只要德國人想要利用地方上的警力，對他們來說，將阿拉伯民族主義導向與英國人和猶太人為敵要容易得多了，這也是他們早從一九三〇年代就開始實行的策略。[56]

納粹的領導班子可以用自己的方式來調和猶太人和烏克蘭人的訴求。一如斯特恩所理解的，希特勒的確希望將猶太人從歐洲清除出去。但他毫無打造一個猶太人國家的意願，即便是在歐洲之外，哪怕這麼做是為了將猶太人拽離歐洲。德國很樂意利用烏克蘭人，如同烏克蘭民族主義者所希望的，但那也不過只是因為德國人意圖要征服烏克蘭罷了。納粹黨人反對烏克蘭立國，並將宣布獨立的烏克蘭民族主義者囚禁起來。烏克蘭人與德國人合作的範圍僅限定在充當地方行政官員或警察上，並沒有政治實權。在烏克蘭（和其他地方），取代政治活動的行動正是殺戮猶太人。一九四一年，納粹黨人告訴想施展抱負的政治協力者，他們的貢獻所能達成的那種解放就是從猶太人的手中解放出來，且任何未來的政治性合作都仰賴於對此計劃的參與。柏林方面藉此將猶太問題與烏克蘭問題合在一起處理，將政治抱負扭曲成種族謀殺，從而開始了一次謀殺性的最終解決方案。

＊＊＊

一九四〇年，在德軍征服西歐之際，蘇聯勢力也在東歐風行草偃，將猶太人逼到了一個毫無希望的境地。在蘇聯的統治之下，猶太人所承受的磨難不亞於其他任何群體，甚至更多。波蘭法律的終止對他們造成了嚴重的損失，因為波蘭的法律是貿易的基礎，而許多人都是透過貿易來謀生。此外法律也是財產權的基礎，為這些猶太人在都市的命脈打下根基。他們失去了在波蘭統治下所享有的社群自主，以及與此相關的信奉宗教、興辦學校以及與世界上其他猶太人保持聯繫的權利。猶太人於一九四〇年四月分和六月分被大批遣送到古拉格。第二組的猶太人是波蘭德占區的難民，他們想像著戰爭結束時就能回到當時被德國人所占領的家園做生意，因此他們婉拒了蘇聯的公民身分，卻不知道提供在他們眼前的選項，一是蘇聯的公民身分，二是古拉格。[57]

一九四〇年上半年，波蘭東部已經被蘇聯兼併，但立陶宛仍然是個獨立的國家，數以萬計的猶太人從擴張的蘇聯逃往立陶宛。如果連同大規模猶太人試圖從蘇聯回到德占區、以及大批猶太人拒絕蘇聯護照等現象一起來看，那麼這又是另一個多數猶太人其實並不想要接受蘇聯統治的信號。內政人民委員部曾彙報說猶太難民對蘇聯的統治特別有敵意。但擺在猶太人面前的選項正在縮減當中。[58]一九四〇年六月德國戰勝法國，這意味著戰線將會拉長，因而波蘭的復國並非一蹴可幾。同月，蘇聯對立陶宛的占領摧毀了在相對友善的鄰邦尋求庇護的可能。從猶太人用雙腳做出的選擇就可以看出他們的優先順序是（一）立陶宛、（二）波蘭、（三）蘇聯、（四）納粹。及至一九四〇年夏天，東歐猶太人的統治者只剩下兩個選項：納粹德國和蘇聯。對於大部分東歐的猶太人而言，移民出境已經幾乎不可能了——巴勒斯坦與美國都關上了大門——他們心理上的地理如今只剩下納粹德國與蘇聯這兩個選項。

當外面的世界不可企及，傳統國家已然覆滅，納粹德國步步進擊，猶太人除了兩害相權取其輕選擇蘇聯之外別無選擇。對他們當中的多數人來說，這儼然就是在各式各樣的「害」之間做選擇。[59]在魯特斯克（Łuck）的猶太人之間流傳著一個笑話，說蘇聯勢力對人身做出的保障就是終身監禁。有位加利西亞（Galician）的猶太人記得，在蘇聯的統治下，「一家之主彷彿行屍走肉。他們生命的框架已經被拆解；他們的家庭變得危如累卵；他們對社會的願景也跟著消失；猶太人良知的權威也已崩解。」[60]納粹對於猶太人的特殊敵意使得猶太人身處一個與其他一九三九、四〇年居於蘇聯淫威下的鄰人不同的位置；對這些人來說，他們至少可以想像德軍的入侵將終止蘇聯對他們的壓迫。來自德國的威脅與身在蘇維埃的現實讓猶太人處於一個雙重的脆弱位置。鑑於他們對於納粹德國更為懼怕，猶太人似乎看起來像是蘇聯勢力的同盟，儘管事實上蘇聯才剛搗毀了他們的傳統社群，並且遣送或者殺害了許多他們當中最為活躍的分子。

＊＊＊

猶太問題和烏克蘭問題只不過是蘇聯的占領軍所傳達給納粹德國關於政治資源的微弱暗示。烏克蘭民族主義者組織與萊希是某種邊緣組織，它們所代表的是設想國家的覆滅可以開創出機會的民族少數。當蘇聯摧毀整個民族國家（像是立陶宛、拉脫維亞）時，便有無窮無盡的政治性資源湧現冒出。蘇聯摧毀國家的舉措使得那些本來處於邊緣的右翼民族恐怖分子的政治觀似乎變成了主流。

立陶宛與拉脫維亞在戰間期仍然享有國家地位，但卻在莫洛托夫—里賓特洛甫條約中喪失了國家地位。以此而論，立陶宛與拉脫維亞的地位和波蘭相似。但與波蘭不同的是，波蘭已經被納粹德國和蘇聯共同瓜分、摧毀，立陶宛與拉脫維亞則只是被蘇聯單一一方給占領、剷滅。因此與波蘭人不同的是，立陶宛人與拉脫維亞人可以設想德國幫助他們從蘇聯的勢力下解放出來。波蘭人所經歷的是同時的雙重占領，立陶宛人與拉脫維亞人所經歷的則是連番的雙重占領。因此，在德國占領期間就可以把蘇聯占領期間發生的事都怪罪到在立陶宛和拉脫維亞的猶太人身上——他們不只要為地方上的壓迫負責，也得為整個民族的災難替罪。這是一個悲劇性的獨特情況。

在蘇聯、德國連番占領之前，立陶宛和拉脫維亞的猶太人當然沒有理由會覺得大難臨頭。戰間期的立陶宛是一個右翼的獨裁政權，但卻並非反猶太的政權。其獨裁者安塔納斯・斯梅托納（Antanas Smetona）在國內外警告主種族與宗教的歧視的危險，他尤其反對他所稱之為「動物學式的民族主義和種族主義」的希特勒式的變體。他的極右翼政敵稱他為「猶太王」——這些人大多被他關進了監獄。在戰間期的立陶宛，沒有任何猶太人死於反猶暴行。最大的一次反猶太暴力行動導致了逮捕、審判與起訴。[61]

以一九三〇年代末歐洲的標準而言，立陶宛不啻為猶太人的庇護所。一九三八、三九年，約兩萬三千名猶太人逃往立陶宛，其中有些來自納粹德國、有些來自蘇聯。[62]難民當中有一位拉斐爾・萊姆金（Rafa Lemkin）是「種族屠殺」（genocide）一詞的發明者。[63]一九三九年九月，德國把約一千五百名猶太人驅逐出蘇瓦烏基鎮（Suwa ki），蘇鎮是一個毗鄰立陶宛的波蘭小鎮，即將被納入帝國的版圖。[64]這是過去廿五年來第二次發生這種事：一九一五年，亞伯拉罕・斯特恩的家人以及許多其他人都被帝俄的軍隊從蘇瓦烏基驅逐出去。這些蘇瓦烏基的猶太人受到立陶宛官方的歡迎與照顧。在德俄聯軍入侵波蘭時，德國領導人試圖鼓動立陶宛也瓜分波蘭，卻遭到立陶宛的領導人拒絕。在立陶宛政府已經從波蘭手中奪走維爾紐斯二十年的情況下，此舉更顯重要。與蘇聯不同的是，立陶宛的獨立國家打從戰事一開始就拒絕成為德國的盟軍。

然而，隨著德蘇戰勝、波蘭覆滅，立陶宛也的確獲得了些許的土地。蘇聯將波蘭東北部的維爾紐斯讓與立陶宛。這讓立陶宛增加了約十萬猶太人口。許多猶太人覺得立陶宛的統治沒有像波蘭那麼民族主義，事實上也的確如此，至少對他們來說。一九三九年十月，隨著蘇聯軍隊撤出、立陶宛軍隊進入維城，城市的居民（多半是波蘭人）開始攻擊猶太人。[65]緊接著，該城的「立陶宛化」（Lithuanianization）是針對波蘭人口而非針對猶太人口。立陶宛著手將維爾紐斯變成自己的首都，並將數以萬計的立陶宛人遷入該城。

一九三九年末、四〇年初，在當時仍然是一個獨立國家的立陶宛裡，維爾紐斯是座猶太人的城市，因此復國主義者與有宗教信仰的猶太人把維城當成安身立命的所在。復國主義者逃到波蘭的蘇區，因為他們猜測如果不這麼做，蘇方就會摧毀他們的組織並逮捕他們。他們猜對了。[66]對於在擴張中的蘇聯裡尋求庇護的猶太人來說，維爾紐斯是希望的所在。作家本齊翁．本撒隆（Benzion Benshalom）回想到當時猶太人逃離德、蘇勢力的情緒：「維爾諾（Vilna，譯按：在波蘭—立陶宛王國時期歐語中稱維爾紐斯為維爾諾）！教我們臉色豐潤，眼神炯炯，心跳加速。」（諷刺的是，他的胞弟是共產黨人。）貝塔組織的領導人從德占區經過蘇占區逃往維爾紐斯，然後把維城當作根據地。[67]「只有到了那時候，」如同他們當中的一人追述道：「我們才能更自由自在地呼吸。」在倫敦，雅博廷斯基形容那些順利逃到立陶宛的貝塔成員「獲得了拯救」。[68]

戰間期在拉脫維亞的猶太人的處境稍稍好一些。拉脫維亞也是由右翼的威權政體所統治，但該政體並不針對種族或反猶主義。拉脫維亞領導人卡爾利斯．烏爾馬尼斯（Kārlis Ulmanis）畢業於內布拉斯加大學（University of Nebraska），他把拉脫維亞的多民族特性看成理所當然。拉脫維亞境內主要的族裔衝突並不是發生在拉脫維亞人與猶太人之間，而是發生在拉脫維亞人與德國人之間。然而如同猶太人一樣，德國人卻在戰間期出任拉脫維亞政府的行政首長職位。正統猶太（Orthodox Jewish）的政黨東正教以色列組織（Agudat Yisrael）對右翼的拉脫維亞政府有著些許的影響力，而猶太社會主義政黨（Bund）則對左翼的政府有影響力。[69]如同立陶宛，拉脫維亞在戰前並未通過種族主義或者反猶太主義的法律，且於一九三〇年代末收容來自德國和奧地利的猶太難民。如同在立陶宛，在拉脫維亞有一個持反猶太立場的極右運動；也和立陶宛一樣，這在戰前是非法的。[70]

拉脫維亞與立陶宛相當類似，都是小國（人口數約在兩、三百萬之譜），其中有顯著的猶太人口，由威權政體所統治，而該威權政體的政策以一九三〇年代末歐洲的標準而言相對寬容。一九四〇年六月，當蘇聯利用其與納粹德國結盟的協議來占領、併吞拉脫維亞和立陶宛時，兩國的命運交織在了一起。很快地，蘇聯將拉、立兩國的政治階級梟首，並將大部分還沒逃離的領導人給送往古拉格。

接下來，蘇聯迅速席捲了這兩個主權國家。這在拉、立兩國所產生的心理、物質以及尤其是政治上的資源遠遠比在波蘭還大。物質上的資源極其龐大：蘇聯的統治迅速導致了整個民族的財產權問題。蘇聯徵收猶太人的財富（不是因為他們是猶太人，而是因為他們是商人），使得他們的財產所有權成了問題。心理上的資源也同樣以異常的規模產生出來。兩國的覆滅產生出羞恥感、恥辱感以及復仇的欲望。[71]在立陶宛和拉脫維亞，整套政治秩序同樣都被摧毀了，且全體人口都設想秩序的復歸。蘇聯藉著摧毀立陶宛與拉脫維亞兩國使德國得以承諾一場解放戰爭。這就是政治性的資源最為純粹的形式。

政治性的資源包括提供幹部：德國人可以利用被蘇聯政策所流放的人們。蘇聯掌控資本、大批殺害政治菁英，使得德國人可以做出特定的重要選擇。大抵說來，實際上統治立陶宛、拉脫維亞的人都被送到古拉格或者遭到殺害。但有些逃離了戰間期的政體或者逃出蘇聯勢力的立陶宛和拉脫維亞民族主義者到達了柏林。在此之外，大量的立陶宛人與拉脫維亞人於一九四〇年佯裝成德國人，這讓他們在德蘇協定之下可以被「遣返」（repatriated）德國。[72]然後，德國人在重新入侵拉脫維亞與立陶宛時，便可以選擇要帶上其中的那些人。

蘇聯將拉、立兩國併吞的時機導致了一個悲劇性的巧合。當蘇聯準備好將立陶宛、拉脫維亞公民遣送到古拉格的火車時，德國人入侵蘇聯的火車已經整裝待發。立陶宛的遣送行動開始於一九四一年六月十四日清晨。約有一萬七千人被裝載到車廂裡（其中只有約三分之一回得來）。[73]德軍在一週之後入侵。由於蘇聯在德軍入侵時正在準備大規模的鎮壓，監獄已經人滿為患。史達林直到最後一刻都將德軍入侵的彙報斥為政治宣傳。結果，沒有任何人能夠事先準備疏散或防禦。當然，囚犯是最後被想到的，而且被當成是危險的來源。大部分在立陶宛、拉脫維亞及前線的囚犯都被獄卒射殺。結果，

ESTONIAN
S.S.R.
愛沙尼亞
普斯科夫
Pskov
里加灣
Gulf of
Riga
瓦爾米耶拉
Valmiera
RUSSIAN
S.F.S.R.
俄羅斯
共和國
Ventspils
文茨皮爾斯
波羅的海
Baltic
Sea
古爾貝內
Gulbene
拉脫維亞
LATVIAN S.S.R.
里加 Riga
道加瓦河
Daugava
雷澤克內
Rēzekne
利耶帕亞
Liepāja
Jelgava
耶加瓦
Mažeikiai
馬熱伊基艾
陶格夫匹爾斯
Daugavpils
斯奧萊
Šiauliai
Telšiai
特爾希艾
梅默爾
（克萊佩達）
Memel
(Klaipėda)
帕福韋日斯
Panevėžys
立陶宛
LITHUANIAN
S.S.R.
烏田納
Utena
Curonian
Spit
庫爾斯沙嘴
陶拉格
Tauragė
涅曼河
Nemunas
約那瓦
Jonava
U.S.S.R.
蘇聯
白俄羅斯
BELARUSIAN
S.S.R.
考那斯
Kaunas
Conceded to Germany
by Lithuania
March 1939
立陶宛讓與德國
1939.3
Königsberg
哥尼斯堡
馬里揚泊列
Marijampolė
Capital moved
from Kaunas
to Vilnius
October 1939
首都由考那斯
遷到維爾紐斯
Vilnius
(Wilno)
維爾紐斯
Attached to Lithuania
in October 1939 and
Lithuanian SSR in 1940 by
USSR from formerly
Polish territory
原隸屬立陶宛1939.10
1940立陶宛蘇維埃社會主義
共和國為蘇聯占波蘭領地
Alytus
阿利圖斯
波蘭遭德占地
1939.9
Annexed by Germany
from Poland
September 1939
Sudauen
(Suwałki)
GERMANY
德國
白俄羅斯
BELARUSIAN
S.S.R.
Białystok
比亞維斯托克
立陶宛蘇維埃社會主義共和國、拉脫維亞維埃社會主義共和國 1938年
Lithuania and Latvia in 1938
Other interwar boundaries are shown in gray

抵達立陶宛和拉脫維亞的德國人可以將屍骨未寒的屍首展示出來，作為蘇聯恐怖的顯著證據。一九四一年六月，在波羅的海國家，蘇聯與德國摧毀國家的計劃在時間上與空間上都正面值遇。

對於德國的國家摧毀者（也就是一九四一年夏天抵達波蘭、立陶宛、拉脫維亞來進行第二次行動的特別行動隊員）來說，與蘇方勢力的遭遇不啻為一次機會。由於他們所受的訓練不曾將蘇聯看成一個政體，也不曾將斯拉夫人或波羅的海人看成帶有政治動機的人民，因此他們事前不曾料想到政治性的資源是多麼充裕豐沛。由於德國人並不知道蘇聯方面穿透占領下的社會程度有多深，一九四一年夏天的新型政治將是德國人與（他們所再次進犯的）當地人之間自發性的創造。

德式暴力的執掌者將會對某種新的情境做出反應，並且利用這個機會。他們不知道他們會發現什麼，且有一部分並未如他們所預期。他們所帶來的是對於無政府狀態的嚮往，這種無政府狀態只能加諸在陌生人之上。他們所學到的則是利用蘇聯占領的經驗來推展他們自己最激進的目標，而他們所發明的則是某種更大的邪惡的政治觀（politics of the greater evil）。在雙重黑暗下的區域，納粹的創造力值遇蘇聯的精準度，黑洞也就於焉形成。

第六章　更大的惡

「國家（statehood）的時代已經走到終點。」德國法學理論家卡爾・施米特（Carl Schmitt）宣稱。貫穿希特勒的政治生涯，施米特都在希特勒改造德意志國家、摧殘鄰國時，為元首的內政、外交行動提供理論藻飾。施米特把希特勒從巴爾幹半島國家獲得的啟示描繪為純粹的德意志觀念：沒有所謂的國內政治；一切都是從跟選定的外敵衝突開始的。在定義上，「國內」就是拿來操縱，藉以摧毀國外的東西。德意志本身並沒有什麼實質的內容。人民（*Volk*）的概念只是用來說服德國人為了他們作為一個種族投身於某種殺戮的命運當中。人之所以為人在於他們自己證明自己；若沒有經過鬥爭，人什麼也不是。[1]

除了操弄之外，政治沒有主客體之分。唯有如同施米特這樣的天才橫空出世，以非理性來包裝邪惡的時候，黑暗才得以圓滿。在德國搞垮奧地利、捷克斯洛伐克，而蘇聯兼併立陶宛、拉脫維亞、愛沙尼亞，德、蘇兩者共同摧毀波蘭之際，施米特為無國家狀態（statelessness）的法學理論鋪路。其出發點是國際法是從權力（而非規範）而來。規則唯有在彰顯誰能夠打破規則時才具意義。對施米特而言，「陳舊的國家之間的國際法」只是一個幌子，因為只有誰能摧毀國家才是重要的。如果德國遵循其元首的道路，忽視「國家領土的空洞概念」，那麼德國的權力便可以流動到其自然邊境。其結果會是「合乎情理分割的地球」（sensibly divided earth），這不會被政治、軍事行動規範性的限制（施米特將之形容為源自猶太人）所苦。[2]

施米特相信德國對法律的理解必須滌除這種猶太的「傳染病」，傳染病指的是那些妨害他所作出的結論得以實行的原則。[3]肯認國家的終結代表要將叢林法則付諸實踐，並將叢林法則描繪成實際的法律。不論在實踐上還是原則，權力的確能製造出權利；當然，這樣的結論近乎廢除了原則的概念本身。同樣的論點亦以不同的面貌見於其他納粹法學家如維克多・布倫斯（Viktor Bruns）和埃德加・

達達林—塔黑登（Edgar Tartarin-Tarnheyden）等人的學說當中。[4]統御奧地利以及管理德占荷蘭的亞瑟・賽斯—英卡特（Arthur Seyß-Inquart）也是律師和法學博士。先後任職於奧地利和荷蘭的期間，他擔綱波蘭總督漢斯・法朗克的助手。賽斯—英卡特說：在西歐，我們有作用；在東歐，「我們有國家社會主義的任務」。[5]

法朗克是希特勒的御用律師，總是為希特勒對德占波蘭所作所為的「合法性」（legality）提供循環論證式的似是而非的辯護，未曾停歇：「法律用來服務於種族，無法律狀態則會傷害到種族。」[6]非種族主義的規範不過是出自猶太人之手，猶太人「本能地從法理當中看到實現其種族工作（racial work）的最佳可能。」法朗克不曾或忘，種族的勝利代表種族的舒適，而生存空間就是自家客廳的享受（譯按：見導論中對「生存空間」的討論）。他是那種不僅偷得一座皇家城堡充作自己的宅邸，甚至還要巡禮其他座城堡、竊取裡面的銀器來擺設自己餐桌的人。[7]他讓他老婆到（波蘭）克拉科夫猶太人區（Cracow ghetto）購物，那裡的物價總是合宜；離開波蘭時，他順手把林布蘭的畫作也一併帶了走。[8]

律師是那些把德國的無政府狀態給外銷出去的職業當中極為顯赫的一行。例如，布魯諾・穆勒（Bruno Müller）於一九三九年在波蘭指揮一支納粹特別行動隊，一九四一年在蘇聯作戰司令部任職（Einsatzkommando）。他在兩波消滅波蘭的行動中大規模殺戮波蘭人和猶太人。在第二波行動的第一起殺害中，他舉起一名兩歲大的猶太嬰孩，說道：「不是你死，就是我亡。」[9]

這就是為了種族而定的與國家相對抗的法律最終的樣貌——而這種法律本來就意欲為此。

* * *

德國在戰時雖是一個形式變異的國家，但它仍然是個國家。對於多數德國人來說，大多時候傳統意義下由國家所實施的法律仍然組織人們的生活。主要針對德國公民的政策（例如對於猶太人的歧視政策）主要是為了展開更大的鬥爭而做準備。貌似為了弱化德國的政策（例如設立集中營內無法律狀態的區域）則是充當即將在東方興起的更大的無國家狀態空間的模板。貌似為了轉化國家的政策，例如新創造的混和體制以便團結黨衛軍和傳統警察，在德國的東線、戰前的國家遭到摧毀的地方展現出了它們的潛能。唯有在德國境外，例外才可能（如施米特所希望的）真正成為規則，因為唯有在德國境外，正常的政治生活才可能被抹消，虛無主義的權力的新民族精神（ethos）才可能被創造出來。[10]

在納粹特別行動隊追隨德軍往東挺進雙重占領區、進而進入戰前的蘇聯之際，其指揮官仍不時與柏林有所往來。在波蘭密碼專家的協助之下，英國官方複製出德方用來加密、解密的恩尼格瑪密碼機（Enigma machine）。英國人漸漸了解到他們解碼出來的訊息是德國殺死的人數。「我們正處在一場沒有名字的犯罪的當下。」邱吉爾說。[11]這場犯罪的加害者是人類，在人類自己製造出的政治環境中以他們自己所發明出的措施來運行。國家的毀滅並未改變政治，而是創造出新的政治形勢，進而使得新的犯罪型態成為可能。

大屠殺使得種族刻板印象深植我們心中，但並沒有任何刻板印象足以解釋德國殺戮猶太人的手段在入侵蘇聯六個月後為何發展，如何發展；為何上百萬猶太人遭到殺戮、又如何遭到殺戮？[12]德國人予人的刻板印象是井然有序，照章行事。但德國於一九四一年六月二十二日入侵蘇聯時，柏林方面並沒有大規模滅絕蘇聯猶太人的計劃，遑論滅絕所有德國統治的猶太人。有一個想法是在迅速對紅軍取得軍事勝利後將蘇聯猶太人送到西伯利亞。[13]戰時也尚未開展最終解決方案的討論，也不可能付諸實行，因為德國領導人理所當然地認為戰爭要花費數週，而「最終解決方案」則得要耗費好些年。

隨著國防軍腳步挺進蘇聯的特別行動隊有時候會被描繪成無人能擋的邪惡行動單位，執行起全面殺戮的舉動毫不含糊。以此論點來看，無論有沒有事先計劃，特別行動隊員從一開始就知道他們的目標是要殺光所有的猶太人。這種論點呈現出來的特別行動隊形象是一個特別的反猶單位，對行動細節知之甚詳，責任明確。但實情卻遠非如此。特別行動隊的確自始就接獲槍決一些猶太人的命令，但並沒有要他們格殺勿論；一開始的指示只說猶太人是所有範疇當中的其中一種而已。他們在入侵蘇聯之初基本的任務是摧毀國家，如法炮製他們曾經對波蘭所做的。[14]因此，他們將被當成目標的這些群體設想為蘇聯政權的中流砥柱。在波蘭，這意味著受教育階級的波蘭人；在蘇聯，對納粹來說這意味著共產黨人與猶太男性。

反猶主義尚不足以解釋特別行動隊員的舉動。一九三八年派遣至奧地利、捷克斯洛伐克的特別行動隊並未殺害猶太人。一九三九年派遣至波蘭的特別行動隊殺害的波蘭人遠比猶太人多。就連派遣至蘇聯的特別行動隊除了猶太人也殺害其他人。在占領蘇聯期間，他們殺害了殘障人士、吉普賽人、共產黨人，在某些地區也殺害了波蘭人。因此並沒有德國人（或其協力者）只負責殺猶太人；任何殺猶太人的人也被要求要殺其他人，並且也照辦了。射殺過猶太人的數千名特別行動隊員以及數萬名德國人當中，沒有任何加害人只同意殺猶太人但卻拒絕殺吉普賽人、白俄羅斯公民、蘇聯戰犯等。也沒有加害人只同意殺白俄羅斯公民、蘇聯戰犯、吉普賽人但卻不願殺猶太人。殺人者恆殺人。[15]

特別行動隊員除了猶太人也殺其他人；特別行動隊以外的人也殺猶太人。儘管特別行動隊是第一個大批射殺猶太人的單位，他們卻只是德國籍的加害者當中的一小部分。特別行動隊應負全責的迷思始於戰後對德意志聯邦共和國的審判，以便保護大部分的德籍殺人犯，並將殺戮的行徑與德國社會隔離開來。事實上，比起特別行動隊，德國警方在東方前線的人數更多，殺的猶太人人數也更多。這些員警通常缺乏像是特別行動隊有的那種特殊準備，但在試圖於德國內部創造混和體制以便為境外摧毀與種族戰爭創造條件的情況下，這些人成了希姆萊與海德里希著重的焦點。不可靠的員警已被革職。在入侵蘇聯之前，軍官位階以上的員警中約三分之一屬於黨衛軍，約三分之二屬於國家社會主義黨。無論這些德國員警是否為黨員或黨衛軍，他們都被派遣到東方去殺猶太人。德籍軍人也殺害了大量的猶太人，且於一九四一年協助特別行動隊和警隊組織規模更大的槍決行動。

一九四一年，德意志特別行動隊、德國警方、德國軍隊三方聯手合作，再加上有蘇聯統治經驗的當地人，為數眾多，國籍複雜。在德國入侵後的六個月，這些團體攜手發展出大規模殺害的手段。這些手段並未經過事先規劃，其中有些甚至違背原先的命令。特別行動隊執行希姆萊和海德里希叫他們執行的行動，但他們的指揮官也發展使殺人的方法更為精巧熟練的方法，並發明出新的合理化殺人的理由。指揮官必須測試他們的運作和理由是否能為德國其他勢力所接受；必須說服部下殺害婦孺；也必須在殺人任務規模愈來愈大、愈發困難之際，找到製造在地協力（collaboration）的方式。

若說一九四一年的殺戮涉及在地人士，那或許這也是地方上的反猶主義的結果，而不是德國政治的結果？這種去政治化的大屠殺解釋方法頗受歡迎，將之解釋為東歐人野蠻本性的爆發，彷彿從歷史就已能夠看出端倪。這種解釋能夠寬慰人心，因為在這樣的想法之下，唯有與過度反猶主義掛勾的人才會沉浸在災難性的暴力當中。這種寬慰人心卻錯誤百出的思想是納粹種族主義和殖民主義的遺緒。猶太大屠殺是因為原始的反猶主義爆發才開始的，這是種族主義和殖民主義的想法，成為納粹的政治宣傳以及為納粹辯護的說法。德國人希望將東部前線殺戮猶太人描繪成受壓迫的人民義憤填膺，揭竿而起對抗猶太霸主的統治。

即便是想法最死板的納粹黨人都能理解到，一旦他們實際抵達東歐，情況就不會那麼簡單。在德軍抵達後真正自發的秋後算帳與其說是由種族因素所誘發，不如說是受到政治因素的刺激。秋後算帳的行為只殺死了極少數的猶太人——並且也殃及猶太人以外的人。特別行動隊指揮官所收到的指令是製造出在地自發反應的表象；當然，這就代表了其實現實情況並非如此。[16]實際上，德國人在數週之間就做結論道：在被蘇聯統治過的人們之間挑起反猶暴行（pogroms）並非通往「最終解決方案」的方法。在接連被占領的立陶宛——也就是猶太大屠殺開始的地方——只有不到百分之一的猶太人死於反猶暴行。此外，每一起反猶暴行都有德國人在場的身影。[17]

蘇聯戰後的政治宣傳一再重複納粹的案例。但蘇聯政治宣傳所必須回應的不願面對的真相是：大屠殺在一九三九、四〇年就是在蘇聯實施其自己的一套革命秩序時開始的。另一個真相是，所有民族的蘇聯公民——其中也包括人數頗眾的共產黨人——在各處與德國人接觸到的地方，包括在蘇聯於一九三九、四〇年兼併的領土以及在戰前的蘇聯領土（涵蓋蘇俄）上，都曾與德方聯手殺害猶太人。職此，蘇聯的宣傳隊伍嘗試歐威爾式（Orwellian）的精確程度來將歷史給族裔化（ethnicize），將大屠殺的責任限縮在立陶宛人、拉脫維亞人——而立陶宛、拉脫維亞卻正是蘇聯在一九四〇年摧毀的國家。此外，他們也將責任推諉給西烏克蘭人，但西烏克蘭的民族願景也是被蘇聯所鎮壓。這樣子推諉卸責似乎能夠合理化蘇聯在戰後對這些土地的重新占領。職此，先是納粹，再是蘇聯，都試圖把殺戮猶太人的責任推卸給它們雙方都曾侵略過的國家。[18]

東歐固然有許多在地的反猶主義情緒。在猶太人的主要家園上對猶太人的敵視，數百年來都是宗教、文化、政治生活的暗流。尤其在戰間期的波蘭，猶太人與民族體（national body）疏離、因而必須離開國家領土的想法在一九三〇年代尤其受歡迎。但是情緒與殺戮之間的關係並非那麼直接。長期以來的反猶主義並不能解釋反猶暴行為何發生在一九四一年夏天。這樣的解釋忽略了一個意味深長的事實：在德國人將蘇聯勢力驅逐出去的地方，反猶暴行的次數格外地多。這也忽略了另一項極為明顯的事實：在這些地方挑起反猶暴行乃是德方明確的政策。在（戰前反猶主義較為普及的）波蘭，反猶暴行和其他在地協力殺戮的行為比在（戰前反猶主義不盛行的）立陶宛和拉脫維亞還不容易發生。在反猶太主義在戰前是犯罪行為的蘇聯，直接參與在殺戮猶太人的協力當中遠比在波蘭還多。在蘇聯被占領處，殺戮猶太人是在與德國勢力接觸之後馬上開始。在德占波蘭，大屠殺的開始在德國入侵的兩年多以後開始，且大多隔離在當地人口之外。在被占領的蘇聯，殺戮猶太人就在公共場合、在群眾的面前，在年輕男性蘇聯公民的幫助之下發生。

在數千哩之外、幾十年以前，有群簡單的人，腦海裡有個簡單的想法，而用這個想法就可以解釋一個複雜的事件——這種想法是很誘人的。東歐地方上的反猶太主義導致了殺害在東歐的猶太人這種想法能給予其他人某種類似納粹黨人曾經感覺到的優越感。我們可以因此允許自己相信這些人頗為原始。但這樣的描述不僅未能解釋大屠殺，其種族主義也讓我們無法考量這樣的可能性：不是只有德國人、猶太人，當地人也是個別的行動者，各自帶有反應在政治上的複雜目的。一旦我們陷入族裔化和集體責任的陷阱當中，我們也就與納粹和蘇聯的宣傳家共謀，廢除了政治性的思考，並忽視了個人的能動性。[19]

一九四一年後半所發生的是一場加速的殺戮行動，奪走了百萬猶太人的生命，且顯然讓德國的領導班子相信可以鏟除所有他們統治的猶太人。我們無法用（共產主義）猶太人坐以待斃、德國人井然有序照章行事、當地人獸性大發或反對猶太人等等的刻板印象或其他老生常談來解釋這場災難，無論這一類的說詞在當時多麼有力，在今天又有多麼方便。如果沒有某種特定的政治觀，這場前所未見的大規模殺戮是不可能會發生的。

＊＊＊

大規模殺戮在雙重占領地的展開是事發八年以前希特勒掌權德國後所啟動的新政治發展的最後一個階段。正如同要在德國內部發展生物政治（biological politics），納粹黨人必須得要讓觀念及於其他德國人一樣，也必須擴散到非德國人，才能讓納粹意識型態得以在德國境外被實現。[20]

某方面來說，一九四一年的入侵與希特勒在德國的掌權遙相輝映。某種星球性的血腥種族鬥爭觀點多數時候對大多數人都並非與生俱來就有吸引力，但在壓力的時刻卻被翻譯成可以產生政治性支持的概念與意象。一九三三年在德國，希特勒認為猶太人即共產主義者、共產主義者即猶太人的概念被翻譯成更為庸常、卻更為易懂的觀念：左派當政對德國意味著混亂與飢餓。一九四一年在東歐，猶太布爾什維克主義也從某種未來的視野被轉譯成政治觀，只不過是在人們實際經歷過蘇聯統治的土地上。在這兩個案例中，這一從意識型態轉譯為政治的關鍵在於在要緊的時期訴諸人類的經驗。一九四一年，在雙重占領區，德國人將蘇聯占領的經驗轉而針對猶太鄰人。

諷刺的是，納粹黨人從他們犯下的基本錯誤中獲利。他們的核心概念是：蘇聯是一個猶太帝國，會被德意志帝國所摧毀。[21]然而，一九四一年六月德國人入侵蘇聯時，德國入侵者所值遇的社會卻並不是分化為猶太統治者和基督徒受害者的社會。首先，就鏟除其目標而言，蘇聯比德國人更有效率。

五十萬左右的波蘭公民、立陶宛公民、拉脫維亞公民（含許多猶太人和其他民族少數的成員）已經被遣送到古拉格（許多人在那已死亡）。數千多具波蘭公民、立陶宛公民、拉脫維亞公民的屍首（含許多猶太人和其他民族少數的成員）都被深埋在蘇聯境內不為人知的亂葬崗裡。即便是內務人民委員部的囚犯通常也無法被招募，因為他們大部分在德國人抵達之際已經遭到槍決或遣送。

蘇聯已經將當地人口融合到其自己的體系當中，其程度是德國人所無法想像的。這意味著在雙重占領地的人們可以將他們自己看做受害者，儘管（或者說恰恰好是由於）他們在蘇聯體制下運作著一定的權力。透過堅持自己的受害者身分來過度補償的心理和政治因素甚為強烈。有些左派起初支持蘇聯體系，然後改變了心意，現在希望忘卻他們原初的信念。有些男男女女最初抵抗蘇聯體系，然後允許自己被蘇聯體系招募為探員和線民。這樣的人藉由與蘇方協力躲過死亡或遣送，因此在德國人抵達時仍然在自己的家園——並且渴望藉著再度協力來滌除自己的過去。有的年輕男子被徵召進入紅軍，在德國人抵達時逃了兵。有的員警先為戰間期的政府效力，再效力於蘇聯體制，因此曾協助遣送那些實際上抵抗過蘇聯的人。德國人抵達時，這樣的員警有充分的原因會想要證明他們願意合作。有人曾經在非常高的層級效力於蘇聯的國安機器——由於層級過高，他們確信其他人必定會記得他們。在那樣的案例中，這些當事人為了存活必須在德國人的體系中維持一個重要的位置，有時他們也確實這麼做了。[22]

蘇聯的體系並不是什麼猶太人的陰謀，且多數共產黨員、員警、協力者都不是猶太人。德國人必須相信這些人是猶太人，因為整個入侵的前提就是只要鏟除猶太協力者就可以迅速瓦解猶太人的陰謀。無論當地人在戰爭期間說過什麼話來脫身、或者在戰後怎麼將他們的經驗給族裔化，他們普遍都知道那些都不是事實，因為他們實際上親歷過蘇聯的體系。蘇聯的行政體系雇用的猶太人數量的確比戰前體制為高，並且以猶太人的人口數來說的確曾不成比例地雇用過猶太人。[23]

然而，蘇聯的勢力在各地都是建基在當地的多數人之上：無論是拉脫維亞人、立陶宛人、白俄羅斯人、俄羅斯人還是波蘭人。只要非猶太人宣稱猶太人是蘇聯協力者、蘇聯協力者是猶太人（要是今天還有人做這樣的宣稱），他們就是在淡化當地非猶太人在蘇聯體制下不可或缺的角色。透過將共產主義定義為猶太人的主義、以及將猶太人定義為共產主義者，德國侵略者其實饒恕了絕大多數的蘇聯協力者。

蘇聯的體系幾乎將所有人都捲了進來，這是政治上的現實，卻可以被化約為只有少數猶太人有罪，這則是政治上的幻想。猶太布爾什維克迷思肯認了某種合理化納粹入侵的概念：即只要打擊蘇聯就可以開始瓦解猶太陰謀，而打擊猶太人則可以搞垮蘇聯。這同時讓曾經實際參與蘇聯強權的人們無論是在他們自己的想像中還是在他們與新的反蘇納粹統治者的互動上得以與過去切割。海德里希寫道「自清」（self-cleansing）的需要時，他所設想的是可以刺激各個社群把猶太人清除乾淨。而實際上，當地人與納粹的猶太政策為伍（或假裝與之為伍）時，他們其實是在清洗他們自己的過去。德國人對蘇聯統治、占領政治的無知為當地人開創出利用德國人的機會。

結果，浮出檯面的謀害政治（murderous politics）乃是德國人與當地人共同創造出來的成品，兩造都在瓦解蘇聯的勢力，不過雙方對蘇聯勢力的概念卻有所不同，彼此的利益也不同。可以確定的是，政治的目的乃是協調有著不同經驗、感知、目標的行為方。但在此一特殊的時空中，一個異常殘酷的體制卻讓位給了另一個異常殘酷的體制。與蘇方的協力情況很廣泛，而納粹對於種族謀害的指令又很普遍，於是，政治性的權威缺乏引導。更大的惡（greater evil）乃是亂世當中各方共同創造出來的政治型態。

＊＊＊

某種意義上來說，一九四一年是一九三八年德奧合併——納粹首度成功摧毀國家——的故技重施。如同有些納粹黨人從維也納學到的，國家權威的懸擱本身就創造出政治性的資源，因為霎時之間，幾乎沒有任何人希望被認定為與舊體制有所瓜葛，所有人都希望得到新體制的支持或者至少赦免。當新的體制是納粹體制時，種族主義允許大部分人透過公開的表演與自己過去實際的政治歷史切割。一九四一年在蘇聯被占領的地方，就像在一九三八年的奧地利一樣，前一個體制的崩解提供一個政治舞臺布景的美學要素，藉此，當地人將納粹意識型態表演出來，讓其自身的利益和希望與那些當權者的觀念彼此調和。在一個封閉的批鬥小圈子裡公開地、儀式性地將猶太人與先前的體制掛勾起來，可以讓舊體制與猶太人兩者同時雙雙失去合法性，讓大多數人相對安全地待在這個封閉的小圈子之外。如果體制崩解了，而猶太人就是那個體制，那麼他們的垮臺也是邏輯上的結果。一如必須將人集中起來才能加以大規模殺害，責任也必須先集中起來才能卸脫。因此，猶太人（也唯有猶太人）應當回應過去發生的事。當他們被集中起來殺害，責任也就煙消雲散了。

一九三八年在奧地利，大量當地的納粹黨人自行為奧國的猶太人制定了計劃，因此一旦國家瓦解，他們就採取了迅雷不及掩耳的種族行動。被雙重占領的波蘭東部是德軍勢力於一九四一年六月再次入侵時首先抵達之處。在那裡，當地的反應並未如此精準，因為當地人一開始並不能確定納粹黨人的期望是什麼。當然，德國人取代了蘇聯的勢力使得當地大舉發生秋後算帳的情事，就如同廿一個月前蘇聯取代波蘭勢力時所發生的事情一樣。然而德軍抵達之初開始的毆打、羞辱、殺害並不是照著族裔組織起來的，而是被占領期間的個人恩怨所驅使。德國人抵達後短短數日之內，波蘭人固然殺害了猶太人，但他們也殺害其他的波蘭人。蘇聯的撤離沒有加速反猶暴行，德國人的抵達才加速了反猶暴行。

德國人似乎已經察覺到了政權遞嬗的基本舞臺布景。特別行動隊和德國治警入侵蘇聯所帶來的政權遞嬗與衝鋒隊在維也納的儀式性暴力甚為相仿。與一九三八年的「擦洗派對」類同的是一九四一年夏天在雙重占領區儀式性地摧毀列寧像與史達林像。逼迫猶太人清除宣傳品是把責任歸咎於他們的方法。迫使他們這麼做的人或者觀看這個場景的人也是在讓自己從舊秩序的責任中釋放出來，並迎合討好新秩序的主人。

＊＊＊

當地人對一九四一年德軍入侵的期待取決於他們在一九四〇年蘇聯治下的經驗。蘇聯經驗的意義則取決於戰間期的政治。波蘭東部的各個人種——波蘭人、烏克蘭人、白俄羅斯人、猶太人——對一九四一年六月德軍入侵的反應都非常不同，不是因為他們屬於不同族裔，而是因為他們從先前的經驗得出不同的期待和目標。德軍入侵頭幾天乃至頭幾週，在波蘭東南部與德國人協力的情形比波蘭東北部多，這是因為波蘭東南部的烏克蘭民族主義者相信德軍入侵會提升他們的政治利益。[24]

在烏克蘭民族主義者協助在再度被侵略的波蘭東南部組織反猶暴行之際，他們也協助德國人將蘇聯的統治經驗轉譯為「烏克蘭人是無辜的」和「猶太人是罪惡的」的幻象。在內務人民委員部的監獄裡發現囚犯的死屍時，德國的宣傳機關無可避免地將劊子手說成是猶太人。[25]六月卅日，德國人把內務人民委員部在利沃夫（Lwów）射殺的數千人的屍體的一部分清理掉時，烏克蘭民族主義者也協助他們把這些殺害描繪為猶太人對烏克蘭國家的犯罪行為。實際行刑的內務人民委員部官員早已遠走高飛，但利沃夫的猶太人還留在當地。在此地（如同在其他地方），無論在哪裡發現屍體都會予以展示出來，讓恐怖與猶太連結起來。[26]這種片刻的震驚感讓政治性的犯罪被轉化為族裔的犯罪；族裔的犯罪意味著族裔的責任；將那些被歸咎罪責的人給殺害並非報復的行徑，而是對過去加以轉化。[27]晚近的歷史成了種族寓言，殺戮成為道德訓示。當然，在個別的案例當中事情可能遠比這簡單。比方說，有一名蘇聯監獄槍決的生還者還成了德國人的地方警長。[28]

一九四一年七月廿五日在利沃夫，在內務人民委員部射殺囚犯的四週後，猶太人於一場德國人在當地民族主義者協助之下組織的反猶暴行中遭到殺害。這遠非自發性的反應。一九四一年夏天，有大量曾是共產黨人或曾是蘇聯協力者（或兩者都是）的烏克蘭人積極協助反猶暴力行為，他們提供了有用的政治掩蔽。在地方上經由民兵傳播的猶太布爾什維克迷思為大部分蘇聯協力者（其實是烏克蘭人）提供了完美的逃逸路線。民族主義者告訴烏克蘭同胞，他們可以藉著殺死一個猶太人來滌淨自己與蘇聯協力的汙點。[29]通常，如同在米佐其（Mizoch）鎮，有些蘇聯統治的協力者是烏克蘭民族主義者，他們及至一九四一年夏天都還曾與猶太人在蘇聯的國家機器中合作過。[30]

德國人把烏克蘭的政治經驗化約為抽象的猶太布爾什維克主義，藉此給了曾與蘇方協力的烏克蘭人一個機會，而他們也馬上把握住了這個機會。烏克蘭人一再地將猶太人指認為共產黨人和蘇聯協力者，從而保護了他們自己和家人。舉例而言，在克列萬（**Klevan**）鎮，烏克蘭人行過一間又一間猶太人住家舉發可能的蘇聯協力者。[31]在猶太人占總人口四分之三的杜布諾（**Dubno**），有些德國人於一九四一年恩准管理該城鎮的烏克蘭人曾經在一九三九年效力於蘇聯。[32]換言之，在戰爭頭兩年協助當地內務人民委員部指揮官（猶太人）遣送波蘭人、猶太人、烏克蘭人的烏克蘭人轉而協助黨衛軍殺害他們舉報為蘇聯協力者的猶太人、烏克蘭人和波蘭人，但實際上他們自己才是蘇聯協力者。[33]德國人無法處理大批湧入的舉報，索性依據他們自己的種族幻象來行事，因而常常被操弄於股掌之間。猶太人和波蘭人都注意到了這些地方的雙重協力，但是烏克蘭和德國的戰爭歷史對此則不加聞問。[34]

* * *

在被雙重占領的波蘭東北部沒有民族問題，因而也沒有政治資源，於是事件的發展過程也頗為不同。在侵略後的頭幾週，德國人將他們自己的資源大量挹注在挑起對猶太人的暴力行為上，但成效不彰。猶太人被德國人殺害，最終也被波蘭人殺害，但數量較少，發生的地方也較少。

在波蘭東北部的一個主要城鎮比亞維斯托克（Białystok），德國人自己於一九四一年六月展開大規模的殺戮。及至此刻，這座城鎮已經被占領了兩次，首先是德軍於一九三九年抵達，然後抵達的是血腥殺害城裡波蘭人、猶太人的德國波蘭行動特別小組——特別行動隊第四小隊（Einsatzgruppe IV）。根據當月廿八日《德蘇邊境友好條約》的內容，德意志國防軍和黨衛隊從比亞維斯托克撤出，由紅軍和內務人民委員部所取代。在蘇聯的淫威之下，城鎮的中心大幅解體，猶太人的企業（以及其他所有的事業）都遭到關閉。蘇聯占領持續至一九四一年六月德國再次侵略為止。一九四一年六月廿七日，治警第三百廿九營（Order Police Battalion 329）進入了比亞維斯托克，奉命剿滅仍滯留在此的蘇方人士和「敵人」。緊接而來的是新型的德式大規模殺戮，這或許是為了要設立典型。

猶太人被下令清除比亞維斯托克的列寧像和史達林像，同時蘇聯的音樂在背景播放。德國警察遍

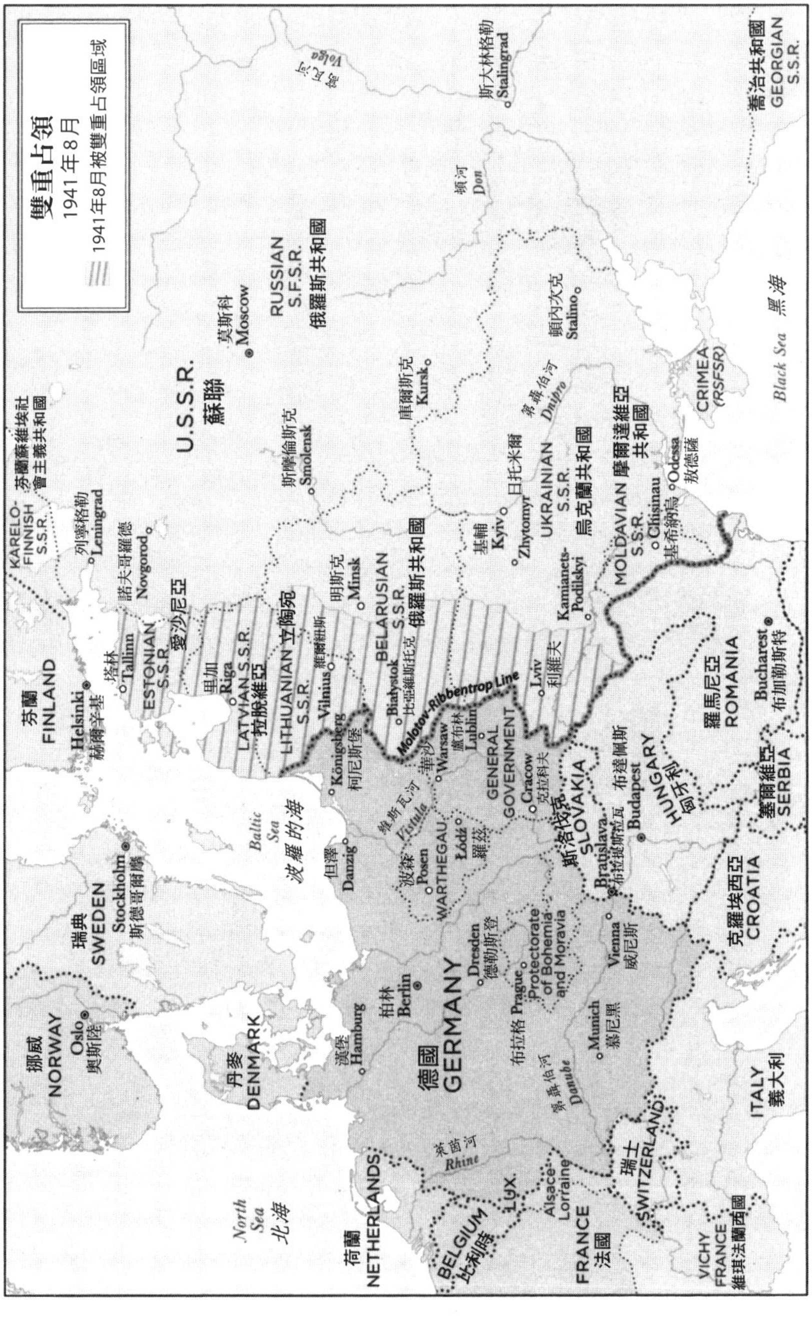
雙重占領
1941年8月
1941年8月被雙重占領區域
U.S.S.R.
蘇聯
RUSSIAN
S.F.S.R.
俄羅斯共和國
莫斯科
Moscow
伏爾加河
Volga
斯大林格勒
Stalingrad
頓河
Don
頓內次克
Stalino
GEORGIAN
S.S.R.
喬治共和國
Black Sea
黑海
CRIMEA
(RSFSR)
庫爾斯克
Kursk
聶伯河
Dnipro
斯摩倫斯克
Smolensk
KARELO-
FINNISH
S.S.R.
芬蘭蘇維埃社會主義共和國
列寧格勒
Leningrad
諾夫哥羅德
Novgorod
ESTONIAN
S.S.R.
愛沙尼亞
塔林
Tallinn
芬蘭
FINLAND
Helsinki
赫爾辛基
LATVIAN S.S.R.
拉脫維亞
里加
Riga
LITHUANIAN
S.S.R.
立陶宛
Vilnius
維爾紐斯
明斯克
Minsk
BELARUSIAN
S.S.R.
俄羅斯共和國
Białystok
比亞維斯托克
Molotov-Ribbentrop Line
基輔
Kyiv
Zhytomyr
日托米爾
UKRAINIAN
S.S.R.
烏克蘭共和國
Kamianets-
Podilskyi
Lviv
利維夫
MOLDAVIAN
S.S.R.
摩爾達維亞共和國
Chisinau
基希納烏
Odessa
敖德薩
ROMANIA
羅馬尼亞
Bucharest
布加勒斯特
HUNGARY
匈牙利
Budapest
布達佩斯
SERBIA
塞爾維亞
CROATIA
克羅埃西亞
SLOVAKIA
斯洛伐克
Bratislava
布拉提斯拉瓦
Vienna
威尼斯
Munich
慕尼黑
Danube
多瑙河
Prague
布拉格
Protectorate
of Bohemia
and Moravia
Dresden
德勒斯登
GENERAL
GOVERNMENT
Cracow
克拉科夫
Lublin
盧布林
Warsaw
華沙
Vistula
維斯瓦河
Königsberg
柯尼斯堡
Baltic Sea
波羅的海
Danzig
但澤
WARTHEGAU
Łódź
羅茲
Posen
波森
GERMANY
德國
Berlin
柏林
Hamburg
漢堡
Stockholm
斯德哥爾摩
SWEDEN
瑞典
Oslo
奧斯陸
NORWAY
挪威
DENMARK
丹麥
North Sea
北海
NETHERLANDS
荷蘭
BELGIUM
比利時
Lux.
Rhine
萊茵河
Alsace
Lorraine
FRANCE
法國
SWITZERLAND
瑞士
VICHY
FRANCE
維琪法蘭西國
ITALY
義大利

布全城，奉命抓捕所有役齡猶太男性。他們當場擊斃一些人。德國員警在城裡許多小猶太教會堂裡射殺十名猶太人，然後把他們的屍首留置在臺階上。[35]他們抓走一些婦孺以及一千多名男人，還有些德國人強暴了猶太婦女。同時，其他的德國員警封鎖了猶太教會堂鄰近的區域，並且在教會堂的前面架起了機關槍。然後，德國人強迫猶太人進入教會堂，在外頭潑灑汽油點燃。尖叫聲持續了整整半個小時，夾雜著機關槍掃射的聲音。[36]這個舞臺布景的邏輯很明顯：應該為蘇聯占領負責的是猶太人，而解放就意味著把他們給殺了。戰間期波蘭右翼已廣為傳播猶太布爾什維克迷思，而對深諳猶太布爾什維克迷思的人群來說，上述的寓意無疑夠明顯了。然而，德國人六月廿七日大規模燒死猶太人的行動並未如德國人所預期的那樣收立竿見影之效。

在一九四一年六月底、七月初的日子裡，波蘭人在波蘭東北部進行秋後算帳。德軍的抵達如同廿個月前紅軍抵達時一樣，為地方上帶來了暴力行為。有些波蘭人殺害了猶太人，但也有些波蘭人殺害其他波蘭同胞。這些自發性的個別殺害行為並未遵循特定的舞臺布景演出。[37]波蘭人並未立即依循比亞維斯托克的範例行事。比城發生大規模殺戮後的兩天，海德里希對特別行動隊下達了特殊命令：在蘇聯權力崩解的亂局之下，趁還可能辦到時煽動反猶太暴行。這些「自我清洗的努力方向」要「不著痕跡地煽動，必要時加以深化，並將之導引到正確的地方。要確保這些地方上的『自衛』行為日後不會指涉到政治上。」[38]

海德里希的命令旨在讓波蘭東北部廣泛發生反猶暴行，但是卻失敗了。在波蘭東南部是烏克蘭民族主義者的工作範圍，與此相比，在東北部並沒有顯著的政治性問題，沒有既存的政治性組織，也沒有精挑細選受過訓練的移民來將德式的反猶暴行轉譯為地方性的解放。一九四一年七月初，波蘭東北部受到納粹領導人與德國警方異常熱切的注意。海德里希一再重複下達煽動反猶暴行的命令。希姆萊也對該區沒有發生反猶暴行感到失望，親自前往比亞維斯托克下達類似的命令。[39]在這些時日甚至戈林也到訪該區，親自下達同樣的指令。

三名納粹最高等級官員的在場與他們的期望為這個區域帶來異常厚重的德國警力。[40]他們從三個方向而來。特別行動隊B組從東方歸來，擴張後的德意志帝國警察從東北部抵達，華沙和總督府的警察則從西南而來。這三組人馬的成員對於大規模屠戮波蘭人與猶太人都經驗十足。當然，部分從華沙而來的警員還帶著先前在比亞維斯托克殺戮的記憶，因為華沙駐警是由特別行動隊第四分隊所組成，而第四分隊於一九三九年肆虐比城。[41]但即便來自德國高層領導人異乎尋常的注目眼光再加上來自四面八方的警力匯集，都尚不足以彌補政治資源的匱乏。德國人煽動了十幾場反猶暴，在地的波蘭人也殺害了數千名猶太人。但在德方看來，這些結果都遠不如發生在波蘭東南部的殺戮。在波蘭東南部的行動是由政治上動機十足的烏克蘭人所操刀。

這裡殺戮的規模也不及德國人在北方和東方所達成的目標。此時德國人正將蘇方勢力從立陶宛和拉脫維亞逐出，並取而代之。當然，德軍勢力於一九四一年七月初回到波蘭東北部或許就是試著匹配他們已經在立陶宛、拉脫維亞達到的成績。波蘭東北部的反猶暴行是在德國人與立陶宛人已經開始在地處波蘭東北的立陶宛殺害猶太人之後開始的。而在波蘭東北部的反猶暴行則是在德國人與拉脫維亞人於拉脫維亞殺害猶太人之後開始的，拉脫維亞地處波蘭東北，中間還隔著一個國家。如果從這樣一個更為寬廣的角度來看，那麼發生在波蘭東北部的殺害與其說是節節升溫，還倒不如說是降溫，因為發生在此區的殺戮竟還不如發生在立、拉兩國的程度那麼普遍，而且才發生了幾週就中止了。如果缺乏政治性的資源，反猶暴動也只能走向死路。

德國人正在學習一種新的政治手法，而成功與失敗都能帶來若干啟示。反猶暴行的分布狀況以及真正自發性的反猶太暴行之不存，在在說明納粹起先關於在地行為模式的假設有誤。納粹的邏輯是可以煽動次人類（subhumans）起身殺害剝削他們的猶太人。但實際上，波蘭東北部的反猶暴行多發生於非猶太人口曾與蘇聯協力的地帶。在猶太籍共產黨員人多的地帶，反猶暴行反而不那麼普及，因為在特定地區有共產主義勢力就意味著猶太人與非猶太人之間有所接觸，也意味著他們有著密謀行事的習慣。猶太共產黨人有地方可以諮詢或者藏匿。同樣的道理在戰間期畢蘇斯基的選區也行得通，他的選區是由多元的民族所組成。在特定的共同體當中，猶太人與波蘭人之間通常在公民事務上有所交流，因而反猶暴行難以發生。[42]

在波蘭東北部最為惡名昭彰的一起反猶暴行發生於一九四一年七月十日，在**耶德瓦布內（Jedwabne）**。這場暴行也說明德國人所知甚是有限。德警在當日（也就是政權交替的兩週之後、同時也是比亞維斯托克事件的兩週之後）回到了耶城。在耶德瓦布內，德國人握有發動反猶暴行的理想條件，儘管他們自己並不清楚。[43]在戰間期的幾年間，共產主義與畢蘇斯基的運動在此區人單力薄，意思是猶太人與波蘭人之間接觸不多。在耶城背叛波蘭地下反蘇活動、向蘇聯密報的人不是猶太人，而是一名波蘭人。[44]波蘭人理解到德國人所提供的是一次自新的機會，他們可以將與蘇聯有關的責任一概推給當地的猶太人，藉此滌清自己的責任，但是德國人自己則未必意會到這一點。

在耶德瓦布內中的舞臺布景與比亞維斯托克所發生的極為相似，不一樣的是在此由德國人制定規則，而波蘭人則照章行事。在德警在場的情況下，有些當地的波蘭人會逼迫當地的猶太人清除列寧的雕像。然後，大約三百名猶太人——其中有些人還舉著紅色旗幟，象徵他們與共產黨之間的關聯——被迫行進到一個穀倉內，然後在那裡被他們的波蘭鄰人活活燒死。[45]在大多數這樣的案例中，曾與共產勢力合作的人必定會殺害未曾與共產勢力合作的人。大規模的殺戮行動造成一種集體的刻板印象，將罪惡給族裔化，並且重新編派過去。列寧的雕像與猶太人在穀倉內一同被焚燒（就如同在德國境內，列寧的符號與「猶太人」的書籍一同焚燒）。過去，德國人會透過海報與擴音器對波蘭人謊稱猶太人都是共產黨人，共產黨人都是猶太人；如今，同樣的謊言卻是由波蘭人在煤渣與灰燼當中反過來對德國人說的。

在波蘭東北部，反猶暴行緊緊跟著比亞維斯托克所事先排演好的步伐進行。德國人將波蘭人集中起來，波蘭人將猶太人集中起來，然後波蘭人毆打、羞辱猶太人。波蘭人逼迫猶太人唱蘇聯歌曲，舉蘇聯旗幟，並搗毀列寧或史達林的紀念碑（如果附近剛好有的話）。這些謀殺性的儀式是將一個逝去的破碎年代的經驗給重組，但這些儀式卻並非不假思索地回應苦難的方式。這些反猶暴行並不是出於自發性的報復行逕，而是德國人與當地人之間以雙方都可以接受的方式共同重組蘇聯占領期間經驗的行為。[46]

耶德瓦布內式的殺害猶太人的方法固然駭人，卻無法成為最終解決方案，因為這並沒有政治性的資源可言。德國人可以訴諸心理或物質性的資源：波蘭人可以藉由殺害猶太人來為自己過去與蘇聯的瓜葛開脫，並將猶太人的財產據為己有。在擁有一頭驢子就可視為富裕象徵的耶德瓦布內區，這方面的動機不可不謂重要。但德國甚至無法假裝要把波蘭雙手奉上送給波蘭人。德國已經入侵過波蘭一次了。一九三九年德國第一次入侵波蘭時，德軍勢力實際上已經抵達過耶城還有一九四一年七月分發生反猶暴行的其他波蘭東北部區域。一九三九年九月分首次抵達時，德軍勢力主要的目的就是殺害波蘭人。從該區撤出之後，誠如所有人都知道的，德軍併吞了波蘭中、西部大部分的地帶並加以殖民。當德軍於一九四一年再回到此地時，他們甚至也懶得對波蘭人做出任何承諾了。實際上，德軍打算在利用波蘭人殺害猶太人後，再把波蘭人殺了。[47]

在被雙重占領的波蘭東部，反猶暴行之存與不存與政治敏感度有關，而納粹黨人不相信次人類能擁有這種政治敏感。但政治方面的學習來得很快。在政治性資源豐富的立陶宛，反猶暴行儼然是一個訓練場，讓德國人得以在此揀選人選來進行更組織化的大規模屠殺。德軍抵達拉脫維亞時，他們已經理解到反猶暴行的用處就在於可以用來招募人才。他們並不會因為群眾不參與反猶暴行而感到挫敗，而是從中雇用有意領導反猶行動的人士。[48]

猶太大屠殺就是在先後被占領的立陶宛和拉脫維亞展開。與波蘭東部不同的是，發生在立陶宛、拉脫維亞的混亂的殺害狀態的確升高到了系統性的最終解決方案程度。一九四一年底，絕大部分的波蘭及猶太人仍能倖免於難，但幾乎所有的立陶宛籍、拉脫維亞籍的猶太人都已經殞命。

＊＊＊

德國人理解到有立陶宛問題（Lithuanian question）的存在，並進而掌握到政治性資源全盤的潛力。立陶宛人是波羅的人（Balts），因此從納粹的角度來看比起斯拉夫人（例如波蘭人）還有價值一些。蘇聯已經摧毀了立陶宛，數以千計的立陶宛移民在德國尋求庇護。從一九四〇年六月蘇聯摧毀立陶宛到一九四一年六月德國入侵蘇聯之間，德國人有整整一年的時間保護並訓練這些人，藉此培養出一批當地人來執行德國的政策。**立陶宛行動者陣線**（**Lithuanian Activist Front**）於一九四〇年十一月在柏林成立。涉入其中的立陶宛政治家相信他們可以利用德國的軍力來解放立陶宛，而德國人則相信他們可以將立陶宛的政治能量挪作己用。[49]

立陶宛的行動派於一九四一年與德國人一同抵達，並充當實質上與象徵性的翻譯人員，把德方的意圖給翻譯出來。立陶宛人掛上將猶太人與蘇聯統治、蘇聯犯行連結起來的德國海報（附上立陶宛語）。這在立陶宛產生的迴響與在德國不同：倘若可以將共產主義的範圍限縮在猶太人，那麼曾經與蘇聯協力的立陶宛人及其他非猶太人口就可以開脫。立陶宛人知道而德國人並未了解到的是，蘇聯的統治已經先剝奪過了立陶宛籍的猶太人。蘇聯於一九四〇年在立陶宛實行國有化的一千五百九十三個企業當中，有一千三百二十七個（百分之八十三）為猶太人所有。[50] 一旦蘇聯離開，立陶宛人就能將這些企業全都據為己有——只要原先的企業主不再出現。許多較為富有的立陶宛籍猶太人已經被蘇聯遣送到古拉格去了；剩下來的猶太人在想殺害他們的德國人與正坐在他們企業辦公室裡的立陶宛人（以及其他立陶宛居民，包括波蘭人、俄羅斯人等）之間岌岌可危。在媒體上以及在個人之間的口耳相傳當中，立陶宛人彼此之間互通聲息說德國殺害猶太人的政策是某種交易當中的一部分，這種交易將有利於立陶宛復國以及中產階級的復興。立陶宛行動者陣線宣布立陶宛獨立。

大規模殺害的政治型態是共同創造出來的產物，這既符合立陶宛的經驗，也符合納粹的期待。立陶宛人曾與蘇聯的統治有所瓜葛，因而納粹的猶太布爾什維克主義給予了他們一個機會，但連德國人自己都未能完全把握到箇中意義。立陶宛境內所有民族都曾與蘇聯協力，不僅只有立陶宛人、猶太人，還有波蘭人與俄羅斯人。猶太人比立陶宛人稍微更可能這麼做，但由於立陶宛人的人數多得多，他們在蘇聯體制內部的角色也重要得多。立陶宛人很快地把握到一件事，即猶太布爾什維克迷思等同於政治上的大赦天下，讓先前與蘇聯協力的行為得以豁免，此外還讓他們有機會將蘇聯人從猶太人手中奪走的企業據為己有。[51]

實際政治經驗屈服於殘酷無情的種族邏輯之下，這不只可以拿來形容騎牆派，也適用於隨之而來的暴力行為。立陶宛行動派告訴那些身分已經暴露的蘇聯協力者，他們的政治罪惡可能可以在血漬中滌淨。透過殺死猶太人，曾經為蘇聯效力的立陶宛人在其他立陶宛人眼中——那些有德國人脈的立陶宛人如今似乎開始變得重要——可以在政治上獲得新生。就連肯定支持蘇聯併吞立陶宛的一群人——**立陶宛共產黨（Lithuanian Communist Party）**——都被准許加入立陶宛行動者陣線，只要他們本身不是猶太人。非猶太共產主義者因而可以自由選邊站，並藉此洗刷與蘇聯協力的過去。有人告知在獄中的立陶宛共產黨青年，自由的代價就是要對自己的國家展現一定程度的忠誠——他們必須殺死一名猶太人。[52]猶太共產黨員（或說猶太人整體）都不能加入立陶宛行動者陣線，無論他們多麼愛國，對立陶宛多麼忠誠，此際都被排除在立陶宛的政治之外。一九四一年夏、秋，大批與蘇聯占領軍毫無干係的猶太人遭到大批曾參與其中的立陶宛人殺害。[53]

蘇聯固然毀滅了一個民族國家，但猶太布爾什維克迷思的成效比德國人預期的好。對納粹黨人來說，猶太布爾什維克主義是對於世界的一種描述，而那些有動機殺害猶太人的立陶宛人是讓這個星球得以復原的小助手。當然，任何的政治性承諾都是來意不善。德國人稱殺害猶太人是政治交易的一部分不過是一樁謊言。及至一九四一年底，德國人已經徹底禁絕立陶宛人的組織。政治性的資源已然被消化吸收了。到了那個時候，幾乎所有在立陶宛的猶太人都已死於非命。

對於立陶宛人自身而言，當然有著更深一層的政治觀是德國人所未見到的。若說要把共產主義怪到猶太人的頭上，那麼就不能怪罪於立陶宛人。殺害猶太人的立陶宛人正在塗銷他們各自在蘇聯統治時的過去。立陶宛人整體則在抹除他們讓自己的主權被蘇聯摧毀的恥辱歷史。殺害之舉創造出一種在心理上似是而非的道理：猶太人之所以被殺一定是因為他們有罪，而立陶宛人之所以殺了人一定是出於正義的理由。

在立陶宛，先後與蘇聯和德國協力是準則而非例外。德國人碰到蘇維埃化（Sovietized）了的立陶宛人時，在還沒有對他們造成具體改變之前，有些立陶宛人就已經開始殺害猶太人了。響應立陶宛行動者陣線起義的立陶宛軍人是紅軍的逃兵。以對抗蘇聯的游擊隊員之姿藏身在樹林當中的立陶宛員警才剛效力於蘇聯並施行蘇聯的壓迫政策。德國人既沒有意願也沒有人力肅清所有的地方行政機構，有數百個機構曾為蘇聯效力過。德國人肯定沒辦法在從他們抵達至反猶太暴力行動爆發之間這麼短的時間內肅清這數百個機構。從立陶宛的觀點來看，反猶太暴力行為的重點是在德國人搞清楚誰曾經與蘇聯協力之前，先向德方展現忠誠。[54]

德國人從來未曾為了改變地方行政機構下過太多工夫；執行蘇聯政策的人此刻普遍轉而執行德國政策。德國人在意的是清除高層的蘇聯協力者，但是在這裡他們頗為不濟。戰前波蘭的安全警官尤納斯・丹奧斯卡斯（Jonas Dainauskas）曾效力於蘇聯的內務人民委員部。德國人抵達時，他與特別行動隊A組的指揮官法蘭茲・瓦特・施塔勒克（Franz Walter Stahlecker）會晤，以便安排他的人馬參與殺害猶太人。曾協助蘇聯遣送立陶宛公民的尤阿薩斯・尼瑞瑪斯（Juozas Knyrimas）此刻加入了立陶宛游擊隊殺害猶太人。[55]

* * *

維爾紐斯是近十萬猶太人的家園，堪稱立陶宛的耶路撒冷。在一九三九年十二月，蘇聯入侵波蘭後將維爾紐斯讓與立陶宛；一九四〇年六月，蘇聯占領、併吞了立陶宛。在這兩起事件之間，維爾紐斯是立陶宛的首都。一九四〇年六月至一九四一年六月之間，維城是**立陶宛蘇維埃社會主義共和國**（**Lithuanian Soviet Socialist Republic**）的首都，但在這整段蘇維埃時期，就其人口而言，維爾紐斯主要是由波蘭人和猶太人所組成。比起猶太人，立陶宛行動者陣線在維爾紐斯更憂心波蘭人，並試圖說服其德國後臺波蘭問題應該更優先處理，但並未成功。實際上，德國人要利用立陶宛人來清除維爾紐斯的猶太人。及至一九四一年七月，主要的刑場是城外不遠處的**波納爾森林（Ponary Forest）**。發生在該地的謀殺行動是由特別行動隊第九分隊的指揮官阿爾弗雷德・菲爾伯特（Alfred Filbert）博士領銜，他是黨衛隊的一名青年知識分子，他的人馬從很早就開始射殺猶太婦孺和男人。[56]

這個創新的行動是在戰場上失利的壓力之下發生的。如果說猶太布爾什維克迷思作為一種政治觀在蘇聯已將國家摧毀的地帶上能成事，那麼以猶太布爾什維克迷思當作軍事策略的基礎則失敗了。德國人在戰場上面對著立陶宛人並未理解的難處，且德國人自己也不願意承認他們遇到了險阻。[57]蘇聯並未如同希特勒所說的「紙牌屋」（house of cards）或者像一頭「深陷泥淖的巨人」（giant with feet of clay）般倒下。立陶宛是北方軍團（Army Group North）的後方。在戰爭的頭幾週，希特勒將北方軍團視為最重要的軍團。北方軍團的指揮官非常清楚他們挺進列寧格勒的速度並不如預期。一九四一年八月，希特勒向他的親信協力者以最迂迴的方式釋出信號，告訴他們戰爭並沒有按照計劃的方向走。同年九月在德國，所有超過六歲的猶太人都被要求配戴大衛星（Star of David）標誌，代表他們應當為軍事行動失勢負責。[58]他們被標誌成德軍勝戰的人質，如此的推諉卸責異乎尋常，隨之而來的便是合乎其邏輯的結果（譯按：指猶太大屠殺）。[59]

如果說不能光是透過對猶太人展開快速攻擊就拖垮蘇聯，那麼就必須由德國控制的系統性行動來防禦德國。軍隊指揮官放下了一切對特別行動隊活動的保留。希姆萊開始下令殺害猶太婦孺。即便是對黨衛軍軍官而言，執行這項任務都有些難度。特別行動隊A組指揮官施塔勒克（也就是菲爾伯特的直屬上級）認為殺害平民會造成「情緒緊繃」。甚至有額外的酒類提供給射殺猶太孩童的德國人，但這仍然不夠。

指揮官得向他們的人馬解釋為何必須打破基本的禁忌。儘管我們無法知道他們確切說了什麼，但想必受過教育的保安處官員（如法學博士菲爾伯特等）把在德國境內流傳的觀念傳播、應用。[60]一九四一年七月，納粹的媒體將大眾的注意力集中在希特勒《我的奮鬥》裡的一個關鍵概念：猶太人必須被鏟除，因為他們想要殺光所有的德國人。這個想法旋即出現在德國的劊子手與家人之間的書信上：敵人必須被剿滅，因為他們的目標是剿滅我們；被我們謀殺的小孩受到的苦比被蘇聯殺害的小孩還少。兇手們認為敵方才應為滅絕的總體政策負責，並因這樣的想法感到安心，因為他們的行為不過是出於自我防衛罷了。像菲爾伯特所指揮的特別行動隊得花上數週才能從殺掉寥寥幾名婦孺轉變成把他們全數殺盡。[61]

他們在殺害婦孺行動上的遲疑讓德國人轉而招募當地人。菲爾伯特擴編了特別行動隊指揮官的職權，招募立陶宛人、波蘭人、俄羅斯人協助槍決行動。他所招募到的人馬大多待過紅軍，因此也需要證明自己的忠誠。菲爾伯特本人十分能夠欣賞這些人需要克服來自過去的陰影的複雜動機。他知道並非所有的共產黨人都是猶太人，因為他自己的親哥哥就是共產黨人，戰爭期間在德國的集中營內度過。[62]

＊＊＊

德國人漸漸了解到，反猶暴行並非鏟除猶太人的有效方法，但製造出無法律狀態卻是可以招募到劊子手來執行組織化行動的良方。數週之內他們就掌握到了一件事：從蘇聯統治中解放出來的人可能被心理上、物質上、政治上等理由吸引執行暴力行動。與德國人一起歸來的當地人帶來德國人的信

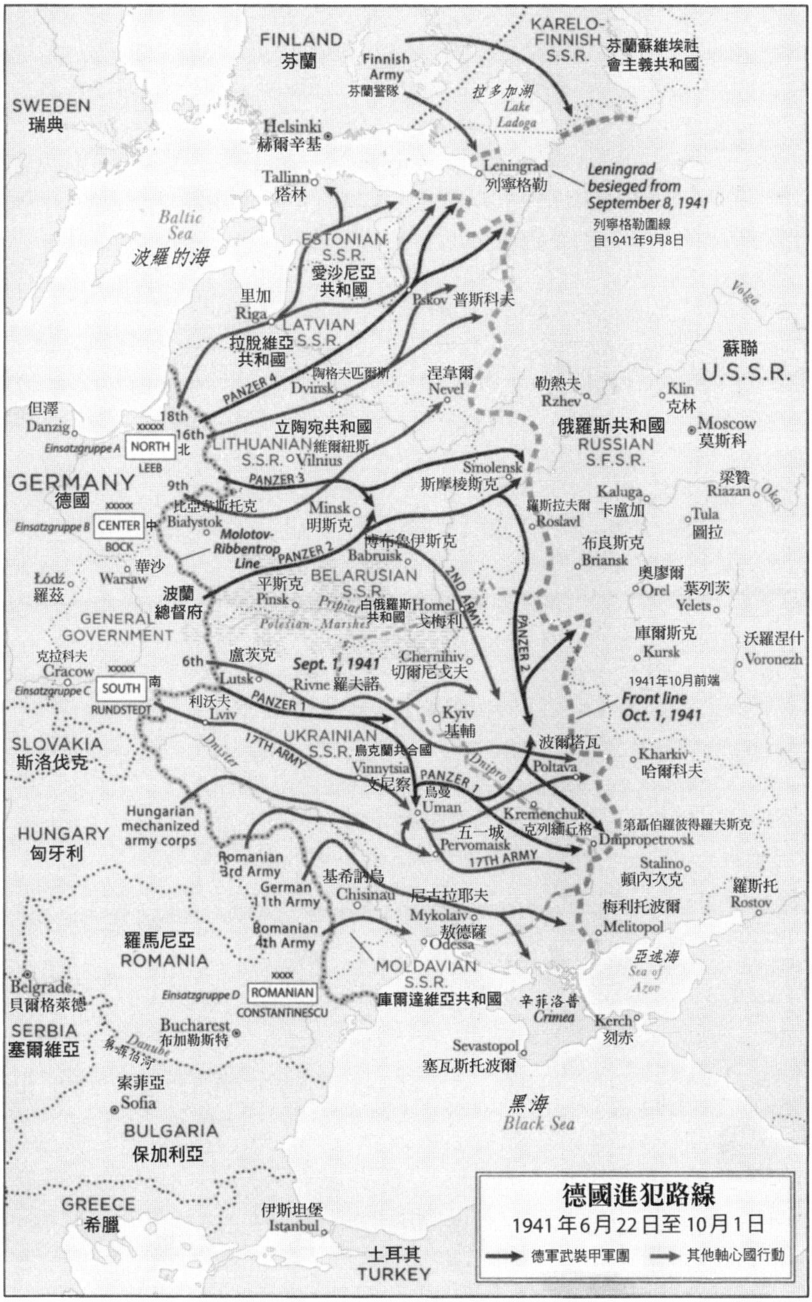
德國進犯路線
1941年6月22日至10月1日
德軍武裝甲軍團
其他軸心國行動
FINLAND
芬蘭
Finnish Army
芬蘭警隊
KARELO-FINNISH S.S.R.
芬蘭蘇維埃社會主義共和國
拉多加湖
Lake Ladoga
SWEDEN
瑞典
Helsinki
赫爾辛基
Leningrad
列寧格勒
Leningrad besieged from September 8, 1941
列寧格勒圍線自1941年9月8日
Tallinn
塔林
Baltic Sea
波羅的海
ESTONIAN S.S.R.
愛沙尼亞共和國
里加
Riga
Pskov 普斯科夫
LATVIAN S.S.R.
拉脫維亞共和國
Volga
蘇聯
U.S.S.R.
陶格夫匹爾斯
Dvinsk
PANZER 4
涅韋爾
Nevel
勒熱夫
Rzhev
Klin
克林
但澤
Danzig
18th
16th
Einsatzgruppe A
NORTH 北
LEEB
立陶宛共和國
維爾紐斯
LITHUANIAN S.S.R.
Vilnius
俄羅斯共和國
RUSSIAN S.F.S.R.
Moscow
莫斯科
GERMANY
德國
9th
PANZER 3
Smolensk
斯摩棱斯克
梁贊
Riazan
Oka
比亞韋斯托克
Białystok
Einsatzgruppe B
CENTER 中
BOCK
Minsk
明斯克
羅斯拉夫爾
Roslavl
Kaluga
卡盧加
Tula
圖拉
Molotov-Ribbentrop Line
PANZER 2
博布魯伊斯克
Babruisk
布良斯克
Briansk
華沙
Warsaw
Łódź
羅茲
平斯克
Pinsk
BELARUSIAN S.S.R.
白俄羅斯共和國
Pripiat
Homel
戈梅利
2ND ARMY
奧廖爾
Orel
葉列茨
Yelets
波蘭總督府
GENERAL GOVERNMENT
Polesian Marshes
庫爾斯克
Kursk
沃羅涅什
Voronezh
克拉科夫
Cracow
6th
盧茨克
Lutsk
Sept. 1, 1941
Rivne 羅夫諾
Chernihiv
切爾尼戈夫
1941年10月前端
Front line Oct. 1, 1941
Einsatzgruppe C
SOUTH 南
RUNDSTEDT
利沃夫
Lviv
PANZER 1
Kyiv
基輔
SLOVAKIA
斯洛伐克
Dnister
17TH ARMY
UKRAINIAN S.S.R.
烏克蘭共和國
Vinnytsia
文尼察
Dnipro
波爾塔瓦
Poltava
Kharkiv
哈爾科夫
Hungarian mechanized army corps
HUNGARY
匈牙利
烏曼
Uman
Kremenchuk
克列緬丘格
五一城
Pervomaisk
第聶伯羅彼得羅夫斯克
Dnipropetrovsk
Romanian 3rd Army
German 11th Army
基希訥烏
Chisinau
尼古拉耶夫
Mykolaiv
Stalino
頓內次克
羅斯托
Rostov
梅利托波爾
Melitopol
Romanian 4th Army
敖德薩
Odessa
羅馬尼亞
ROMANIA
MOLDAVIAN S.S.R.
庫爾達維亞共和國
亞速海
Sea of Azov
Belgrade
貝爾格萊德
Einsatzgruppe D
ROMANIAN
CONSTANTINESCU
辛菲洛普
Crimea
Kerch
刻赤
SERBIA
塞爾維亞
Bucharest
布加勒斯特
Danube
多瑙河
Sevastopol
塞瓦斯托波爾
索菲亞
Sofia
黑海
Black Sea
BULGARIA
保加利亞
GREECE
希臘
伊斯坦堡
Istanbul
土耳其
TURKEY

息——亦即，從猶太人的手中解放出來才是唯一的解放，也是任何政治性討論的前提——並加以發揚光大。那些從蘇占區逃到柏林的人以及其他在國內新招募到的對象可以充當翻譯。也許是出於他們自己的考量，當地的協力者還倡議殺死猶太人能夠滌淨蘇聯協力的汙點。以此，一九四一年六、七月，發明出新型態暴力的德國人找到了方法來利用後蘇聯時代遺留下來的資源。

儘管納粹相信猶太人非人類（inhuman），東歐人是次人類，但這樣的信念本身絲毫不能提供任何摧毀前者、威壓後者的手法。唯有透過政治才能讓人們來進行德國人憑己力所不能為的事，也就是在極短的期間內將大量的猶太人給鏟除。立陶宛的案例已經揭示出政治上可能的方案；拉脫維亞的案例則顯示技術上有哪些方案可行。如同立陶宛的案例，蘇聯於一九四〇年摧毀拉脫維亞，為德國人創造出了巨大的政治機會，提供他們一批可以從中招兵買馬的難民。德國人透過他們揀選出的三百名左右的拉脫維亞人來開始占領拉脫維亞，其中一人是經德國人復職的前拉脫維亞政治警長。[63]如同在立陶宛一樣，隨著德國人而來的是使用多種媒體、透過當地語言進行政治宣傳的活動。報上刊登被內務人民委員部所殺的囚犯的血腥照片，並稱受害人是拉脫維亞人，而加害人則是猶太人。拉脫維亞語的收音機廣播和報紙報導將蘇聯與猶太人掛勾，且稱將他們趕出拉脫維亞才是解放之道。[64]

但是現在，特別行動隊的指揮官施塔勒克發現了一道金科玉律。他的想法一如既往是（用他自己的話來說）要「讓（攻擊猶太人）看起來像是當地人自然的反應」，且是「出於自願採取這些措施」。[65]他還提到，必須將蘇聯占領的經驗「引導」成支持德方的行動。[66]就如同在立陶宛一樣，政治宣傳以當地語言寫成，並透過媒體、口耳相傳等方式傳播，其目的就是為了打通這條渠道。施塔勒克將德國人煽動的反猶暴行視為一種招兵買馬的方法，結果在遭到雙重占領的拉脫維亞產生出一種新的模式：由地方人領導一組射擊突擊隊（shooting commando），遵照德國人的命令進行大部分的殺戮行動。其領導人**維克多・柏恩哈德・阿拉伊斯**（**Viktors Bernhard Arājs**）將成為歐洲史上執行最多起大規模屠殺的人之一。

＊＊＊

阿拉伊斯一九一〇年生於帝俄，母親說德語，父親在十月革命後遭到蘇聯壓迫。如同施塔勒克與其他執行大規模屠殺的德國劊子手一樣，阿拉伊斯原本接受的是律師執業訓練。一九三二年，他在獨立的拉脫維亞進入法學院就讀，兩年之後為了支付帳單而加入警隊。他為了錢迎娶了一名年紀比他大的婦人以便繼續學業，然後又結識比他年輕的情婦。戰爭爆發前夕，他回到了法學院攻讀英國憲法，成績優異。在蘇聯占領、併吞拉脫維亞後，他仍繼續學業。為了迎合當局的意識型態，他將自己的生平略歷做了些微調整，在學習申請文件中強調他出身微寒，並強調他曾經從事的職工工作。他在**拉脫維亞蘇維埃社會主義共和國**（**Soviet Latvia**）取得學位，因而攻讀的是蘇聯的法律，修史達林憲法的課程。他似乎對蘇聯的計劃寄予一些同情，甚至一度自命為共產主義者。然後有位他欣賞的雇主遭到了壓迫。當蘇聯於一九四一年夏天因德國入侵而撤離時，蘇方似乎殺了阿拉伊斯的愛人與她的家人。阿拉伊斯當時是否知情、是否在乎，則不得而知。[67]

對阿拉伊斯而言，無論於公於私，當務之急就是社會晉升。他曾效力於三種頗為不同的體系——拉脫維亞、蘇聯、德國。在蘇聯抵達之前，他完全未曾顯示出親共的一面，一如納粹抵達之前，他從不曾顯示親納粹的一面一樣。在獨立的拉脫維亞擔任員警的期間，他曾逮捕非法右翼團體的成員。不知道是出於偶然還是安排好的，阿拉伊斯在德軍抵達後旋即連絡上施塔勒克。施塔勒克的隨行翻譯是來自拉脫維亞的德國人，戰前在拉脫維亞軍隊就認識了阿拉伊斯。一九四一年七月一、二日，正值反猶太暴行在里加方殷之際，阿拉伊斯和施塔勒克會面交談。七月三日，阿拉伊斯和他的人馬已經展開第一波逮捕猶太人的行動。翌日，他們開始燒毀里加的猶太教會堂。[68]

在里加，阿拉伊斯被准予使用一間猶太人銀行家的房子作為他的總部。這些銀行家已經被蘇方人士（不是德國人）剝奪財產，遣送出境。德國人抵達時，相對富裕的猶太人早已經被送到了古拉格。這創造出頗為特殊的物質資源。除了財產的處理之外，蘇聯也處理掉了許多擁有財產的人。如果說先前的猶太人業主還在（的確有一些人還在），那他們在德國人治下也永遠拿不回財產。如果猶太人膽敢對已經被蘇方占有的財產做出表示的話，德國人就會把他們當作搶劫犯來對待。拉脫維亞的非猶太居民——如拉脫維亞人、德國人以及其他人——設想許多人在這般情況下會做的事：唯一能保障他們據為己有的財產的方式，就是確保沒有任何能依法對這些財產做出主張的人會再出現。猶太財產的蘇聯化（Sovietization of Jewish property）現在在德國人治下變成了拉脫維亞化（Latvianization）。即使德國人占據了某些財產（例如前文銀行家的房子），他們也不可能在全國都監督這個過程。蘇聯的剝奪與納粹的反猶主義兩相結合，為非猶太人殺害猶太人的行為創造出明確的物質上的動機。

一九四一年七月四日，阿拉伊斯刊載廣告，語焉不詳地鼓勵拉脫維亞人前往註冊加入效力於德國人的輔警隊。他沒有提到猶太人。首先招募到的人馬大多是紅軍軍人，這些人在那之前多曾服役於拉脫維亞軍隊。這些人極有可能正是最想要洗刷丟掉拉脫維亞獨立地位加上身著蘇聯軍服這兩重恥辱的人。曾加入蘇聯民兵的志願者可能也希望滌除自己曾效力蘇聯的那段過去。遵循施塔勒克的指令，阿拉伊斯也成功地從拉脫維亞人當中招募到一些對蘇聯的統治心懷不滿的人。比方說，其中一名新招募的成員曾經親眼目睹他的雙親遭到蘇聯遣送。新輔警當中人數最多的年齡層落在十六歲到廿一歲之間。對許多這樣的年輕人來說，前一年蘇聯的占領肯定是某種決定性的經驗。這些第一批新招募的成員當中沒人知道他們主要的任務會是槍決猶太人。由於最初的自願者人數不足，他們當中許多人是從正規警隊中被調過來的，根本不是出於自願。可以肯定的是，不是所有這些人都是拉脫維亞民族主義者。也有些人是俄羅斯人。

阿拉伊斯的突擊隊是施塔勒克所構想出來的產物，由施塔勒克的下屬魯道夫・巴茲（Rudolf Batz）和魯道夫・朗格（Rudolf Lange）監督。他們教導突擊隊的成員怎樣集中猶太人並將他們射殺，然後再將殺害的責任推諉給阿拉伊斯。阿拉伊斯和他的手下在城外的拜克尼基（Bikernieki）森林射殺里加的猶太人。然後一九四一年七月到十二月整整六個月間，他們乘坐一臺惡名遠播的藍色巴士在鄉間徘徊，殺害城鎮和鄉村的猶太人。一九四一年夏天時，約有六萬六千名居住在拉脫維亞的猶太人，其中就有兩萬兩千名遭到阿拉伊斯的突擊隊射殺，阿拉伊斯的突擊隊還協助其他單位殺害兩萬八千多名猶太人。如同其他服膺德國政策的劊子手，也如同德國的劊子手自身一樣，他們殺死的對象就是他們被指派要殺害的人。如同所有大規模殺害猶太人的人一樣，他們也殺不是猶太人的人。比方說，他們在鄉間遊蕩時也射殺精神病院的病患。在大多數拉脫維亞的猶太人都被殺死後，阿拉伊斯的突擊隊就被派去與蘇聯游擊隊作戰，這實際上就意味著殺害白俄羅斯的公民。

在這整個過程當中，阿拉伊斯本身則為他在拉脫維亞及蘇聯統治下的法律文憑不再具有效力這件事所苦。結束了大開殺戒的任務之後，他又回到了里加的大學完成德國的法律學位。

＊＊＊

特別行動隊是個混和的體制，服膺於一個以種族來定義的國家，遵循著模稜兩可的指令，因而有一些操弄的空間。在德國本身，特別行動隊只存在於軍校的訓練中。但在德國境外，他們一面大開殺戒，一面開疆拓土。阿拉伊斯的突擊隊代表著一種在入侵行動的兩週內就發明出來的產物，其組織化地運用大量地方武裝人士，並由德國下令追捕、集中、殺害猶太人。在入侵之前完全沒有考慮過基於任何考量武裝當地人；實際上希特勒明令禁止這麼做。施塔勒克及其他指揮官旋即看見並利用他們從蘇聯繼承下來的心理性、物質性和政治性的資源，並藉此推展希特勒的宏圖。及至一九四一年八月六日，施塔勒克已經能夠考量「在東方（Ostraum）採取激進手法處理猶太問題」。[69]

除了特別行動隊以外，德國在東方另一個混和體制是黨衛隊高層暨警長（Higher SS and Police Leaders）。這些人在蘇聯被占領的特定區域同時指揮黨衛軍與警隊，將種族組織與國家組織合而為一。在德國，黨衛隊高層暨警長幾乎沒有意義，但是在蘇聯德占區中卻是希姆萊的重要部屬。他們直接向希姆萊彙報，如同特別行動隊指揮官直接向海德里希彙報那樣。他們也被預期要學習、實驗、發明出新的方法。比方說，希姆萊會告訴南俄羅斯（實際上就是烏克蘭）的黨衛隊高層暨警長弗里德里克．耶克爾恩（Friedrich Jecklen）說應該槍殺猶太婦孺，就像他似乎已於一九四一年八月十二日做的那樣。不過這要如何辦到，則要視現場狀況而定。[70]

在黨衛隊高層暨警長當中，耶克爾恩在發明出新的暴力形式方面出類拔萃。及至一九四一年八月底，他已經決定所有德國的單位，不論是黨衛軍還是軍警，都可以參與協調過的對猶太人大開殺戒的行動當中。耶克爾恩的行動顯示，即使是沒有經過特別準備的德國人，都能以極大的規模殺害猶太人。

耶克爾恩的發明是來自捷克斯洛伐克無國家狀態下的猶太難民出現在德軍占領下的烏克蘭蘇維埃社會主義共和國的結果。他們死亡的這段歷史也就是一段工業化殺害（industrial killing）浮現的歷史，這於好幾年前就已經開始了，當時他們的國家正在覆滅當中。在捷克斯洛伐克於一九三八、三九年間解體之際，捷克斯洛伐克的猶太人就失去了國家的保護。當德國於一九三八年十一月併吞了蘇臺德地區時，當地的猶太人若是沒有選擇丟下財產逃離，就會變成德意志帝國的次等公民。在一九三八年十一月至一九三九年三月之間，猶太人仍然是甫被瓜分的捷克斯洛伐克共和國的公民（譯按：見第四章關於蘇臺德地區的部分）。一九三九年三月，希特勒進一步全面毀滅捷克斯洛伐克時，這些猶太人被區分成不同的社群，各有各的宿命。來自波西米亞與摩拉維亞（Moravia）的猶太人此刻身在一個保護國（Protectorate，譯按：即波希米亞和摩拉維亞保護國，Protectorate of Bohemia and Moravia）當中，這裡服膺於德意志帝國的種族律法，只有德國人享有公民身分。斯洛伐克的猶太人則聽任新的獨立斯洛伐克國家的立法者處置。[71]

捷克斯洛伐克最東端的喀爾巴阡盧森尼亞（Subcarpathian Ruthenia）的經歷則截然不同。一九三八年十、十一月，德國迫使捷克斯洛伐克割讓斯洛伐克南端的領土以及喀爾巴阡盧森尼亞的一部分給匈牙利。一九三九年三月捷克斯洛伐克全面解體之際，匈牙利得到了剩下的全部地區。喀爾巴阡盧森尼亞的猶太人因而落入匈牙利法律之下。猶太職業人士與商人被要求持有執業證明，這通常導致他們失去謀生的手段。要想成為匈牙利公民，猶太人必須證明他們自己或家人在一九一八年曾經是匈牙利的臣民。實際上，有指令要匈牙利官員將猶太人視為「可疑分子」，無論他們提出什麼樣的文件。[72]猶太人花費無數精力和金錢要證明他們與前匈牙利的關係，但不管怎麼樣都還是被排除在國家的保護之外。一九三九年三月起，匈牙利儘可能將猶太人與其他人從新的領土遣送到波蘭和斯洛伐克。一九四一年六月，德軍入侵蘇聯後不久，匈牙利開始遣送他們所不想要的人（包含許多猶太人，但也不僅限於猶太人）到被德國占領的烏克蘭蘇維埃社會主義共和國。

匈牙利讓猶太人成了無政府狀態下的棄兒，然後德國人接著解決他們。從布達佩斯方面來看，這是一場種族清洗活動，然而對於耶克爾恩來說則成了一股推動工業化規模殺害（industrial-scale killing）的力量。耶克爾恩於一九四一年八月廿六、廿七日監督一場發生在卡緬涅茨—波多利斯基（Kamianets' Podils'kyi）的射殺行動。這次行動是為了剿滅這些不復受到捷克斯洛伐克的保護且從匈牙利給排除的猶太人，以及其他數千名當地的猶太人。例如，佛拉迪米爾．P（Vladimir P.）來自一戶當地猶太人家，他們在過去二十年來都是蘇聯公民，曾親身經歷共產主義政權帶來的風險與機會。他的父親從內務人民委員部的追捕行動中倖存了下

來，但卻仍難逃出德國人的手掌心。佛拉迪米爾本身得以脫逃，只不過是因為他與一名當地警官打從蘇聯統治時期就認識[73]；所有當地的協力者就如同所有當地的受難人一樣都曾經是蘇聯的公民。一共有兩萬三千六百名猶太人被集中處死，佛拉迪米爾的家人也身在其中。這次的事件仍然是典型納粹將共產黨人與猶太人混為一談的結果。耶克爾恩隨機選擇了一名猶太男性並叫他「庫恩．貝拉」（Béla Kun）——這是匈牙利短暫存在的共產國家的創建者的名字。[74]

如果說猶太布爾什維克的象徵意義對反猶暴行和大規模殺戮來說都相同，那麼其規模與方法則是創新的。重要的是，耶克爾恩已經知道了德國治安警察會對數千名完全未被定罪的無辜民眾執行大規模射殺。對於約半數曾為蘇聯效力的治警來說，第一個無國家狀態區域當屬一九三九年後的波蘭。這些人對謀殺都或多或少有經驗。但有約半數是直接從德國來到蘇聯德占區。這些警員很快地就學會了怎麼殺害猶太人，從有些人在幾週之內寫的家書上可以看出，他們已經把殺光猶太人視為理所當然。[75]德國人自己或許也並未料到自己激化（self-radicalization）的速度如此之快。治警的人數迅速地以一比十的比例超過特別行動隊——及至一九四一年底，已經有三萬三千人在當地。[76]警察射殺的數量比特別行動隊員還多，在東方發生的大規模射殺行動當中他們無役不與。在卡緬涅茨－波多利斯基，耶克爾恩也展示出國防軍會提供補助及參與調度。透過將黨衛隊、正規警力、軍人整合起來，他發展出了一套三頭馬車（triumvirate）的體系，在整場戰事期間持續不輟地執行大規模殺戮。[77]

耶克爾恩的第二次主要的展示行動發生在烏克蘭蘇維埃社會主義共和國自一九三四年以來的首都基輔市。在基輔，工業規模的殺戮行動發生的契機並不是因為有無國家狀態的猶太難民出乎意料地現身，而是因為蘇方人士意外搞的破壞行動。蘇方在基輔市中心許多棟主要建築物內留有設定好計時器的炸彈，炸死了一些德國官員。蘇方人士的抵抗行動給予德國人機會一口咬定這是猶太布爾什維克主義的禍害。一旦蘇方人士攻擊了德國人，猶太人就得背黑鍋。

一九四一年九月廿八日，德軍印製、張貼公告，要求猶太人隔天必須攜帶證件、貴重物品在基輔西邊一路口集合。大多數留在基輔的猶太人都遵守了命令，破曉之前就早早集結，以為可以占到最好的火車位。年長的婦女脖子上掛著成串的洋蔥，以作沿途果腹之用。隔天就是贖罪日（Yom Kippur），人們告訴自己他們會平安的。到了路口的檢查站，陪伴親友前來的非猶太人被趕走，多數人也就這麼離去了。過了檢查哨後，猶太人沿著德警和警犬拉起的一條警戒線一路走到娘子谷的溝壑——德軍早已在娘子谷挖好壕溝，等著要大開殺戒了。在當地協力者的協助之下，德國人就在這裡的坑邊射殺了約三萬三千七百六十一名猶太人。他們把一些年輕的猶太女性拽到一旁先姦後殺。至此，耶克爾恩又改進了他的殺害技法，實行他所稱的**「沙丁魚法」（sardine method）**：先讓人成排成列地躺在坑洞中，加以射殺，然後再逼迫下一組人直接躺在屍堆上，依此類推。坑一旦滿了，就有一名德國人踩到屍堆上檢視生還的跡象，然後再朝下開槍。這種耶克爾恩自己發明出來的工業化的殺戮形式可以在一天之內射殺逾萬人。在娘子谷的試驗大功告成後，他邀請參與準備的治警到晚宴共飲，並在席間解釋殺人在政治上的邏輯。[78]

在基輔許多年邁羸弱的猶太人未能依德軍公告指示前往集結。親友遇害後，他們孑然一身，無依無靠，只能守著財產幽居在寓所裡。其中有些人接著遭到在此之前還是他們的蘇聯同胞的鄰人殺害，並將他們的財產據為己有。在蘇聯的生活條件下，許多家庭得擠在同一間公寓內，這意味著空屋供不應求。在基輔，有些煽動反猶暴行的人是在史達林主義下受盡磨難的蘇聯公民，他們把責任怪在猶太人頭上。[79] 極有可能其他煽動反猶暴行的人是那些拿猶太布爾什維克主義當作藉口，藉以合理化他們自己奪人財產行徑的人。在全歐洲，猶太人的遇難大開竊盜大門，進而也造成道德上合理化的需要。[80]

一九四一年底，各式各樣新發明出來的謀財害命的方法都湊在了一塊兒。一九四一年十一月，希姆萊將耶克爾恩調離烏克蘭，轉任黨衛軍高層暨東方總督轄區警長，轄區包含拉脫維亞。希姆萊下令殺光里加所有剩下的猶太人，於是，耶克爾恩將自己的大規模殺戮手法與施塔勒克組織在地人的手法結合起來。他讓德國人當槍手、以阿拉伊斯的突擊隊為輔，於一九四一年十一月卅日在城外的列巴斯基（Letbarskii）森林射殺了一萬四千名左右在里加的猶太人，一九四一年十二月八日再如法炮製。這裡展示出來的殺技是在入侵之後，才由發明暴力形式的納粹在連續占領區內所設想出來的。[81]

數十萬名猶太男女婦孺在德軍與紅軍交戰之際，於曾是蘇聯領地的國境線以後遭到槍殺。一九四一年末，在德國人進犯猶太人國家未果之際，殺人的方法卻臻於完美。對蘇作戰正在潰敗，而對猶作戰則正在取勝。黨衛軍的國家毀滅者可以說他們成功了，而其他人全都失敗了。

第七章　德國人、波蘭人、蘇聯人、猶太人

「東方屬於黨衛隊！」海因里希．希姆萊常常這麼謳歌。就某方面而言，他的說法是正確的。對於負責東方總督轄區（Reichskommissariat Ostland）和烏克蘭總督轄區（Reichskommissariat Ukraine）的德國總督來說，既要剝削當地勞工，同時又要將食物從他們的手裡奪走，並非易事。要德意志國防軍擊敗紅軍也同樣不易。過去的國家權威遭到摧毀，這給予希姆萊的黨衛隊員一個看上去可以達成的軍事行動和占領任務。將過去的體制給清除不代表就夠能快速取勝或者成功殖民，但確實使得滅絕猶太人變成一件可行的事。在黨衛隊將蘇維埃國家結構給摧毀殆盡的區域裡，猶太「麻煩」的最終解決方案從模糊的概念轉變成為具體的殺害猶太人的計劃。[1]

希姆萊專擅暴力統治的部下如施塔勒克和耶克爾恩已經學會了如何善加利用蘇聯統治所遺留下來的資源，以及發明出他們所需的手法。在此之前，他們已經知道了特別行動隊能夠殺害數萬人不眨眼——特別行動隊在一九三九年對波蘭做的事即是明證；一九四一年，他們學到：缺乏訓練、意識型態準備較為不足的德國人同樣也能夠殺害數以萬計的人。一九四一年六月之後，他們已經了解到幾乎所有被下令射殺平民（無論猶太人與否）的德國人都會遵照指示——儘管這些德國人不願執行這樣的指令，除了同儕壓力以外並不需要承受任何後果。雖然地方上的人並沒有像是發了失心瘋一樣地針對猶太人這點讓德國人頗為失望，但是仍有數以萬計的地方人士響應號召充當輔警或特種民兵殺害大批的猶太人或執行其他任務。有了以上的新知識和新利器就位，希姆萊也就得以在一九四一年八月在行經蘇聯德占區的同時，還呼籲那些殺得不夠快的德軍趕上前人的進度。及至一九四一年九月，原本殺害役齡猶太人的任務已經轉變為屠殺全體的猶太人口。

一九四一年夏天德國的入侵是一場納粹方面的期待與蘇聯方面的經驗兩者的特殊值遇。蘇聯對於先前的政治型態攻擊得愈為猛烈，納粹所擁有的政治資源和發展出新手段的空間就愈為充足。結果，德國人所學到的關於自己和他人的知識在輪番占領下發生大屠殺的特殊區域之外竟也派得上用場。國家的雙重摧毀為新發明出的手段鋪路。一旦最終解決方案的概念變成了大開殺戒，新的屠戮手法也就可以在該區以東——也就是戰前的蘇聯——加以應用。

將許多德國機構、地方協力捲入的組織化屠殺首先發生在先是遭到蘇聯在戰間期滅國、繼而德國將蘇方的勢力趕走的地帶。在一九三九年前屬於蘇聯的領地——即戰前的白俄羅斯、烏克蘭、俄羅斯蘇維埃聯邦社會主義共和國——上，德國人賡續了這項實踐方式，頗為成功。在戰前蘇聯被德國所占領的地盤上，猶太人的死亡率（百分之九十五）幾乎和其他被蘇聯和德國先後占領的地盤一樣高（百分之九十七）。[2]無論是否在一九三九、四〇年獲得蘇聯護照，還是終生在蘇維埃的統治之下，都有蘇聯公民協力參與在對猶太人的大規模殺戮當中。共產黨人與德國人聯手，無論他們的黨證是在一年前還是十年前加蓋戳記。[3]當然箇中有些許差異。似乎唯有在戰前的蘇聯才有蘇維埃內務人民委員部的官員自願效力於德國警察，以便殺死前線後方的敵人。[4]這些人自然必須加入對猶太人的大規模殺戮，否則可能就會招致注意。

德國人在短短幾週之內便抵達了戰前的蘇聯領土，但到了此時，他們已經從過往的經驗中學到了教訓。黨衛隊抵達戰前的蘇聯時，他們知道集體迫害策略的失敗無關緊要。在波羅的海國家最北邊、也是最晚被征服的愛沙尼亞不曾煽動集體迫害——但幾乎所有未逃離的猶太人都被德國當局指揮下的愛沙尼亞祕密警察（Estonian Security Police）所發現並殺害。[5]在戰前的蘇聯的確爆發過集體迫害猶太人的行徑，但通常是發生在大規模的槍決之後，而非之前。德國人很清楚他們能善加利用地方的蘇維埃行政機構，並且能夠招募到足夠的年輕人。

戰前的蘇聯遠比波羅的海國家貧困，甚至比波蘭東部還要貧窮，因此波羅的海國家的財產分毫都益形珍貴。蘇聯在一九三九、四〇年兼併的領土上實施的政策造成對人們對財產產生不安定感；一九三九、四〇年，蘇聯在被兼併的領土的政策造成哀鴻遍野。生活在戰前蘇聯的猶太人地處更加東邊的地帶，因此有更多的時間可以逃離德軍的進犯。閒置下來的大批空屋與寓所旋即就被他們的蘇聯鄰人占為己有。由於許多猶太人已經離開，他們的住處遭到他人占據，在德國人抵達之際，這造成了一種想法，那就是只要趕走剩下的猶太人，就會有更多的財產空出來。殘酷的聚斂行為紛紛湧現。蘇聯公民在內部的護照上已經以民族分類，且蘇聯的文化中已經有一種種族識別的文化。儘管在一九三七、三八年的大恐怖期間全國性的行動當中並沒有針對猶太人的項目，但無論如何，這股種族識別的狂熱仍然延燒到了猶太人身上。在戰間期的蘇聯，蘇聯的猶太人被控儀式性謀殺婦孺。在莫斯科、卡爾可夫（Kharkiv）、明斯克（Minsk）及其他地方的蘇聯公民都參與在血腥的誹謗（blood libel）當中。在明斯克，指控猶太人為了逾越節（Passover）「烘焙薄餅」（matzah）進行儀式性謀殺的人是一名共產黨籍的工人。這發生在一九三七年，在蘇維埃共和國的首都，正值大恐怖開始之際。[6]

接下來，緊接著蘇聯的大恐怖（一九三七至三八年）而來的是德蘇同盟（一九三九至四一年），然後是納粹入侵（一九四一年）。在德軍越過新的蘇聯領地最初接觸到的地方，亦即白俄羅斯蘇維埃社會主義共和國與烏克蘭蘇維埃社會主義共和國，大恐怖已經奪走了約三十萬條人命。[7]由於槍決與遣送行動已經將此區大多數的波蘭少數民族給鏟除殆盡，因此，當地的烏克蘭人、白俄羅斯人、俄羅斯人已經目睹過國家政策是如何讓少數族群從他們當中消失。在蘇聯西部，猶太人主要的居地幾乎無一例外地同樣也是波蘭人主要的居地。一九三九、四〇年，德蘇同盟在蘇聯的公民心中造成了意識型態上的混淆。蘇聯媒體停止批評德國的政策，轉而開始刊出納粹的言論。在公開集會中，蘇聯公民偶爾會口誤將「史達林同志」誤稱為「希特勒同志」，或者高喊「國際法西斯主義的勝利」。蘇聯城市中的塗鴉開始出現納粹的卐字符。[8]當德軍於一九四一年抵達時，三年前為了將他人寓所據為己有而舉發波蘭鄰人的蘇聯公民想必也能毫不猶豫地舉發隔壁的猶太人。蘇聯公民——俄羅斯人、烏克蘭人、白俄羅斯人以及其他人——確實將猶太鄰人上報給德國人。通風報信的經驗肯定非常相似。在基輔的娘子谷大屠殺發生之前，烏克蘭人與俄羅斯人協助德國治安警察揪出猶太人，並將之登記在案。[9]之後，德警就在舊內務人民委員部總部坐等通風報信。[10]

此前，在雙重占領區，猶太布爾什維克迷思已落實為政治行動；在德軍抵達戰前的蘇聯領地時，猶太布爾什維克迷思也可以拿來產生類似的結果。一旦這個概念發展起來，這種將猶太人與其他人區分開來的手法就可適用於蘇聯境內任何地方。過去曾遭到蘇聯統治過的事實再加上德國的反猶刻板印象，兩者加起來就足以在體制當中由上而下輕易找到胡亂殺人的理由。在說**加利西亞語**（**Galician**）的小鎮**維什尼韋齊**（Wiśniowiec）裡，烏克蘭警官可以任意在街邊攔下猶太人，問他：「告訴我，朋友，你在蘇聯時代都幹些什麼？」然後不管答案是什麼，都可以把他痛毆一頓。毆打本身就是答案。如同在雙重占領區，在戰前屬蘇聯的猶太人無端犧牲，是為了成就別人全都是無辜的這種神聖的謊言。最終，在猶太人看來，一塊領地是被蘇聯統治長達數十年還是寥寥數月已無所謂。無論統治時間長短，在德國人抵達之際，這些領地的猶太人都得受盡磨難而死。[11]

＊＊＊

在先後遭到占領的西烏克蘭，德國人可利用烏克蘭對肇建民族國家的嚮往，以及利用他們遭到波蘭統治二十年與遭到蘇聯統治兩年所產生的挫折感。在被蘇聯統治達二十年的烏克蘭中部和東部，民族主義則未激起那麼多共鳴。儘管德國人把西烏克蘭的民族主義者帶在身邊，這些協力者卻鮮少能找到對話對象，因此烏克蘭的中部、東部無法為德國政策所用。然而，對於猶太人的殺戮則仍以同樣的效率進行。[12]

在烏克蘭蘇維埃社會主義共和國西北部的主要城市**日托米爾（Zhytomyr）**晚近並沒有遭到蘇聯占領，但曾有被蘇聯統治二十年的經驗。德軍抵達之際並沒有正在執行中的遣送行動（如同一九三九、四〇年蘇聯兼併的地方那樣）。但就如同在雙重占領區一樣，內務人民委員部前此已在附近關押蘇聯公民了。在若干案例中，內務人民委員部會槍決囚犯，並將屍體隨意棄置。如同日托米爾的居民所懷疑的那樣，就在不久之前，這些監獄曾是蘇聯規模更大的殺戮行動發生之處。一九三八年九月，蘇聯領導人高唱侵入波蘭以救援斯洛伐克的時候，紅軍就集結在日托米爾一帶。約當同一時間，內務人民委員部殺害了大批平民，尤其是波蘭男性。在防止戰爭、禁止干預波蘭的《慕尼黑協定》簽署當天，內務人民委員部射殺了逾四百名蘇聯公民。翌年戰事爆發時，蘇聯已是納粹德國的同盟，不再是敵人；日托米爾地區的居民如同所有的蘇聯公民一樣，整整兩年浸淫在對希特勒政權的歌功頌德當中。[13]一九四一年六月起，納粹自己的宣傳隊伍接手，以飛機空投的傳單將猶太人與共產黨人混為一談。[14]

當戰事於一九四一年七月九日隨著德軍入侵延燒到日托米爾時，黨衛軍的人員早已穿越甫被蘇聯所併吞的地帶；他們的政治公式已經完備，志在必得。無論德軍在哪發現屍骸，都會怪罪到猶太人身上，通常順手殺死幾個。一九四一年八月七日，特別行動隊C隊的4A特別支隊在日托米爾採取簡單明瞭的政治舞臺搬演。支隊隊員當眾射殺被控效力於內務人民委員部的兩名猶太人，然後轉而問圍觀的群眾（多為烏克蘭人、波蘭人）：「你們要找誰算帳？」答案已經預先決定了。群眾回答道；

「猶太人！」[15]

蘇聯人口中一大部分因此從過去的勾當中解放了出來，因為基本上，在如同日托米爾這樣的城鎮裡，所有人都或多或少與蘇聯政體有所掛勾。現身在行刑的現場與德國的劊子手交流本身就意味著當地人已參與在竄改歷史並將罪責推諉給猶太人的血漬當中。就像在任何其他地方一樣，謊言與殺戮脣齒相依。儘管在蘇聯內部也有猶太布爾什維克迷思，但日托米爾的居民普遍知道猶太人不需要為共產主義負責。但一旦蘇聯公民大聲疾呼處死猶太人來懲罰共產主義，並且目睹了猶太人的確因此被處決後，他們更加難以承認自己撒了謊。以此，殺戮本身就驅動了猶太布爾什維克主義的迷思。欺罔與謀殺互為表裡。

卡爾可夫是蘇維埃烏克蘭東北的主要城市，近俄羅斯蘇維埃聯邦社會主義共和國邊境，有許多俄羅斯人。卡城的居民在一九三二至三三年的饑饉與一九三七至三八年的大恐怖中都飽受磨難。有一名猶太男孩回想那段期間「每天都有小孩會來說『媽媽被抓了』或『爸爸被抓了』。」如同戰前蘇聯的其他地區一樣，德軍抵達卡爾可夫時，迎接他們的是麵包與鹽巴。[16]德國人依賴當地的協力者，這些人多被安插在當地大抵未經改組的行政機構中。儘管德軍的確帶了幾名西烏克蘭的民族主義者一起到卡爾可夫，但協力者幾乎全部都是蘇聯的公民：烏克蘭人、俄羅斯人與其他人。德國人指派一名市長領導卡爾可夫的行政機構，其他的副市長則充任該市十九個行政區的區長，其行政疆域仍沿用蘇聯警力的轄區。在副市長轄下則是舍監，通常是在蘇聯治時充當同樣職位的同一票人，負責監控寓所，呈報住民行蹤。

在任何蘇聯大城內，德軍在地方上設置的當局可以沒有猶太人，但卻不能沒有受教育階層的蘇聯公民（通常是共產黨員），否則難以管理。對多數蘇聯人口來說，把猶太人與共產主義混為一談極盡方便之能事，因為這可以把蘇聯的歷史給族裔化，因而讓多數的蘇聯公民從蘇聯犯下的罪行中解放出來。當卡爾可夫市政當局宣稱其角色是「擊潰猶太—布爾什維克黨羽」時[17]，同時訴諸了德國人與蘇聯公民雙方的利益：德國人藉以佯裝他們是藉著殺猶太人來征討共產主義，蘇聯公民則佯稱他們與共產主義毫無瓜葛。一面宣稱要摧毀猶太共產主義，一面安排共產黨人殺死猶太人，這就是「更大的惡」的政治操作。

當卡爾可夫市政當局決議當局有權分配因德軍進犯而逃之夭夭的猶太人的財產時，同時也將德軍的征戰轉化為當地蘇聯公民取得相對社會晉升的可能。重新分配的東西當然也延伸至因為其他理由而消失的猶太人的財產上。卡爾可夫市政當局下令舍監針對他們管轄的建物進行人口調查，將剩下的猶太人放在一份「黃名單」上。在一九四一年十二月，舍監創造出聯合特別法庭來幫助他們決定剩下的猶太人該住在哪。十二月十四日，有一份告示布滿全城角落，命令猶太人到一間拖拉機工廠報到，違令者死。翌日，猶太人在當地警員與若干德國人的導引下排成一長條，沿著莫斯克夫斯基大街（Moskovs'kyi Prospekt）而行，滿面愁容。有一名婦人在路邊停下，當場產下一對雙胞胎，然後她和新生兒旋即遭到槍殺身亡。在拖拉機工廠的營隊中的猶太人由同樣來自卡爾可夫的居民看守，這些守衛有權殺死猶太人，有時也的確這麼做了。舍監彙報說，他們的房舍已經沒有猶太人了，可以重新分配寓所與動產。[18]

大規模射殺卡爾可夫的猶太人始於一九四一年十二月廿七日，由特別行動隊C隊的4A特別支隊與治安警隊三一四分隊的德國人執行。及至一九四二年一月二日，這些單位的人馬已經殺死了約九千人。大部分把猶太人帶到他們葬身之地的工作是由他們的蘇聯同胞所進行的，他們在類似蘇聯模式的體制內行事，行為也無異於他們在蘇聯統治時那樣。少許地方當局則是基於反共的信念行事。有些卡爾可夫的居民的確由於一九三〇年代末的恐怖和三〇年代初的饑饉而憎惡蘇聯的統治，然而從那些經歷得到的主要政治教訓卻是屈從。使殺害猶太人得以發生的那些人多半不過是蘇聯體系的產物，只不過現在遵循一條新的路線，配合新的主人。市長下令獵殺餘下倖存的猶太人是在鏟除「猶太—共黨與布爾什維克的垃圾」的旗幟下進行的。這種語言正是蘇聯形式與納粹內容雜揉而成的成品。[19]

無論德國人抵達蘇聯的哪裡，結果都大同小異：即德國人在蘇聯境內各民族鼎力協助下計劃大規模地殺戮剩下的猶太人。猶太布爾什維克迷思將猶太人與其他蘇聯公民劃分開來，也將許多蘇聯公民與他們自己的過去給區隔開來。殺害猶太人以及財產的轉移抹除了為過去負責的責任感，創造出一個因德國占領而獲利的階級，並且似乎許諾了未來在德國治下相對充裕的社會晉升機會。蘇聯境內的吉普賽人並未被描繪成同樣層級的意識型態敵人，也並未供給德國世界觀以同樣的和諧程度，或者製造出地方上的恐懼和需求。但他們在被占領的蘇聯也同樣地遭到謀害，他們的財產也遭到協力的地方行政機關給重新分配。[20]在卡爾可夫，吉普賽人被圈禁在一個販馬市集裡。[21]

＊＊＊

雖然卡市的主要語言是俄語，但卻是烏克蘭文化的搖籃之一。以蘇聯領導人命名的城市——地處烏克蘭東南方的工業大城史達林諾（Stalino，即今頓內次克〔Donetsk〕）則沒有同樣的情形。史達林諾堪稱蘇聯的模範城市，該城的煤礦與工業雖然早在十月革命前就已發展，在一九二八至三三年史達林的第一期五年計劃中大幅擴張。其腹地在一九三二、三三年的饑荒中飽受饑饉之苦，然後來自蘇聯四面八方的人再度移居此地。擴張中的史城吸引了來自俄羅斯蘇維埃共和國與其他地方的工人。史達林諾是一具蘇聯的大熔爐，在這個說俄語的城市裡，烏克蘭民族認同遠比在卡爾可夫還不顯著，或許也比烏克蘭蘇維埃共和國境內的任何地方都不顯著。在此，政治的認同似乎是蘇維埃式的政治認同——若是如此，這對與德國人協力並不構成太大的障礙。殺戮猶太人的行為在史達林諾就跟在其他地方一樣進行。

由於國防軍的南方集團軍（Army Group South）進犯烏克蘭蘇維埃共和國的速度緩慢，在史達林諾與鄰近的頓巴斯盆地（Donets Basin）的當局並未一舉遭到殲滅，而是逐步瓦解。已預料到德軍抵達的共產黨員事先就將他們的黨證撕毀。農民歡欣鼓舞，因為他們期待德國人會廢除集體農業。當地的男性被派到前線；他們的家人在戰事波及史達林諾之前還有餘裕抗議蘇聯的政策。內務人民委員部試圖在德軍抵達前在礦區埋炸藥；婦孺試圖阻止他們在史達林諾的四二一礦區（Mine 421）埋地雷，結果遭到射殺。紅軍撤退時順手將農村的牲口牽走。史達林諾的共產黨員倉皇逃離之際不忘帶走本來應該發給大眾的食糧。當地的武裝分子（多由礦工組成）並未與德軍作戰，而是就地解散。德軍抵達頓巴斯區域時，特別行動隊C隊既殺猶太人，有時也殺吉普賽人——這些事有時就發生在礦坑裡。

和在其他地方一樣，在史達林諾，汙名化猶太人和謀殺當地的猶太人為占領者與被占領者之間搭起了一道橋梁。德國人立即在城裡打造了在地的行政機關，由長久以來的共產黨人所領導，且機關人員都是由共產黨人充任。這些新的機關當局招募約兩千名當地警力，其中許多人曾經是共產黨員。這些當地的警察協助德國人射殺了在史達林諾約一萬五千名猶太人。將以共產主義入罪的猶太人處死的往往是共產黨人。透過殺害猶太人，史達林諾的當地人（和在其他地方的在地人一樣）藉由參與在一場洗淨自己過去罪責的騙局當中，以在德國人的統治之下自保。在雙重占領區的人們是在為他們自己曾經參與在蘇維埃體制當中的過去驅魔。而在像頓巴斯這樣的地方，被抹消的歷史才是一整個世代的歷史。[22]

後來蘇聯勢力復辟時，人們又再度換邊站。從那之後，像是在頓巴斯盆地這樣典型的蘇維埃地方就都被蘇聯的反法西斯主義迷思所宰制，在這樣的迷思當中，所有在德國統治下的蘇聯公民都同樣受盡磨難，都同樣英勇抗德。關於戰時反共的迷思也同樣真實（或者說同樣虛妄）。猶太布爾什維克迷思讓蘇聯公民得以於一九四一年將他們自身與他們的猶太鄰人區別開來；**大祖國戰爭（Great Fatherland War）**英勇對抗納粹德國的迷思讓他們得以將自己與把殺害猶太鄰人的罪行切割開來。

＊＊＊

白俄羅斯是蘇維埃社會主義共和國聯盟當中被蘇維埃統治所改變最多的歐洲共和國。對於德國的政策而言，這是一項重要的測試，因為在這裡並沒有民族上的政治資源，不像在立陶宛、拉脫維亞或甚至部分烏克蘭。沒有任何具意義的白俄羅斯的民族問題，德國入侵者只能帶著幾名移民的白俄羅斯民族主義者在側，或者把一些白俄羅斯民族主義者從一地帶往另一地。

起初，德國在白俄羅斯的涉猶政策並無異於其他地方。一九四一年七月十九日，希姆萊下令中部集團軍後方的黨衛隊處理掉所有**普里佩特沼澤（Pripiat Marshes）**的猶太人，德國對猶太婦孺的大規模殺害就是從白俄羅斯開始的。[23]七月卅一日，他明令這道格殺令的對象也包括婦女。黨衛隊殺了約一萬三千七百八十八名男女老幼。及至八月中，負責白俄羅斯的特別行動隊B隊已經殺了比其他任何特別行動小隊都更多的猶太人，但其指揮官阿圖爾·奈比（Arthur Nebe）跟在立陶宛、拉脫維亞的施塔勒克比起來並沒有什麼招募人馬的機會，因為在白俄羅斯沒有什麼政治性資源。[24]當地的協力者普遍是白俄羅斯人和波蘭人，通常都缺乏政治動機。[25]與更南邊的耶克爾恩比起來，奈比來自德國警方的奧援也較少。一九四一年九月，白俄羅斯殺猶太人的進度落居到了巴爾幹半島與烏克蘭之後。

在當地協力較少的情況下，白俄羅斯的黨衛軍招募的實際上是德軍。蘇聯公民可以透過「布爾什維克等於猶太人」這套等式來招募。德籍軍官則是對某種經過修正的邏輯更為敏感——也就是在猶太人、布爾什維克、游擊隊員之間劃上等號。如果猶太人是布爾什維克，那麼有政治企圖心的當地人就可能參與在殺害猶太人當中，以證明他自己不是布爾什維克黨人（也為了圖謀猶太人死者的財產）。如果猶太人是游擊隊員，那麼德國軍官就可能要他們死，以在戰場上大獲全勝。自身帶不走太多不動產的軍隊也理解到殺死猶太人並讓當地人鳩占鵲巢也是某種社會政策。一九四一年九月十八日，在明斯克東北的克魯普基（Krupki），德軍第三百五十四步兵師第三營的軍人選好了行刑的場地，並將猶太人從村莊遣送到黨衛軍處。有一名可能自己也身為人父的軍人准許一名猶太籍母親暫時脫隊，好幫她的兒子勒緊褲子。[26]

不久之後，德軍在白俄羅斯就在沒有黨衛軍幫忙的情況下殺害猶太人。在國防軍中央集團軍總部所在的**莫吉廖夫（Mahileu）**的一場會議中，奈比與當地黨衛軍高層暨警長埃里希・馮・巴赫－扎萊夫斯基（Erich von dem Bach-Zelewski）向軍官做了關於游擊戰的簡報。他們甚至組織了一場演習，在一個其實並未發現游擊軍的村莊裡，德軍殺害了三十二名猶太人（其中大多數是婦女）。這次行動所想要釋出的信息應該不難察覺。對這場舉行在九月廿三、廿四日的會議，軍官以不同方式做出了回應。有為數不少的軍官都相當樂意把猶太人當作游擊隊，結果，軍隊本身的預設行為似乎都改變了。[27]

一九四一年十月，德軍在東邊展開第二次主要進攻——**颱風行動**（**Operation Typhoon**）。起先德軍並沒有計劃進行第二波的進攻，因為本來預期六月發動的巴巴羅薩行動就要一舉在九月之前擊潰蘇聯。但儘管德軍先遣部隊先聲奪人，巴巴羅薩行動的進度卻遠比德方所設想的還要緩慢。北方集團軍由於並未抵達列寧格勒，最先體會到進度推遲所帶來的焦慮。南方集團軍行經烏克蘭的進度也不如預期。希特勒於九月決定派遣中央集團軍部分兵力襄助南方集團軍。一旦在烏克蘭取得了突破性的發展，緊接著就是發動颱風行動：重組後的中央集團軍獲得了增援，在白俄羅斯集結了近兩百萬兵力，朝著莫斯科做出最後的進逼。[28]

與巴巴羅薩行動不同之處在於，巴巴羅薩行動開始於雙重占領區，然後抵達戰前的蘇聯領地；颱風行動則始於戰前的蘇聯領地，也終於戰前的蘇聯領地。然而對於猶太人來說後果相同。德軍於一九四一年九月卅日挺進後，白俄羅斯蘇維埃社會主義共和國成了無異於波羅的海國家和烏克蘭的殺人特區。十月二、三日，莫吉廖夫成了全白俄羅斯第一個全體猶太人遭到屠戮殆盡的大城。縱然大批德軍向東挺進，德籍的劊子手卻仍以防衛之名來形容自己的行動。有一名德（奧）軍人向他的妻子解釋道，射殺莫吉廖夫的猶太嬰兒是為了防患於未然：「第一次扣板機的時候我的手微微顫抖，但會漸漸習慣。到第十次時我已經可以冷靜地瞄準婦女、兒童和嬰孩並穩健地射殺他們，心裡惦記著我自己家裡也有兩個嬰兒，這一幫人也可能會這麼對待他們（即便不是加倍奉還）。相較於那些關押在**蘇聯國家政治保衛局**（**GPU**）大牢裡飽受地獄般折磨的、數以千計的人，我們送給他們的死亡方式既美麗又迅速。嬰孩在空中劃下一道優美的弧線，在空中我們把他打得稀爛，然後目送他們軀體墜入坑洞或者水中。」[29]

一旦颱風行動啟動，就不太需要做太多來誘使德國士兵殺猶太人。第三百三十九步兵師六百九十

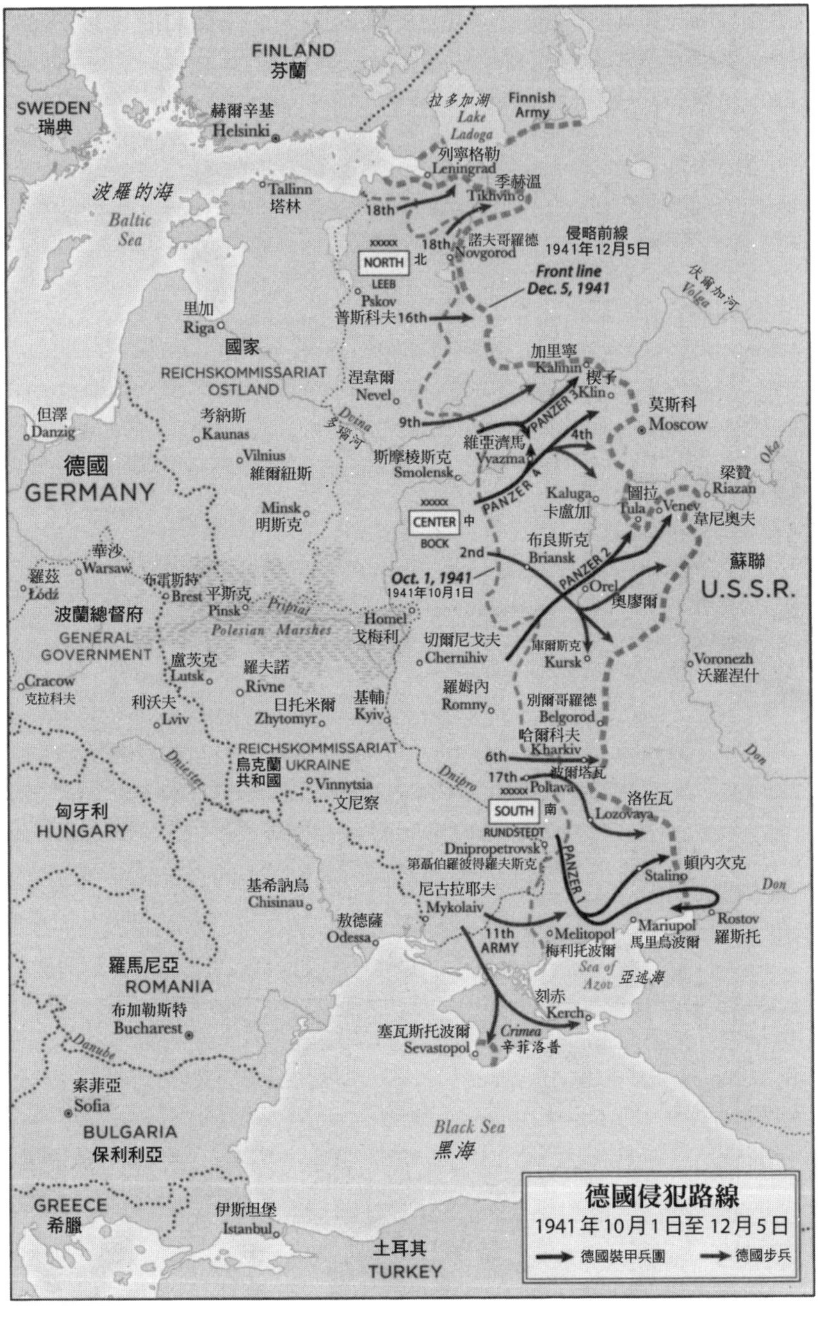
FINLAND
芬蘭
SWEDEN
瑞典
赫爾辛基
Helsinki
拉多加湖
Lake
Ladoga
Finnish
Army
列寧格勒
Leningrad
季赫溫
Tikhvin
波羅的海
Baltic
Sea
Tallinn
塔林
18th
18th
諾夫哥羅德
Novgorod
侵略前線
1941年12月5日
NORTH
北
LEEB
Front line
Dec. 5, 1941
伏爾加河
Volga
Pskov
普斯科夫
16th
里加
Riga
國家
REICHSKOMMISSARIAT
OSTLAND
加里寧
Kalinin
楔子
Klin
涅韋爾
Nevel
PANZER 3
莫斯科
Moscow
但澤
Danzig
考納斯
Kaunas
9th
Dvina
多瑙河
4th
維亞濟馬
Vyazma
Vilnius
維爾紐斯
斯摩棱斯克
Smolensk
德國
GERMANY
PANZER 4
Kaluga
卡盧加
梁贊
Riazan
Oka
圖拉
Tula
Venev
韋尼奧夫
Minsk
明斯克
CENTER
中
BOCK
布良斯克
Briansk
2nd
PANZER 2
蘇聯
U.S.S.R.
華沙
Warsaw
羅茲
Lódź
布雷斯特
Brest
平斯克
Pinsk
Oct. 1, 1941
1941年10月1日
Orel
奧廖爾
波蘭總督府
Pripiat
Homel
戈梅利
GENERAL
GOVERNMENT
Polesian Marshes
切爾尼戈夫
Chernihiv
庫爾斯克
Kursk
Voronezh
沃羅涅什
盧茨克
Lutsk
羅夫諾
Rivne
Cracow
克拉科夫
利沃夫
Lviv
日托米爾
Zhytomyr
基輔
Kyiv
羅姆內
Romny
別爾哥羅德
Belgorod
REICHSKOMMISSARIAT
烏克蘭
共和國
UKRAINE
Dniester
Vinnytsia
文尼察
哈爾科夫
Kharkiv
6th
17th
波爾塔瓦
Poltava
Dnipro
Don
洛佐瓦
Lozovaya
SOUTH
南
RUNDSTEDT
匈牙利
HUNGARY
Dnipropetrovsk
第聶伯羅彼得羅夫斯克
PANZER 1
頓內次克
Stalino
Don
基希訥烏
Chisinau
尼古拉耶夫
Mykolaiv
Rostov
羅斯托
敖德薩
Odessa
11th
ARMY
Melitopol
梅利托波爾
Mariupol
馬里烏波爾
Sea of
Azov
亞速海
羅馬尼亞
ROMANIA
刻赤
Kerch
布加勒斯特
Bucharest
塞瓦斯托波爾
Sevastopol
Crimea
辛菲洛普
Danube
索菲亞
Sofia
BULGARIA
保利利亞
Black Sea
黑海
德國侵犯路線
1941年10月1日至12月5日
德國裝甲兵團
德國步兵
GREECE
希臘
伊斯坦堡
Istanbul
土耳其
TURKEY

一團第三連已經在法國效力於德國占領軍，戍守在羅亞爾河流域。一九四一年十月十日，也就是轉往到白俄羅斯後的數日，其人馬就把克魯洽（Krucha）的村莊給封鎖，把猶太人帶隊到坑洞邊上殺死。士兵並不喜歡這項任務，但新官上任的指揮官似乎想要避免予人軟弱的表象。無論原因為何，士兵還是照辦了，雖然就算他們開口要求不執行任務也不會受到懲處。這一組從法國的酒鄉翩然而至的軍團在沒有黨衛軍協助的情況下自行完成了對**克魯普基**（**Krupki**）的猶太人的大規模殺戮。[30]

在白俄羅斯蘇維埃共和國戰前的首都明斯克，德國人為猶太布爾什維克迷思的一場舞臺布景揭開序幕。[31]一九四一年十一月七日，也就是十月革命的紀念日，德國人和當地的白俄羅斯人、俄羅斯人迫使明斯克的猶太人一面列隊離開城市，一面扛著蘇聯國旗、唱蘇聯歌曲，然後射殺他們。其象徵寓意昭然若揭：猶太人應當為蘇聯共產主義負責；鏟除猶太人則意味著共產主義的敗北，且當然也切割了其他人的責任。[32]德國人在諸如紅軍日（Red Army Day）、國際婦女節（International Women's Day）等蘇聯節日繼續如法炮製在明斯克的搬演。[33]在烏克蘭蘇維埃共和國和蘇俄和在被占領的白俄羅斯蘇維埃共和國一樣，他們可以建立市民行政機關並仰賴蘇聯公民。在白俄羅斯，共產黨人和**蘇聯共產主義青年團**（**Komsomol**）加入地方警隊，並參與在大規模殺戮猶太人與其他德方政策當中。

隨著颱風行動的推進，白俄羅斯成了中央集團軍的腹地。沼澤密布、叢林莽莽的白俄羅斯特別適合執行游擊戰。甚至在蘇方掌握到了在德軍後方發起游擊戰的用處之前，德國人就已經為他們反游擊戰的行動披上了新的意識型態外衣：「游擊隊員即猶太人，猶太人即游擊隊員。」猶太人先是與蘇聯的肇建脫不了干係，然後是蘇聯預料之中的瓦解，再來就是進行反攻。[34]儘管德軍已經宣布他們在蘇聯不會遵守戰爭法，且他們的大規模殺戮行動顯然違反了戰爭法，但他們對於針對他們自己的游擊活動卻極其敏感。任何依照規矩開打的戰爭都必須由德軍取勝；因此，如果德軍沒有取勝，那一定是因為其他人違反了律法。在這樣的邏輯下，猶太人成了邪惡的力量，試圖阻卻正義之師的德軍取得大自然應當給予他們的一場勝利。

針對婦孺的大規模屠殺政策稍晚才在白俄羅斯開始，且這對德國人來說並沒有比較簡單。如同在其他地方一樣，殺戮婦孺成為將當地人或者在立陶宛、拉脫維亞已經招募的輔警牽扯進來的論據。這估計也是新的殺技之所以能應用的原因。在德國與被占領的波蘭已使用過的用一氧化碳大規模屠殺那些「不值得活命」的人的方法，到了白俄羅斯則被用在了猶太人身上。車輛被改裝成廢氣會往內排放。將猶太人（尤其是小孩）塞進這些車輛當中是一種不需要直接與他們面對面的殺人方式。孩子稱這些車輛為「黑烏鴉」。這是三年前史達林大恐怖的年代時他們父母用來稱呼內務人民委員部那些將人載走的車輛的綽號。[35]

* * *

及至一九四一年底，藉由蘇聯公民的協助，德國人已經在蘇聯德占區殺死了一百萬名左右的猶太人。特別行動隊隨機發明各式各樣的殺人手法，針對當地人的政治手腕也臻於完滿。除了治安警察與國防軍之外，他們也悄然邁向全面落實猶太布爾什維克邏輯——這邏輯已經悄然成為掩蓋敗北的方法，而不是帶來勝利的手段。他們無法搞垮蘇聯，但他們可以在蘇聯體制已經瓦解之處殺死猶太人。特別行動隊C隊指揮官奧托・拉斯徹（Otto Rasch）於一九四一年九月指出，比起戰爭的初衷——殖民式的剝削——「殲滅猶太人在實際上容易許多」。[36]

戰事在不同的戰線上以不同的方式進行。北方、南方、中央集團軍先後感受到挫折。但各處的特別行動隊、國防軍、警隊指揮官們都知道他們在東線的進度不如預期。正是因為他們無法完成本來的任務——亦即控制一九四一年底就應攻克的廣袤地帶——所以才有大批的警力可供殺害猶太人。軍隊指揮官都坐立難安。蘇聯的抵抗是確有其事。似乎只有特別行動隊以及黨衛軍指揮官有解答：也就是無論就其名還是就其實，都要發動一場對抗所有猶太人的戰爭。

蘇聯人民的民族身分對於德國種族主義者至關重要，且在後來的論爭當中特別顯著，但對他們的行為影響卻反而有限。蘇維埃國家是阻隔德軍勢力的藩籬，但沒有任何蘇聯民族足以抵禦德軍。猶太人在蘇聯戰前的領土上被殺，在一九三九、四〇年被蘇聯併吞的領地上也被殺，且死法與死亡人數比例都大同小異。德國人在大開殺戒的過程中所遭遇到的各個蘇聯民族都有從旁協助。當德國人從一個蘇維埃共和國越過邊境到另一個蘇維埃共和國時，他們幾乎沒有意識到自己已經越過邊境，也不需要特別去注意。

儘管戰爭期間大部分的時間，德國人占領了白俄羅斯、烏克蘭蘇維埃社會主義共和國全境，但蘇俄領土的百分之九十五都沒有遭占。在德軍勢力所抵之處，蘇俄公民應對的方式與其他地方的蘇維埃公民大同小異。曾在共產黨機器中位居要角的俄羅斯人也耳聞只要殺死一名猶太人，就能滌淨過去的紀錄。俄羅斯的舍監如同其他地方的舍監一樣向德國人呈交他們管理的建築內的猶太人名單。俄羅斯人（和其他人）從一開始就在蘇俄充當德國人的員警。德國人一抵達蘇俄就利用俄羅斯員警執行反猶太人的行動。在這些輔警隊當中的俄羅斯人在普斯科夫（Pskov）、布良斯克（Briansk）、庫爾斯克（Kursk）等地追查猶太人的下落。俄羅斯員警在蘇俄德占區（例如羅斯托夫〔Rostov〕、礦水城〔Mineral'nye Vody〕）所有大規模射殺的活動中都有分。如同其他地方的員警，俄羅斯員警為了將財產據為己有，會將藏匿猶太人的人給舉報上去。俄羅斯人在各地（包括被圍攻的列寧格勒的郊外）告發他人。在俄羅斯境外如維爾紐斯、里加、明斯克、卡爾可夫等地，那些殺猶太人的地方警力中也都有俄羅斯人的身影。[37]

在遭到占領的蘇俄城市裡，在地的政治型態與猶太人的命運都無異於烏克蘭、白俄羅斯蘇維埃社會主義共和國。中央集團軍在西俄羅斯的斯摩棱斯克（Smolensk）被抵擋了兩個月，終於在一九四一年九月十日打贏了圍攻戰。多數當地的猶太人（約一萬人）在此之前都有辦法逃離。他們的「俄鄰」當中有許多人在圍城的激戰中失去了自己的家園，於是在德軍抵達之前巧取豪奪猶太人的財產，並將他們的寓所據為己有。德國人所安插的當局將據（不）動產為己有的行徑加以控制規範。起先的掠奪行動令人食髓知味。在斯摩棱斯克協力的地方行政機關由俄羅斯的共產黨人所領導——這些共產黨人曾效力蘇聯，功勳彪炳——他們下令進行人口調查，記載餘下的猶太人的居住地。然後他們供應人力給德國來把這些人移置到猶太區。這讓人得以迅速攫取城內剩下的猶太人的財產。一旦這些事都辦到了，猶太區的居所本身便成了下一個目標。一九四二年五月，俄羅斯籍的市長、也是著名的蘇聯法學家鮑里斯・曼沙京（Boris Men'shagin）向德國人建議，清理猶太區能改善俄羅斯人的生活條件。數週後，當地的俄羅斯員警協助德國人殺光斯摩棱斯克剩下的猶太人。[38]

＊＊＊

如果戰事朝著希特勒所設想的發展，那麼蘇聯的西部在一九四一年的冬天就應該會被大規模的饑饉所席捲。結果，隨著戰事的推進，猶太孩童的死法是被毒死在車輛裡。對抗斯拉夫人的殖民戰爭雖然仍持續著，但在優先順序上卻讓位給了剿滅猶太人的滅絕戰爭。

希特勒認為大自然中的爭端因食物而起，而較弱的種族就應該挨餓。飢餓計劃（Hunger Plan）的目的就是為了餓死那些理應屬於劣等種族的斯拉夫人。在紅軍潰敗、蘇聯瓦解之後，蘇聯西邊相對豐饒的地帶（尤其是烏克蘭蘇維埃社會主義共和國）所出產的食物多用來餵飽德國市民。歐洲的這一輪政經的重組是為了要讓德國得以自給自足，讓德國人能享有舒適保障。一九四一年應該要餓死約三千萬的蘇聯公民，其中有六百萬人是白俄羅斯蘇維埃社會主義共和國的居民。但這項計劃失敗了。固然有大批蘇聯公民挨餓——三百萬人在戰俘營、一百萬人在列寧格勒、數萬人在卡爾可夫、基輔等烏克蘭蘇維埃社會主義共和國的城市。但其成果僅夠讓在東線作戰的德軍果腹，遠遠不足以將物產帶回德國。[39]

德軍入侵蘇聯的確創造出了將飢餓擴散出去的可能性。由於德國士兵被下令「像在殖民戰爭那樣」從當地搜刮食糧填飽自己和牲口的肚子（德軍入侵時帶著約七十五萬匹馬），剩餘食糧的分配就成了政治性的問題。[40]其結果是在一九四一、四二年發明出一種新的政治型態：不是在西歐、中歐重新分配食物，而是在東歐「重新分配飢餓」。由於無法以充足的食物來犒賞德國的平民，德方的政策轉而利用食糧的短少來鼓動他們統治的人們，或藉此施行自己的種族階序。早在一九四一年九月，德國人就已不再試圖透過飢餓來轉化整個區域，而是藉著分配飢餓來幫助自己贏得戰爭。人們想要猶太人的財產，也希望自己分配到的食物比猶太人的多。[41]

如同猶太布爾什維克主義的政治型態一樣，相對剝奪感的政治型態能制住反抗勢力、創造出協力的空間。在最慘烈的案例中，人們以迅速的殺伐來避免緩慢的死亡。一旦從飢餓營獲釋，蘇聯的戰俘為了避免再度身陷其中，什麼事都願意做，包括協助德國人大規模殺戮猶太人的政策——總要有人來挖那些屍坑。十二月七日，蘇聯的戰俘在列巴斯基森林挖屍坑，讓德國人得以射殺里加的猶太人。或許在場的德國人視之為對猶太布爾什維克威脅的控制。然而，無論德國人打贏多少戰役，無論他們擄獲、餓死、剝削多少戰俘，紅軍仍然繼續作戰。[42]

＊＊＊

一九四一年秋天對於十歲大的尤里・伊斯萊洛維奇・捷爾曼（Yuri Israilovich German）來說是一個多事之秋。他成長於蘇俄莫斯科以西南約一百九十公里的卡盧加市（Kaluga）。兩年前，他的父親被內務人民委員部依破壞罪逮捕，在半夜消失無蹤。德軍入侵蘇聯數週後，他的父親從蘇聯北方的勞役獲釋，歸來時已面黃肌瘦，筋疲力竭。一九四一年九月，雖然尤里的父親身體狀況如此，卻仍然被紅軍動員。隨著父親再度離去（這次是為了與德軍作戰），尤里開始頭一次感受到他因猶太人的身分而承受的汙名。有一位俄羅斯人鄰居說德軍抵達之後會「處理」像他這樣的人。當德軍終究於一九四一年十月抵達卡盧加時，該市市民以麵包和鹽巴恭迎他們。很快地，在德方的命令之下，當地的行政機關把一個蘇聯統治時關閉的修道院搭建成一個猶太區。尤里和其他孩童被迫在田野間工作，還得要挖屍坑裝被殺害的猶太人。有些在猶太區當中的猶太人遭到射殺，包括那些被視為殘疾的人士，以及一名試圖幫助孩童的善良老師。然後，叫所有人詫異的是子彈開始在城市四處亂竄，槍聲四起。那是一九四一年的十二月，紅軍回來了。情急之下，德國人試圖掃蕩猶太區，焚燒其建築物並以機關槍向試圖逃走的猶太人發射。尤里和他媽媽是少數的倖存者。他們回到當時已經被一名東正教神父據為己有的家中。[43]

卡盧加之役是紅軍出人意表反擊的一部分。一九四一年十二月初，蘇聯士兵在莫斯科捲土重來。

颱風行動功敗垂成。十二月七日，德軍將軍赫爾穆特・史泰福（Hellmuth Stieff）寫給妻子的家書中說道，他和他的人馬「每日每時為了我們自己赤裸裸的性命作戰，對抗在各個方面都遠勝於我們的敵軍。」[44]

當天正是日本轟炸珍珠港的那一天，這將美國也拉進了戰場。全球戰略性的災難讓希特勒對戰爭的概念產生滑動。他所犯下的過錯反而讓他得以更加激化自己的詞藻。[45]他對波蘭的誤解已使他身陷對英戰爭中。他對蘇聯的低估意味著德國現在必須得「同時」對英、蘇、美作戰。然而，依照他的世界觀，他大可宣稱資本主義與共產主義聯手對德作戰的「同一陣線」是猶太人之作。[46]也許對蘇聯得勝就可以把猶太人送走。但在東方僵持不下的局勢以及漫長的全球性衝突則需要更多的條件來配合。「世界大戰就在這裡」，希特勒於一九四一年十二月十二日如是說，重新召喚他在一九三九年元月的「預言」。「猶太人的滅絕是必然的結果。」[47]

往後六個月，德國人在蘇聯德占區已經學會如何達成此一目標——就是透過大規模射殺。在希特勒於一九四一年十二月保證要把猶太人趕盡殺絕之前，蘇聯德占區內已有百萬猶太人遇害。[48]即便如此，總督法朗克仍不知道要如何剿滅擠滿他轄下的總督府猶太區內的波蘭籍猶太人。在聽了希特勒一九四一年十二月在柏林的一番話後，他回到**克拉科夫**（Cracow）對下屬說：「先生們，」他說道，「我必須要求你們屏除所有一己的憐憫之心。為了維繫帝國的結構，我們必須在任何可能之處鏟除所有的猶太人。」[49]他已經意會到了希特勒所不能說出口的事：這次鬥爭現在已經變成出於防衛。殺死猶太人是用來代替正當地承認敗戰。

蘇聯的教訓並不適用於波蘭，至少不適用於一九三九年以來德國掌權下的總督府以及被帝國所併吞的地域。德國在此前兩年多即進犯波蘭，但還沒開始執行最終解決方案。特別行動隊在一九三九年已將中西部波蘭給蹂躪殆盡，但緝捕的多半是波蘭的受教育階層。當時尚沒有對於政治解放的許諾，只有永久性摧毀波蘭的計劃。當時還沒有用波蘭人充當政治協力者：不是因為沒有人主動要當（有一些人自願），而是因為對柏林方面來說他們沒有利用價值。儘管波蘭警隊被保存了下來，德方並沒有提供波蘭人武器裝備進行射殺，以實行最終解決方案的想法。之所以在一九四〇、四一年將波蘭籍猶太人趕進猶太區裡不是為了趕盡殺絕，而是為了遣送他們做準備。當然，數萬名在猶太區的猶太人死於疾病或營養不良。不過在德國於一九三九年拿下的中、西波蘭，仍有兩百萬名猶太人活著。要如何將這些人趕盡殺絕呢？[50]

＊＊＊

一九四二年一月卅日，希特勒在柏林運動場宮（*Berliner Sportpalast*）對德國大眾發表演說。當他的外交部長帶回消息說波蘭不會加入德國一同對蘇作戰時，希特勒再度重述他一九三九年一月卅日的「預言」，只不過這次是當眾陳述。而今他卻將他的「預言」追索至錯誤的日期——一九三九年九月一日，這是德國入侵波蘭的日子。這顯得希特勒彷彿當時就已預見其行動的邏輯。如果他贏得了這場戰爭，就可以擊潰猶太人。倘若輸了戰爭，他仍然可以將之描繪為某種星球性的衝突，並且仍然擊潰了猶太人。一九四二年一月，他告訴德國人，猶太人應為世界大戰負責。他的「預言」即將實現。[51]

同月，希特勒反詰道，他何必將猶太人和蘇聯戰俘加以區分？[52]拿猶太人與蘇聯戰俘相比十分有意義。在那時之前，德國人餓死的非猶太蘇聯公民人數已經比他們射殺的猶太人還多了。那天秋冬，約兩百萬蘇聯公民餓死在飢餓營（starvation camps）裡，另有一百萬人餓死在被圍攻的列寧格勒。[53]

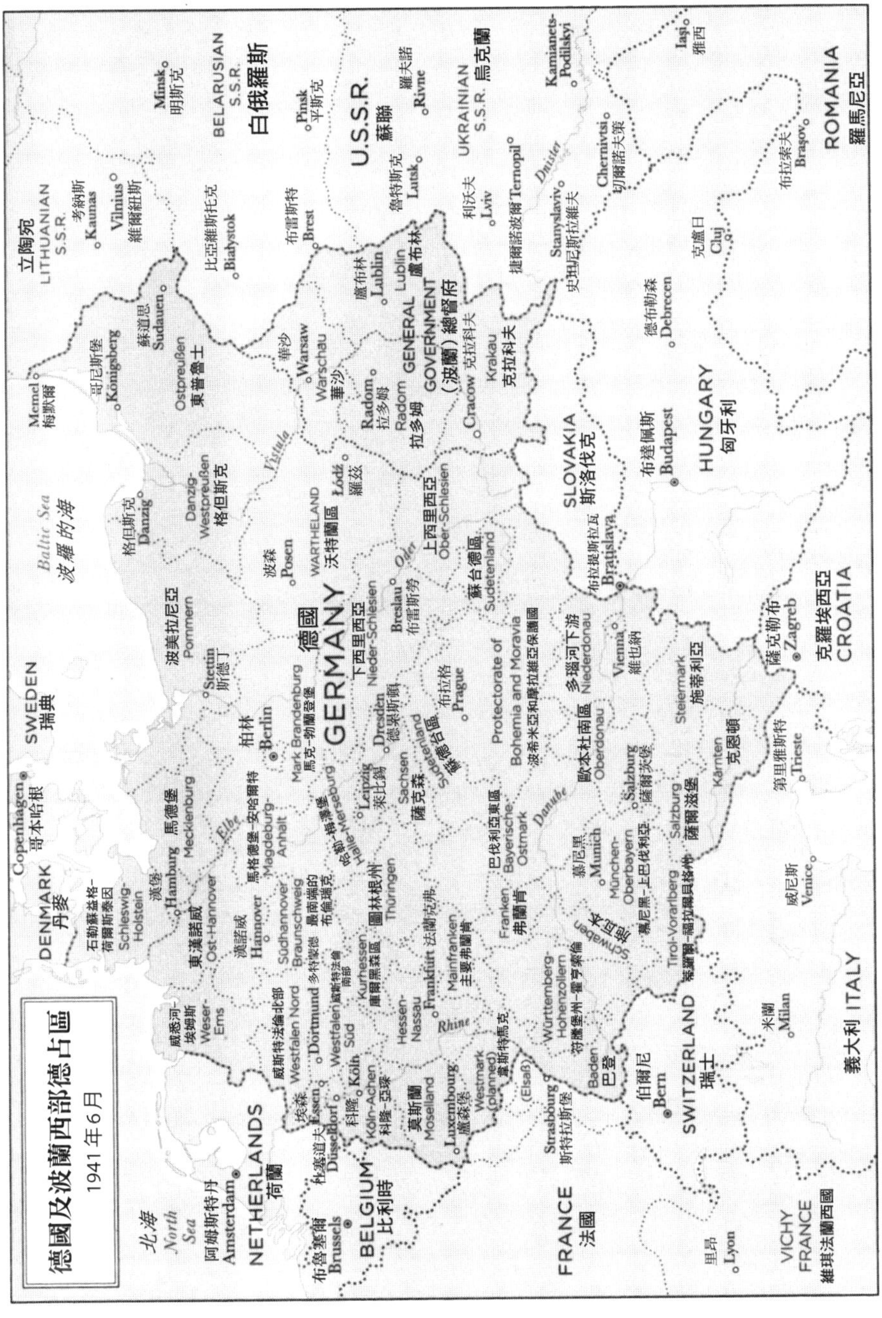
德國及波蘭西部德占區
1941年6月
北海 North Sea
Baltic Sea 波羅的海
DENMARK 丹麥
Copenhagen 哥本哈根
SWEDEN 瑞典
NETHERLANDS 荷蘭
Amsterdam 阿姆斯特丹
BELGIUM 比利時
Brussels 布魯塞爾
FRANCE 法國
VICHY FRANCE 維琪法蘭西國
Lyon 里昂
SWITZERLAND 瑞士
Bern 伯爾尼
ITALY 義大利
Milan 米蘭
Venice 威尼斯
Trieste 第里雅斯特
CROATIA 克羅埃西亞
Zagreb 薩克勒布
HUNGARY 匈牙利
Budapest 布達佩斯
Debrecen 德布勒森
SLOVAKIA 斯洛伐克
Bratislava 布拉提斯拉瓦
ROMANIA 羅馬尼亞
Cluj 克盧日
Braşov 布拉索夫
Iaşi 雅西
Chernivtsi 切爾諾夫策
Kamianets-Podilskyi
U.S.S.R. 蘇聯
BELARUSIAN S.S.R. 白俄羅斯
Minsk 明斯克
Pinsk 平斯克
Brest 布雷斯特
Białystok 比亞維斯托克
LITHUANIAN S.S.R. 立陶宛
Kaunas 考納斯
Vilnius 維爾紐斯
UKRAINIAN S.S.R. 烏克蘭
Rivne 羅夫諾
Lutsk 魯特斯克
Lviv 利沃夫
Ternopil 捷爾諾波爾
Stanyslaviv 史坦尼斯拉維夫
Dnister
Memel 梅默爾
Königsberg 哥尼斯堡
Ostpreußen 東普魯士
Sudauen 蘇道恩
Danzig 格但斯克
Danzig-Westpreußen 格但斯克
Vistula
Warsaw 華沙
Warschau 華沙
Radom 拉多姆
GENERAL GOVERNMENT（波蘭）總督府
Lublin 盧布林
Cracow 克拉科夫
Krakau 克拉科夫
Łódź 羅茲
WARTHELAND 沃特蘭區
Posen 波森
Pommern 波美拉尼亞
Stettin 斯德丁
Oder
Ober-Schlesien 上西里西亞
Nieder-Schlesien 下西里西亞
Breslau 布雷斯勞
Sudetenland 蘇台德區
GERMANY 德國
Berlin 柏林
Mark Brandenburg 馬克-勃蘭登堡
Mecklenburg 馬德堡
Hamburg 漢堡
Elbe
Schleswig-Holstein 石勒蘇益格-荷爾斯泰因
Ost-Hannover 東漢諾威
Hannover 漢諾威
Südhannover Braunschweig 南漢諾威-布倫瑞克
Magdeburg-Anhalt 馬格德堡-安哈爾特
Halle-Merseburg 哈勒-梅澤堡
Leipzig 萊比錫
Dresden 德累斯頓
Sachsen 薩克森
Thüringen 圖林根州
Weser-Ems 威悉河-埃姆斯
Westfalen Nord 威斯特法倫北部
Westfalen Süd 威斯特法倫南部
Dortmund 多特蒙德
Essen 艾森
Düsseldorf 杜塞道夫
Köln 科隆
Köln-Aachen 科隆-亞琛
Kurhessen 庫爾黑森區
Hessen-Nassau
Frankfurt 法蘭克福
Moselland 莫斯蘭
Luxembourg 盧森堡
Westmark (planned) 韋斯特馬克
Rhine
Mainfranken 主要弗蘭肯
Franken 弗蘭肯
Prague 布拉格
Protectorate of Bohemia and Moravia 波希米亞和摩拉維亞保護國
Bayerische-Ostmark 巴伐利亞東區
Niederdonau 多瑙河下游
Oberdonau 歐本杜南區
Vienna 維也納
Danube
Munich 慕尼黑
München-Oberbayern 慕尼黑-上巴伐利亞
Salzburg 薩爾茨堡
Steiermark 施蒂利亞
Kärnten 克恩頓
Tirol-Vorarlberg 蒂羅爾-福拉爾貝格州
Schwaben 施瓦本
Württemberg-Hohenzollern 符騰堡州-霍亨索倫
Baden 巴登
(Elsaß)
Strasbourg 斯特拉斯堡

現在這股勢頭扭轉，有些飢餓營中倖存的蘇聯公民現在會被利用來殺猶太人。死於饑饉的威脅使得戰俘營被轉化成製造協力者的工廠。約有一百萬名蘇聯武裝勢力的年輕男子——包括俄羅斯人、烏克蘭人、白俄羅斯人，以及其他受到共產主義與反種族主義的教育洗禮、年紀約在二、三十之間、多為農民或工人階級出身的男子——現在被選來執行新任務，用來對付他們自己的家園或者對付猶太人。在此之前，普遍的想法是殺死斯拉夫人、遣送猶太人，但現在德國人找到了更新的方法，就是利用斯拉夫人來對付猶太人。他們採取傳統的非洲殖民主義套路，利用一群他們鄙夷的人來對付另一群更不堪的對象；他們甚至稱這些新的協力者為阿斯卡倫（Askaren）。[54]阿斯卡倫是德國在東非的地方士兵，最初於一八八八至八九年間被部署對付阿布西里叛亂（Abushiri rebellion）；第一次世界大戰期間，他們在非洲忠於德軍，為德作戰。德國統治下的東非是一戰時唯一一個戰至最後一兵一卒的殖民地，因此，阿斯卡倫的傳奇就代表在一支必敗的正義之師中盡忠職守。[55]

原先所構想的戰爭已告敗北，這點心照不宣。對被納粹看成是次人類（譯按：在此指波蘭人）居住的特定地帶進行殖民，此時也已不如將整個星球從非人的猶太人的宰制當中解放出來來得重要，這點也同樣心照不宣。一九四一年十月，希姆萊與總督府盧布林區（Lublin）的黨衛隊高層暨警長、積極進取的**奧迪洛·格洛博奇尼克（Odilo Globocnik）**中尉談話時，其實沒有必要說得太露骨。[56]位處總督府東端的盧布林省至一九四一年為止地處毗鄰烏克蘭蘇維埃社會主義共和國的邊境。入侵後的六個月內，格洛博奇尼克的任務就是為了東方帝國做準備。他轄下的盧布林省牢房林立，可能是整個總督府最駭人的地帶了，本來是要用來充作東線生存空間的試驗場。[57]隨著蘇方久攻不下，希特勒調整了優先順序，希姆萊與格洛博奇尼克找到了取悅元首的方法，那便是殺光波蘭的猶太人。

一九四一年下半葉，在蘇聯的德占區，格洛博奇尼克的黨衛軍同僚如施塔勒克、耶克爾恩等人臨機應變，在與被定義成猶太人的國家（譯按：蘇聯）開戰初期幾週的混亂狀態中發明出大規模殺戮的手法。一九四一年末至四二年初，在總督府盧布林省，格洛博奇尼克的出發點和一開始的狀況則非常地不同。格洛博奇尼克發明出來的方法是將過去幾年因德國毀滅國家的政策而殘留下來的政治碎片給整合起來。在東邊，他善加利用飽受饑饉、士氣低落的蘇聯囚犯。目前還沒發現任何人在機會來的時候拒絕離開飢餓營，往後大概也找不到這樣的案例。從飢餓營獲釋的蘇聯公民在特拉夫尼基（Trawniki）營受訓，其中包括白俄羅斯人、楚瓦什人（Chuvash）、愛沙尼亞人、科米人、拉脫維亞人、立陶宛人、羅馬尼亞人、俄羅斯人、韃靼人、烏克蘭人，以及至少半數猶太人。他們幫忙建造貝爾賽克、索比布爾、特雷布林卡等地的滅絕營，並加以看守。然後他們被派去清空一些規模較大的猶太區，像是華沙的猶太區。在德占波蘭，格洛博奇尼克還會利用猶太區內的政務會、警隊、猶太籍的線民以及波蘭籍的線民。[58]

在西邊，格洛博奇尼克在德國本地也使用以一氧化碳行大規模屠殺的手法。在德國以及波蘭被併吞的部分，德籍醫生用罐裝一氧化碳來殺人；在被占領的白俄羅斯、烏克蘭蘇維埃社會主義共和國，廢氣被打入車輛內部。希特勒的個人事務官**克里斯蒂安．魏爾斯（Christian Wirth）**曾在德國主導過「安樂死」項目，此刻他找到了可在這些新的設施中使用的科技方案。他把五名「安樂死」項目的年輕同事帶到貝爾賽克（其中多數是焚燒屍體的專家），好讓他們在那裡實驗在密閉空間中製造出一氧化碳的方法。他們最終決定採取他們在東方使用過手法的變種：將內燃機排放的廢氣打進密閉空間中。來自德國毒氣項目的百名成員於一九四一年末來到了格洛博奇尼克的盧布林省。[59]

希姆萊、格洛博奇尼克、魏爾斯等人所研發出的大規模殺戮計劃將這些碎片拼湊成一個新的整體，並將這個整體轉化為殺戮的動能。自一九四二年初起，在總督府的盧布林區，格洛博奇尼克的黨衛軍人馬會一一走訪猶太區向德國駐警解釋任務內容。在德國人的監督之下，會由猶太政務委員會下令，從猶太區人口中選出要帶誰上火車的任務也是由猶太籍員警來組織。當列車駛抵新的滅絕營時，就在蘇聯公民所建造、看守的毒氣室裡毒死猶太人。60

滅絕的行徑在許多方面仰賴於稀缺的經濟學（economics of scarcity）。在高層當中，德國殖民活動的失敗就意味著德方的領導階層必須在受害人當中做選擇。餓死斯拉夫人並未帶來多大的收穫，但這項行動的失敗也可以怪罪到猶太人身上。在相對剝奪感的政治觀當中，承繼猶太人財產的波蘭人更加緊緊守護他們所獲得的財物，而蘇聯公民則是無所不用其極設法離開飢餓營。在納粹決定波蘭猶太人的命運時，猶太人的生產力與猶太人所消耗的卡路里成了一項相對的盤算。食物來源捉襟見肘的時刻就殺死猶太人，亟需勞動力時則饒過猶太人一命。在市場上，猶太人不過是經濟的單位，在市場如此黑暗的時刻，普遍的傾向仍是滅絕猶太人。當一九四二年七月要把波蘭總督府變成食物淨出口國時，希姆萊決議年底前要將所有的猶太人趕盡殺絕。61

＊＊＊

當德國人刻意把糧食與遣送混為一談的時候，許多猶太人都屈服於可以填飽肚子的迷夢之下。在總督法朗克生活在城堡的所在地克拉科夫，一九四二年的說詞是將猶太人遣送至東方以帶回烏克蘭的作物收成。在華沙，法朗克的總督府向轄區內最大猶太區內的猶太人保證，只要他們向集合場（*Umschlagplatz*）報到，聽候遣送，就可以換得麵包和果醬。當猶太人漸漸隨著時間的進展了解到遣送為何物時，相對剝奪感的政治觀就成了延緩死亡的政治觀。正是由於德國人他們自己也不總是確定他們究竟比較需要食物還是比較需要勞動力，猶太人總是努力說服自己他們之中也許有些人能倖免於難。對於華沙的猶太人來說，「揀選」這件事意味著「有無生產力的分野」，這「擊垮了猶太區中的人們的士氣」。[62]個人對於生存的希望與共同體的團結相互扞格。猶太籍員警得把一定數量的人給送上火車，這成了他們自己和家人的希望的來源，也成了他們與其他人疏離的根源。如同一名猶太人在哀求時，華沙一名猶太員警對他說的：「那是你的問題。我的責任是要帶上十個人。」[63]

極有可能從來沒有一道決絕的決議要殺光所有在滅絕營中的波蘭猶太人。然而，當這道程序於一九四二年三月開始時，便再沒有其他可行的替代方案了，也因此不能再提其他的替代方案。最遲在同年二月，希姆萊與海德里希都還在討論將猶太人送往古拉格的方案。[64]但到了一九四二年還沒有戰勝蘇聯的可能，這項方案便不可行了。因此始於盧布林省的遣送行動便擴散到總督府全境。起初，猶太人從猶太區被送到貝爾賽克，然後是被分送到貝爾賽克和索比布爾，最終被分送到貝爾賽克、索比布爾和特雷布林卡。[65]一九四二年一整年下來，在這三個滅絕營中約有一百三十萬名波蘭籍猶太人遇害。光是在華沙一地，在一項稱為「偉大行動」（Grosse Aktion）的行動中，約二十六萬五千〇四十名猶太人被遣送至特雷布林卡殺死。一九四二年七月廿三日至九月廿一日間，又有一萬三百八十名猶太人在猶太區被射殺。由於猶太區變成了勞動營的緣故，有數萬名猶太人留了下來，其中多數為男性。

一九四二年十二月在華沙，這些倖存者在一個稱為**猶太作戰組織**（**Jewish Combat Organization**）的鬆散組織中開始暗殺猶太區中的猶太當權者。一九四三年元月，希姆萊下令全盤解散猶太區。猶太人的抵抗使得這次遣送行動無法實行。二月，希姆萊重新下令。一九四三年四月，大批德國人再度進入猶太區時，猶太人大舉反抗。其中多人來自猶太作戰組織，包括主要的猶太黨派如猶太人勞工總同盟、左翼猶太復國主義者與共產黨人；其他人則在貝塔組織的修正復國主義者主導的**猶太軍事聯**

盟（Jewish Military Union）內從事戰鬥。修正復國主義者依循舊規，同時高舉波蘭國旗與復國主義旗幟。華沙猶太區起義是歐洲第一起在城市內對抗德國統治的抵抗行動。猶太人知道他們冒的風險並不大：通常他們的家人都已經悉數遇害，且他們（正確地）相信同樣的命運也會降臨到他們身上。這場起義導致華沙的猶太區被摧毀殆盡。德國人用火焰噴射器將猶太人從沙坑中驅趕出來，然後再將整區焚毀。倖免於難的人一如本來所計劃地被送到其他的勞動營，這些人在一九四四年幾乎全數遭到槍決。世界上最重要的猶太社區於焉告終。[66]

負責鎮壓華沙猶太區起義的**於爾根・斯特魯普**（Jürgen Stroop）相信他這麼做是為了贏得戰事，贏得這場戰事將使烏克蘭成為留著奶與蜜的德國領土。事實上，由於食物嚴重短缺，他的上級於一九四二年七月認為滅絕華沙的猶太人勢在必行。在瓦爾特高（Warthegau）的猶太區（例如羅茲）邏輯也類似。德國的猶太人被送往那些已經人口過多的猶太區，地方的德國當局唯有用他們自己的手段來解決人口過剩的問題。[67]

一九四一年七月，黨衛隊保安處的地方負責人提議直接把羅茲的猶太人殺死，不用等他們慢慢餓死：「今年冬天可能無法餵飽所有的猶太人。我們應當審慎考慮，是否要快刀斬亂麻來把猶太人解決掉，可能才是最人道的解決方案。再怎麼說，這都總比讓他們挨餓好。」他們的心理世界已經把挨餓視為理所當然，於是其他的殺戮形式反而成為善意的表現。

當年冬天，猶太人確實就被這樣的「準備」行動——在白俄羅斯與東線已經試驗過的廢氣排放——給殺死了。在瓦爾特高的羅茲與其他地方的猶太人於一九四一年十二月開始被送到海烏姆諾滅絕營，毒氣車停放在滅絕營外，由德國治安警察看守。[68]這形同翻新了早先殺死被認定「不值得活命」的人的手法。德軍入侵波蘭後不久就把精神病院給清空，毒死精神病患，負責領導這起殺害行動的黨衛軍指揮官**赫爾伯特・朗伊**（Herbert Lange）現在則要負責殺光海烏姆諾的猶太人。[69]也有一些來自東線的影響：**奧托・布拉德費什**（Otto Bradfisch）是白俄羅斯特別行動隊第八隊的指揮官。第八隊在軍車上畫上大衛星的標誌，昭示其滅絕猶太人的任務。[70]一九四二年四月，他被指派到羅茲監管將猶太人遣送至海烏姆諾的行動。

然而一九四二年底，在德國所併吞的波蘭領土上仍有大批猶太人活著，尤其是在羅茲。在第一批的揀選後，當地的猶太區改造成工作營，用來生產武器。數萬名在羅茲的猶太人保全性命到戰事幾近尾聲，然後才被遣送到奧許維茲。[71]

＊＊＊

在波蘭總督府，幾乎所有主要的猶太社群到了一九四二年秋天都已經被摧毀殆盡。仍然活命的猶太人會遭到德警當場射殺，除了極為少數的人，例如在兵工廠的勞工。總督府的波蘭人若被抓到協助猶太人，也會被判處死刑。被發現藏有猶太人的村莊會被連坐懲處。一九四二年最後幾週，總督府內德警的主要任務被他們稱為「獵猶」（Jew hunts）。在鄉下，射擊的聲音已經頻繁到連波蘭農場裡的狗都不再對槍聲作出任何反應。[72]

一九四三、四四年，在波蘭總督府的德警尋求波蘭人合作獵猶。希姆萊處於指揮環節的最上級。他的命令經由高層黨衛軍暨華沙警長傳達到德國治安警隊。然後，德國治安警察得要「儘可能動員愈多波蘭社會裡的人加入此一行動愈好」。[73]因此，德國治警將兩個先前已存在在獨立波蘭的機構給拉進來，這兩個機構隨著波蘭的瓦解而轉化。一是波蘭治安警隊（Polish Order Police）——波蘭治警自一九三九年就被清洗、種族化、並屈從於德方的目的。[74]二是波蘭的地方當局——這些單位已經被剝奪與先前的國家和法律之間的關係，但卻有兩年的時間要為德方的種族政策負責。波蘭警察與波蘭地方當局個人得對他們的德籍上級負責，確保在他們的轄區內沒有猶太人還活著。

這一切的一切背後都有一套政治觀，但並非國家的政治型態。不管怎麼說，我們並不清楚在一九三九年究竟在說波蘭語的農民當中，有多少人認同波蘭為他們的國家。雖然農民與猶太人住在相同的地方，雖然農民與波蘭官員說一樣的語言，但是其實農民與猶太人、農民與波蘭人之間的社會距離可能比某種懷舊的情操和一廂情願的民族主義所表現出來的還要大。但可以確定的是，經過三年的德國統治，操波蘭語的農民知道波蘭的律令已經被德國的命令給征服了。常有人告訴他們，或者識字的人自己會讀到，他們的當地高層須得負責保證他們的村裡沒有猶太人。村長必須張貼公告，保證會處死協助猶太人的波蘭人，並獎勵那些舉發他們的人。倖存的猶太人還記得在各個波蘭的村莊都見過這樣的告示。[75]要是有猶太人藏匿在村裡，村長可能被自己的村民（可能是自己的對手或者對他懷恨在心的人）舉報給德國人。在波蘭的鄉間，人們很常由於各式各樣的理由告發彼此；猶太人往往不過是用來秋後算帳的藉口罷了。戰前由世俗右翼和羅馬天主教會所散布的反猶主義遺緒聲稱想協助猶太人的波蘭人會害怕其他的波蘭人。除非村長能肯定所有的村民都會團結一致，否則也不可能組織救援猶太人或者准許救援猶太人的行動。這導致了一種荒謬的現象：村長會賄賂自己的村民不要將他們自己舉報給德國人。[76]

波蘭人並不總是由於藏匿猶太人而被處決，但由於這太常發生了，以至於恐懼是真實地存在於他們之間。在波蘭總督府全境，有數千起德警因為有人違例而大規模殺戮波蘭人的案例。在克羅斯諾監獄，有名波蘭婦人在她所藏匿的猶太人被槍決後緊接著遭到射殺，她的屍身就疊在他的身上。[77]這一切都發生在其他波蘭籍獄囚的面前，讓他們好自為之。接到舉報時，德警會到現場找出猶太人，加以殺害，但若沒有找到則會對該村施以懲處。在不確定的狀況下，村民必須加入德警一同獵捕被舉發的猶太人。在「獵猶」的過程中，村長會被挾持作為人質，且原則上如果沒有發現猶太人，就得賠上他們自己的性命。村裡守夜的人在承平之日負責注意夜間的火災或騷亂，但此刻則加入獵猶，甚或自己也被押為人質。如果他們抓到了猶太人就可以獲得獎賞，但如果沒找出猶太人，則會賠上自己的性命。[78]

有時鄉間的波蘭人會向波蘭警員舉發猶太人，而不會直接向德警呈報。感覺起來，比起直接與外來的劊子手交涉，這應該不算那麼糟糕。然而一旦波蘭員警收到彙報，他個人就得負責揪出該名猶太人並將他轉交（或者殺死他）。到了一九四三年二月，波警接獲「碰到猶太人格殺勿論，無須預警」的命令。[79]有時波蘭警察確實會親手槍殺這些猶太人，而其最庸常的理由竟不過只是嫌用馬車將猶太人載到最近的德國憲兵隊麻煩而已。有時他們會把猶太人轉交給德國人。有時他們就被德國上級下令槍殺猶太人。對波蘭員警而言，拒絕執行這樣的命令的懲罰就是處死（德國員警則不會受到這樣的懲處）。即便如此，在一些案例中，仍有德警選擇放猶太人一條生路，或甚至幫他們逃命。[80]

在這樣的情況下，暴力被私有化，農民人口被動員，波蘭鄉間只有極少數猶太人能夠倖存下來。數千名在逃或者躲藏的猶太人被緝捕處決，且幾乎所有的案例都發生在被舉發之後。[81]

＊＊＊

無論國家是在哪裡被摧毀，不管是被德國摧毀、被蘇聯摧毀，還是被德蘇兩者摧毀，幾乎所有的猶太人都被殺死。在國家被先後兩度摧毀的地方——首先是戰前的民族國家遭到蘇聯摧毀，然後蘇聯的國家機器遭到德國摧毀——大屠殺以大規模槍殺行動的面貌開始。在雙重無國家狀態的區域中發展出的手法——招募當地人、多重德國體制的使用、戶外槍殺等——全部都在德軍勢力所及的蘇聯境內更東線處施行。在中、西部波蘭，一九三九年九月起便已可見德軍身影，但針對猶太人的大規模殺戮直至兩年多以後才開始。在這裡還使用了其他的手法：祕密毒氣設施、遣送猶太區的猶太人、獵猶等。橫陳在波羅的海國家猶太人、東波蘭猶太人、蘇聯猶太人面前的是子彈和屍坑。等在中、西部波蘭猶太人面前的則是毒氣與密室。[82]

歐洲剩下的猶太人大多都被送到一個名為奧許維茲的地方。

第八章　奧許維茲悖論

奧許維茲象徵的是在德國控制下將所有猶太人趕盡殺絕的意圖，以及把德意志帝國各個角落的猶太人都送進毒氣室毒死一事。有些猶太人得以倖存是因為說到底，奧許維茲畢竟是一組集中營、一個置人於死地的設施（death facility）之故，所以當猶太人進入奧許維茲時，也有些被揀選出來供作勞動之用。因此，從奧許維茲倖存的故事得以進入集體記憶。幾乎沒有任何站在屍坑邊上的猶太人能倖存下來；進入特雷布林卡、貝爾賽克、索比布爾的猶太人也幾乎沒有人能倖免於難。「奧許維茲」一詞已經成為大屠殺整體的轉喻。但在奧許維茲成為主要的殺人設施之前，大多數更往東邊的猶太人已經遭到殺害。但人們在記得奧許維茲的同時，大屠殺的大部分卻已悉數遭人遺忘。

二戰之後，對於德國來說，奧許維茲還稱得上是相對好應付的象徵物，因為這大幅縮減了他們實際犯下的惡行的規模。將奧許維茲與大屠殺兩者混為一談，使得德國人謊稱對歐洲猶太人大屠殺正在發生一無所知這種荒謬的宣稱彷彿得以成立。固然，也許可能有些德國人確實不知道奧許維茲裡發生了什麼事，但若要說多數德國人都不知道猶太人正遭到大規模的屠戮則是不可能的事。遠在奧許維茲成為死亡設施之前，猶太人的大規模殺戮已在德國（至少在親朋好友之間）廣為人知，是人們街談巷議的內容。在東邊，數萬名德國人於三年之內在數百座屍坑邊上槍殺數百萬名猶太人時，大多數人都知道正在發生的事。有數十萬德國人曾親眼目睹殺害，在東方前線的數百萬德國人也都知悉。在戰時，甚至連德軍妻小都會前往殺害發生的地點；軍警或其他人的家書中也會寫到細節，有時還會包含照片。軍警從被殺害的猶太人身上掠奪而來的財富或者透過郵政系統寄回家中、或者休假時親自攜回。德國的家家戶戶因而在事發期間一而再、再而三（次數多達百萬次）地增富。[1]

基於類似的原因，奧許維茲對於戰後的蘇聯和今天後共產主義的俄羅斯也是能夠便宜行事的象徵物。如果猶太人大屠殺被化約為奧許維茲而已，那麼我們就可以輕易或忘德國人對猶太人的大規模殺戮乃是始於甫被蘇聯所征服的地方。基於和德國人相同的理由，蘇聯西邊的每一個人都知道猶太人大屠殺情事：在東線，執行大規模殺戮的方法需要數萬人參與其中，另外還有數十萬人親眼目睹。德國人已經遠去，但是他們挖的屍坑猶在。如果猶太人大屠殺只跟奧許維茲連結在一起，那麼上述的閱歷也就可以排除在歷史和紀念之外。[2]

奧許維茲是整個大屠殺當中少數蘇聯公民並未貢獻一己之力的部分。蘇聯公民被德國人招募參與在大規模射殺猶太人的行動當中，也建造、駐守特雷布林卡、貝爾賽克、索比布爾等毒氣設備。固然這些都是因為德國人為了摧毀蘇維埃而為之，也是因為這些地方的蘇聯公民被與他們在戰前的所作所為切割開來，在某些案例中也是為了保全他們自己的性命。但在戰後，蘇聯的政治宣傳無法解釋為何有這麼多蘇聯體系下生產出來的人都成了為德方所用的協力者，協助大量殺害這麼多另一批蘇聯體系下生產出來的人。從一九五三年史達林過世迄今的後史達林年代，要解釋蘇聯政策為何造成一九三〇年代數以百萬計的蘇聯公民死於饑荒和恐怖活動已經夠教人頭疼了。歷史上的現實仍然被全面政治化。而更為深層的問題是：數萬名蘇聯公民竟可以在一個全然外來的體系中幫忙殺害另外數以百萬計的蘇聯公民——這項議題卻從來未曾被處理，而是被架空了。[3]

奧許維茲之所以成為大屠殺的標準化代稱，也是因為一旦以特定神話式的方式或者化約的方式看待大屠殺，那麼似乎就也能把對猶太人的大規模殺戮與人類的選擇、行動區別開來。只要把大屠殺限制在奧許維茲，就可以把大屠殺與它所觸及的大部分國家隔離開來，同樣也把大屠殺從它所改變的樣貌切割開來。奧許維茲的門牆似乎可以把邪惡給包圍在特定地區，但究其實，邪惡的行徑從巴黎一路延伸到了斯摩棱斯克（Smolensk）。奧許維茲，這個用以定義戰前戰後屬於波蘭的一小塊領域的德語單詞，似乎不復指涉一個真實的地方。它被心理的、物質的鐵絲網所繚繞。奧許維茲予人的印象是機械化的殺戮、殘酷的官僚體系、現代性的行進、或甚至是啟蒙的終點。這讓男女老幼遭到屠戮的經驗顯得像是非人（inhuman）的過程，有某種比人類還大的力量應當為此一過程負起全責。當猶太人的大規模殺害被限制在一個例外之處，被看作是與個人無關的程序時，那麼我們就不用面對跟我們差異不大的人們，在密室中殺害了另一些跟我們差異不大的人們的這個事實。

* * *

在大屠殺的歷史上，奧許維茲是第三個被發展出來的大規模殺戮的手法——無論就時序來講還是就重要性而言都排在第三。最重要的手法是屍坑——之所以最重要是因為它最早開始，殺死的猶太人數最多，且顯示「最終解決方案」是可行的。重要性居次（也是其次發展出來）的是用內燃機所排放的廢氣毒殺。大約就在一九四二年初，這些一氧化碳設施開始使用時，殺死所有猶太人的政策從被占領的蘇聯、波蘭，擴展到所有淪於德國爪下的領地。奧許維茲則於一九四三、四四年成為主要的行刑地。[4]

奧許維茲一躍而成為德意志帝國當中第七大集中營，排在達豪（Dachau）、薩克森豪森（Sachsenhausen）、布痕瓦爾德（Buchenwald）、弗洛森比爾格（Flossenbürg）、毛特豪森（Mauthausen）、拉文斯布呂克（Ravensbrück）之後。其惡名昭彰的歡迎口號「勞動創造自由」（*Arbeit macht frei*）也出於這些先例。然而與這些前例不同的，奧許維茲這個新集中營位在德意志帝國所兼併的德占波蘭土地上，因此位於納粹移民人口勃興的地帶。其原先於一九四〇年設立的目的是要為了更大的東方帝國鋪路，它所懲罰的第一批囚犯是遂行抵抗（或預期會採取抵抗行動）的波蘭人。第二批主要受害團體是一九四一年入侵後捕獲的蘇聯戰犯。在最初幾年，把猶太人抓進奧許維茲的目的是讓他們充當奴工，列隊向東行進，讓他們在德國征服的蘇聯領土上打造德意志帝國，直至氣力放盡。在奧許維茲附近生活的猶太人反倒是最後一批被殺害的波裔猶太人。他們起初被遣送到奧許維茲是被強制勞動，因為那才是奧許維茲設立的初衷。在波蘭其他地方的大多數猶太人都已命喪屍坑或在特雷布林卡、索比布爾、貝爾賽克、海烏姆諾被殺害時，在奧許維茲一帶的猶太人仍能活命。[5]

隨著納粹的殖民任務讓位給最終解決方案，奧許維茲的目的也有所更動，鎮壓斯拉夫人變得次要，殺死猶太人則變得迫切。這種普遍的轉變在納粹的各色實踐中顯而易見：特別行動隊從殺害一些猶太人轉變成殺害所有的猶太人；原先被指派執行其他任務的德國警察任務轉變成執行大規模槍殺猶太人；招募當地人充作輔助警員；釋放一些蘇聯戰犯，用他們來協助殺猶太人；盧布林區從帝國的前哨轉變成毒氣設施的實驗場。在奧許維茲的案例中，從征服的迷夢轉變為殲滅的現實，意味著集中營變為置人於死地的設施。以齊克隆B（Zyklon B）為名販售的氰化氫起初是用來燻波蘭籍囚犯的營房的，後來則用來殺害蘇聯戰犯，最後被用來謀殺近百萬名猶太人。[6]

奧許維茲建成於波蘭遭到入侵後，就建在國家覆滅的區域內，屬於消滅波蘭的嘗試的一部分。其原先的基礎設施是波蘭的軍事兵營。這塊領土於一九三九年九月被德國征服，並基於《德蘇互不侵犯條約》讓與德國。若不是德國企圖消滅敵方政權的活動，若非黨衛軍的國家消滅者設下了不尋常的目標，根本無法想像奧許維茲的興建及其後來的演變。

然而，奧許維茲在某個重要的方面的確非比尋常。不像在雙重占領區以及被占領的蘇聯的屍坑，也不像貝爾賽克、索比布爾、特雷布林卡、海烏姆諾等地的滅絕營，按計劃，奧許維茲是一個要殺害極大量猶太人的預定地，而這些猶太人仍然是德國承認的主權國家的公民。其針對的猶太受害人通常是生活在已遭德國毀滅的國家境外的人，因此這些人理應相對不受黨衛軍強加的勢力所危害。這些人必須被他們的政府所放棄，或者被褫奪公民身分，並被從自己居住的國家運送到奧許維茲。這一切都不是能夠自動完成的，要完成這些也的確常常有所困難。

希特勒幻想一個沒有猶太人的星球，這個幻想總是存在。而最晚在一九四二年春季時，他的屬下已經明白他想要把猶太人從歐洲掃地出門的欲望。在那之前，在蘇聯內所發動的大規模殺害猶太人的政策是普遍性的。但該政策是否執行、執行的程度則取決於猶太人正好居住在哪。由於過往的殺人手段之所以成功，乃是因為先前在東歐因地制宜採取特定的決定和行動，因此這些殺猶太人的策略在其他地方並不能複製出同樣的成功模式。換言之，在一九三九、四〇、四一年發生在那些國家的事對於即將於一九四二、四三、四四年發生在猶太人身上的事至關重要。在沒有被蘇聯占領過的地方，德國人無法利用蘇聯占領下所創造出來的心理性、物質性、政治性資源。在國家還未被他們自己或是蘇聯摧毀之處，德國人也無法將被摧毀的國家碎片給拼湊起來。在戰爭並不以種族征伐的邏輯來運作之處，德國人無法利用相對剝奪感的政治型態。戰後，共產主義波蘭於奧許維茲建造的博物館中依國籍來歸類受難者。這項設計是用來混淆一個基本事實，亦即絕大部分的受難者都是猶太人，且他們之所以慘遭毒手就只因為他們是猶太人。強調國籍也混淆了更為隱晦卻重要的事實：就是這些猶太人是先被從他們的國家給區隔開來後才遇難。

在許多猶太人被送往奧許維茲的出發點都不存在這些條件，因而猶太人得以倖存。歐洲有數以百萬計被處以極刑的猶太人得以倖存是因為他們不曾搭上列車。在德國治下理應被送往奧許維茲的猶太人比起本來不會被送往奧許維茲的猶太人更可能活命。這就是奧許維茲的悖論。唯有考量到國家如何被摧毀、如何未被摧毀，才能解決奧許維茲的悖論。這些政治的特殊性能解釋何以在普遍性的設計之下出現不同的結果。奧許維茲展示出一種殺光猶太人的普遍性設計，也顯示國家狀態（statehood）在保護猶太人上面普遍上的重要性。

＊＊＊

將兩個在德國占領下的國家予以比較就可以看出政治要素的重要性。愛沙尼亞與丹麥在二戰開打之際有許多共通之處：兩者都是小型的北歐國家，濱波羅的海的海岸線綿長，且兩者的猶太人人口都極為稀少。戰爭期間，兩者都被德國占領，都被放在最終解決方案中，且德國占領方宣稱兩者都「沒有猶太人」（*judenfrei*，free of Jews）。但大屠殺在這兩地的歷史截然不同。在愛沙尼亞，德軍抵達時，在當地約有百分之九十九的猶太人都遇害。在丹麥，持丹麥公民身分的猶太人則有約百分之九十九都存活了下來。在丹麥的猶太人被標記要送往奧許維茲；在愛沙尼亞的猶太人則在奧許維茲成為置人於死地的設施前便已喪命。

在德國所占領的國家當中，愛沙尼亞的猶太人死亡率是最高的，而丹麥的猶太人存活率則最高。有鑑於德國殺猶太人的政策並無二致，這種差異必須要加以解釋。愛沙尼亞人固然以反猶主義著稱？但說起來，這樣的傳統在丹麥還更顯而易見。固然愛沙尼亞人在戰前是由反猶主義者所統治？**康斯坦丁・帕斯**（**Konstantin Päts**）、**約翰・拉伊多內**（**Johan Laidoner**）兩人的獨裁統治顯然是保守的，但他們是在一九三四年的政變中推翻極右派上位。事實上，愛沙尼亞共和國還從奧地利和德國收容了一些猶太難民，境內的猶太人與共和國中的公民地位平等。相反地，丹麥在一九三五年後拒收容猶太難民。

直覺往往會騙人。猶太人的下場大相逕庭，但這似乎卻與民眾的態度和戰前的政治型態關係不大，而是與不同的戰爭和占領經驗相關。奧許維茲使我們想起希特勒那關於一個沒有猶太人的世界的願景。奧許維茲也告訴我們，加速還是阻止那樣的願景實現，政治至關重要。[7]

＊＊＊

愛沙尼亞的命運與一九四〇年的立陶宛、拉脫維亞一樣。一如另外兩個波羅的海國家，德國人依莫洛托夫─里賓特洛甫協定，經一九三九年九月修訂的《德蘇互不侵犯條約》將愛沙尼亞讓與蘇聯。蘇聯占領愛沙尼亞的同時，徹底摧毀了愛沙尼亞的上層行政機構與政治菁英。舉例而言，總統帕斯就被從自家農場抓走，遣送至蘇聯，直至死亡。武裝部隊的總指揮拉伊多內也同樣在被遣送後客死異鄉。愛沙尼亞政府最後十一位成員中，十位遭到監禁，九位死亡（其中四位被處決，五位死在蘇聯的集中營裡）。[8]

蘇聯的法律事後加諸於被占領的愛沙尼亞，其邏輯是愛沙尼亞國家不僅不存在，而且是從來都不曾存在過。因此一九二、三〇年代的國家服務被視為犯罪行為。在旋即變成愛沙尼亞蘇維埃社會主義共和國的地方裡，新的蘇聯高層執行了約四百起處決行動，且在一九四一年六月德軍正整裝待發要進犯蘇聯之際準備大規模的遣送。六月十四日晚間，蘇聯的內務人民委員部遣送了約一萬零兩百名愛沙尼亞公民，約當總人口的百分之一（包括十分之一的猶太人少數。猶太人在這當中所占據的比例不成比例地高）。數日後，德軍往北肆虐波羅的海國家，直至愛沙尼亞之際，蘇方正在槍殺愛沙尼亞的囚犯，並將他們的屍身棄置在監獄裡。[9]

德國人於一九四一年七月初偕同他們親自揀選出的愛沙尼亞人抵達愛沙尼亞。一如在立陶宛與拉脫維亞，蘇聯的占領已經迫使數千人逃出國門，其中許多人逃往柏林。這給予德國人日後選擇合作對象的協力者的空間。許多愛沙尼亞人都希望可以返鄉，德國人便可揀擇他們認為對自己最有用的人。雙重占領在這裡就如同在其他地方一樣，意味著對於政治菁英的雙重篩選。蘇聯摧毀了過去的統治階級；而現在，德國人則防止任何似乎不夠配合的人回來。納粹的選擇方式理所當然排除了政治上的左派與中間派。那年夏天，就像在其他地方一樣，德國人得以利用蘇聯占領所創造出的道德、物質、政治上的資源。

如同在拉脫維亞與立陶宛，愛沙尼亞的政治性資源尤其充沛。整個國家在區區一年之前才被以極其羞辱、惡毒的方式給摧毀，因此人們已經準備好要在個人、政治層面上施加報復行動了。及至特別行動隊A隊於一九四一年七月抵達愛沙尼亞時，德國人已經貫徹了他們宣稱的論點：亦即，他們所提供的解放之道就是從猶太人的爪牙下解放出來，且地方上對這種解放形式的參與乃是政治協商的先決條件。如同在立陶宛與拉脫維亞，此一信息由愛沙尼亞當地人負責翻譯，並加上連德國人自己都不了解的要素：亦即，如果愛沙尼亞人與第二個占領者（德國人）協力，那麼第一次（與蘇聯的）協力就會被遺忘。在愛沙尼亞沒有發生反猶暴行，德國人也並不把發動反猶暴行當成是必要的。

雙重協力的現象頗為普遍。有些名為自衛隊（Home Guard）的愛沙尼亞反蘇游擊隊員殺害了猶太人；這些劊子手當中最為熱衷的便是那些曾經是愛沙尼亞共產黨員的游擊隊員。他們在德軍開始入侵時換邊站，以便洗刷他們的罪愆。曾與蘇方協力遣送愛沙尼亞人與猶太人的愛沙尼亞警察，此刻開始為德國人執行殺害愛沙尼亞人與猶太人的任務。蘇聯遣送了約一萬名愛沙尼亞公民，包括約四百五十名猶太人；在德國的占領下則有一萬名愛沙尼亞公民被處決，其中有九百六十三名猶太人。從當地加害者的觀點來看，兩者的工作並非截然不同。[10]

過去受雇於蘇聯內務人民委員部的人在殺害愛沙尼亞的猶太人時角色尤其重要。舉例來說，**艾恩—爾文・米爾**（**Ain-Ervin Mere**）原為內務人民委員部的特工暨愛沙尼亞步槍隊（Estonian Rifle Corps）特殊部門的長官——這是要防範資本主義入侵愛沙尼亞蘇維埃社會主義共和國的單位。然而，他卻加入了德國人治下的**愛沙尼亞祕密警隊**（**Estonian Security Police**），於一九四二年五月至一九四三年三月間擔任警長。愛沙尼亞祕密警隊是犯下殺戮猶太人罪行的主要單位。自一九四三年四月以迄戰事告終之間，米爾都在一個武裝親衛隊分隊擔任營長。爾文・維克斯（Ervin Viks）在戰間期是一名愛沙尼亞員警，於一九四〇至四一年間效力於內務人民委員部，然後加入德國人統治下的愛沙尼亞祕密警隊，下令處決數以百計的猶太人與非猶太人。亞歷山大・維迪克（Alexander Viidik）戰前曾效力於愛沙尼亞政治警隊（Estonian Political Police），然後於一九四〇年效力於蘇聯內務人民委員部。德軍入侵後他為保安處（黨衛隊的情報機構）工作，招募他過去在蘇聯時期的舊識。[11]

愛沙尼亞一如其他任何地方，在德軍占領時期殺死猶太人的人同時也殺其他人。在德占立陶宛，一九四一年槍殺逾十萬名猶太人的警察也負責看守約當同樣數目餓死在集中營的蘇聯戰俘。[12]在拉脫維亞，殺死當地猶太人的突擊隊員也殺死精神病患與白俄羅斯的市民。由於愛沙尼亞猶太人口極少，因此跟其他地方相比，殺死非猶太人相對要更重要。在德軍占領之下，被殺死的九百六十三名愛沙尼亞籍猶太人全部死於愛沙尼亞人之手（通常是警察）。約有十倍之多的非猶太裔愛沙尼亞人也被同樣一批愛沙尼亞警察給殺害。[13]

＊＊＊

在丹麥幾乎一切都截然不同。不若芬蘭、愛沙尼亞、拉脫維亞、立陶宛等其他北歐國家，丹麥王國與蘇聯並未接壤，不受莫洛托夫－里賓特洛甫條約約束，也並未遭到紅軍占領。二戰是在一九三九年由德蘇聯手入侵波蘭之際爆發開來，但丹麥並未涉入其中。丹麥並沒有遭到蘇聯入侵，蘇聯的大規模射殺與遣送行動也並未波及丹麥的菁英分子。由於丹麥從來沒有滅亡，因此在愛沙尼亞生產出的政治性資源並未在丹麥創造出來。在一個只有發生過單次占領的地方沒有辦法產生出雙重的協力。

德國於一九四〇年四月對丹麥的占領是相對溫和的。對於德國而言，丹麥既非意識型態上的仇敵，也不是種族上的標靶，入侵其領土只是為了軍事上的原因，直截了當。德國人並未如他們在波蘭或即將在蘇聯宣布的那樣宣稱他們攻克的國家於焉不存。相反地，德軍的占領極為明確地是在丹麥保有主權的情況下進行。德國人表明他們並不「打算擾亂丹麥王國的領土完整或政治獨立」。[14]克里斯蒂安仍留在哥本哈根，以國家首長的身分統治。民主選舉仍然持續，國會照常運行，政權仍依丹麥人的意志輪替。一九四一年後，德國於東線的軍事行動停滯不前時，丹麥在德意志帝國中主要的任務就是提供糧食。固然有六千名丹麥人效力於武裝親衛隊，其中一些人在維京師（Wiking）與愛沙尼亞人並肩作戰。[15]

當最終解決方案於一九四二年從蘇聯德占區向西拓展到歐洲其他地方時，也造成了德丹關係上的麻煩。丹麥高層明白將猶太公民拱手交出來給德國人會損及丹麥的主權。一九四二年十二月，美、英、蘇發出警告，聲明協助德國謀害猶太人的協力者在戰後將須面臨後果。擁有主權的政府（例如丹麥）所處的位置應當特別注意這樣的警告。一九四三年初，德軍於史達林格勒投降時，戰事的浪潮倏地變得明顯不利於德國。哥本哈根方面更沒有理由參與在最終解決方案當中，而德方高層則更沒有理由疏遠丹麥人。[16]

然而剿滅猶太人仍然始終是柏林方面的優先考量。對於在丹麥的納粹占領軍高層領導維爾納・貝斯特（Werner Best）而言亦然。貝斯特起初與柏林溝通的時候堅稱最終解決方案在丹麥無法施行，因為會違反憲法，進而導致政府垮臺。這將迫使德方大規模介入丹麥，並攪亂此前達致的理想平衡狀態。但當丹麥政府因為其他原因而垮臺的時候，貝斯特看到了殺猶太人的曙光。他心想可以在新的政府成立前，趁著不穩定狀態的期間殺猶太人。一九四三年九月初，他向柏林提出相關的提案。

納粹在這方面心有餘而力不足。**魯道夫・米爾德納**（Rudolf Mildner）於九月廿日被派往哥本哈根擔任祕密警察與黨衛隊保安處的頭頭。他直接從被占領的波蘭的**卡托維茲**（Katowice）前來。在此之前，他在卡托維茲擔任蓋世太保的部長，負責奧許維茲事宜。換言之，他絕非沒有大規模殺戮猶太人的經驗。但他在哥本哈根的所見所聞讓他相信最終解決方案在丹麥不可能實行，至少不是以在其他無國家狀態地帶所能辦到的方式實行。在哥本哈根，他所遭遇到的是在更往東的地方已經被廢黜的體制——有主權的國家、有政治理念和民意基礎的政黨、形形色色的在地市民社會形式、不一定配合行動的警隊勢力等等。其他德國高層已經做出幾乎同樣的結論。當地的軍官拒絕支援德警任何對付猶太人的行動。當地的海軍軍官在被選定要圍捕猶太人的日子（一九四三年十月二日）將所有的船艦送修，使海岸空出來，好讓丹麥人可以在那為所欲為。他也將這個日子告知社會民主黨的政治人物，然後他們接著通知丹麥籍的猶太人。[17]

丹麥的鄰國瑞典在戰時保持中立，但在經濟上卻與德國戰事的努力方向共謀。一九四三年，瑞典有充分的理由倒向同盟國。瑞典在電臺的公開頻道上重複其提案，好讓丹麥籍的猶太人知道瑞典歡迎他們。於是丹麥人安排小型船隊護送其猶太人口前往瑞典。德警知悉這次行動，但並未加以阻止；德國的海軍就望著丹麥的船隻飄洋過海。丹麥市民做這些行徑並未冒太大的風險，因為在他們的國家裡，協助自己的同胞市民並沒有犯罪。德警在十月二日發動的突擊只抓獲了六千名有丹麥公民身分的猶太人當中的四百八十一人。保有主權的丹麥政府代表這些公民介入柏林方面的行動。其中有些人獲釋，其他人則被送往**特雷津集中營**（**Theresienstadt**）——原為捷克斯洛伐克的泰雷津（Terezín）——而非送往奧許維茲。他們當中沒有任何一人被毒氣毒死。但從其他國家來的猶太人卻被從特雷津送往奧許維茲處死，以便騰出空間給丹麥籍的猶太人。德方高層利用丹麥裔猶太人在場的樣貌攝製了一部宣傳電影，來宣稱猶太人在他們的集中營內的生活條件極佳。[18]

曾經身為丹麥公民的猶太人得以倖存，但這與在丹麥的猶太人倖存下來並不完全是同一回事。丹麥高層在一九三五年後並未接受猶太難民，並且他們還將一些稍早抵達的猶太難民遣送回德國。得不到丹麥政府保護的猶太人與得不到愛沙尼亞或其他任何地方政府保護的猶太人分享著同樣的命運，那就是死亡。[19]

＊＊＊

被占領的愛沙尼亞屬於整起猶太大屠殺發生的無國家狀態區域的一部分。在愛沙尼亞、拉脫維亞、立陶宛、波蘭與蘇聯西部，希特勒的全球性種族鬥爭的願景在無國家狀態的條件下被轉化為新的政治形式。雖然最終解決方案在這些地方最終以大規模殺戮的形式呈現，造成此一結果的事件序列都有所不同，但我們仍然可以指認出一套行動和匱乏。

所謂的行動指的是創造出種族化的體制或者混合的體制，其主要的任務就在於（一）摧毀國家；（二）發動侵略戰爭，讓這些體制得以在境外相對可行的環境中完成其任務；（三）毀滅國家，清除其政治上的能力，謀害其領導階層，並將上述行動重新界定成法律；（四）吸引協力者——當這涉及利用前一任國家毀滅者所創造出的政治性資源時特別有效，但也總是需要利用既存的在地警力。這些警力要不就是與先前的當局切割開來，要不就是在與先前的政體協力之後亟欲證明他們的忠誠；（五）動員心理上的資源，例如從羞恥感當中釋放出來，以及滿足復仇的欲望；（六）利用過去或者 ongoing 財產權被取消的情況所產生出的貪婪以及物質性的資源；（七）招募那些原先被委以殺死平民任務的德方機構；（八）利用先前國家覆滅時機構殘存下來的碎片。

在德國（或者蘇聯與德國）勢力摧毀了國家之後，所謂的匱乏指的是（一）否認國家主權，撤廢該國透過外交政策與德國勢力以外的外界所建立起的任何連結；（二）缺乏一個總體的政體來保護其公民或者讓公民有動機來保護其政體，因此，公民身分這種對等的關係便消弭無蹤；（三）移除法律、風俗習慣等傳統的國家保護形式；（四）黑市的興起，或者在自由市場當中缺乏個人權利的經濟行為，有些人因而被當作經濟的單位來對待，可以拿來消費或者販賣；（五）法律上的黑洞使得所有行為都變得可能發生，殖民主義的思考變成自然現象，因為歐洲傳統意義上的國際法不再適用。

這一系列的行動與匱乏都是描繪相同的極端狀況的方式，這極端的狀況就是：在某種無國家的地帶裡，大屠殺的行動是可以想見的，並且可以付諸實踐。在二戰期間，相對於此的另一個極端則是有主權的、不受德國勢力侵擾的國家。儘管關於大屠殺的分析當中往往對上述這些略而不提，但仍值得加以思考。畢竟希特勒的種族理論是以星球為出發思考的，且他對猶太人的宣戰是全球性的。沒有什麼理由認為在戰間期反猶主義在愛沙尼亞、拉脫維亞、立陶宛比美國、英國、加拿大更為普及。[20]

世上多數的猶太人在大屠殺期間都安全無虞，理由很簡單：德國的勢力並未觸及他們所生活的地方，也沒有威脅到給予他們公民身分的那些國家。持波蘭護照的猶太人在承認戰前波蘭國家地位的國家裡很安全，但在不承認戰前波蘭國家地位的國家裡則會遭到殺害。美籍、英籍的猶太人不僅在他們的國家裡很安全，甚至在各地都安全無虞。除了少數例外，德國人並未考慮要謀害持英、美護照的猶太人。一如無國家的狀態一樣，國家狀態與猶太人如影隨形。蘇聯的猶太人一旦在德軍發動滅絕戰爭的德占區被捕獲，幾乎無一例外都會遭到殺害。在這些地方，德國人的行事作風彷彿蘇維埃國家已經被消滅了，並試圖毀滅一切蘇聯的蹤跡。然而，要是身在蘇聯領土內或者德軍占領區以東，猶太人就可以自外於最終解決方案──儘管他們當然仍得服膺於蘇聯的政策。內務人民委員部一九四〇年遣送的波蘭籍猶太人當中，約有百分之十五在運輸的過程中或者在古拉格身亡；即便如此，在戰事告終時，這些被遣送的人仍然是波蘭籍猶太人當中存活數量最大的群體。

猶太大屠殺發生在國家被毀滅的這一端；而在國家保持完整的這一端，大屠殺則沒有發生。在這兩端之間是那些德軍所及但國家並未遭到毀滅之處，亦即那些與德國有盟友關係或被德國占領（或兩者皆是）的國家，納粹領導人在此試圖完成最終解決方案未果。德方的政策是要揪出在這些地方居住的猶太人，並加以遣送或殺害。儘管來自這些國家的猶太人遇害數量令人咋舌，且猶太人在這些地方的下場總是比他們的同胞公民悽慘，但總體而言，曾有這些國家公民身分的猶太人也有逾半數倖存了下來。受難的規模──幾乎每兩名猶太人就有一名遇難──比二戰時其他任何人種類別都來得高。但這仍然與發生在無國家狀態的地區的殺害率──大約是每二十名猶太人裡就有十九名遇害──有顯著的不同，此一現象值得注意。固然，雖然都受到德國影響，但個別保有（某種程度上的）主權的國家之間彼此的歷史仍有殊異，而存活的邏輯——公民身分、官僚制度、對外政策——卻是放諸四海皆準。

＊＊＊

公民身分一詞是用來界定個人與提供庇護的政體之間的相互關係。沒有國家時，沒有任何人是公民，人命猶如草芥。在德國占領的歐洲，沒有任何地方的非猶太人遭受的對待比猶太人還慘。但在國家被毀滅的地方，沒有任何人是公民，也沒有任何人能預期國家出手保護。這意味著德國其他的大型犯罪、餓死戰犯、謀殺平民百姓——多是白俄羅斯人、波蘭人、吉普賽人——也幾乎完全發生在無國家狀態的地區。這些政策綜合起來殺死了約和大屠殺一樣多的人，而且這樣的政策只能在同樣的地方施行。在國家尚未被毀滅之處，這樣的極端手段是不可能實現的。[21]

在與德國同盟或者身在更傳統的占領體制下的國家裡，主要的政治體制仍完好如初，不是猶太人的人鮮少因為出手保護猶太人而受到懲罰。非猶太人若有國家公民身分，便不能只因他們協助了猶太人就輕易處死。然而，在波蘭總督府與被蘇聯德占區西部，協助猶太人則可以死論罪。光是在波蘭總督府的個別行政區內，因協助猶太人而被處死的波蘭人人數就比整個西歐國家多。這不是因為波蘭人特別願意對猶太人施以援手（他們並沒有），而是因為他們時時會因此遭到處決，這在西歐甚少發生。誠然，在西歐有些德國占領下的地方，藏匿猶太人甚至不是可以問罪的行為。[22]

試比較三位著名的親身經歷這個年代的人士：**維克多・克倫佩勒**（**Victor Klemperer**）、**安娜・弗朗克**（**Anne Franck**）、**伊曼紐爾・林格布魯姆**（**Emanuel Ringelblum**）。克倫佩勒是一名猶太裔德國學者，曾寫過一篇關於第三帝國語言的精采分析。弗朗克是藏身於荷蘭的德籍猶太人，她寫下的日記日後成為關於大屠殺流傳最廣的文字。林格布魯姆是在波蘭的猶太人生活史家，他在華沙猶太區內組織歸檔了整個檔案庫，豐富了大屠殺的最重要的素材。「蒐集愈多愈好，」林格布魯姆對同一計劃的同事歐內格．沙巴特（Oneg Shabbat）說：「他們能在戰後整理出來。」[23]克倫佩勒存活了下來，照顧他的人亦然；弗朗克死了，但試圖庇護她的人存活了下來；林格布魯姆和數名幫助過他的人則都遭到槍殺。這些下場反映出戰爭期間德國、荷蘭、以及德占波蘭等地不同的法律結構。[24]

由於克倫佩勒是一名德國公民，妻子也不是猶太人，因此他並不適用於德國普遍將猶太人遣送、殺害的政策。由於他的妻子並未與他離婚，他就像許多類似的德國猶太男性一樣得以倖存。安娜．弗朗克也是一名德國猶太人，但由於逃竄到荷蘭，她連**紐倫堡法（Nuremberg Laws）**下還適用於她的殘存的國家公民資格也喪失了。最終她和家人仍然被發現並遣送至奧許維茲，在被轉往伯根－貝爾森集中營（Bergen Belsen）後身亡，可能死於斑疹傷寒。窩藏她家人的荷蘭公民得以倖存，因為他們的所作所為在荷蘭並不用問罪。林格布魯姆的歷史則有所不同。他多次被捕，又多次在波蘭猶太人與非猶太裔波蘭人的協助下被救援出來。最終，他和一同藏匿的波蘭人全部遭到處決，且可能是在華沙的猶太區灰燼中一同行刑。多數試圖協助猶太人的波蘭人並未被殺，但也有許多人遭到殺害；這是個他們所有人都面對的風險。這就是無國家狀態下的困境。[25]

對於猶太人他們自己而言，國家的存在意味著持有公民身分，即便只是最薄弱、最羞辱人的公民身分形式。公民身分意味著在法律上有境外移民的可能性。多數德籍猶太人與奧地利籍猶太人會利用這一機會，儘管這樣一來，他們就普遍失去了過去的財產、人脈。對於猶太人而言，公民身分意味著民法的存在，即便可能是一部充滿歧視的民法，也仍允許他們的財產所有權。這可以拿來交換離開的權利，儘管交換的過程常常不是正義的。從法律上剝削猶太人通常被看成是通往滅絕猶太人的一步，但實際上並非完全如此。對於猶太人的生命安全而言，即便法律上的歧視形式多麼剝削人，其風險也遠比政權的更迭或國家權威的消逝來得小。在那些狀況中，猶太人瞬間被置於人人得而誅之的境地，因為他們失去了訴諸民法的途徑，因而他們的財產權也於焉不存。這並非用財產來交易性命安全，而是人財兩失。

在反猶太國家裡的法律性歧視並不會自動讓猶太人墮往無盡的深淵，直至死亡，但國家的覆滅會導致這樣的結果。一旦猶太人沒有了國家體制的庇護，也就失卻了高層和底層官僚的保護。倘若能夠重新取得這些保護的途徑，猶太人就可以活命，但這寧非易事。**安東・施密德**（**Anton Schmid**）是一名來自維也納的德（奧）軍人，他在維爾紐斯辦公室負責將個別的德國士兵歸建至他們各自的單位。他提供一名猶太男性國防軍的軍服與存款簿，藉此救了他一命；他在維爾紐斯幫一名猶太女性偽造法律身分，藉此救了她一命。軟硬兼施之下，他偽造出假的受洗證明，讓她得以接連通過五道行政手續，直到被正式登載為止。在無國家狀態的地區裡，沒有任何猶太人可以靠自己做到這些。施密德總計至少為上百名猶太人提供了文件，讓他們有機會存活。[26]

在現代國家中，公民身分意味著有接觸官僚體系的途徑。官僚體系背負著殺猶太人的惡名，但毋寧說撤廢官僚體制才是殺死猶太人的元凶更為接近現實。只要國家主權賡續，官僚體系的侷限與可能也就會持續下來。多數的行政機關會讓時間慢下來，事務必須經過考量，也許這當中還涉及請願或者賄賂。當德國以外的主權國家的人們想要自命清高，是官僚體系讓他們有機會用國家雇員所能理解、背書的實用的語言或者愛國的詞藻，把自己的論證包裝成代表的是個別猶太人。德國以外的官僚體系也展現出典型的踢皮球傾向，聽候高層下達清晰的指示，並堅持表述的清晰度以及正當的公務文書。許多讓官僚體系在日常生活中顯得惱人的東西對猶太人來說卻意味著續命的機會。[27]

就算是德國的官僚體系也不會親自誅殺猶太人。就算已經被鋪天蓋地的納粹結構給層層穿透了整整六年，德國的官僚體系仍然沒辦法殺死德國的猶太人。從來沒有人以終極決定性的方式告知德國軍官究竟德國公民當中哪些人算是猶太人。在一九四二年元月惡名昭彰的**萬湖會議**（**Wannsee Conference**）中，比起其他議題，這項議題似乎占去更多的時間，但這無論在當下還是後來都仍然沒有得到解決。這並非因為德國人無意甄別猶太人：相關律師人員咸信猶太「血緣」必須被從「德國以及整個歐洲的血脈」當中清洗乾淨。[28]這樣的事情只可能在鄰近的歐洲國家被入侵、政體傾頹之際遂行。德國的猶太人之所以會死，不是因為德國的官僚體系行事精準，而是因為其他國家的官僚體系已經被摧毀。在戰前德國的領土上，除了少數的例外之外，德國的猶太人並沒有被殺死，而是被從德國揪出來送往沒有官僚體系的東邊地帶；若是在戰前，他們在這些地方完全會安全無虞。

處決德國猶太人的行刑地是羅茲、里加、明斯克等地。大屠殺通常是從德國猶太人的視角出發來追憶，在這些視角下，這些地名所召喚出的是某種死亡在未知的狀態中帶來的恐懼。在許多德國人的心目中（也因此在許多德國的文獻材料中），這些城鎮不過是殖民式的生存空間當中次人類無可無不可的集散地。結合納粹與德國猶太人的資料來源有時會帶來誤導，這些地方刻畫出來的形象並不完整。

在戰前，在毀滅國家的政策開始以前，這些城鎮都是歐洲猶太市民社會的模範。舉例而言，羅茲是波蘭第二大城，也是第二大猶太城鎮，中產階級的猶太人為數不少。羅茲也是影響力最強的波蘭語詩人之一**朱利安·杜維姆**（**Julian Tuwim**）的出生地，杜維姆也是一名猶太人。一九三九年德國入侵波蘭後，羅茲遭到德意志帝國併吞。里加曾是拉脫維亞的首都，猶太人在此依民法享有平等權利，在國會當中占有席位，在政府當中也居要職。一九三〇年代末，里加庇護了為數頗眾的來自德國、奧地利的猶太人。一九四〇年，里加先是因蘇聯的國家毀滅行動而有所變異，復又於一九四一年被德國的國家毀滅行動所改變。在德軍入侵蘇聯前，明斯克本來是白俄羅斯蘇維埃社會主義共和國的首都。種族通婚的比例頗高，猶太人與其他人種的小孩常玩在一塊兒。在一九三七年發生的蘇聯大恐怖中，大批猶太人遭到處決，但不是因為他們是猶太人的緣故，而往往是因為他們被誤指為波蘭間諜，因而被抓上內務人民委員部的囚車帶走處死。在蘇聯統治下的明斯克，反猶太主義固然存在，但反猶是可以論罪的。一直要到一九四一年，明斯克被德國占領了之後，人們才開始因為自己的猶太身分被殺害。在東歐，猶太的都市文明展現出形形色色的樣貌，而唯有在國家覆滅的情況下，有猶太特色的城鎮才會被轉變成殺猶政策風行的地方。

唯有在其他地方已經建立好沒有官僚體系的地帶時，德國的官僚體系才能殺害猶太人。因而，波蘭的國家地位在戰爭之初就被消滅了，這對於整起大屠殺的進程來說至關緊要，因為正是在德占波蘭的領土、在德國的特別殖民地帶才能打造滅絕營。德國人也考慮在蘇聯德占區的莫吉廖夫打造滅絕營，但這從未付諸實踐；結果為了莫吉廖夫所設計的火葬設備被送到了奧許維茲。29

＊＊＊

普遍說來，官僚人員的薪水與尊嚴都來自主權國家，他們也理解犧牲公民就意味著犧牲公民身分，而犧牲公民身分則代表主權的弱化。即便當官僚人員施行反猶政策時，對他們來講很重要的是這些政策是源自於本土（而非外來）的決策。「自己的猶太人自己解決」這種想法雖然不怎麼高尚，但卻是很典型的想法。彼時就和現在一樣，主權意味著能夠執行外交政策的能力。在大多時空環境中，外交政策的根本目標就是保存國家。這得要確保能夠改變猶太政策的能力，因為有時一道猶太政策在策略上是否施行得要看當時國際局勢的分布。即便是那些相信遣送猶太人是為了國家好的種族清洗人士，也並未忽略猶太問題只不過是多項議題中的一個這樣的事實。

對於所有制定對外政策而把焦點放在國家本身的人來說，關鍵的問題終歸是戰事可能的結果。大抵而言，與納粹德國結盟的國家至一九四二年為止都恪遵納粹的政策（儘管這當中沒有任何一個國家全面遵循），而此後則轉向同盟國的政策（當然出發點是反猶太政策，有時已有大規模殺戮的紀錄）。只要國家掌有主權，政策一旦更迭，猶太人有時便得以倖存。至於主權已被消滅的地方，也就毋須再制定外交政策了。

＊＊＊

因此，公民身分、官僚體系、對外政策阻礙了納粹把所有歐洲猶太人殺光的驅力。當然，所有被德方政策所影響但未覆滅的許多國家各有各的歷史與特殊性。在並未被毀滅但某些方面被德國宰制的國家當中，以下三種群體浮上檯面：一、傀儡國家，如在其他國家被摧毀後所肇建的斯洛伐克、克羅埃西亞；二、在戰前已存在且自願與納粹德國結盟的國家，如羅馬尼亞、匈牙利、保加利亞、義大利；三、戰敗後領土遭納粹德國占領，體制被或多或少改變但並未全盤覆滅的國家，如法國、荷蘭、希臘。這些國家之間的變異並沒有像愛沙尼亞與丹麥之間判若雲泥。它們是在主權的雙重毀滅與輕微的德軍占領之間的光譜上的點點。這些國家的猶太人的歷史證實了主權與生存之間的連結。

第九章　主權與生存

在德國的盟友當中，從其他國家的廢墟而生的傀儡政權與大屠殺發生的無法治狀態的區域地帶（zone of lawlessness）最為類似。這樣的政權之生建立於一個國家的滅亡，而舊政權的覆滅、新政權的誕生，都在德國的命令之下發生。政權遞嬗之際，所有舊有國家的公民都失去了前一政權的保護。新的國家的統治者可以接著決定在他們的領土上要授予哪些人公民權。若憲法是在德國的授意之下編纂而成，猶太人獲得該國完整公民權的機會渺茫。德國很樂意接收這些新國家的猶太人口，先是讓他們進入勞動營，嗣後再讓他們進入滅絕營——這也為在地的族群清洗創造出機會。德國所創造出的兩個傀儡政權——從南斯拉夫創建的克羅埃西亞和從捷克斯洛伐克創建的斯洛伐克——都由民族主義者所統治，若非多種族的組成遭到了破壞，這些民族主義者也不可能掌權。長期以來，傀儡政權實際上對納粹德國的依附意味著他們並沒有進行正常的對外政策，也不是真正的主權國家。由於這樣的政體不可能在納粹戰敗的情況下苟延殘喘，其領導人也不可能真的考慮換邊站，或者試圖去拯救他們僅存的猶太人。

在南斯拉夫發生政變繼而退出軸心國後，德國於一九四一年四月入侵南斯拉夫。這次入侵算是一場軸心國的行動，義大利、匈牙利、保加利亞軍隊都參與在其中。此前，南斯拉夫是由塞爾維亞人主宰的中央集權國家；南斯拉夫覆滅後，塞爾維亞人成為德國軍事行動下的一區。被扶植上臺的傀儡政府缺乏任何主權。在塞爾維亞，德國人將所有能夠工作的猶太男性都關進了勞動營，並宣布任何破壞行動都會導致大規模的報復行動。如同在蘇聯德占區（時程進展也類似），德國占領勢力選擇針對平民施加恐怖手段來當作中心的控制方法。所有抵抗行動都以針對猶太人（有時則針對吉普賽人或共產黨人）的報復收場，標準比例是每有一名德國人死就殺死一百名當地人。此一手段的結果是，及至一九四一年底，大多數塞爾維亞的猶太人（共約八千人）已經命殞。[1]

在塞爾維亞人之後，克羅埃西亞人成為南斯拉夫當中人口最多的族群。戰前的南斯拉夫王國並沒有變成以民族劃分領土的聯邦；其選區被以「傑利蠑螈」法劃分（gerrymandered，以不公平的選區劃分方法操縱選舉，致使投票結果有利於某方——譯按）以確保塞爾維亞人的宰制地位。以此原因以及其他種種原因，克羅埃西亞人對於貝爾格萊德方面的統治有所不滿，這透過克羅埃西亞農民黨（Croatian Peasant Party）表達出來。與烏斯塔沙（Ustaše）的克羅埃西亞民族主義分子不同，農民黨反對恐怖主義。

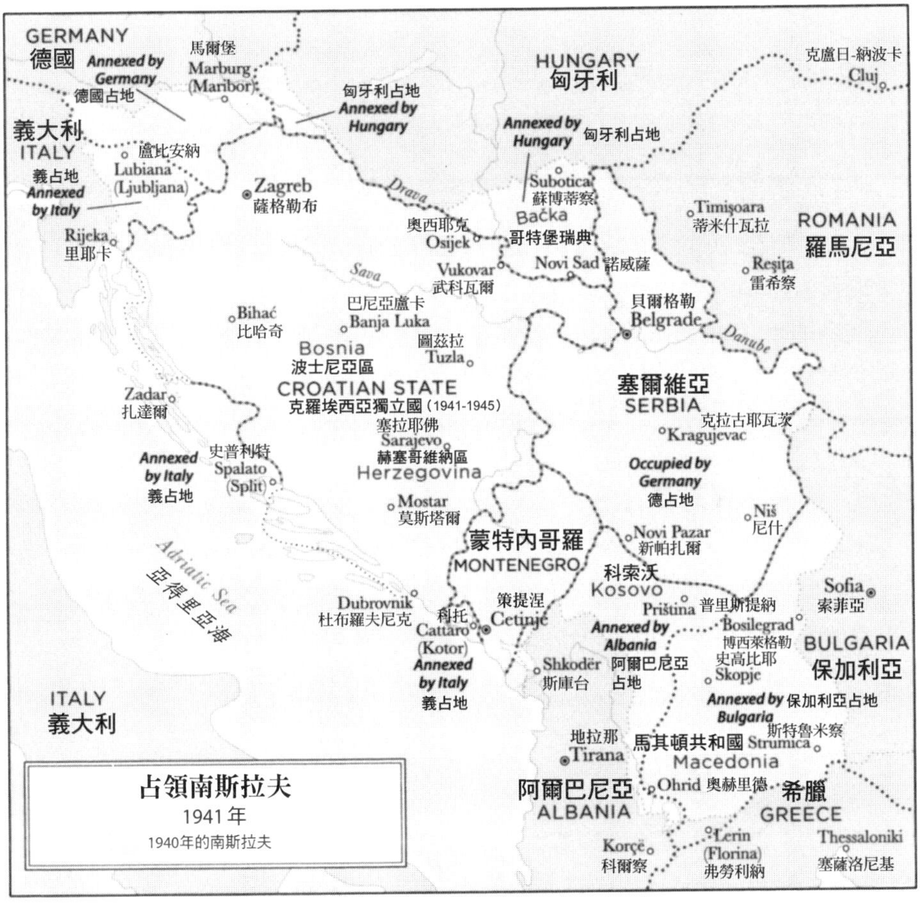

占領南斯拉夫
1941年
1940年的南斯拉夫

烏斯塔沙不可能在南斯拉夫掌權，在一民主、獨立的克羅埃西亞打贏選戰的機會也同樣渺茫。然而烏斯塔沙是德國人所揀選出來的工具，其政權將存在於南斯拉夫的不義歸咎到塞爾維亞人、猶太人的頭上，並且採取種族清洗的反猶暴行做為任何國內政策的替代方案。戰時，克羅埃西亞最大的滅絕營是札格瑞布（Zagreb）以南一百公里的亞塞諾瓦茨（Jasenovac）集中營。此前在那裡最主要的受害群體是塞爾維亞人，儘管就比例上而言吉普賽人、猶太人受害更多。

克羅埃西亞做為一個國家要撐過德國戰敗的機會渺茫；以此而言，克羅埃西亞既沒有對外政策可言，也並非一個主權國家。在多數德國盟友已經停止將猶太人送進奧許維茲之後，克羅埃西亞方面仍然於一九四二年八月、再來於一九四三年五月將猶太人送進奧許維茲。總的來說，戰時克羅埃西亞約有四分之三的猶太人都遭到殺害。[2]

＊＊＊

斯洛伐克是另一個從德國所毀滅的民族國家的廢墟上出現的傀儡政權。捷克斯洛伐克是一個多民族國家，但並非聯邦國家。而對於捷克人在斯洛伐克領土治理上占有優勢，斯洛伐克人心生不滿是可以理解的。這些議題必定不會搞垮民主的捷克斯洛伐克。希特勒在一九三八年在「蘇臺德區」用德國民族主義威脅捷克斯洛伐克的時候，同時也鼓勵斯洛伐克分離主義。結果，民族主義鋌而走險的路線取得公信力，並能夠與更主流的斯洛伐克政黨聯手作戰，爭取從布拉格取得自治。約瑟夫・蒂索（Jozef Tiso）所領導的斯洛伐克是一九三九年三月德國毀滅捷克斯洛伐克產生的結果。在從捷克斯洛伐克往斯洛伐克的法律過渡的過程中，斯洛伐克人對猶太人大肆巧取豪奪。蒂索與新國家的領導人將之視為自然過程的一部分，斯洛伐克人在這樣的自然過程中會取代猶太人（斯洛伐克的天主教徒在一定程度上會取代新教徒）成為中產階級。對猶太人巧取豪奪的法律因而創造出一個人為的猶太問題：要怎麼樣處置這些貧窮的人們？[3]

一九四〇年十一月，斯洛伐克加入軸心國，並參與在一九四一年六月的德國入侵蘇聯行動當中。同年九月，斯洛伐克通過了自己的一套歧視猶太人的法案。十月，斯洛伐克領導人就遣送其猶太人口到奧許維茲議題與海因里希・希姆萊達成協議[4]；十二月，德方向他們擔保被遣送的人不會再回來。儘管約有兩萬三千名猶太人取得官僚體系上的豁免權，仍有約五萬八千名猶太人遭到遣送，其中大多數遇害。一九四三年三月，當戰事的浪頭一轉，斯洛伐克的主教代表皈依基督教的猶太人以及猶太裔的基督徒出手干預，斯洛伐克官方自此停止遣送猶太人。一九四四年八月底，蘇聯勢力挺進斯洛伐克東部時，斯方的抵抗勢力也開始起身對抗蒂索的政權，導致德軍與德意志特別行動隊入侵斯國，並且又有另一萬兩千名猶太人慘遭毒手。最終，斯洛伐克大約四分之三的猶太人被殺害。[5]

＊＊＊

羅馬尼亞是德國一九四一年以後在東線的主要軍事盟友，也是唯一一個自主制定出直接大規模殺害猶太人政策的國家。歷史上來說，反猶主義是羅馬尼亞政治生活上的一部分，其比重甚至遠比德國的政治生命還多。在十九世紀，國家當局已將猶太人認定並汙名化為對羅馬尼亞安全的威脅；只有來自西方列強的外來壓力在一戰之後擴充了羅馬尼亞的領土，並將猶太人包含進來成完整的公民。[6]羅馬尼亞始於二戰期間的遣送、殺害猶太人的政策與失去土地的創傷有關。羅馬尼亞在戰爭期間並未喪失國家地位，但確實領土淪喪。重新拿回那些失陷的領土將成為布加勒斯特（Bucharest，羅馬尼亞首都——譯按）方面主要的政治目的。在羅馬尼亞失卻的領土上生活的猶太人行將成為新一波大開殺戒政策的主要受害者。

一戰後，羅馬尼亞被當成是戰勝國之一；隨著平等對待猶太人這樣的忠告而來的是領土的大幅擴張。布加勒斯特方面整個一九二〇、三〇年代在體制上、政治上的主要考量是這些領土的「羅馬尼亞化」。一九四〇年夏天，就在區區數週之間，大多得到的領土又淪喪了。蘇聯於一九四〇年六、七月間占領了羅馬尼亞東北部（**比薩拉比亞**〔**Bessarabia**〕和北**布科維納**〔**Bukovina**〕），並於八月兼併了這些地方。同樣在八月，德國命令羅馬尼亞把北**外西凡尼亞**（**Transylvania**）讓與匈牙利。不久後，羅馬尼亞的**多布羅加**（**Dobruja**）又淪於保加利亞之手。因此在那個夏天，約三分之一的領土和人口頓時消弭於無形。君權付出了代價。此前曾宣稱自己係一皇家獨裁者（royal dictator）的羅馬尼亞國王試圖將自己軟弱的指控轉嫁給猶太人。那些罷黜他的人則把他連同猶太人一起責備。一九四〇年九月，揚．安東內斯庫（Ion Antonescu）將軍掌權，他以恢復領土為業，最初以法西斯**鐵衛團**（**Iron Guard**）來遂行統治。[7]

傳統上，羅馬尼亞是法國的附庸，羅馬尼亞的菁英認同法國的文化，法語在羅馬尼亞亦通行無阻，且法國的外交政策在一戰後為羅馬尼亞帶來領土的增加。一九四〇年德國曾入侵、擊敗法國，迫使羅馬尼亞將領土割讓給鄰國。在這個情況下，安東內斯庫認為唯一的選項就是與德國結盟，因為巴黎已經算不上一回事，而德國卻能夠改變疆界。羅馬尼亞的政治宣傳機關並未批評德國的行動，反而集中火力在蘇聯的侵略上。猶太人於一九四〇年夏天喪失了所有的權利。羅馬尼亞法律以德國的法律為範本作為討好柏林方面的舉措之一。一九四一年一月七日，安東內斯庫訪問柏林期間成為第一位知悉希特勒侵略蘇聯計劃的外國領導人。希特勒對羅馬尼亞軍隊相當認真以待；在波蘭覆滅之後，羅馬尼亞軍是東歐唯一一支頗具規模的軍力，尚足以對付紅軍。安氏了解希特勒的意圖，也享受受希特勒信任的感覺，因而自信可以甩脫鐵衛團單靠自己治理。[8]

一九四一年六月二日，羅馬尼亞軍加入德國第十一師，從羅馬尼亞領土對蘇聯發動攻擊。基本上這和其他德國的行動一樣是再一次的入侵（reinvasion）。羅馬尼亞軍隊先是抵達一年前被紅軍占領為止都還屬於羅馬尼亞領土的北布科維納和比薩

拉比亞。如同在波羅的海的國家一樣，羅馬尼亞重新入侵時，蘇方正在進行大規模的遣送行動。六月十二日晚間，也就是羅馬尼亞軍隊抵達的三週之前，蘇聯內務人民委員部已遣送至少兩萬六千一百七十三名羅馬尼亞公民，另逮捕六千二百五十名羅馬尼亞公民。[9]和德國一樣，羅馬尼亞將蘇聯描繪為一個猶太布爾什維克國家。在入侵的前幾天，羅馬尼亞的領土上發動了一起大規模的反猶暴行，這大大超越了戰前德國可能發生的規模。羅馬尼亞勢力重新入侵陷蘇的領土時射殺了大量城鎮裡的猶太人，總數約在四萬三千五百人之譜。[10]

羅馬尼亞的政治修辭與德國人的呈現方式頗為類似。希特勒與安東內斯庫宣布自猶太布爾什維克主義中解放出來了。德國人一直告訴其他人（波蘭人、立陶宛人、拉脫維亞人、愛沙尼亞人、白俄羅斯人、俄羅斯人）說猶太人是共產主義者，共產主義者是猶太人。羅馬尼亞人也這麼對彼此說。德國人起初並沒有意識到大多數與蘇聯秩序協力的人並非猶太人。羅馬尼亞人則知道，透過把蘇聯的統治歸咎於猶太人，他們也在為自己人開脫。如同在東邊的其他地方，在地人首要的反應就是秋後算帳，族裔鮮少被納入考量或並未被納入考量。羅馬尼亞勢力實際上意圖保護當地猶太人以外的蘇聯協力者，並一陸懲罰猶太的蘇聯協力者以及其他猶太人。他們的任務被定性為「殺死所有的猶太人，保護親蘇的非猶太人士不被他們鄰人的憤怒波及。」[11]如同羅馬尼亞人所了解到的，「現在只有猶太人會被迫害！」罪責的族裔化完全是事先規劃好且有意為之的。[12]

羅馬尼亞軍迅速拿回這些戰前的領地，且占領了蘇維埃烏克蘭南部一大部分。如同德軍，緊接著他們腳步的是身負煽動反猶暴行任務的特別小組。一九四一年七月六日，有一則羅馬尼亞反情報單位的命令明確指示組織反猶暴行，並要將之裝扮為出於自發的行動。有許多案例中是當地的羅馬尼亞人或烏克蘭人在羅馬尼亞軍隊抵達以前就已殺了猶太人。然而也如同在其他地方一樣，許多人只是袖手旁觀。在這幾週之內，羅馬尼亞勢力和德國勢力一樣都對反猶太暴行沒有擴散得更廣感到沮喪。在一開始的反猶暴行之後，隨之而來的是將猶太人遣送到比薩拉比亞、北布科維納和更往東邊的羅馬尼亞所占領的蘇聯領土，名為**「外涅斯特里亞」**（**Transnistria**）。有些猶太人從外涅斯特里亞的一地被遣送至另一地。在遣送的過程中，當地羅馬尼亞人和其他人利用法律的保護不及於猶太人的機會，有些人強暴了猶太婦女，也有些人賄賂憲兵，以換取挑選隊伍中看似富有的猶太人的權利，以便謀財害命。近二十萬猶太人被集中在豬圈、穀倉、農地搭建的臨時集中營，他們到了這些地方不旋踵就開始喪命。那些從這些集中營生還的倖存者回憶道，他們受到當地人（尤其是婦女）的幫助，這些婦女冒險提供他們糧食和水分。同一時間，羅馬尼亞軍隊則大規模槍殺猶太人，以作為兵敗紅軍的報復。在七千名羅馬尼亞士兵於一九四一年十月的敖德薩（Odessa）之役中犧牲後，羅馬尼亞士兵在城裡城外射殺了兩萬六千名猶太人。總之，羅馬尼亞全面性的遣送和間歇性的屠殺之舉就類似當時德國將猶太人送往西伯利亞的概念。[13]

然而，從布加勒斯特方面的觀點來看，這次反猶行動乃是針對羅馬尼亞眾多敵手之一所嘗試的一次種族清洗，就在兩年之內兩度易手的國家領土上實行，在此地可以將敗戰怪罪到猶太人的頭上，把他們當作協力的替罪羔羊，或以戰爭為包裝將之剿滅。羅馬尼亞官方也策畫將猶太人從未受戰事波及的國家中心地帶遣送出去，但事實證明這很難以執行，最終也並未施行。羅馬尼亞中心地帶的猶太人從未喪失公民身分；那裡沒有戰事的包裝，也沒有辦法把事情歸咎於共產主義。在廿八萬名左右命喪羅馬尼亞政策的猶太人之中，約有一萬五千人戰前居住在未易手的羅馬尼亞領土上。這固然為數頗眾，但也只占總數的百分之六。就如同死於德國之手的猶太人有百分之九十七住在戰前德國領地之外，死於羅馬尼亞之手的猶太人中，有百分之九十四住在割與蘇聯或從蘇聯拿回的領地。[14]

一九四二年，羅馬尼亞在此前與德方頗為合作的涉猶政策飄移到了其他的方向去。柏林方面希望羅馬尼亞將治下剩餘的猶太人遣送到奧許維茲，但沒有任何人被送去。布加勒斯特方面的拒絕係出於對主權的盤算。羅馬尼亞之所以遣送、殺害猶太人是基於其自己的理由和為了遂行自己的目的。羅馬尼亞的領導人對派遣到布加勒斯特協商的德國人的專橫姿態不勝其擾，且對於他們被要求遣送猶太人出境但（匈牙利、義大利的猶太人等）其他德國盟軍的公民卻仍待在境內一事大為光火。他們憂心處理掉猶太人徒使在外西凡尼亞城鎮中的德國少數族裔坐收漁利，進而提高德方在羅馬尼亞的影響力。更有甚者，自己對東線戰事的貢獻也並未換得匈牙利歸還北外西凡尼亞的失土，對此羅馬尼亞人更是深感不悅。

羅馬尼亞的政策是殺害作為少數的猶太人，可以於戰爭期間在政治後果稱不上嚴重的情況下將他們處理掉。當這樣的算計發生變化時，政策也隨之改變。藉戰事來掩護遣送、殺害吉普賽人也是羅馬尼亞的政策；由於這項政策須與涉猶政策交相協調，因而遭到某種事件中斷。一九四二年十月，羅馬尼亞中止了他們自己的遣送行動，也中止其殺戮政策。他們也中止將猶太人送往奧許維茲的相關討論。一九四三年，希特勒試圖改變安東內斯庫的想法未果。[15]希特勒的論點是，羅馬尼亞在未來德國統御的歐洲所處的位置取決於其現在對猶太人的態度；安東內斯庫的看法則是，史達林格勒周遭成堆的羅馬尼亞人屍身已是足夠的犧牲了。一九四三年，布加勒斯特方面再一次地對生活在境外的羅馬尼亞猶太人提供保護，而未將猶太人送往奧許維茲。翌年，羅馬尼亞毀其盟約，其軍隊以迎戰德軍而非與德軍並肩作戰之姿結束戰事。總之約莫有三分之二的羅馬尼亞猶太人得以倖存。[16]

羅馬尼亞大屠殺（Romanian Holocaust）以國土淪喪之創傷始，隨之而來不僅是政府的更迭，也是體制上由君主制易為軍事獨裁的嬗變。大屠殺主要發生在新體制相信能透過武力從蘇聯贏回的地帶。在未易手的領土上的羅馬尼亞猶太人通常得以活到戰事告終，但在政權兩度易手的地方——先是蘇聯摧毀羅馬尼亞國家結構，然後羅馬尼亞再一報還一報——的猶太人則通常沒那麼幸運。羅馬尼亞大屠殺的邏輯近似於德國的大屠殺，只有一個主要的例外：與希特勒不同，安東內斯庫認為他自己的國家值得保護，因而儘管他自身也持反猶主義，但他只將猶太問題視為眾多議題中的一個。一旦國家陷於危急存亡之秋，安東內斯庫就會慢下迫害猶太人的腳步。希特勒實際上的信念是一個種族的世界而非國家的世界，因而其做法與安氏背道而馳。

＊＊＊

在匈牙利長期以來的統治者霍爾蒂．米克洛什（Regent Miklós Horthy）攝政之下，匈牙利的領導班子朝著與德國結盟的步伐邁進，其目光焦點總是放在鄰國的宿敵羅馬尼亞身上。布加勒斯特方面在一戰後取得大片領土，其斬獲有一部分是布達佩斯方面的損失。被當成戰敗國的匈牙利依一九二〇年的**《特里亞農條約》**（**Treaty of Trianon**）的結果喪失了泰半領土。廿年後，匈牙利靠著德國藉勢收復一些失土。由於捷克斯洛伐克已被消滅，匈牙利獲得斯洛伐克的南部以及喀爾巴阡盧森尼亞。羅馬尼亞於一九四〇年夏天所失去的北外西凡尼亞收歸匈牙利所有。這些兵不血刃就吞併的領地使得匈牙利與德國緊緊地綁在一起。如果說希特勒可以授予領土，那麼他也可以將之奪走。羅馬尼亞之所以與德國並肩作戰對抗蘇聯是為了收復失土；匈牙利加入對蘇聯的入侵則是為了不要失去同一片領地。它們在東線的作戰絕大部分是為了在外西凡尼亞問題上獲得德方的青睞。[17]

布達佩斯方面通過了以德國為藍本的反猶立案，以作為效忠於柏林的信號，但這本身並未就導致了大規模的殺戮。狀態最危急的猶太人是那些住在被匈牙利新斬獲的領土上的猶太人。匈牙利官方將猶太人從喀爾巴阡盧森尼亞遣送出去，越過蘇聯邊境，而彼時正值德軍進犯蘇聯。這些猶太人便於一九四一年八月在卡緬涅茨－波多利斯基淪為大屠殺當中首次大規模射殺的槍下亡魂。一九四一年四月，匈牙利加入德軍同盟攜手入侵南斯拉夫，匈牙利勢力在那裡也槍殺了一些猶太人。軍隊也迫使猶太人進入勞動營，在占領下的蘇聯惡劣條件中工作。約有四萬名匈牙利籍的猶太人在這些單位中喪命。[18]儘管如此，匈牙利的領導階層仍不曾有意將其猶太公民遣送到奧許維茲。匈國政府的態度是：像是清

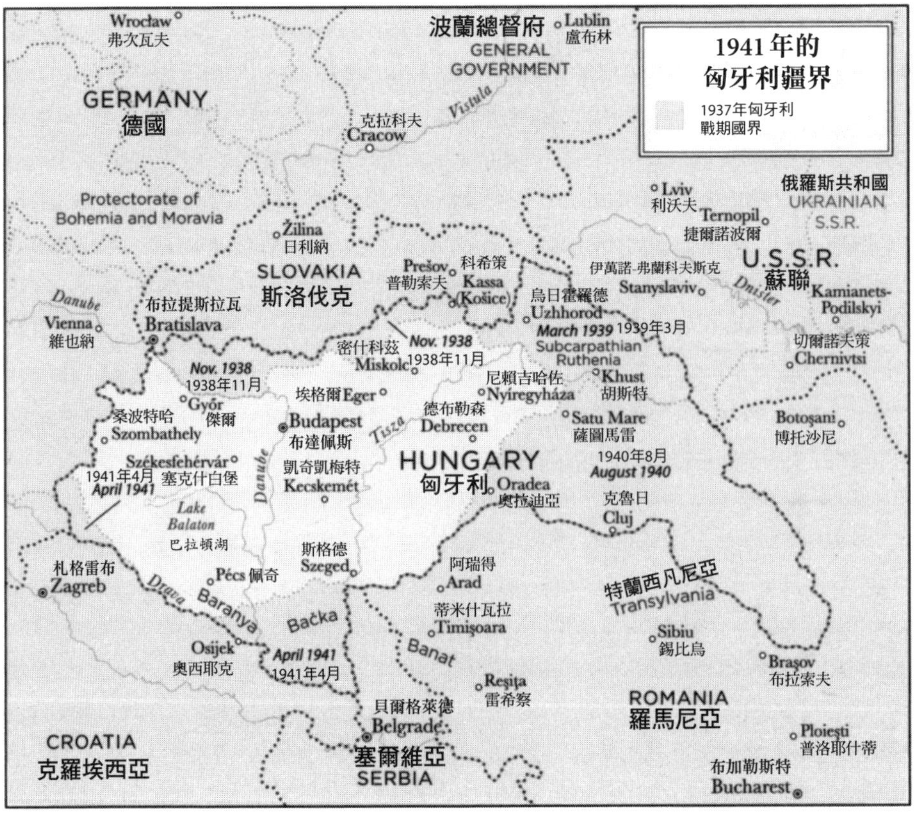

洗民族少數這種事，等到戰勝之後再來進行即可。

結果，在一九四四年，在匈牙利的領土上約有八十萬名猶太人仍能活命。由於三百萬左右的波蘭籍猶太人當中絕大多數到了這時都已遇害，匈牙利便成了中歐與東歐最大的猶太社群。一九四三年一、二月，紅軍重奪沃羅涅日（Voronezh），匈牙利軍隊遭受沉痛的損失。匈國政府開始拙劣地試圖聯絡西方勢力。希特勒知悉這點後怪罪於匈牙利的猶太人身上。一九四四年三月十九日，德軍進入匈牙利；數日後，曾出任匈牙利駐柏林大使的**斯托堯伊・德邁（Döme Sztójay）**被任命為首相。斯多堯伊政府是在德國占領下的不尋常情況下成立，其行動自由處處受限；也是這個政府執行將匈牙利猶太人遣送到德國滅絕營的任務。

德國對匈牙利的侵略是一樁奇怪的軍事行動，因為該行動的目的是在戰事中確保匈牙利的國家與軍隊會站在德國這邊。其目的並非迫使匈牙利執行最終解決方案，而是為了撼動匈牙利政治上的平衡，以讓最終解決方案變得有可能執行。德國於一九四四年三月引介的匈牙利政府在意識型態上更為反猶。新政府的盤算（也許比其意識型態更為重要）乃是：遣送匈牙利的猶太人是保有匈牙利這個國家所必須付出的代價。德方的占領並不是為了要在經濟上剝削匈牙利人，而是為了轉移經濟上的盤算，以陷猶太人於危殆之中。納粹意識型態將猶太人的殺戮描繪為目的本身，但其策略上的考量則是：一旦背上了殺猶的責任，匈牙利就沒辦法再換邊站了。

在德國占領方與匈牙利政府雙方的理解下，對猶太人的橫征暴斂是在此一奇異的新處境當中吸引大眾人口些許支持的機會。當年春天，匈牙利政府宣布一系列的改革方案，而明眼人都看得出來，這些改革是靠著劫掠猶太人（因此也間接地是靠著讓猶太人消失）來施行。截至此時為止歐洲已有四百萬遇害的猶太人的財產易手。征斂與殺戮的關係路人皆知；且要是企業與公寓易主，政府也想要從中安排，並得到政績。德國的國家摧毀勢力進入匈牙利，其中包括有黨衛軍高層暨警長、特別行動隊等在東線組織最終解決方案的勢力，以及黨衛隊專擅遣送的阿道夫・艾希曼。然而在實踐上，遣送的工作有賴於匈牙利內政部的紀錄以及匈牙利當地警察的工作。這一切所意味的自是不言而喻：五月十日，《紐約時報》刊載的頭條是〈匈牙利猶太人恐懼全面滅絕〉。[19]一九四四年五月至七月間，約四十三萬七千名猶太人從匈牙利被遣送至奧許維茲，其中約三十二萬被殺。[20]

一如所有德軍的盟友，不論它們實際上對猶太人的政策為何，布達佩斯方面認為要怎麼對待自家的公民應該由他們自己的主權來選擇。即便在一九四四年，匈牙利的主權已經有所犧牲（但並未全盤被德軍的入侵所毀滅）之際，對於匈牙利的統治者來說仍是如此。一九四四年夏天，在大局風雲變色下，各方的盤算也有所改變。同年六月，西方盟軍登陸諾曼第，紅軍在白俄羅斯擊潰德國中央軍團。美國人在對匈牙利對待猶太人的方式發出一系列警告之後，於七月二日轟炸布達佩斯。儘管德方介入，政府更迭，霍爾蒂仍續任國家首長。這時他暫停了遣送活動，大多數布達佩斯的猶太人因而得救。一九四四年十月，他試圖換邊站，但又告失敗。儘管布達佩斯遭到紅軍圍攻，德國人仍想要遣送布城的猶太人。新的法西斯**箭十字黨**（**Arrow Cross**）政府在猶太人住家做上記號，並搭建猶太區；蘇方的進擊使得往奧許維茲的運輸更形困難。[21]約十萬名猶太人被迫離開布達佩斯，其中數以千計死在勞動營中。箭十字黨每天在多瑙河畔殺死約五十名猶太人。[22]

最終，約半數匈牙利猶太人口倖存了下來。多數被殺害的人都曾居住在戰爭期間易主過的地帶。絕大多數在德方干預匈牙利主權之後遭到殺害。

＊＊＊

保加利亞是德軍的盟友當中受戰事波及最輕微的國家，其領土全未淪喪給鄰國，直到戰事的尾聲才有遭到占領的經驗。保加利亞軍隊並未加入入侵蘇聯的隊伍。然而保加利亞的確曾參與在一九四一年德軍對南斯拉夫與希臘作戰的隊伍當中，並從南斯拉夫手中拿到一部分的**色雷斯**（Thrace），從希臘手中拿到馬其頓。保加利亞也從羅馬尼亞手中得到南多布羅加。保國遵循德方的旨意將約一萬三千名猶太人從因德國助拳而斬獲的馬其頓與色雷斯遣送出去。這些男女老幼通常在特雷布林卡集中營被毒氣毒死。

保加利亞政府也計劃將居住在戰前保國領土上的猶太人給遣送出境，但這些計劃從未付諸實行。保加利亞的猶太人通常

有朋友、同事、雇主可以向保加利亞社會解釋他們的價值。非猶太裔的保國公民為猶太人陳情的信如雪花般湧入行政機關。一九四三年三月，戰況逆轉，保加利亞的國會議員對遣送計劃表達抗議。他們這樣的決心雖然終告失敗，但向大眾發聲確實讓情況有所不同。保加利亞東正教會的領袖普遍都出面為猶太人說項，其他的保國人民則發動公開抗議。最終，對於把猶太人送上絕路一事，國王似乎改變了心意，將就地接受只把猶太人從索菲亞（Sofia，保加利亞首都——譯按）移到鄉間。一九四四年，保加利亞棄暗投明，到終戰為止都站在同盟國這邊。

總之，在保加利亞所控制的領土約有四分之三的猶太人存活了下來。幾乎所有遇難的都居住在戰爭期間易主的領土上。

＊＊＊

義大利自始便是德國的盟軍，墨索里尼元帥更是希特勒的靈感泉源。反共主義政治的先驅是墨索里尼而非希特勒，且也是他首先藉由部署帶著強大意識型態的輔軍取得政權，然後轉化國家權力。然而，墨索里尼並未將蘇聯看成是全球猶太禍端的一部分，非除之而後快不可，也未把黑衫軍（Blackshirts）當成是一個有權力可以藉著殺猶太人讓歐洲返回到某種種族伊甸園的特殊單位。他主要的殖民目標在非洲，因此其暴行也都集中在那。在加入侵略法國的聯軍當中，義大利的軍隊姍姍來遲，且幾乎事不關己，但卻大規模地參與在侵略蘇聯的隊伍裡。只要義大利和義軍對征服蘇聯有出上力，它們也就間接地促成了大屠殺的發生。當然，同樣的說法也適用於羅馬尼亞、匈牙利、斯洛伐克以及所有東線的德軍盟國。當義大利在一九四〇搞砸了對希臘的軍事侵略時，它迫使德國出面干預。

以此，義大利的侵略行動在東南歐創造出某些大屠殺的先決條件。

儘管義大利的確通過了反猶立法與其他的種族法案，但墨索里尼並無意將義大利的猶太人送上死亡之旅。在義大利境外，義國士兵有時也庇護猶太人。普遍來說，如果猶太人有得選，他們會選擇逃往義占區。由於事關自身的威望與主權，對於從克羅埃西亞出逃的猶太人，義方寧願扣押他們也不願遣送他們。在義大利，大屠殺是在墨索里尼倒臺後才開始，也只能在這種情況下才會發生。如同在其他地方，在義大利，一旦換邊站不成，對於猶太人來說就是一場災難。當義大利的新領導人試圖加入同盟國時，德軍便揮軍南侵，並將遣送、殺害義大利猶太人的工作攬在自己身上。最終，約有五分之四的義大利猶太人倖存下來；但若是沒有德國的干預，幾乎所有這些人都能存活。

＊＊＊

曾是德國盟國公民的猶太人是生是死要根據幾項普遍的法則。保有戰前公民身分的猶太人通常得以存活，而那些沒有保有戰前公民身分的人則通常會遇害。通常猶太人是由於政權遞嬗或淪於占領之下（而非由於法律）而失去公民身分。基於德國藍本的緩慢的合法的放逐（legal depatriatio）是例外，而非常態。身在政權易主地帶的猶太人通常會遭到殺害。德軍或羅馬尼亞軍抵達時仍留在過去蘇聯掌權地帶的猶太人幾乎無一倖存。試圖換邊站的國家一旦遭到德軍占領，就會導致猶太人大屠殺，包括那些居住在不曾受最終解決方案影響的國家的猶太人。總之，共有約七十萬德軍盟國的猶太公民遭到殺害。但有更多的猶太人存活了下來。與國家覆滅、猶太人悉數殞命的地方相比，這是一個顯著的對比。[23]

對維繫國家這樣的傳統考量，德國的盟友當中沒有任何一個主權國家漠不關心。多數與德國結盟的主權國家在一九四二、四三或四四年德軍顯然要敗戰時都改變了外交方針。這代表要將反猶政策翻轉，試圖換邊站，或兩者並進。要是領導人放慢他們的反猶政策腳步，或者全盤停止，那是因為他們希望吸引同盟國的注意，以求戰後同盟國會更優待他們。有時換邊站很順利（例如在羅馬尼亞和保加利亞），因此讓猶太人得到喘息的空間，有時則失敗了，如同在匈牙利與義大利。不過這項制定外交政策的能力是將主權國家與戰爭期間創造出來的傀儡國家或者無國家狀態的地帶區別開來之處。

能執行外交的能力與否也將德國盟友與納粹德國本身給區別開來。直至一九四二年，德國的猶太人都處在一個與德國盟友的猶太人差別不大的位置。然而自一九四二年起，在德國的猶太人處境急遽惡化，但德國盟國的猶太人的處境則普遍有所改善（除非德國揮兵干預）。不過德國盟國的領導人希特勒對自己的國家命運則漠不關心，他視滅絕猶太人本身為良善的行為。他把世界看作一顆被不同種族（而非國家）所覆蓋的星球——並且就依循他的這種信念行事。德國並沒有傳統的外交政策，因為其元首並不相信所謂的主權，並將毀滅國家看成戰事完美的終章，就如同他可以把毀滅國家視作戰爭的序曲那般簡單。

當戰事開始變得對德方不利，淪於德國統治之下的地方殺猶太人的速度卻非但並未放緩，反而還加速進行。由於德國領導階層自始在追求的就是殖民（反斯拉夫）與去殖民（反猶）的活動，希特勒與其他人可以將重點從一場戰事轉往另一場戰事，且從一種勝利的定義轉向另一種勝利的定義。在實際上發生的軍事衝突在地圖上開展時，匈牙利、羅馬尼亞、保加利亞與義大利的領導人必須要將之納入考量。希特勒也明白戰事的細節；當然，他對細節的掌握遠比其他任何國家領導人及他自己的將領還要好。但他整合資料的方法卻是獨樹一格。對他而言，德軍的潰敗所揭發的是星球性的猶太仇寇所隱藏的那隻髒手，唯有摧毀猶太人才能贏得戰爭，拯救人類。無論德國的勝敗，滅絕猶太人是全物種的勝利。如同希特勒在最尾聲（一九四五年四月廿九日）所說的，猶太人「毒害世上所有的民族」。他對自己所留下的遺緒非常肯定：「我已刺進猶太人的膿瘡。後世將永遠感激我們。」[24]

希特勒試圖為地球驅散猶太人的詛咒。這個絕對的明確範疇的納粹行事手段一旦付諸實行，就使得在其他國家執行的種族清洗成為可能，因為納粹打造了一個地方，可以把歐洲的猶太人送往奧許維茲。德國對猶太人的大規模殺戮為歐洲其他地方的種族清洗者創造出一個頗不尋常的機會，讓他們可以清理掉他們所不想要的少數族裔。這樣的互動形式唯有在大屠殺的執行者正在實現把猶太人從世上清除的欲望的情況下才變得可能。[25]

希特勒並非確信德國終將得勝，意欲擴大領土的德意志民族主義者。他是一種動物學式的無政府主義者（zoological anarchist），堅信有某種真實的自然狀態要重建。在東線的活動失敗帶來了一個實用的自然新知：原來德國人其實並非一個優等種族。希特勒在入侵蘇聯時已經接受了這種可能性：「如果德國人不夠強，為了自身的存亡所濺的血不夠多，那麼就算了吧，就讓德國人被其他更強的人給摧毀。我不會為德國人留一滴眼淚。」整場戰爭的過程中，希特勒對蘇聯與俄羅斯人的態度有所轉變：史達林不是猶太人的工具，而是猶太人的勁敵；蘇聯並不是、或者說不再是猶太人的；經過調查後，蘇聯的人口原來並不是次等人類。最終，希特勒總結道，「未來全部屬於東線更強大的人民。」[26]

＊＊＊

因軍事占領而與希特勒異樣的命運觀給聯繫起來的歐洲諸國中，猶太人口存亡的比率差異懸殊。其中戰前擁有大量猶太人口歐洲國家——荷蘭、希臘、法國——之間的對比最教人疑惑。法國約有四分之三的猶太人生還，但荷蘭、希臘的猶太人則有約四分之三都喪命。

在此，如同愛沙尼亞與丹麥，直覺無法解釋這種懸殊的差異。普遍來說，丹麥與希臘人口都算不上反猶，反觀當時的觀察家與現在的史家都能從法國的大眾生活與政壇中記載反猶主義的潮流。一九三八年以前荷蘭准予未持簽證的猶太難民入境。在希臘，幾乎沒有人倡議德式的反猶主義；反猶主義在戰間期希臘得到的反響比歐洲幾乎所有其他地方都少。在德軍占領荷蘭後，當地僅發生過唯一一次反對引介反猶法律的公眾示威。在荷蘭迫害猶太人幾乎得不到任何公眾支持。然而在荷蘭或希臘，猶太人被殺的機率卻比法國多出三倍之多。[27]

基於許多原因，荷蘭是西歐國家中最接近無國家狀態的地方。荷蘭的主權在許多方面都遭到犧牲，以歐洲這一地帶而言頗不尋常。在**威廉明娜女王（Queen Wilhelmina）**於一九四〇年五月出走倫敦後，荷蘭頓失國家領導人。荷蘭政府接著尾隨女王一同流亡，群龍無首的官僚體系只接到一道指令，要他們按照為荷蘭最有好處的方式行事。黨衛軍試圖取得對內務根本上的控制，也成功了，這在西歐只發生在荷蘭。在摧毀國家方面經驗老到的**阿圖爾・賽斯—英夸特（Arthur Seyß-Inquart）**被任命為德占荷蘭的**帝國委員（Reichskommissar）**。在奧國首相不存的時候，他也曾經出任奧地利的總理，當時他是漢斯・法朗克在波蘭總督府的副手（波蘭總督府是從波蘭領土上打造出的殖民地，根據納粹的解釋，所謂波蘭從來就不是個國家）。這樣的理由從來都無法適用於荷蘭。荷蘭人在種族上被看成高波蘭人一等，且的確也與德國人是同一個血緣群體的一部分。但在荷蘭政府體制付之闕如時，仍然是由黨衛軍的國家摧毀者來填補這個空缺。[28]

阿姆斯特丹是整個西歐唯一一座德國人曾考慮打造猶太區的城市。單是這方面的討論得以展開，就足見黨衛軍在當地頗不尋常的宰制程度。德國官方在遭到阿姆斯特丹市議會和荷蘭政府反對後撤除了這項計劃。這顯示出德占荷蘭與德占波蘭之間的差異；在波蘭不存在任何在地自治當局或全國自治當局。然而荷蘭警察就如同波蘭警察一樣臣屬於德國占領方。如同在波蘭，荷蘭警察遭到了肅清，警隊的高層通常被處理掉。大批德國警力（約五千人）監管他們的荷蘭下屬。一如在波蘭，荷蘭過去的國家碎片——曾經代表著寬容的一套體制——可以用來執行滅絕的任務。在波蘭，一九三〇年代的合法猶太議會在德國治下被轉變成**猶太居民委員會**（**Judenräte**）。在荷蘭，為了法律上甄別的緣故，所有的宗教都被組織成社群，所有的公民都依所屬宗教登記在案。這意味著德國人可以精確地使用既存的猶太公民名單。荷蘭公民對此發出抗議，但作用不大。德國與荷蘭的警察在他們懷疑從事地下活動的行政區塊進行巡查，並在過程中揪出藏匿的猶太人。[29]

救援人士與異議人士的處境在荷蘭與在波蘭頗為不同。舉例來說，在荷蘭窩藏猶太人的人通常不會遭到懲處，或者只會受到輕微的懲罰。在公開場合抗議反猶法令的人如萊頓大學（Leiden University）的**魯道夫．克勒韋爾因加**（**Rudolph Cleveringa**）教授雖被送往集中營，但並沒有遭到處決。然而他在克拉科夫的波蘭籍同事卻單是身為教授就足以被殺。[30]

荷蘭人被以被占國公民的身分對待，除非他們是猶太裔。由於荷蘭缺乏主權的基本體制，當地猶太人的下場雖然沒有身在無國家狀態地帶的猶太人那麼悽慘，但也頗為類似。第一批移送荷蘭籍猶太人的行動發生於一九四二年七月。由於沒有主權國家的運作，因此也沒有所謂對外政策，到了一九四三年也仍然沒有能力變更路線。德國人能決定猶太人的下場，也就是說，從荷蘭駛向奧許維茲的火車一直持續開到一九四四年。

＊＊＊

希臘的主權也遭到了嚴重地犧牲，雖然犧牲的情況不同。希臘起先是於一九四〇年遭到義大利入侵。希臘軍隊讓義大利軍隊的攻勢無法前進，迫使希特勒出手援助墨索里尼。結果希臘的獨裁者在這個節骨眼上身亡。一九四一年四月六日，德軍入侵；月底，國王與政府逃離了希臘。德國人並未試圖像他們對波蘭那樣毀滅希臘，但在諸般不尋常的情況下打造了一個占領體制，希臘的傀儡政府毫無實權。土地淪喪的希臘遭到三股不同的勢力占領：德軍占走北邊，讓義大利人控制南方，並把一部分馬其頓割讓給保加利亞。戰爭期間沒有形成任何有實權的希臘政府；其首長必須將他的部長層級的提名名單上繳給德國與義大利的高層。沒有所謂的希臘外交部長。德國人與義大利人不允許希臘政府就新有的國界與新的政權申請國際認可。希臘高層對於控制食品的供給也無能為力。戰爭爆發的第一年約有四萬名希臘人餓死。

在德國人控制的地方，希臘的猶太人持續遭到殺害。在希臘說拉迪諾語（Ladino）的猶太人口是幾個世紀以前從西班牙逃離出來的後裔；義大利人將這些猶太人視為自己的拉丁文明的一分子。義大利官員為許多這樣的人提供義大利國籍的假證明。希臘的主要城市塞薩洛尼基（Salonika）自一九四一年四月起淪於德國的占領之下。儘管德國人發現「對一般希臘人而言，並沒有所謂的猶太問題」，但當地的政治菁英與職業菁英明白可以利用無法治狀態與德國人心目中的輕重緩急來遂行己願。倘若在這個不復是國家的地方，猶太人已失去了公民身分的話，其他人就可以靠著戰前侵吞的財產來發家致富並滿足他們遮遮掩掩的欲望。

一九四二年夏天，當德國人為了勞動力的匱乏感到情急絕望時，希臘地方當局建議也許只使用猶太人是更為策略的方法。這讓人口當中的一部分蒙受汙名，並確認了他們脆弱的地位。同年稍晚，在塞薩洛尼基的德國高層滿足了當地長久以來的要求，把猶太人墓園裡的財產轉交給了塞城。[31]這樣大規模的財產轉移導致某種德國人與當地人在物質上交相賊的感覺，也造成非猶太裔希臘人與希臘籍猶太人之間的道德藩籬。古墓園的摧毀以及數十萬先人的遺骸遭到褻瀆在當下來說已經夠痛苦的了，但同時也提出了關於未來的問題。如果說塞薩洛尼基不再歡迎猶太人在自己的城市死去，那麼他們還能葬身何處？[32]

在一九四三年的前幾週，阿道夫・艾希曼的一班心腹抵達塞薩洛尼基，目的是為了加緊安排遣送到奧許維茲的行動。當地似乎甚少人公開支持他們的意識型態，但人們卻極為樂意把猶太人與其他希臘人區隔開來，坐收漁利。在塞城的猶太人被命令穿戴星號標誌、送進猶太區之際，其他人便將他們的動產據為己有，甚至鳩占鵲巢。遣送行動始於一九四三年三月十五日，猶太人以德拉克馬（drachmas，古希臘銀幣——譯按）交換偽波蘭幣。一九四三年三月到六月之間，約有四萬三千八百五十名男女老幼從塞薩洛尼基被送往奧許維茲。這個時間點頗不尋常——就緊接在德軍兵敗史達林格勒之際。這時德國的盟國普遍都試圖換邊站，或者改變他們的涉猶政策，以向同盟國示好。但儘管希臘被德國人視為占領下的國家，但其實更像是一個處於無國家狀態的地帶，既沒有可以在戰事中倒戈的軍隊，也沒有可以釋出和平信號的外長。[33]

＊＊＊

法國的案例極為不同。與德國「協力」的概念就是由法國人所發明，用來指稱一個主權國家選擇與另一個主權國家合作的政策，雖然協力一詞自此之後也換上了其他的意思。相對於荷蘭和希臘，法國的確還保有基本的主權體制，且其領導人是自己選擇了對戰勝的德方採取友好的政策。在希特勒的軍隊於一九四〇年擊潰了法國之後，他表達希望有「一個法國政府繼續在法國領土上運作」的願望。由於法國與荷蘭、希臘不同，是被放在一個傳統的軍事占領底下，因此沒有明確讓黨衛軍及其國家毀滅者進入的空隙。以菲利普・貝當（Philippe Pétain）為首、以維琪（Vichy）為行政中心的新政權被國內外視為戰前共和國的合法接班。所有行政機構的高級官員都留在自己的位置上。法國的官僚人數在德占期間的增長蔚為可觀，從約六十五萬增加到九十萬。法國與波蘭在這一點上的對比相當有啟發意義：在戰爭期間，每有一名受過教育的波蘭人遭到殺害，就有一名受過教育的法國人得到公職。[34]

法國也曾在自己實行的措施下引入反猶立法。一九四〇年十月三日通過了一起**「猶太法令」（Jewish statute）**，這打破了法國長久以來將所有母國的法國公民視為國家平等一分子的傳統。（儘管此時的**阿爾及利亞**也是法國的一部分，但那又是另一回事了。）一九四一年三月，協調與德國之間涉猶政策的**猶太問題總局（General Commissariat for Jewish Questions）**成立。同年七月，將猶太人的財產據為己有變成合法的情事。十一月，法國政府成立了一個官方的猶太組織，所有在法國的猶太人都被要求要參加。普遍通行於法國高層之間的想法是終究可以把猶太人趕到某個遙遠的地方——例如馬達加斯加。[35]新的法律是由本來就效力於戰前共和國的人所施行。[36]

法國涉猶政策背後的思維與納粹德國的有所不同，毋寧更接近像是斯洛伐克或者保加利亞的猶太政策。在布拉迪斯拉發（Bratislava，斯洛伐克首都——譯按）和索菲亞就如同在維琪，種族清洗的國內組成處在一種頗不尋常的處境：其實另有國家——也就是德國——想要弄走一些（不是全部）他們覺得不符需要的人。一九三〇年代末，在戰前，法國共和已經通過法案允許成立猶太人與其他難民的**「集結點」（assembly points）**。第一個這樣的集中營成立於一九三九年二月。[37]

戰前希望限制、控管移民的打算，到了一九四〇年，在維琪政權下變成了把法國變成族裔上同質的國家的計劃。沒有公民身分的猶太人以及其他沒有公民身分的人必須被處理掉。在猶太法令通過以後，外籍的猶太人被送到集中營。約有七千〇五十五名法國籍猶太人的公民身分被取消，因而落入一個更危險的類別裡，也就是外籍猶太人。[38]然後法國的政策依循著在東歐加劇的邏輯。由法國警察所執行的突擊與圍捕猶太人的行動就與一九四一年夏天德軍入侵蘇聯同時發生，當年冬天德軍的進攻受挫時再次發生，然後再發生的時候是用來報復一九四二年三月法共（非常激烈的）抵抗行動。及至一九四二年夏天，法國人的圍捕行動對象包括了猶太婦孺。在巴黎的猶太人被帶往**德朗西（Drancy）**，然後一些人在那被挑選出來送往奧許維茲殺死。[39]

法國與德國的政策在某個特定的點上交會。法國人將沒有法國公民身分的猶太人送進集中營。德國人想要抓走這樣的人，但只有在德國人自己可以將他們視作處於無國家狀態的情況下才能遂行。至關重要的是，納粹的威脅在護照議題上止步：只要納粹認為國家是人為的產物，他們就不會繼續殺猶太人，直到該國實際上被毀滅、或者該國放棄了其猶太人口為止。舉例來說，法國人很樂意圍捕來自匈牙利、土耳其的猶太人，但德國人不願意殺這些猶太人，除非得到匈、土政府的同意。德國很樂意殺死有波蘭及蘇聯公民身分的猶太人，因為德國認為這些國家已經失能了。德國也願意抓走法國籍的猶太人殺死，但只有在法國當局先褫奪這些人的公民身分的情況下才肯。起初法國當局頗為願意這麼做，儘管法律和官僚體系的複雜程度讓整個過程顯著延宕。[40]

一九四二年夏天，當德國人伸手要求要更多的法國籍猶太人時，法國高層重新考慮了褫奪他們自己公民的公民權這一問題。對他們來說，褫奪國籍不是一個猶太問題，而是一個主權問題。在一九四三年二月戰局在史達林格勒顯著逆轉時，法國當局決定不要再褫奪任何法國籍猶太人的國籍了。一九四三年七月，法國放棄了褫奪一九二七年以後歸化法籍的猶太人的公民身分之行動（約有半數的猶太人是法國公民）。由於德方有一項政策是在特定的法國當地的協力之下執行，大屠殺在法國仍然持續著，讓仍在藏匿的法國籍猶太人感受到普遍的恐慌，但該政策卻並不算太成功。大多數的法國籍猶太人（約四分之三）活到了戰事告終的時候。[41]

如同在其他地方一樣，在此，決定性的因素是主權。對法國當局而言，猶太問題落居他們自己國家的福祉之下。他們當然想將猶太人從法國攆出去——想把外籍猶太人攆走是理所當然，但同時也想趕走多數乃至全部的猶太人。但他們也能看出讓德國的想法來決定他們自己的公民權政策的內在問題。在一個國家不再能決定內部的成員組成之際，它也就喪失了對外的主權。同理可證，法國當局可以訴諸對外政策，也可以對戰局的變化做出對應。不像已經失去主權這些要素的荷蘭人和希臘人，對於同盟國就猶太人問題所施加的壓力，法國人可以做出相應的回應，並預料到英方或美方即將到來的占領。[42]

在法國的大屠殺主要是針對猶太人的罪行；從法國人的觀點來看，這些猶太人是外籍人士。如同一九四一、四二年間的政府首長弗朗索瓦．達爾朗（François Darlan）所言：「對於過去十五年來湧入我國的無國家狀態下的猶太人，我絲毫不感興趣。」[43]沒有法國公民身分的猶太人被遣送到奧許維茲的機率比有法國公民身分的猶太人高出約十倍。在德朗西，猶太人會否被選出來遣送到奧許維茲是取決於他們所屬國家的生機，在法國的猶太人對這一點也心知肚明。一九三九年，當波蘭被德蘇聯軍滅國時，住在法國的波蘭籍猶太人湧入在巴黎的蘇聯使館。這不是因為他們熱愛蘇聯或者共產主義，只是因為他們明白他們需要國家的保護。一九三九年九月至一九四一年六月之間，希特勒的蘇聯盟友的政見價值不匪。但當希特勒背叛了史達林，揮軍入侵蘇聯時，這些猶太人的新的身分證明倏地變成一張廢紙。[44]

在法國的波蘭籍猶太居民被殺害的數量遠比在法國的法籍猶太人多。無國家狀態尾隨這三萬遇害的波蘭籍猶太人到巴黎，到德朗西，到奧許維茲，到毒氣室，到火葬場，終究到被遺忘。[45]

＊＊＊

猶太人會否被送去處死端看國家主權的體制能否存續，以及戰前公民身分的賡續與否而定。這些結構創造出一種模型，個人在這個模型當中做出決定，為那些為惡的人設下限制，同時也為那些想行善的人創造出機會。

第十章　灰暗的拯救者

在希特勒所設想的世界中，加害者對自己的所作所為不需覺得要負什麼責任。[1] 個人行動沒有倫理的理據，互惠的社會關係或政治關係也毫無基礎可言：種族之間除了永無止盡的戰爭以外什麼都沒有。在這場鬥爭之中，猶太人是唯一一個道德淪喪的人種，因為在德意志勝利這理所當然的正義（故也是唯一應當在這個星球風行的秩序）背後，猶太人總是躲在暗地裡捅一刀。大屠殺發生之際，國家覆滅，法律撤廢，日常生活變得難以預測。在這荒誕不經的情境中，猶太人得為自己的性命負責，在超出他們理解、控制範圍的情境，他們必須一而再，再而三地採取非常行動，並且這樣長達數日、數月，乃至數年。

所有從大屠殺生還的猶太人都必須對抗集體的慣性（collective inertia），放棄自己熟悉、鍾愛的人和環境，與深不可測的事物相抗衡。所有猶太人或多或少都曾暴露在對猶太人不友善的環境當中，但在數千年以來數百萬猶太人的集體經驗中，沒有任何經驗能為一九四一年起行將發生的事件做好準備。需要透過熟能生巧才能把資訊統合成知識，然而像大屠殺這樣的事情從未發生過。而「希望」卻會使得這種知識轉化到行動的過程陷於危殆之中。任何一名猶太人都可能以為他不會遭遇到其他人所經歷的；生命從此刻續命到下一刻，似乎就意味著它還會綿延不絕下去。人終有一死這件事教人難以直面。什麼都不做也會被殺害更是難以接受。即便有的猶太人能掌握住這個前所未有的狀況並未雨綢繆，他還是極有可能難逃一死。[2]

幾乎所有存活下來的猶太人都得到過來自非猶太人的種種幫助。[3] 猶太人的請求能否獲得迴響取決於求助的對象以及環境兩者。瑪莎・博斯坦（Martha Bernstein）是德國西南茨魏布呂肯（Zweibrücken）一名合唱指揮家的妻子。在一系列極為特殊的情況下（其中只有少數情況是她所夠理解的），有人聽見了她的呼告。她的丈夫艾列薩・博斯坦（Eleazar Bernstein）樂善好施，富有社會良心，常探訪監獄鼓勵猶太籍囚犯並向他們提供建議。在其中一所監獄，艾列薩結識了獄卒警長庫特·特林博恩（Kurt Trimborn），兩人常一起對弈西洋棋。

一九三八年十一月十日，在水晶之夜（譯按：見第四章）後，如同德國全境數千名猶太人一樣，艾列薩·博斯坦遭到逮捕。瑪莎橫跨了兵荒馬亂的城市，只為了找特林博恩求助。瑪莎並不知道他在這個特殊狀況當中有多大的權力。特林博恩告訴她，他們必須在黨衛隊接管前趕緊行動，但其實他就是黨衛隊員。特林博恩從一九二三年開始就是納粹黨人，這是一九三〇年代黨衛隊與刑事警察（Criminal Police，*Kripo*）表裡相濟的一例。特林博恩叫瑪莎回家打包行李，讓他的朋友獲釋，並親自駕車護送他倆和子女到法國邊境的另一頭，然後似乎還安排了文件讓這一家人看起來像是被遣送到某個集中營的樣子。博斯坦一家人最終抵達美國，並在異地安居樂業。艾列薩寫信向特林博恩傳達他們一家人的好消息：他的女兒在美國成為老師，兒子成了工程師，他自己含飴弄孫，這一切都要歸功於特林博恩。

這封信來得很遲，在一九七八年，這已經是在特林博恩以謀殺罪名受審之後。黨衛軍特別行動隊D分隊的庫特·特林博恩先是在德國占領的烏克蘭蘇維埃社會主義共和國、然後是在德占蘇俄下令殺死數百名猶太人，甚且親自朝受害者的喉嚨開槍。他至少有一次將孤兒院的幼童全體趕上毒氣車。一九四二年，他肯定在東方聽到了求援的聲音，如同他一九三八年在德國所聽到的那樣。在審訊過程中，他說他從來不喜歡執行殺害平民的任務，並且在某些案例中讓猶太人得以脫逃。這倒是不無可能，再怎麼說這和協助博斯坦脫逃的他畢竟是同一個人。在甲情境下他是救星，在乙情境下他則成了兇手。[4]

一九三八年在德國，一場規則分明的西洋棋局讓特林博恩成了摯友和護衛。一九四二年，在德國境外的戰爭則使所有的規則都告停擺，特林博恩成了殺人兇手。一九三八年，他用一臺汽車救了三個孩子；一九四二年，他用另一臺車殺了數百名孩子。一樣是發動引擎，踩滿油門，但在三八年的案例，孩子駛向自由；而在四二年，孩子則窒息而亡。今日，博斯坦其中一位小孩住在加州一間擺滿西洋棋盤的房子。特林博恩自己的孩子則甚至不知道他們的父親懂得棋局的規則。[5]

＊＊＊

多數德國猶太人在大規模殺害開始以前已經移居出境。多數留在德國的猶太人都遭到了殺害，但這只發生在他們被遣送到無國家地帶——因而是叫天天不應，叫地地不靈的情境。有時他們馬上遭到射殺，有時候他們加入貧民窟的當地猶太人。在人際關係匱乏、不諳當地語言的情況下，德國的猶太人一旦遭到遣送，幾乎無一獲救。對他們而言，東方就如同對於其他德國人一樣，是一塊陌生的地帶。一位德國猶太婦女被遣送到里加後，被帶到倫布拉森林（Rumbula Forest）的屍坑邊上。遭到射殺之前，她大喊道：「我為德國而死！」當地聽到這聲哀嚎並記錄下來的猶太人，深深地為這聲來自另一個世界的叫喊所震懾。[6]

沒有人能知道這位慷慨就義的婦人當下在想什麼。但她臨死不悔的信念卻遠非荒謬。將她驅逐出境的德國也是德國猶太人所幫忙打造的德國。德國的猶太人對於德國的認同就如同其他德國人一樣強，甚至更強；職是之故，德國墮入反猶主義和謀害更是特殊的悲劇；他們關於德國文明興衰的特殊經驗只限於他們所有，之於其他歐洲的猶太人都很陌生。這個經驗持續結構structure 著我們對於大屠殺的理解。[7]

大約只有百分之三的大屠殺受害者是德國的猶太人。對於占受害者大多數的東歐猶太人而言，德國並不是猶太人所共同創建的國家，而是毀滅猶太人的國家。在上個世紀最佳的短詩之一〈死亡賦格曲〉（Death Fugue）中，保羅．策蘭（Paul Celan）稱死亡為「來自德國的大師」（master from Germany）。波蘭文藝評論家米蒿．郭溫斯基（Michał Głowiński）在其回憶錄《黑色季節》（*The Black Seasons*）中追述他孩提時代的經驗：「所有德國人在我眼裡的形象——或說一個德國人在我眼裡的形象（因為整個民族在我眼裡的形象都化身成了一個個人以及他的所作所為）——非常地直截了當：在任何時刻，他都試圖殺害我、殺害你、殺害某個人。一旦你落入了他的手中，他就會完成這股殺欲，絕不失敗。」[8]

小時候得躲躲藏藏的郭溫斯基曾經和向他們家敲詐的一名波蘭人對弈西洋棋，同時他的阿姨則正四下張羅救命錢。如果他的阿姨當時未能成功，他極有可能就會被送到德國人手上，那他肯定就活不成了。郭溫斯基的兒時記憶精準地呈現出多數德國人在國家被德國（或者說蘇聯和德國）勢力所毀滅的地方如何表現。這些無國家狀態地帶成了那些戰前就在此生活的猶太人和戰時被帶到此地的猶太人的葬身之地。

無國家狀態的程度對於德國境外的歐洲人活命機會至關重大，部分也是因為這對於德國人自己的行為也很重要。一九三三年後德國政體的突然變化——黨國的創建、集中營的建立、體制的混和、對猶太人的歧視等等——讓數百萬名德國人一嚐無法治狀態下的歡騰。在戰時，多數德國警察在德國的舉措與被派往東方時的舉措截然不同。此前駐紮在平和的法國盧瓦爾谷（Loire Valley）的德國軍人可以在一抵達白俄羅斯時就馬上朝猶太人開槍。德國北方繁榮港都不來梅（Breman）的治安警察可以將基輔的猶太人集結在娘子谷進行歷史上對平民百姓最大規模的射殺（譯按：見第七章）。他們實際上完全沒有執行這種任務的準備；不管怎麼說，他們也沒有經過這類行動的特殊訓練。但在組織屠殺、監督屠殺並在事後參加慶功晚宴的人當中，這些警察也占了一部分。之後，他們回到不來梅去指揮交通。[9]

＊＊＊

一個較鮮為人知、但驚人的程度毫不亞於上述例子的是有數以百萬計的德國女人為德國在東線的占領當局工作，或者在那裡偕同丈夫、愛人進行指派任務。約有五十萬德國女人充當國防軍的「幫手」，另有一萬名充當黨衛軍的「幫手」。正因為占領下的東線被以無政府狀態的殖民地形式治理著，這些婦女在工作上的彈性和個人的主動參與勢必相當關鍵。不消說，她們一定知道大屠殺的情形，因為她們之中許多人都目睹過謀殺、聽聞過謀殺、或者書寫傳遞過關於謀殺的報告書。[10]

也有少數德國婦女直接參與在殺害行為當中。例如，馬伊達內克（Majdanek）集中營有二十名守衛是女性。這個集中營位於波蘭總督府的盧布林區，隨著時間的遞嬗也變成了滅絕營，約有五萬名左右的猶太人在此遭到毒氣殺死。這些女人在德國主要用來囚禁女性的拉文斯布呂克集中營（Ravensbrück）生平首次擔任守衛。她們在那裡形同受雇在一個德國境內的無法治狀態地帶。在馬伊達內克，她們也受雇於類似的設施，但如今圍繞著她們的是一個無政府狀態的德國殖民地。她們參與殺害猶太人和其他囚犯的行動當中，幫忙挑選誰要來負責勞動、誰則該被毒死。[11]

在更往東的拉脫維亞和烏克蘭，在沒有這樣的設施提供結構或經驗、甚至沒有任何命令的情形下，少數德國婦女仍出手殺害猶太人，這遠遠超出了她們接收到的指令，但卻符合她們每日的所見所聞。這些在戰爭期間親手殺害或參與殺害猶太人的德國女人戰前在德國過著平淡的生活，而且除非被起訴（這鮮少發生），否則她們在戰後仍繼續在德國過著一般的生活。德國女人在大規模殺害當中扮演的角色可能不可或缺，但由於在戰爭期間，女性作為行動者的角色沒有被認真當一回事，因此她們戰後能夠據此保護自己。有時候她們會告訴她們的女兒發生過的事情。

如果說無國家狀態將德國的婦女吸引到東邊充當殺人兇手，那麼納粹德國是一個國家的事實則吸引了猶太婦女從東方而來。從德占波蘭或蘇聯德占區猶太女性的角度看來，德國可能是一個相對安全的地方。猶太婦女對德國占領方說自己不是猶太人（gentiles），請求德國讓她們從事勞務，相信她們在那裡的存活機率比較高。其實她們的判斷頗為正確。如果與能安排假文件的波蘭或蘇聯地下組織（或是在比較罕見的情況下，與同情她們的德國人）事先取得聯繫，她們可能可以在相對安全的德國佯裝成波蘭人、烏克蘭人或其他人種。對男性而言這困難許多，因為猶太男性身上總是有可以辨識的記號——割禮——會遭到檢查，因而這成了猶太男性焦慮的來源。然而對猶太女性而言，假文件讓她們回到被國家所承認的狀態。當然，她們在德國被汙名化為低劣的種族：從波蘭來的身穿帶有P字印記的補丁，從蘇聯來的身穿帶有Ost（東方）字樣的補丁。她們所有人都只能過著純以勞動維生的生活，一旦違反規則就會受到嚴厲的處罰。有些人死於貧困的工作條件，有些由於違反規定遭到處死，一些遭到謀殺。但無論如何，一張獲准回到還有某種法律在運作的區域的紙，對她們而言往往意味著活命的希望。[12]

國家的終結意味著國家保護的終結，只能往次佳的選擇逃竄。當整個國家都停擺時，百萬人持有的舊護照、舊身分證件都變得毫無用處，必須重新一一取得新的文件，且常常是按德國（或蘇聯）的標準提出申請。證件與公民身分的重要性此刻是再清晰不過了。波蘭東部的城市利維夫被烏克蘭人所圍繞，大部分的居民為猶太人，一九三九年遭到蘇聯占領，一九四一年遭到德國占領，一九四四年再度被蘇方占領。在利維夫，廣為流傳的一句智慧小語是「將身心聯繫在一起的是護照」（The passport is what holds body and soul together），這代表有權利拯救他人的人就是那些可以發放身分證明的人。[13]

在東德，大多數人都理解政權遞嬗的重要性，而隨著時間推移，西方的盟軍也漸漸把握到文件的重要性。美國救援猶太人的努力正仰賴於文件的供給，所以也仰賴於擴大國家承認的範圍。一九四四年，在戰時難民事務委員會（War Refugee Board）的要求下，華府呼籲歐洲的中立國家用他們的外交人員營救猶太人。瑞典加入了這個計劃，派業餘的外交官**拉烏爾・華勒伯格**（**Raoul Wallenberg**）出馬。他將於一九四四年進入匈牙利，其任務是對匈牙利的猶太人提供瑞典的國家保護。華勒伯格固然有著來自自己政府和美國人的奧援，但他也知道他正在違逆德方的政策，且會惹怒匈牙利的法西斯主義者。然而他仍然發出了約一萬五千份「**保護護照**」（**protection passports**），可能比任何人都救援了更多的猶太人。[14]

＊＊＊

華勒伯格是個特立獨行的人，他代表著某種特定屬於救援者的品行操守。藉著職位之便，外交官代表的是國家的主權，並且可以承認他國。普遍來說，唯一一種可以救援大批猶太人的人就是那些與一個國家有直接關聯、且可以施展某些權威來提供保護的人。外交人員可以提供猶太人護照或者至少一份旅行證明——這彷彿一份邀請函，邀請他們返回人類彼此互惠的世界，在這樣的世界裡，人必須被當成人來對待，因為他是有國家來代表的。華勒伯格是一名商人，在德國占領匈牙利、導致歐洲所剩下的最大宗的猶太人口陷於危殆的關鍵時刻，他選擇了（也被選擇）擔任外交人員。但也有其他的職業外交人員在從事外交工作的時候，正處於自身所效力的國家的主權被犧牲的情況，他們了解這對猶太人而言是一場災難，並且選擇試圖營救他們。[15]

其中一位這樣的人物是中華民國駐維也納總領事**何鳳山**，時值奧地利於一九三八年三月為德國所併吞之際。何鳳山認同奧地利的國家地位，且對許士尼格總理抵抗他稱之為「惡魔」的納粹的行動寄予同情（譯按：見第四章）。何鳳山關於國家偉大的本質有著頗為不尋常的見解，他相信「唯有透過包容」國家才會偉大。隨著奧地利崩解而來的是「擦洗派對」與反猶暴行；對此，他的應對方式是發放中國簽證給猶太人，發了至少有一千份，其中有些人是給他親自從集中營營救出來的人。何鳳山在一九三八年不可能料得到留在中歐的猶太人面臨著什麼樣的命運，但他只是對當時尚沒有先例可循的針對猶太人的暴力事件做出應對。[16]

在德國於一九四〇年春天占領了荷蘭後，瑞士領事恩斯特・普羅多列（Ernst Prodolliet）發給猶太人瑞士的過境簽證。雖然有人下達指令不准，但他相應不理。當瑞士領事館於一九四二年被關閉時，他將資金留給正試圖幫助猶太人逃離歐洲的人。同年春天，當德軍勢力抵達法國時，法國的猶太人向南逃竄，其中有些人獲得外交人員的協助，俾使他們得以繼續逃難。在波爾多（Bordeaux），西班牙領事**愛德華多・普羅佩爾・德・加耶洪（Eduardo Propper de Callejón）**發放數千張過境證件給猶太人和其他人。在整個被占領下的歐洲內許多這麼做的西班牙外交人員當中，他是其中一位。同樣在波爾多的葡萄牙領事**阿里斯蒂德・德・索薩・門德斯（Aristides de Sousa Mendes）**也發放了數千份證件，讓猶太人與其他人得以離開法國。這些人所鼎力相助的是他們毫不相識的陌生人，利用的是內在於他們職位中的權威來對抗風行草偃的政策。[17]

＊＊＊

一位行動較為接近官方政策的外交拯救者是駐立陶宛考那斯（Kaunas）日本領事杉原千畝（Chiune Sugihara）。他於一九三九年被派任赴立陶宛，以便就近觀察德國與蘇聯的軍隊行動，並預測到了德蘇戰爭的爆發。一九三九年九月以後，波蘭公民（無論是不是猶太人）逃往立陶宛以躲避德方與蘇方。尤其是在蘇方併吞波蘭東部並開始把人遣送往古拉格後，猶太人前往立陶宛尋求庇護。一九四〇年四月，蘇聯的遣送行動對準了大批的猶太人，導致猶太人大規模地逃往維爾紐斯與立陶宛其他地方。當月在維爾紐斯，登記在案的猶太難民約有一萬一千〇三十名。[18]就在蘇聯於一九四〇年六月占領立陶宛之際，蘇方也實行了另一波遣送波蘭公民（主要是猶太人）的行動。這在猶太人之間造成了雙重的恐慌：他們逃離了蘇聯在波蘭的勢力，卻發現他們正在被蘇聯在立陶宛的勢力所追捕。是在日本的領事館，他們才找到了願意垂憐諦聽的人。

一九三〇年代末，杉原學習俄文，與一名俄羅斯女子結婚，並皈依俄羅斯東正教；他要人叫他謝爾蓋（Sergei，杉原千畝的東正教聖名——譯按）。他在一九三〇年代與在波蘭軍事情報單位的同事用俄語溝通，因為他們全部都在普羅米修斯計劃以及其他的反蘇計劃當中合作（譯按：見第三章）。在戰爭期間，即使在一九三九年九月波蘭被摧毀以後，他仍持續與在波羅的海國家的波蘭官員共事。他主要的對口是米蒿・里比考斯基（Michał Rybikowski）。里比考斯基當時在中立國瑞典管控同盟國的間諜網絡，並向在倫敦的波蘭流亡政府彙報。里比考斯基佯裝為俄國人，使用附庸於日本的滿洲國護照（應該是來自杉原）。（由於當時有許多俄羅斯移民在滿州國，歐洲人——特別是像里比考斯基這樣說俄語的歐洲人——持這樣的護照並不足為奇。）杉原與里比考斯基之間的合作為杉原日後協助猶太人的行為鋪路。[19]

里比考斯基的任務之一是要處理莫洛托夫—里賓特洛甫條約與德蘇入侵波蘭、占領波蘭的後果，協助波蘭難民。他在立陶宛特定的任務是為已經好不容易逃到這裡、想要再接再厲逃離歐洲的波蘭公民準備一條逃生道路。為此，他另又招募了兩名波蘭軍事情報官員萊塞克・達什凱維奇（Leszek Daszkiewicz）和阿爾方斯・雅庫別涅茨（Alfons Jakubianec）。他們受雇於日本領事館，並從杉原處取得護照。[20]

波蘭情報官員所為波蘭難民發明的計謀是拿日本過境簽證，前往不要求入境簽證的目的地。荷蘭榮譽領事簡・茲瓦潭狄傑（Jan Zwartendijk）願意簽署聲明，宣布進入加勒比海南部的庫拉索島（Curaçao）毋須簽證。這兩名波蘭人為前往庫拉索製造特殊過境日本簽證的模板，以及兩塊特別的簽證章，一塊他們自己使用，一塊給杉原。在波蘭流亡政府看來，最初的想法是救援那些特別有價值的波蘭公民。由於過境是要搭火車穿越蘇聯前往日本，情報官員無疑希望透過他們精挑細選的難民來蒐集有用的信息。[21]

在一九四〇年夏天的動亂時，在蘇聯將大批人口從波蘭東部以及他們在立陶宛成立的新政權遣送出境之際，這三個人給所有開口要求的人發簽證。在他們為波蘭公民簽發的約三千五百份簽證當中，約有三分之二發給了波蘭籍的猶太人。由於一份簽證就足以適用於全家人，約有八千名猶太人靠著這些證件離開了歐洲。如同兩年前在維也納的何鳳山一樣，杉原當時並不知道如果這些猶太人待在立陶宛會發生什麼事。他只是對德國占領波蘭中、西部以及蘇聯占領波蘭東部和立陶宛所帶來的難民危機做出對應。他對難民的憐憫之情油然而生，並希望他們得以存活；以此而言，他是有意識地去營救猶太人。在以俄文寫就的簡短回憶錄中，他至少有一度描述其行動的根源：「係出於人類的感知，出於對於我的同胞人類的愛。」完全稱不上多愁善感的達什凱維奇後來也寫說，杉原是「一個有良心的人」。[22]

一旦他們做到了他們能力範圍所及，杉原與他的兩名波蘭手下便離開考那斯，前往斯德哥爾摩，再從當地前往德國。杉原的任務是預測德國人何時會攻打蘇聯——且在幾日內就做出了準確的預估。在一九四一年六月廿二日巴巴羅薩行動之後不久，他的兩名波蘭同謀之一雅庫別涅茨於柏林被蓋世太保給發現，並以間諜的身分遭到槍殺。儘管雅庫別涅茨當時與日本人共事，但他都向效力於波蘭流亡政府（因此也效力於英美）的上司里比考斯基彙報。他的刑殺為一個發明出拯救數千名猶太人計策的人畫下了句點。但他並非因此被處決，也沒有因此被記得——甚至不是為了任何什麼。他的難民計策與憐憫猶太人之間毫無干係，只不過是精明地玩弄淪亡中的治國之道的人造物。[23]

達什凱維奇仍繼續為杉原效力。杉原這時來到了布拉格，布拉格在波西米亞和摩拉維亞保護國之內，因此也在德意志帝國之內（譯按：見第六章）。達什凱維奇試圖與捷克的地下組織搭上線，但他的朋友落網被殺迫使他離開歐洲。他選擇在波蘭情報行動的傳統根據地巴勒斯坦工作。

＊＊＊

在二戰期間，巴勒斯坦仍然由英國託管，而波蘭是英國的盟友。在戰前，波蘭在巴勒斯坦奉行反英政策，讓猶太革命家為了有利於他們的契機——戰爭的爆發或者英國的衰弱——做準備。戰前的波蘭領事維托德．胡蘭尼基在戰爭期間仍派駐在耶路撒冷為英國效力，但同時也與他和猶太人主要的聯繫管道、同時也是他的好友亞伯拉罕．斯特恩保持好關係（譯按：見第三章）。向來喜尋求冒險與榮耀的斯特恩將第二次世界大戰看作擊敗英國的機會，甚而尋求納粹德國的協助（未果）。在一個名叫萊希的小組中，斯特恩利用波蘭的訓練、可能還有波蘭的武器對英國人發起暴力行動。他意在實踐他的政治性議程，但也是在追求一場壯烈的從容就義。他實現了波蘭浪漫派反叛理想的宿命；在他自己的詩中甚至深化了波蘭浪漫派反叛者的烈士的（martyrological）理念。斯特恩於一九四二年被英警槍殺之後，萊希的工作就由**伊札克．沙米爾（Yitzhak Shamir）**來繼任。翌年，沙米爾在反英暴動中的夥伴就是梅納赫姆．貝京。一九四二年，貝京經由一條非常曲折的道路前往巴勒斯坦。

一九三〇年代末，貝京和貝塔組織的年輕人謀劃要透過襲擊巴勒斯坦來支持伊爾貢所發起的暴動，藉此肇建以色列國。這次行動會由曾是波蘭公民的猶太人在波蘭當局的支持下執行。一九三九年，波蘭亡國，波蘭對伊爾貢的奧援也隨之崩解，貝塔組織的領導人只能勉力逃往維爾紐斯，此一計謀也跟著胎死腹中。有些人被德國人關進猶太區；其他人遭到蘇方逮捕並遣送出境。貝京自身就是一九四〇年被遣送往古拉格的貝塔成員之一。

一九四一年納粹德國進攻蘇聯時，史達林對遭他拘禁的波蘭男性公民的態度有所轉變。他們被准予離開古拉格去成立一支波蘭軍隊與德國人作戰。史達林無意讓波蘭公民在東線作戰，因為他們日後在那裡可能會對蘇方勢力造成威脅，畢竟紅軍在戰爭期間已經侵略過波蘭一次了，而這些人正是經歷過內務人民委員部壓迫的人。因此，最好迫使他們在西線作戰，與蘇聯和波蘭隔得遠遠的，在理想狀態下，他們最好與德國人同歸於盡。要讓波蘭公民從古拉格前往西線，他們必須從歐亞大陸的一邊行進到另一邊，從蘇聯的北部、遠東或者哈薩克穿過印度、伊朗、巴勒斯坦來到西歐。[24]

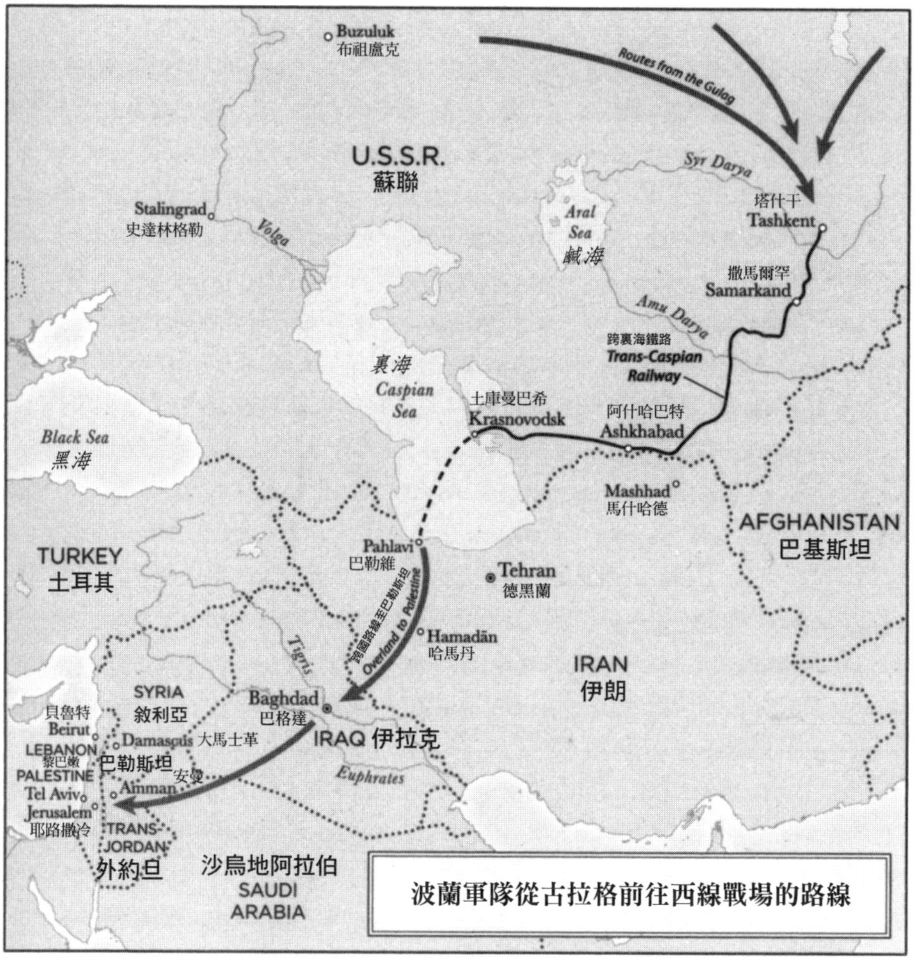
Buzuluk
布祖盧克
Routes from the Gulag
U.S.S.R.
蘇聯
Syr Darya
塔什干
Tashkent
Stalingrad
史達林格勒
Volga
Aral Sea
鹹海
撒馬爾罕
Samarkand
Amu Darya
跨裏海鐵路
Trans-Caspian Railway
裏海
Caspian Sea
土庫曼巴希
Krasnovodsk
阿什哈巴特
Ashkhabad
Black Sea
黑海
Mashhad
馬什哈德
AFGHANISTAN
巴基斯坦
TURKEY
土耳其
Pahlavi
巴勒維
跨國路線至巴勒斯坦
Overland to Palestine
Tehran
德黑蘭
Hamadān
哈馬丹
Tigris
IRAN
伊朗
SYRIA
敘利亞
Baghdad
巴格達
貝魯特
Beirut
LEBANON
黎巴嫩
Damascus
大馬士革
IRAQ 伊拉克
巴勒斯坦
PALESTINE
安曼
Amman
Euphrates
Tel Aviv
Jerusalem
耶路撒冷
TRANS-JORDAN
外約旦
沙烏地阿拉伯
SAUDI ARABIA
波蘭軍隊從古拉格前往西線戰場的路線

這支在史達林的默許下成立的新興波蘭武裝勢力服從於在倫敦的波蘭政府，由**瓦迪斯瓦夫・安德斯**（**Wladysław Anders**）指揮，因此又稱**安德斯軍團**（**the Anders Army**）。安德斯軍團的許多指揮官對猶太人興趣缺缺，或者在戰鬥的過程中收起了他們的反猶刻板印象。但猶太人仍然是參加安德斯軍團的波蘭公民的一部分。無論理由為何——是因為他們更有可能成為史達林的目標，因為他們更想作戰，抑或是因為他們與波蘭軍官的關係較好——貝塔組織的成員和修正復國主義者在波蘭軍隊中的人數頗眾。儘管路途迢迢，許多右翼復國主義者的確藉此從波蘭一路征伐到了巴勒斯坦。英國人在戰爭期間擋下了試圖從海路前來巴勒斯坦的猶太人，但卻難以阻止身著同盟國軍服的猶太人從陸路進入。

這些紛至沓來巴勒斯坦的猶太人重振了伊爾貢。貝京於一九四二年五月隨波蘭軍隊抵達巴勒斯坦，在那裡碰見維克多・德米爾，德米爾於一九三〇年代末負責波蘭涉猶政策時曾經是貝京的後臺（譯按：見第三、四章）。德米爾藉著支援貝塔組織與伊爾貢，為波蘭籍猶太人大規模移居巴勒斯坦創造出了條件。[25]現在他協助安排貝京自波蘭軍隊榮退，以便讓他離開傳統武裝勢力去效力於非傳統的武裝勢力，同時又不必面對逃兵的恥辱。貝京在一九四三年十月被選為伊爾貢的領導時，唯一擁有的一件衣服就是他的波蘭軍服。[26]

既然如今戰局丕變，明顯不利於納粹德國，貝京的伊爾貢便加入了沙米爾的萊希從事反英恐怖攻擊。這意味著領導反波蘭盟國殖民抵抗的是兩名波蘭籍猶太人。一九四四年二月，貝京宣布伊爾貢向英國託管政府發動叛變。[27]貝京就各方面而言都是波蘭的產物：他在伊爾貢的副手是**埃利亞胡・梅里多爾**（**Eliahu Meridor**）；梅里多爾在一九三六年前都居住在波蘭，於一九三九年回來波蘭軍事情報單位受訓。[28]在海法區負責伊爾貢行動的**莫歇・內馬德**（**Moshe Nechmad**）一九三九年也參與在波蘭的行動當中。伊爾貢在耶路撒冷的指揮官**埃利亞胡・蘭京**（**Eliahu Lankin**）於一九四四年領導對英情報單位的攻擊，他是另一個波蘭的產物。[29]萊希在沙米爾的指揮下於同年十一月策畫謀殺莫尼男爵（Lord Moyne），理由是該英國國務大臣反對成立一個猶太人的國家，並停止讓猶太人移居巴勒斯坦。從波蘭軍事情報單位學到的手法被伊爾貢於一九四六年七月用在**大衛王酒店**（**King David Hotel**）爆炸案上。

＊＊＊

二戰期間，波蘭只是作為其過往政策的迴聲存在，或者以逃離自己的領土的方式存在。波蘭外交人員與情報官員於一九三〇年代末為了成立以色列國所做的努力確實有所成果，但是一直到戰後才顯現出來。儘管這些支持復國主義的猶太人當中有些在歐洲或巴勒斯坦仍很活躍（如胡蘭尼基），但波蘭政府本身卻必須逃離歐陸。波蘭政府於一九三九年九月抱頭鼠竄地撤出華沙，借道羅馬尼亞來到巴黎。在德國入侵法國後，波蘭政府再遷到倫敦。波蘭行政長官在倫敦處於某種耐人尋味的位置。英國為了波蘭加入戰爭以保護其主權與領土，但這個目的並沒有達成。在一九四〇年法國垮臺到翌年蘇聯參戰之間，波蘭是英國唯一的盟友。但在蘇聯以及美國於一九四一年參戰後，英國與波蘭之間的連帶也就無足輕重了。[30]

由於波蘭流亡政府合法性的延續，波蘭仍然是正式保有主權的國家。德國人並不承認這個政府，因為該政府宣稱代表一個德國人主張並不存在的國家。除了在戰爭期間從一九四一年德國入侵蘇聯到一九四三年戰局不變的這一段時間之外，蘇方亦不承認波蘭流亡政府。

在倫敦的流亡政府對在波蘭的地下政府及其武裝勢力運籌帷幄。波蘭的武裝抵抗勢力「家鄉軍」

是一個由各種團體結合在一起的大型組織，包括有十幾支在政治光譜上從中間偏右分布到中間偏左的戰鬥隊伍。原則上，其指揮鏈由位於倫敦的文官領軍。實際上，與波蘭的軍事和平民組織之間的聯繫渠道既緩慢又不規律，因為溝通所仰賴的快遞必須得穿過歐洲被占領範圍下的重重險阻。主要來說，波蘭在倫敦的主權僅意味著波蘭當局有能力與其英國盟友溝通。但對波蘭籍的猶太人來說，即便是像這樣受到層層拘束的主權形式都意義非凡。

不像戰前的波蘭政府，波蘭在倫敦的政府由各種主要的政黨組成，其中也包括反猶派的國家民主黨人。德國對波蘭的占領之血腥程度超乎英國政治人物與輿論的想像。此外，流亡政府還須面對國內的波蘭人口，先前的波蘭政權要這些人翹首期盼有朝一日多數的猶太人可能得以離開波蘭。一九三九年德軍進入泰半波蘭領土，導致猶太人在他們已經生活了數百年的地方上消失——一九四〇、四一年是被集中到猶太區，然後四二年被關進毒氣室殺死。波蘭的東半部於一九三九年遭到蘇方入侵，一九四一年再遭德方入侵；來自東半部的波蘭人曾於一九四一年以後目睹猶太人在公開場合遭到殺害。其中有些波蘭人所宣傳的版本也正是納粹所喜歡的：亦即猶太人是因為與蘇方協力而罪有應得。這種杜撰只不過是便宜行事罷了，但在波蘭中、西部的波蘭人卻往往信以為真。一如波蘭地下指揮官寫給在倫敦的波蘭首相所說的，德占波蘭的人口中「壓倒性的多數」都是反猶派。[31]在倫敦的波蘭政府確實掌有猶太人遭到大規模射殺與大規模毒死的消息直接來源，但有時會將這樣的信息與德國對波蘭公民的恐怖統治的一般報告混為一談。

儘管如此，波蘭當局一九四二年的確將猶太人遭到大規模殺戮的訊息準確傳達給其英美盟國以及大眾。波蘭首相瓦迪斯瓦夫．西科爾斯基（Wladyslaw Sikorski）對於清理華沙猶太區的重要性絲毫不含糊：「這次大規模殺戮在全世界史上沒有先例；所有已知的殘忍行徑與此相比都小巫見大巫。」波蘭的消息席捲同盟國的新聞簡報以及在英媒和英文廣播新聞公司（ＢＢＣ）上的報導。波蘭人與波蘭籍的猶太人都相信一旦德國人的行徑被公諸於世，他們就會停止殺害猶太人；就此而論，波蘭政府的確採取了他們所認為能阻止殺害的行動。警告的確對德國的盟軍產生了效果，但是對德國本身卻無效。[32]

一九四二年十一月廿七日，波蘭國家委員會（Polish National Committee，一種支援海外政府的暫代國會）要求同盟國進行干預，以求停止德國人對猶太人的殺害。十二月四日，倫敦的《泰晤士報》報導德國計劃「全面滅絕」其統治下的猶太人。[33]十二月十日，波蘭外交部再請求同盟國採取行動。波蘭政府以精準無誤的措辭要求立即採取行動，防止德國完成其「大規模滅絕」的計劃。這項聲明在英國的輿論與眾議院之間掀起了一股風暴，眾議院議員認知到歐洲數以百萬計的猶太人正遭到蓄意殺害，甚至靜默肅立片刻。[34]以此，在英國及其美、蘇同盟於一九四二年十二月十七日要求德國與其同夥停止殺害猶太人的聲明當中，波蘭人也參與在其中。[35]

這次警告提出的時間就在德軍於史達林格勒敗北前不久。德國的盟友無疑認為這次警告打開了一條路子，讓他們可以釋出信號說他們自己對柏林的忠誠也是有條件的。這可以解釋斯洛伐克、羅馬尼亞、法國為何都在一九四三年大幅改變他們的涉猶政策，以及瑞典為何開始願意幫助猶太人。這樣說來，即便是有限的波蘭主權形式——亦即波蘭當局可以向英國與其他同盟國國家傳達可信的訊息——對猶太人而言都很重要。[36]

＊＊＊

之所以能獲取大規模殺戮波蘭猶太人的一手消息，有賴於那些膽識過人的人士。這些人通常與波蘭在戰前或戰爭期間的政體形式關係頗為密切。其中一人是楊・卡爾斯基（Jan Karski），本名楊・寇機勒斯基（Jan Kozielewski）。他是整起猶太大屠殺歷史中唯一直接接觸到最底層的恐怖以及最上層的權力的人。戰爭爆發時，卡爾斯基年方廿五歲，但已經對波蘭的猶太問題知之甚詳。他還是一名年輕的外交人員時已經展現出才幹。卡爾斯基先是在波蘭外交部的移民部門任職，該單位負責想辦法減少猶太人在波蘭的數量。一九三九年五月至八月間，他擔任德米爾的個人祕書，德米爾負責對貝塔組織與伊爾貢的支援，而此時正是波蘭與復國主義者接觸得最密切的時刻。[37]卡爾斯基擔任德米爾祕書時正是英國公開其限制猶太人移民到巴勒斯坦政策、伊爾貢開始對抗英國、波蘭的武器裝載上船運往巴勒斯坦的時候。

一九三九年八月，卡爾斯基被動員到波蘭在奧斯威辛（Oświęcim）的軍事基地。他與他的小組往東逃逸，遭到紅軍捕獲，成為階下囚。他佯稱自己是被徵募入伍的，因而逃過身為波蘭軍官應當被判處的死刑，然後又從火車跳下。他找到了回華沙的路，在那裡見到自己在華沙警隊中擔任指揮官的胞兄。他的哥哥當時正面對著在外來勢力占領下所有員警都會面對的兩難：是要服膺於外來勢力的利益，並與之協力，還是要甘冒局勢混亂、落入無法治狀態的風險拒絕協力？為了要幫他的哥哥解決這個問題，卡爾斯基以快遞人員的身分去找尋當時在法國的波蘭流亡政府。

回到波蘭時，卡爾斯基開始沉痛地關切猶太人的命運。對於（一）國家民主黨對一個沒有猶太人的波蘭的欲求、（二）戰前波蘭政府提倡移民的政策、以及（三）納粹將猶太人從波蘭人的生活中消滅這三者之間的關聯，他似乎感受頗為敏銳。儘管德國人所採取的手段與波蘭的政治人物殊異，其結果卻與一九三五年以後在波蘭盛行的願景相符：亦即讓這個國家百分之九十的猶太人口消失。在一九三〇年代後半所想像出的社會革命，也就是把所有猶太人的房舍、企業奪走的幻想到了一九四〇年代確實實現了。德國的統治懲處菁英階級、殺害猶太人，以此打破了此前波蘭的社會秩序，大幅摧毀了戰前的中間階級與上層階級。在卡爾斯基寫給波蘭政府的信上提到，財產的轉移形成了波蘭人口與其德國主子之間的一道「窄橋」。他描述波蘭人對猶太人的態度「普遍來說很嚴厲，甚至往往很殘酷」。[38]

在華沙，多數的猶太人被遣送到特雷布林卡的滅絕營，並在一九四二年七月至九月間的**偉大行動（Grosse Aktion）**中遭到殺害。十月，卡爾斯基在猶太同盟派（Bundist）的帶領下通過修正復國主義者所挖掘的通道進入華沙的猶太區；此前，修正復國主義團體是卡爾斯基在外交部的上級的附庸。三年前卡爾斯基擔任德米爾祕書時可能經手處理將猶太人從波蘭趕出境的計劃文件，而此時卡爾斯基在通道的另一面遇到的貝塔組織成員，可能當時就出現在卡爾斯基的簡報上過。而此時貝塔組織的成員正計劃要與德國人作戰（儘管他們有些人在猶太警隊剛完成遣送行動時仍然在華沙與其他國家效力於猶太警隊）。離開通道以後，卡爾斯基進入了一棟建築；數個月後，這棟建築裡的修正復國主義者將會依循他們自己的傳統，在猶太區裡起義對抗德國人的同時擎起復國主義與波蘭雙方的旗幟。卡爾斯基就是這麼被告知發生在華沙的猶太人身上的事。他的聯絡窗口請求他的幫忙，希望他能懇請西方同盟國國家發起行動，並且採取報復手段。[39]

一九四二年十月，卡爾斯基抵達倫敦——這對一介戰爭期間身在歐洲德占區的波蘭情報員來說，寧非易事。他身上帶著自己的觀察、閱歷以及三份關於波蘭猶太人遭到殺害的報告。在倫敦，他與波蘭當局以及英國的知識分子、公眾人物如傑洛德・貝瑞（Gerald Berry）、維克多・格蘭茨（Victor Gollancz）、羅納德・海德（Ronald Hyde）、阿倫・蓮恩（Allen Lane）、金斯利・馬丁（Kingsley Martin）等人對話。他的信息的一個面向不過是重複戰前的波蘭對外政策：亦即應該允許波蘭籍的猶太人前往巴勒斯坦。與戰間期的日子強烈對比的是，這份哀告表達出的是猶太人他們自己情急之下的願望，因為他們正在面對德國全面大開殺戒的政策。但倫敦與華沙的猶太區之間相距甚遠，彷彿是兩個不同的世界。卡爾斯基被以決絕的言詞告知：猶太人移往巴勒斯坦是不會被准許的。以此，就這點來說英國的政策就像波蘭的政策一樣，自一九三九年起都沒有改變。卡爾斯基也與美國的大使談話，美國大使告訴他，讓猶太人移往美國的配額不太可能增加。事實上，入境的猶太人數量反而減少了。在一九四二年七月到一九四三年六月間，只有四千七百〇五名猶太人獲准入境美國——這比一九四二年夏天任何一天在特雷布林卡集中營遭到殺害的華沙猶太人數量都還少。[40]

在他所有的討論中以及他一九四四年的回憶錄裡，卡爾斯基都在德國的社會性梟首（social decapitation）政策、對波蘭人的大規模恐慌，以及德國的全面滅絕猶太人政策之間劃下分明的界線，頗不尋常。他的努力為波蘭的情報活動做出了貢獻，這比一九四二年十二月同盟國發出警告還早。卡爾斯基本人覺得自己失敗了，但他所做的觀察以及他干冒的風險讓猶太人得以倖存。

救援往往是灰暗的。

＊　＊　＊

及至一九四二年同盟國發出警告時，德國占領下的波羅的海、蘇聯以及波蘭多數的猶太人都已經遭到殺害。蘇聯德占區於一年前開始槍殺猶太人，此舉貫穿整個一九四二年的春夏；將貝爾賽克、索比布爾、特雷布林卡滅絕營中波蘭總督府的猶太人給毒死的**萊茵哈德行動（Operation Reinhard）**也於那年秋天完成。紅軍在一九四三年二月在史達林格勒取得勝利後向前挺進之際踏過了死屍的坑洞（有時因而發現這些地方）。不旋踵，蘇聯的士兵就會抵達在德占波蘭東邊的滅絕營。是在這樣的壓力之下，德國殺業的中心往西轉移到了奧許維茲。

奧許維茲集中營於一九四〇年成立於波蘭位於奧斯威辛的軍事基地，也就是卡爾斯基在一九三九年九月以波蘭軍官身分報到的地方。一九四〇年夏天，波蘭的男性（往往是在政治上活躍的）開始從華沙的街頭消失，被送往奧許維茲。另有一名波蘭地下組織成員自願前往這個神祕的地方去了解其真相。當德國人在突擊華沙那些被歸類為菁英與知識分子集中的地帶時，**威托德．皮雷茨基（Witold Pilecki）**自投羅網。皮雷茨基是一名農民，也是當地的運動分子，在波蘭—布爾什維克戰爭中有過作戰經驗，此時擔任後備軍官。他曾經是波蘭軍事組織的成員，儘管現在已結婚生子，卻自願前往奧許維茲。他在華沙第二次輸送行動（輸送了一千七百〇五人）中被遣送，這些人在集中營的編號是三八二一至四九五九、四九六一至五五二六。[41]他將進入集中營的這一刻描述為「終結了這世上所有的事情的一刻，開始展開超越此世之上的東西。」皮雷茨基待在奧許維茲將近三年，試圖在營裡組織地下活動並將筆記夾帶出去。他於一九四三年逃營，並於兩年之後寫了長長一份鉅細靡遺關於奧許維茲內生活的報告。他詳述了一九四〇、四一年波蘭人遭到的懲罰與殺害；一九四一、四二年蘇聯戰俘被監禁、毒死；以及最終集中營是如何被轉變成置猶太人於死地的主要設施。[42]

皮雷茨基是一名愛國人士，他相信奧許維茲不過又是一次對波蘭性格的試煉，有些人通過了考驗，有些人沒通過。皮雷茨基主要的顧慮是波蘭人在營裡營外抵抗的可能性。他一逃出集中營馬上又重新加入了波蘭地下組織，在一九四四年的華沙起義隨波蘭家鄉軍作戰。儘管如此，要看出德國涉猶政策中駭人聽聞的情事並加以記錄對皮雷茨基而言毫不困難。在開始要毒死猶太人時，皮雷茨基被指派一份勞動工作，讓他可以從營房走到皮革廠房。他從這個角度來書寫被殺害的猶太人：

「每天有超過一千名剛運來集中營的人被送進毒氣室，屍體則送到新火葬場焚化。

當沿著灰色道路朝製革工廠列隊行進時，腳下揚起來塵土，我們看見黎明美麗的紅光在果樹的白花與路旁青綠的枝枒間閃爍著。或者回程時，我們看見年輕夫妻悠閒漫步，呼吸春日的氣息，或著是看見母親寧靜地推著嬰兒車——然後，某個令人渾身不舒服的想法浮現腦際……不斷盤旋，頑固地想為這個不可解的問題尋求解答：

我們都是……人嗎？

那些走在花叢中的，與那些朝毒氣室走去的，都同樣是人類嗎？」[43]

卡爾斯基與皮雷茨基主要效忠的對象都是波蘭，或者他們將之與波蘭聯繫起來的傳統，這些傳統在波蘭分崩離析後可以任人重新定義。他們總是宣稱他們的所作所為不涉及利益，只是義務，不過是任何處在他們位置上的人都會做的。耐人尋味的是，他們內化了身為一個政體的成員的義務，絲毫不受國家體制已經不存的事實所影響，並不斷地重新思考這些義務對他們而言究竟意味著什麼，總是對自己做出更多的要求。在波蘭的國家地位已不復存的情況下，他們這種姿態完全沒有意義，但是他們的行動卻遠遠超乎任何人對他們的要求。

第三位傑出的波蘭地下組織成員是瓦迪斯瓦夫・巴托謝夫斯基（Władysław Bartoszewski）。巴托謝夫斯基後來一再語帶不滿地表示那些為猶太人工作的人都沒有先問過波蘭是否允許讓他們這麼做。無巧不巧，年輕時是天主教運動分子的巴托謝夫斯基跟皮雷茨基一樣，同樣是一九四〇年九月廿二日被送往奧許維茲的一千七百〇三人之一。在皮雷茨基留在奧許維茲從事組織工作與彙報的同時，巴托謝夫斯基於一九四一年四月獲釋（奧許維茲會釋放一些人），並旋即回到在華沙的波蘭地下組織。在他所投入的眾多事務當中，他在**猶太人援助委員會（Żegota）**格外活躍，這是一個由華沙和其他城市許多團體結合的猶太人救援組織。

約有兩萬八千名猶太人當時在華沙猶太區以外的亞利安區藏匿；這些人當中約有一萬一千六百人存活了下來。[44]這兩萬八千人當中約有四千人曾獲得來自援助委員會成員各種形式的協助，包括金錢、食物、庇護以及情感上的支持。[45]多數金錢來自美國猶太聯合分配委員會（Joint，美國的猶太非政府組織），但是是由波蘭的傘兵將錢藏在皮帶裡從英國的飛機空投而下。[46]猶太人援助委員會是一個波蘭的政府組織，也因此它所代表的是國家的首要政策（也是極少數的國家政策），也就是要讓猶太人活命。一旦金錢送達了——這本身寧非易事——之後所有的事都要仰賴猶太人援助委員會的成員。

在華沙的援助委員會的領導班子當中以波蘭社會主義黨的黨員較占優勢。在戰前，社會主義黨是華沙的最大黨，有許多猶太黨員與選民，反對戰前的政體及其將猶太人移出的政策。[47]有為數頗多的救援行動是社會主義黨人幫助他們戰前就已經認識的黨員同志。整體而言，援助委員會的領導班子曾經歷過德國的壓迫。其主任朱利安・格羅貝爾尼（Julian Grobelny）曾遭德方逮捕，然後戰爭期間大多待在醫院。伊雷娜・森德勒（Irena Sendlerowa）與其他婦女拯救了大批猶太孩童，她也曾經被蓋世太保監禁。巴托謝夫斯基與塔德烏什・雷克（Tadeusz Rek）兩人都曾待過奧許維茲；阿道夫・伯曼（**Adolf Berman**）則曾從華沙的猶太區逃出。[48]

同時，一些活躍於援助委員會的成員也是來自反猶的右派。其中最為直言不諱的莫過於索菲婭・科薩克（**Zofia Kossak**），她是援助委員會前身公民組織的創辦人，而她在救援工作中的重要性無庸置疑。[49]她關懷那些可以在大規模的殺戮發生在他們眼前卻袖手旁觀的天主教徒的靈魂。她也擔心戰爭結束後猶太人會把殺戮的罪責歸咎於波蘭人。反猶太的救援行動並不如所想的那麼矛盾。幾乎沒有人是出於對猶太人的義務感而出手相救；有些人是出於對人類同胞的義務感而援助猶太人。[50]反猶的救援人士不喜歡猶太人，希望他們滾出波蘭，但仍然將他們視為人類，有經受磨難的能力。在一些案例當中，救援猶太人的反猶太主義者自認為是透過抵抗德方的政策在保衛波蘭的主權；在其餘的案例中，他們是出於慈善來採取行動。[51]

最有效的救援人士必須是與被同化的猶太人維持暢通聯繫的人，而這些被同化的猶太人則又與其他的猶太人有所聯繫。這樣的人並不是反猶太主義者。其中一個代表性的例子是交遊廣闊的毛雷齊・赫林—格魯金斯基（**Maurycy Herling-Grudziński**），他是猶太援助委員會在華沙帶頭的運動分子，戰前在華沙的波蘭人與猶太人之間就已是聲譽卓著的律師。他用波蘭流亡政府的錢在華沙境外的地產援助了逾三百名猶太人。他所救援的第一批人是他在職業上的同儕法學人士和知識分子，接著才是和他在社會距離上比較遙遠的猶太人。

如同皮雷茨基、卡爾斯基、巴托謝夫斯基一樣，赫林—格魯金斯基是波蘭家鄉軍的成員，波蘭家鄉軍是波蘭地下組織的軍事單位。他在一九四四年的華沙起義中也參與在家鄉軍中，並在戰事中受到重傷。如同（來自波蘭東部的）皮雷茨基、（於一九三九年被蘇方逮捕的）卡爾斯基、（後來在史達林的監獄中度過數年的）巴托謝夫斯基一樣，赫林─格魯金斯基也感受到了來自蘇方的勢力。記述古拉格的古斯塔夫・赫林─格魯金斯基（Gustaw Herling-Grudziński）是毛雷齊的兄弟。當毛雷齊在華沙窩藏猶太人的時候，古斯塔夫正在蘇聯極北方的集中營內砍樹。[52]

戰事結束後，毛雷齊成為優秀的法學家，而古斯塔夫則成為一名令人激賞的作家。這倆波蘭兄弟似乎都沒有意識到影響他們的命運至關重要的一個事實：他們是猶太人。[53]

所有的救援都關乎自我救援。

第十一章　神和人的游擊隊

一九四五年一月，安澤爾．施奈德（Anszel Sznajder）和他的兄弟自一列把他們從奧許維茲載出的火車上跳下。他們兩人說著波蘭語和俄羅斯語向當地人透漏自己曾為波蘭家鄉軍和蘇聯游擊隊（Soviet partisans）作戰，藉此來恫嚇當地人。他們兄弟倆依照第一印象來決定對遇到的人要採用哪一個故事版本。故事最重要的核心在於要讓對方以為他們有軍隊裡的同志撐腰，有「挺我們的勢力」會為他們復仇，這部分一定要能取信於人。他們必須要令人望而生畏，要讓人認為他們背後有軍隊或國家當他們強大的靠山，絕不能讓人把自己看成兩名落單的猶太人，任人宰割。[1]

施奈德兄弟是少數將暴力的威脅挪為己用的猶太人。有時猶太人藉由加入（或假裝自己已經加入）抵抗德軍的勢力而得以倖存。然而更多時候，試圖尋求庇護以躲避德國殺戮政策的猶太人反而由於公開站到德國統治的反面，將自身暴露在更大的危險之下。在法共開始抵抗之初，德方報復行動的第一批受害人是在巴黎的波蘭籍猶太人。在塞爾維亞，游擊隊抵抗被德國占領方當作藉口來消滅塞爾維亞的猶太人。在荷蘭，儘管有許多人加入救援行動、也有許多人加入抵抗，卻常兩兩互相妨害。當德國警方要討伐荷蘭的抵抗勢力時，他們往往先找到荷蘭籍的猶太人下手。在斯洛伐克，民族叛亂引來德方干預，最終導致數千名（在其他情況下極可能能存活下來的）猶太人遭到殺害。[2]

諸如此類血腥的諷刺在波蘭與蘇聯西邊也甚為明顯。在此藏匿著更多的猶太人，德方的統治更為暴力，而抵抗勢力在此也更為廣泛。一九四四年八月的華沙起義是對抗德方統治最重要的一起發生在都市的反抗。這固然主要是由波蘭家鄉軍所組織戰鬥，但華沙起義可能是猶太人武裝抵抗最為重大的一次努力。參與在一九四四年華沙起義（Warsaw Uprising）中的猶太人極有可能比參加一九四三年華沙猶太區起義（Warsaw Ghetto Uprising）的猶太人還多（有些人兩起事件都參與）。技術上來說，波蘭家鄉軍並非一支游擊隊伍：家鄉軍從屬於流亡在倫敦的波蘭政權，其成員身著制服、配戴徽章，藉以與一般平民區隔。德方的官方立場是波蘭這個國家從來都不曾存在過，且德國勢力主要的反游擊戰略就是射殺華沙平民——最起碼殺了有十二萬人。隨著華沙起義敗北而來的是整座華沙市建築物逐棟逐棟被摧毀，就如同前一年猶太區被摧毀那樣。在此之前，一名藏匿在華沙的猶太人的存活機率跟一名藏匿於阿姆斯特丹的猶太人的存活機率大致相同。[3]但在華沙灰飛煙滅之際，在華沙的猶太人便再也無處可躲。[4]

蘇聯游擊隊是非正規武裝勢力當中最重要的一支，在東德的鄉間對抗德軍。他們並不將自身與平民加以區別，而是混跡於平民之中，刻意將德方的報復行動引入鄉村，想藉此來招兵買馬。在德軍進犯的後方——主要在烏克蘭、白俄羅斯西北——蘇聯游擊隊必須與德國人爭奪鄉村人口的效忠；在實際的層面上，這代表德蘇雙方在爭奪的其實是村裡的糧食。如果村裡把糧食給了蘇聯游擊隊，那麼德軍就會把村裡的所有人剿滅殆盡——通常是關在穀倉裡燒死——包括藏匿其中的猶太人。如果村民將糧食交給德方，那麼則有遭蘇聯游擊隊暴力攻擊之虞。游擊戰的本質對於試圖藏身的猶太人而言可謂致命。[5]

＊＊＊

施奈德兄弟興之所至地一下聲稱自己是波蘭人、一下又聲稱自己是俄國人，這似乎與戰後的論辯有所不同。當今最大的爭辯不在於要為納粹辯護還是要為抵抗軍辯護之間的論爭，而是在於同樣抵抗德方的兩大群體——波蘭家鄉軍與蘇聯游擊隊——的辯護者之間的論爭。他們兩者都對抗德軍，但雙方在戰後也都冀望控制同一片東歐土地——這塊土地同時也是猶太人的家鄉。德意志帝國的東部與歷史上猶太人落腳的領域有所重合，猶太人落腳的地帶又與戰間期的波蘭重疊，戰間期的波蘭又與戰後史達林希望在莫斯科與柏林之間建立的安全地帶重疊。

在日後的爭論當中，猶太問題成了關於統治權的論證工具：亦即波蘭的民族獨立論與蘇聯的革命霸權論兩者之間的對抗。為波方的抵抗辯護的人宣稱蘇聯的游擊軍誰也解放不了，因為他們不過是先遣隊極權主義壓迫的僕役。為莫斯科辯護的人則稱波蘭家鄉軍是法西斯，因為他們不是蘇聯的同盟。究其實，在猶太問題上，這兩個集團頗為相仿，因為他們類似的類國家組織（quasi-state organization）比他們不同的意識型態更形重要。

* * *

家鄉軍當中有些傑出的官兵反對德國占領他們的國家，也反對德國殺戮所有波蘭裔猶太人的政策。毛雷齊・赫林—格魯金斯基、瓦迪斯瓦夫・巴托謝夫斯基、楊・卡爾斯基、威托德・皮雷茨基都曾效力於家鄉軍。對於庇護家鄉軍士兵的人而言，同時庇護猶太人也不足為奇。戰間期瓦萊尼亞地區的總督亨尼里克・耶賽夫斯基就同時支援過烏克蘭蘇維埃社會主義共和國的普羅米修斯計劃和修正猶太復國主義。[6]戰時他在波蘭的地下黨度過，其藏身之處之一是華沙西部博得克瓦（Podkowa）的尼米斯基（Niemyski）人家。尼米斯基一家的主要計劃就是拯救猶太人。在華沙東北的馬佐夫舍地區奧斯特魯夫（Ostrów Mazowiecka），雅德維加・杜戈博斯卡（Jadwiga Długoborska）直到被蓋世太保處決以前都同時窩藏著家鄉軍的軍官與猶太人。[7]和卡爾斯基和皮雷茨基一樣，杰茲・考明斯基（Jerzy Koźmiński）也是被遣送到奧許維茲的家鄉軍一員。[8]即使在有機會的時候，他仍堅決不與家人通信，因為他不希望因透漏自己的地址而置藏身家中的猶太人於險境。米蒿・杰盧瓦（Michał Gieruła）是另一名窩藏猶太人的波蘭家鄉軍士兵，他和妻子遭到德國人虐待，但仍然不肯泄露其餘猶太人的藏身之處，於是被處以絞刑。如同其中一名猶太倖存者後來所說，杰盧瓦夫婦「犧牲了自己的生命換取我們的生存。」[9]

波蘭家鄉軍也實行救援猶太人或支援猶太人鬥爭的行動。家鄉軍及其他波蘭政治組織協助個別猶太人最顯著的方法或許是假造德國文件。他們有名的「造紙廠」（paper mills）能夠製造出德國的身分證（Kennkarten），將猶太人指鹿為馬為波蘭人——當時的猶太人稱之為「亞利安文件」（Aryan papers）。[10]通常波蘭人以此收取金錢或貨品，但也並非總是如此。家鄉軍設有猶太部門，由亨里克・維尼亞夫斯基（Henryk Woliński）執掌，自一九四二年初向外國媒體提供消息。[11]家鄉軍的官媒《訊息通報》（Information Bulletin）報導了大屠殺的每一個階段。[12]從華沙上空英國軍機空降的傘兵就是家鄉軍的士兵，他們的腰帶中夾帶著現金，用以支援猶太人援助委員會救援猶太人的行動。

數以千計的猶太人或者加入家鄉軍，或者宣稱已經加入了家鄉軍來解釋為何他們的存在不見天日。總的來說，這樣的計策只有在少數可以佯裝成波蘭人的猶太人身上有用；其他人幾乎可以確定一定會被甄別出來。家鄉軍的華沙區提供猶太區的猶太戰士武器——這些猶太人藉此來樹立他們的權威——然後又提供更多後來用在一九四三年四月猶太區起義的武器。[13]在少數較小的案例中，猶太人的小支隊被允許與家鄉軍聯合。加入一九四四年華沙起義的猶太人與其說是參加家鄉軍（雖然有些人的確加入了）毋寧說是為自由而戰。其中一人如此描述這種想法：「從猶太人的觀點看來不可能採取被動。波蘭人拿起武器對抗死敵。我們身為受害者、身為同胞公民的義務，就是幫助他們。」[14]

一九四四年八月五日華沙起義幾天內，家鄉軍一支隊解放了華沙集中營（KZ Warschau，

Concentration Camp Warsaw）。華沙集中營是殺戮猶太人、波蘭人的主要地點，其主要的囚犯是外來的猶太人以及從奧許維茲轉送過來的希臘人，因為當局認為他們能夠從事繁重的勞動。由於這次家鄉軍行動全然是象徵性的，沒有任何戰術上的重要性，因此完全由志願者所執行。其中一人是從開往特雷布林卡的火車上跳下，返回華沙參加家鄉軍的斯塔謝克・阿隆森（Staszek Aronson）。許多從集中營解放出來的猶太人加入了起義，但其中有一些遭到小型的波蘭地下組織、右翼的波蘭國家軍游擊隊（National Armed Forces，Narodowe Siły Zbrojne，NSZ）射殺，死的時候還身著集中營的制服。[15]

家鄉軍是戰前波蘭軍隊的延續，也是波蘭海外流亡政權官方組成的單位，因此對所有的波蘭公民開放。但不同的是，戰前的波蘭軍隊無論就事實上還是原則上都是（族群）融合的組成，而家鄉軍則被看做波蘭族裔的組織。戰爭以及德、蘇刻意消滅波蘭的結果使得波蘭人傾向於以族群來理解武裝鬥爭。猶太布爾什維克的迷思為家鄉軍單位對猶太人的燒殺擄掠披上了道德外衣。一九四三年，波蘭倖存的猶太人藏匿之際，家鄉軍獲令將武裝的猶太人視為匪徒。有時這意味著家鄉軍會處決他們，但有時不會。當此同時，家鄉軍對勒索猶太人的波蘭人處以死刑，並執行了幾件。[16]波蘭國家軍游擊隊把猶太人就理所當然地視為國家的讎寇（很可以理解地，猶太倖存者往往把波蘭國家軍游擊隊與家鄉軍混淆）。儘管國家軍游擊隊規模遠小於家鄉軍，但他們可能殺了更多的猶太人。

對於想要向猶太人伸出援手的波蘭人而言，猶太布爾什維克主義的迷思也可能是致命的。一九四四年六月，前此負責協助猶太人的家鄉軍統帥部的盧德維克・韋德薩（Ludwik Widerszal）和杰茲・馬可維茨基（Jerzy Makowiecki）顯然是在被發現曾為蘇聯工作後遭到自己的同僚殺害。這次行動是由維托德・比恩寇斯卡（**Witold Bieńkowski**）所安排，比恩寇斯卡本身也是一名出手救援猶太人的反猶主義者。這類事件之所以可能發生，是因為在戰事尾聲的波蘭政治氛圍之下，基於愛國主義對德國

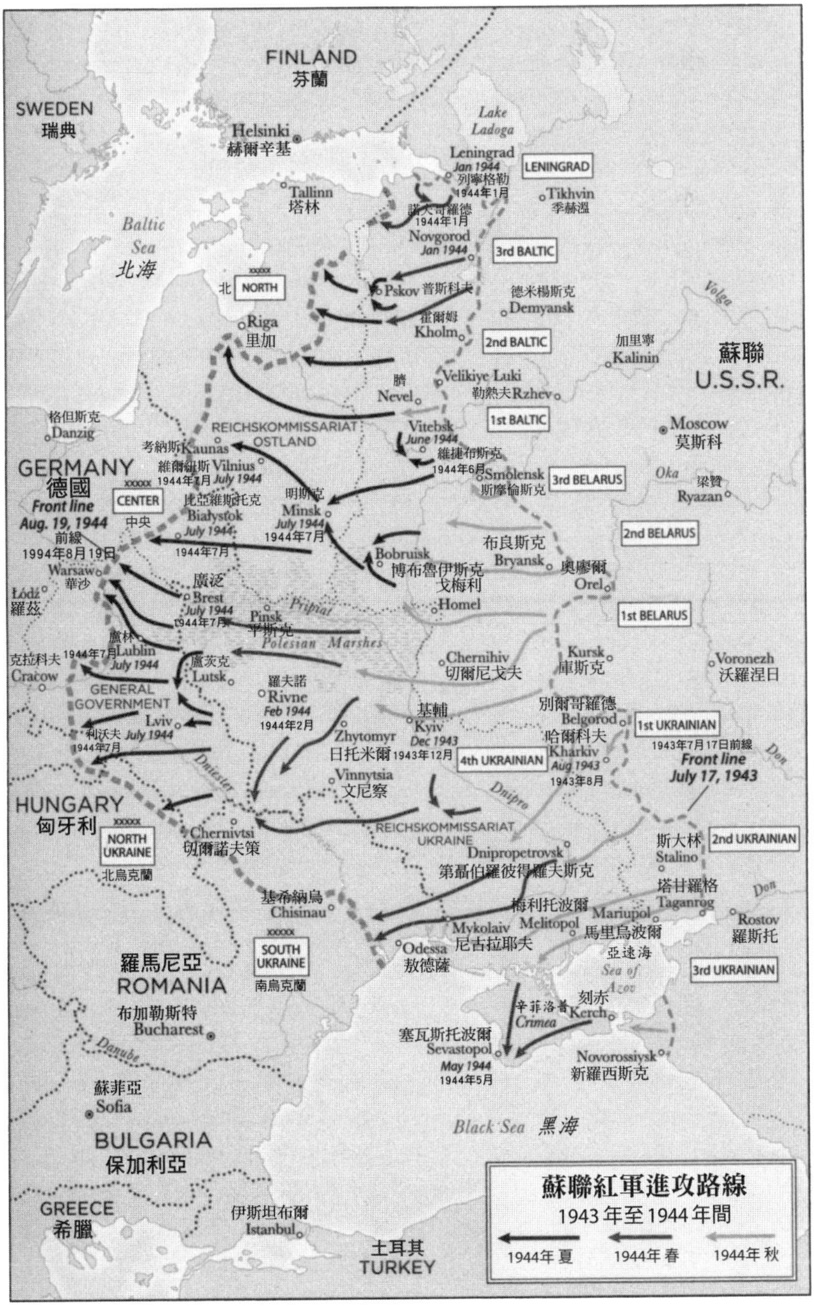
FINLAND
芬蘭
SWEDEN
瑞典
Helsinki
赫爾辛基
Lake
Ladoga
Leningrad
Jan 1944
列寧格勒
1944年1月
LENINGRAD
Tikhvin
季赫溫
Tallinn
塔林
諾夫哥羅德
1944年1月
Novgorod
Jan 1944
Baltic
Sea
北海
3rd BALTIC
北 NORTH
Pskov 普斯科夫
德米楊斯克
Demyansk
Volga
Riga
里加
霍爾姆
Kholm
2nd BALTIC
加里寧
Kalinin
蘇聯
U.S.S.R.
Nevel
Velikiye Luki
勒熱夫Rzhev
1st BALTIC
格但斯克
Danzig
REICHSKOMMISSARIAT
OSTLAND
Vitebsk
June 1944
維捷布斯克
1944年6月
Moscow
莫斯科
考納斯Kaunas
維爾紐斯 Vilnius
1944年7月 July 1944
GERMANY
德國
CENTER
中央
Front line
Aug. 19, 1944
前線
1994年8月19日
比亞維斯托克
Białystok
July 1944
1944年7月
明斯克
Minsk
July 1944
1944年7月
Smolensk
斯摩倫斯克
3rd BELARUS
Oka
梁贊
Ryazan
2nd BELARUS
布良斯克
Bryansk
Bobruisk
博布魯伊斯克
戈梅利
Homel
奧廖爾
Orel
Warsaw
華沙
Łódź
羅茲
廣泛
Brest
July 1944
1944年7月
Pripiat
Pinsk
平斯克
Polesian Marshes
1st BELARUS
盧布林
Lublin
July 1944
1944年7月
克拉科夫
Cracow
盧茨克
Lutsk
GENERAL
GOVERNMENT
Chernihiv
切爾尼戈夫
Kursk
庫斯克
Voronezh
沃羅涅日
羅夫諾
Rivne
Feb 1944
1944年2月
基輔
Kyiv
Dec 1943
1943年12月
別爾哥羅德
Belgorod
1st UKRAINIAN
1943年7月17日前線
Front line
July 17, 1943
Don
Lviv
July 1944
利沃夫
1944年7月
Zhytomyr
日托米爾
哈爾科夫
Kharkiv
Aug 1943
1943年8月
4th UKRAINIAN
Dniester
Vinnytsia
文尼察
Dnipro
HUNGARY
匈牙利
NORTH
UKRAINE
北烏克蘭
Chernivtsi
切爾諾夫策
REICHSKOMMISSARIAT
UKRAINE
Dnipropetrovsk
第聶伯羅彼得羅夫斯克
斯大林
Stalino
2nd UKRAINIAN
塔甘羅格
Taganrog
Don
基希納烏
Chisinau
梅利托波爾
Melitopol
Mariupol
馬里烏波爾
Rostov
羅斯托
SOUTH
UKRAINE
南烏克蘭
Mykolaiv
尼古拉耶夫
Odessa
敖德薩
亞速海
Sea of
Azov
3rd UKRAINIAN
羅馬尼亞
ROMANIA
辛菲洛普
Crimea
刻赤
Kerch
布加勒斯特
Bucharest
塞瓦斯托波爾
Sevastopol
May 1944
1944年5月
Novorossiysk
新羅西斯克
Danube
蘇菲亞
Sofia
Black Sea 黑海
BULGARIA
保加利亞
GREECE
希臘
伊斯坦布爾
Istanbul
土耳其
TURKEY
蘇聯紅軍進攻路線
1943年至1944年間
1944年 夏
1944年 春
1944年 秋

占領方的抵抗行動逐漸轉移到對於共產主義復辟的恐懼。同一批紅軍不久之前還以德國盟友之姿占領波蘭領土，現在卻以德國統治的解放者之姿挺進波蘭。波蘭家鄉軍認為在波蘭的人可能與蘇方勢力合作，以及戰爭結束後波蘭恐怕會受到蘇聯的宰制，這些想法誠然正確，但是將共產黨人認為是猶太人，以及將猶太人（和其支持者）認作共產黨人，則是致命的錯誤。[17]

＊＊＊

儘管共產主義在戰前的波蘭是非法的，波蘭的共產黨勢力在戰間期也微不足道，但共產主義確實為一些波蘭公民提供一個比起民族身分更為吸引人的替代方案。相對於共產黨政權的官員（apparatchiks），因理念而加入共產黨的人確實常在德國入侵後幫助猶太人。習慣了因為自己的信仰而遭到壓迫的人們更容易對其他在戰爭期間遭受磨難的人慷慨付出。

共產主義（或者其前沿組織）在戰前就已經廣受歡迎的村子裡，一九四一年較不容易發生反猶行動。在戰前參加共產黨總是涉及猶太人與非猶太人之間在社會上深入的接觸，且總是需要地下組織的經驗。對非猶太人來說，共產主義也代表與一九三〇年代普遍存於國家民主黨人士和波蘭右翼人士日常生活中隨處可見的反猶主義相抗衡的世界觀。有一位波蘭公民戰前在比亞維斯托克醫院擔任護士，她與猶太籍的醫師交好。如同眾多其他一九三〇年代居住在波蘭的白俄羅斯人一樣，她對共產主義抱以同情，並且對她記憶裡「到處充斥著的反猶主義」作嘔。[18]

儘管相較於愛國主義形形色色的變異來說，共產主義的意識型態對猶太人來說較為友善，但對猶太人而言，在戰時要真正加入蘇聯的游擊隊並非易事。在一九三九、四〇年由蘇聯統治的地帶、在雙重占領區及在戰前屬於蘇聯的領土，德國人於一九四一、四二年實施大規模射殺，可以的時候他們會將任務委派給蘇聯公民執行。這意味著在蘇聯德占區，直接參與在殺猶太人當中的當地年輕人為數甚多，遠比西邊的德占波蘭還多。然而對於蘇聯的游擊隊員來說，輔警隊員乃是一個珍貴的資源，如果可以，應當拉攏到自己這一邊來。其結果是：在德國的邊線後方，蘇聯游擊隊員在戰場上有時透過承諾特赦來招募劊子手。[19]有位蘇聯的游擊隊指揮官安東・布林斯基（Anton Bryns'kyi）對猶太人友善的程度到了他自己都被謠傳是猶太人的地步。他會從德國警隊招募成員。[20]誠然，一九四二年末，烏克蘭的民族主義者憂心他們視為未來幹部人選的年輕烏克蘭輔警隊員會離開輔警隊去為蘇聯作戰。[21]在這股浪潮當中有個戲劇性的例子是：有位烏克蘭的員警在他的猶太裔女友即將被槍殺之際倒戈，帶著她一同加入蘇聯游擊隊，藉此把她從屍坑的邊上救出來。[22]

熟悉當地的猶太人會故意將殺害他們同胞猶太人的劊子手給招募進蘇聯游擊隊裡。以色列・平丘克（Izrael Pińczuk）是一名年輕的猶太男性，來自沃里尼亞鄰近羅基特涅（Rokitno）一個名叫格林奈（Gliny）的村莊。當殺戮開始時，平丘克不願與母親分開。如同許多猶太人父親、兄弟、兒子一樣，大規模殺戮發生的時候，他的第一個想法是顧全家庭。他的母親叫他先救自己，這樣他才能為她祈禱。起初他不依母命，打算與整個猶太人的社群一同赴死。但隨後在薩爾內（Sarny）的集中營內男女被分開，自此他未再見過他的母親。聽聞了拉比預言彌賽亞的回歸，並宣稱要有尊嚴地接受死亡後，平丘克逃走了，一路找到了當地他所信賴的一位農民舊識。然後他加入了蘇聯的游擊隊，為他們的軍事目的將他對當地詳細的知識提供出來。「有一整班的當地人馬都是由我所招募，」他說，「在當地人當中，曾經效力於德國人的烏克蘭人現在投奔到了我們這一邊。雖然他們曾經效力於德國人的分子，甚至還曾對猶太人燒殺擄掠，但讓他們當我們的協力者總比與他們為敵、讓他們轉而效力德國人來得好。」[23]

不是每個為重返此地的蘇聯政權工作的當地猶太人對這個問題的回應都如此露骨，但這樣的經歷普遍來說是成立的。這樣的倒戈對蘇聯游擊隊員的存續來說是必須的，他們往往是雙面甚至三面的協力者。其結果是一邊是試圖從德國人手中逃出來的猶太人，另一邊是曾經與德方協力殺害猶太人、而現在試圖避禍於蘇方報復的劊子手，這兩者在蘇聯的游擊隊當中弔詭地被送作堆了。有些戰前蘇聯領土上的蘇聯指揮官本身也是反猶太主義者，他們在游擊隊當中找到了機會表達在蘇聯本土不合法的觀點，並據以行事。試圖加入蘇聯游擊隊的猶太人必須用盡各種手段來應付他們所躲避的對象。結果許多手無寸鐵卻試圖加入蘇聯游擊隊的猶太人反而遭到殺害，有些試圖加入的人則是先被沒收武器，再被殺害。[24]

然而對於多數猶太人來說，蘇聯游擊隊已經是最友善的軍隊了，是可以藉倒戈來拯救自己的最好機會。對猶太人友善乃至於拯救他們生命的蘇聯游擊隊的指揮官來自波蘇邊界的兩邊，且來自各個民族。[25]其中最為人津津樂道的可能莫過於在烏克蘭西北瓦萊尼亞效力於布林斯基麾下的「麥克思」（Max）。關於麥克思的謠言甚囂塵上，但實際上他是個名叫喬瑟夫·索比耶席耶克（Józef Sobiesiak）的波蘭人。他是少數（甚至可能是唯一）猶太區內部接觸以求救出猶太人的游擊隊指揮官。[26]有一回他下令懲處兩名強暴了兩名藏匿中的猶太女孩後再把她們交出來的烏克蘭人，這兩名烏克蘭人遭到了槍決，他們的房舍被燒毀，且他們的鄰人還受到了警告。執行這次懲罰的游擊隊員本人也是烏克蘭人。[27]

加入蘇聯游擊隊勇猛作戰的猶太男性中有許多來自瓦萊尼亞。如同北方的白俄羅斯一樣，瓦萊尼亞地區適宜游擊作戰。德軍在一九四二年秋天採取全面消滅瓦萊尼亞的猶太區之際，蘇聯游擊隊就在左近之處。[28]相較於白俄羅斯，瓦萊尼亞的人民在各個方面都高度地政治化——有烏克蘭人、波蘭人、猶太人、共產黨人、民族主義者。受人愛戴的波蘭籍蘇聯游擊隊指揮官麥克思就在這個地帶活躍。猶太人的方針在一定程度上在戰爭期間的瓦萊尼亞聽到了迴響。參加蘇聯在瓦萊尼亞的游擊隊的猶太人多數在蘇軍到達之前就已逃逸到沼澤地中。[29]他們有些人組成家庭營（family camps），婦孺在此得以溫飽。[30]來自瓦萊尼亞的猶太男性很清楚他們自己的動機為何，那就是「行動的暢快感和為了勝利做鬥爭的壯烈感受」[31]，或者像是「我很高興我採取了一些報復行動。每殺一個德國佬我就感覺更舒坦。」[32]

一九三〇年代末，波蘭軍隊曾在瓦萊尼亞地區訓練年輕的猶太男性如何操作武器，在當地，貝塔組織與修正復國主義都頗受歡迎。在瓦萊尼亞的沼澤地作戰的猶太人就像在歐洲這一區的猶太人一樣，他們不僅只是在德國想要殺光他們的計劃中求生存，同時也是在政治上他們的未來命運應當往何處去——是以色列、波蘭還是蘇聯？——在這些彼此競合的理念之間的夾縫中求生。所有這些猶太人只要活著就不只是受到要殺光他們的行動所影響，也被上述三種政治視野給左右。麥克思還記得猶太人所建立的三個家庭營的名字：「比羅比詹」（Birobidzhan，是蘇聯猶太人自治區的名稱）、「那列夫基」（Nalewki，華沙主要的猶太區）以及「巴勒斯坦」（Palestine，貝塔組織成員承諾他們自己會取得的地中海地帶）。

一九四三、四四年，有些猶太人與蘇方人士聯手在本來屬於波蘭邊境的偏遠地帶與德軍交戰，其他人（有時就是前述猶太人的鄰居）則被遣送到古拉格，然後在波蘭軍隊透過印度、伊朗輾轉進入巴勒斯坦。在巴勒斯坦，他們在後來變成以色列國的沙漠中與英軍作戰。

＊
＊
＊

蘇聯與波蘭雙方都宣稱猶太人生活、死去的地方為自己的領土。蘇聯方面除了打算威壓德國人以外，也企圖吞沒任何支持波蘭獨立的勢力。所有組織化的猶太救援行動都變得政治化了，這是由於從蘇聯的角度來看，任何組織無論意圖為何，要不就是支持蘇聯，要不就是反對蘇聯。在史達林式的對現實的理解當中，沒有這種社會存在，也沒有獨立行動的空間。任何發生的事都不能被看作是複雜現實的一個要素，而應當視為是反映無產階級與其全球性資本主義壓迫者之間（以當下的情境來說也就是蘇聯領導階層及其敵手之間）的基本衝突。無論其個人的感受為何，大規模救援猶太人的人無可避免地都被歸在這兩者之一。那些在蘇聯統治下生活的人通常都了解這一切原委。

其中一號這樣的人物是**圖維亞．比耶爾斯基（Tuvia Bielski）**，他出生在戰前波蘭東北方主要的叢林沼澤區（今白俄羅斯西部）裡一戶小店和磨坊主人的人家。比耶爾斯基是波蘭公民，一九二七至二九年間曾效力於波蘭軍隊。一九三九年德蘇聯軍入侵波蘭，波蘭東部遭到蘇聯併吞時，他第一次經歷蘇聯的統治。後來，比耶爾斯基搬遷到利達（Lida）為蘇聯的交易單位工作。在德國於一九四一年六月入侵蘇聯後，比耶爾斯基試圖保護猶太人，不讓他們遭到大規模的殺害。他和他的兄弟於一九四二年在納利博基森林（Naliboki Forest）建造一個家庭營。如同其他的家庭營一樣，這個是猶太人的措施；但也像在其他地方一樣，家庭營的主事者必須與蘇聯的游擊隊達成協議。比耶爾斯基說服當地的蘇聯游擊隊相信自己是他們的一分子。他和與他一起保衛家庭營的人手於一九四二年年底正式隸屬於蘇聯的指揮，但其代價是比耶爾斯基和他的手下得參與在蘇聯對抗波蘭家鄉軍的行動當中。[33]

蘇聯曾於一九三九年以德國盟軍之姿入侵波蘭東部，一九四四年卻是以德國敵軍的身分再次來到波蘭東部。史達林向英美盟軍解釋道，蘇聯會把德蘇同盟下取得的土地視為向來由蘇聯領有的土地。第二度來到這個地帶的蘇聯軍隊帶來的除了槍炮彈藥還有失憶症。此際必須全面遺忘前一次蘇聯於一九三九年入侵波蘭造成波蘭亡國一事。蘇聯勢力於一九四四年抵達戰前波蘭的領土，要將波蘭從法西斯主義中解放出來，不多也不少。

這種強大的迷思不容反對。莫斯科方面引狼入室讓納粹進入東歐的責任得要從蘇聯的歷史上清洗乾淨，取而代之的是，此一罪責要分配給當下的敵人，也就是那些可能成為蘇軍勁敵的人。由於淪於蘇聯統治之下的波蘭東部人口在一九三九年以前是波蘭公民，因此曾於一九三九至四一年間經歷過蘇聯的占領，這些人在某種意義上都有嫌疑，因為他們活著本身就與蘇方的政治路線互相矛盾。比耶爾斯基本身是名復國主義者，他將他建造的家庭營命名為「耶路撒冷」。復國主義這種政治信念頗具風險，因此他不曾對其蘇聯同志提及。與蘇方一同對德國作戰尚不足以讓他全身而退。無論他個人是怎麼想的，比耶爾斯基動用他的手下對抗波蘭軍力，藉此展示他的忠誠，這可能是有必要的表態。比耶爾斯基與波蘭家鄉軍在地指揮官的棋局你來我往。[34]無疑他事先對蘇方的期待有正確的理解，然後再相應行事。[35]

儘管波蘭軍隊不像紅軍，從來未曾以德國盟軍之姿出戰，但蘇聯卻可以毫不遲疑地將波蘭人看成是法西斯主義者。在史達林式的話語中，「法西斯」並不是納粹或者曾協助納粹的人，而是那些被史達林式體制認定不是為了蘇聯利益服務的人。普遍來說紅軍會允許波蘭人參戰對抗德軍，然後解除他們的武裝，並給他們兩個選擇：不是屈從於蘇聯的指揮就是前往古拉格。在某些案例當中，波蘭士兵（尤其是軍官）就直接遭到殺害了。紅軍於一九四五年五月抵達柏林擊敗德軍後回到波蘭東北部的森林中對抗波蘭家鄉軍的殘部。一九四五年六月掃蕩奧古斯圖夫森林（Augustów Forest）後，約五百九十二名波蘭男性被處決。[36]戰事的尾聲，四萬名左右的波蘭男性被遣送至古拉格，其中一萬七千名被控曾效力於波蘭家鄉軍——在整場戰事當中，家鄉軍是歐洲抵抗納粹最大的地下組織。[37]

在一九四五到四九年間，也就是戰事告終之後的四年，在莫斯科所支持的共產黨人全面取得波蘭政權之際，蘇聯的宣傳隊伍發展出一套戰後的陣線，結果波蘭國家主權支持者、猶太國家主權支持者、美國人、納粹、法西斯主義者變成本質上都是同一類人了。美國透過提供名為**馬歇爾計劃（Marshall Plan）**的援助方案維持在歐洲的政治影響力；以色列於一九四八年建國，但並未如史達林所預期的那樣變成蘇聯的附庸國；北大西洋公約組織（NATO）成立於一九四九年，是為地處史達林的帝國以西的軍事同盟。冷戰初期，在蘇聯的政治宣傳當中，一九四五年紅軍所擊敗的同一批軍事勢力同盟仍然逍遙法外，隨時都準備好要向社會主義的祖國發動攻擊。而實際上，一九三九年至四五年間誰曾經對誰作戰、誰又曾與誰協力則無關緊要了。歷史不是用來發掘、理解的，而是要拿來模塑為日後可為蘇聯政治秩序所用的形狀。所有的政府都會用某些手段做類似的事；但蘇聯的不尋常之處在於它是全面地實行。[38]

在整場戰役中對德作戰的波蘭軍人被歸類為法西斯主義者，有時甚至與德籍囚犯一同處決。[39]同時，戰爭期間曾經虐待、殺戮猶太人的波蘭人加入了在蘇聯的指揮下重新成立的波蘭共產黨，並成為背後有蘇聯勢力的波蘭新共產主義政權的支持者。這樣的雙重協力在政治上可以解釋，因為曾執行德國政策的人在新的秩序下需要保護。[40]這同時在政治上也是必須的。就如同抵抗一種暴政的人也會傾向於抵抗另一種暴政一樣，與某種暴政形式協力的人也傾向於與下一個暴政的形式妥協。在像波蘭這樣先是被德蘇瓜分、然後遭到德軍全面占領、又再遭到蘇聯全面占領的國家，多重的協力是無可避

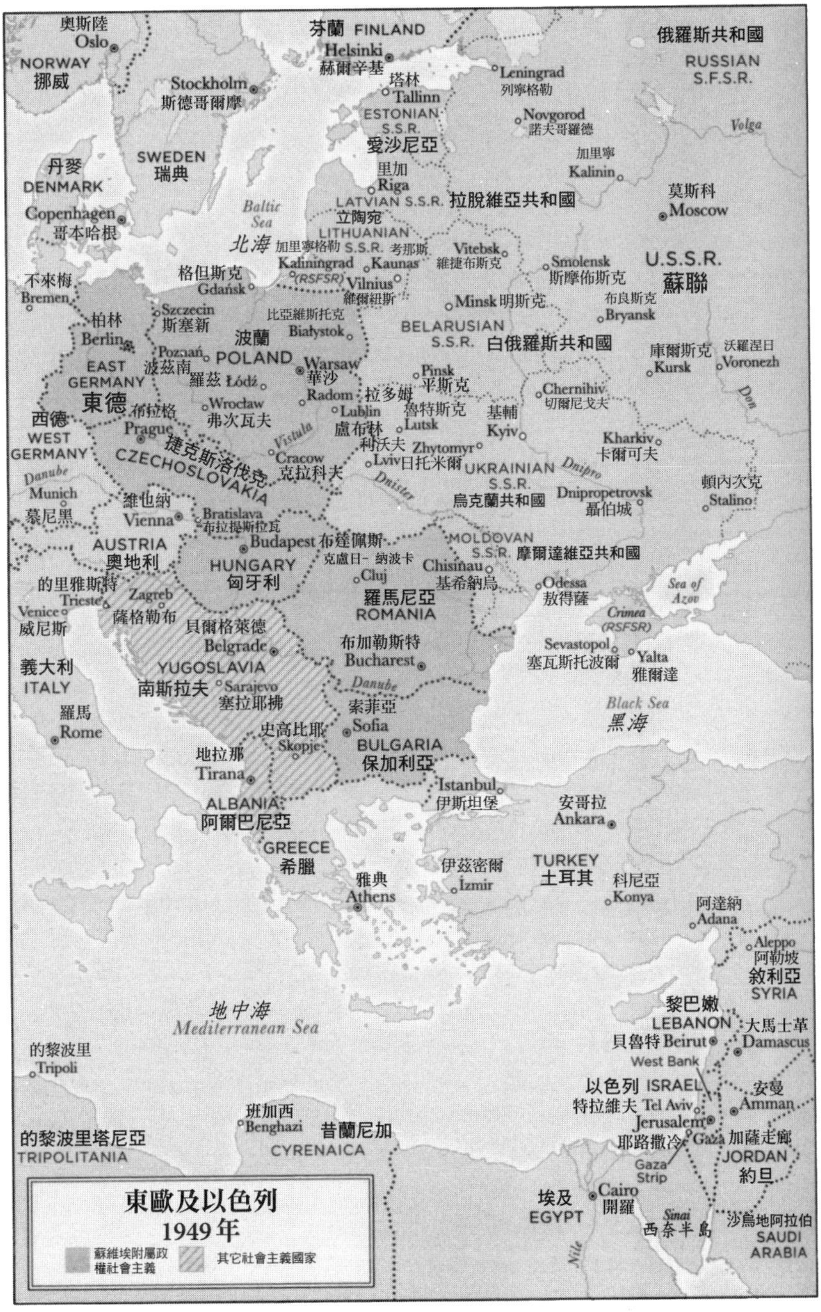
東歐及以色列
1949年
蘇維埃附屬政權社會主義
其它社會主義國家
奧斯陸
Oslo
NORWAY
挪威
芬蘭 FINLAND
Helsinki
赫爾辛基
俄羅斯共和國
RUSSIAN S.F.S.R.
Leningrad
列寧格勒
Stockholm
斯德哥爾摩
塔林
Tallinn
ESTONIAN S.S.R.
愛沙尼亞
Novgorod
諾夫哥羅德
Volga
丹麥
DENMARK
SWEDEN
瑞典
加里寧
Kalinin
里加
Riga
LATVIAN S.S.R.
拉脫維亞共和國
莫斯科
Moscow
Copenhagen
哥本哈根
Baltic Sea
北海
立陶宛
LITHUANIAN S.S.R.
加里寧格勒
Kaliningrad
(RSFSR)
考那斯
Kaunas
Vilnius
維爾紐斯
Vitebsk
維捷布斯克
Smolensk
斯摩倫斯克
U.S.S.R.
蘇聯
不來梅
Bremen
格但斯克
Gdańsk
Minsk 明斯克
布良斯克
Bryansk
柏林
Berlin
Szczecin
斯塞新
比亞維斯托克
Białystok
BELARUSIAN S.S.R.
白俄羅斯共和國
庫爾斯克
Kursk
沃羅涅日
Voronezh
EAST GERMANY
東德
Poznań
波茲南
波蘭
POLAND
Warsaw
華沙
羅茲 Łódź
Pinsk
平斯克
拉多姆
Radom
Chernihiv
切爾尼戈夫
Don
西德
WEST GERMANY
布拉格
Prague
Wrocław
弗次瓦夫
Lublin
盧布林
魯特斯克
Lutsk
基輔
Kyiv
捷克斯洛伐克
CZECHOSLOVAKIA
Vistula
Cracow
克拉科夫
利沃夫
Lviv
Zhytomyr
日托米爾
Kharkiv
卡爾可夫
Danube
Munich
慕尼黑
UKRAINIAN S.S.R.
烏克蘭共和國
Dnipro
Dnister
Dnipropetrovsk
聶伯城
頓內次克
Stalino
維也納
Vienna
Bratislava
布拉提斯拉瓦
AUSTRIA
奧地利
Budapest 布達佩斯
MOLDOVAN S.S.R.
摩爾達維亞共和國
HUNGARY
匈牙利
克盧日 - 納波卡
Cluj
Chişinau
基希納烏
的里雅斯特
Trieste
Zagreb
薩格勒布
Odessa
敖得薩
Sea of Azov
Venice
威尼斯
貝爾格萊德
Belgrade
羅馬尼亞
ROMANIA
Crimea
(RSFSR)
布加勒斯特
Bucharest
Sevastopol
塞瓦斯托波爾
Yalta
雅爾達
義大利
ITALY
YUGOSLAVIA
南斯拉夫
Sarajevo
塞拉耶佛
Danube
索菲亞
Sofia
Black Sea
黑海
羅馬
Rome
史高比耶
Skopje
BULGARIA
保加利亞
地拉那
Tirana
Istanbul
伊斯坦堡
安哥拉
Ankara
ALBANIA
阿爾巴尼亞
GREECE
希臘
伊茲密爾
İzmir
TURKEY
土耳其
科尼亞
Konya
雅典
Athens
阿達納
Adana
Aleppo
阿勒坡
敘利亞
SYRIA
地中海
Mediterranean Sea
黎巴嫩
LEBANON
貝魯特 Beirut
大馬士革
Damascus
的黎波里
Tripoli
West Bank
以色列 ISRAEL
特拉維夫 Tel Aviv
安曼
Amman
Jerusalem
耶路撒冷
Gaza
加薩走廊
Gaza Strip
JORDAN
約旦
班加西
Benghazi
昔蘭尼加
CYRENAICA
的黎波里塔尼亞
TRIPOLITANIA
埃及
EGYPT
Cairo
開羅
Nile
Sinai
西奈半島
沙烏地阿拉伯
SAUDI ARABIA

免的。

任何馬克思主義者都能夠解釋為什麼在蘇聯勢力是不可能在戰後的波蘭支持猶太人的。波蘭人就像任何在德國占領下的歐洲的其他人一樣，曾經將猶太人的財產據為己有。由於猶太人人數曾經在波蘭如此之多，也由於猶太人在城市中所持有的財產比例之高，這導致了整個社會發生戲劇性的轉變。不是因為所有的波蘭人在戰前都比所有的猶太人貧困，也不是因為波蘭人在占領期間發家致富——波蘭受到摧殘的規模（即便是在鄉村）是西歐所無法想像的。對未來有所啟示的是德國製造相對剝奪感的政治手段：從每個人身上都奪走一些東西，但從猶太人身上奪走一切，然後再奪走他們的性命。這造成了一些缺口——騰空出來的公寓、商業與職業的肥缺——由於波蘭人在戰爭期間蒙受巨大的損失，且他們不知道接下來還會發生什麼，於是他們更加堅決要鳩占鵲巢。[41]

蘇聯進入了一個被戰火所摧殘的國度，面對到的人普遍來說都對他們抱持敵視的態度。蘇聯的勢力並沒有質疑納粹在波蘭進行的社會變革，而是加以認可。在效果上來說，雖然德國人不是刻意為之，但他們所執行的恰好是蘇聯革命兩階段的第一階段：將財產從一個被視為沒有未來的群體轉移到另一個對權威心存感激的群體——這是完成集體化革命的準備階段。蘇聯以及波蘭共產主義的政治宣傳否認猶太人受到的磨難，並將他們的受難描繪成和平的蘇聯或波蘭公民普遍的烈士情懷的一部分。如果說並沒有所謂的猶太大屠殺，德國的政策當中也沒有族裔的特殊性，那麼此前財產的轉移也就不是奠基於族裔的劃分之上。財產成了蘇聯當局與當地人口之間的接點。德國人准許波蘭人偷竊，然後蘇方則允許波蘭人保留他們據為己有的東西。猶太大屠殺所造成的後果成了將蘇聯統治給合理化的行徑之一部分。[42]

蘇聯式的統治在波蘭和在其他地方一樣，需要壟斷道德高位以及掌握對過去的話語權。根據蘇聯的定義，歷史只有兩面，抵抗蘇聯就是支持德國，就是反動派。在戰爭期間任何對德軍的反抗都應該是由蘇方所組織，其他的反抗形式沒有存在的權利，因此要是它們還存在，就必須被鎮壓下去，轉而被描繪成在客觀上支持納粹以及「法西斯主義」的樣態。一九四三年的華沙猶太區起義被修改成共產主義的活動（因此本質上不是由猶太人所發起的），因而可以接受；一九四四年的華沙起義則被描繪為法西斯主義的活動，應當被遺忘。波蘭家鄉軍被形容成是納粹的同黨，即便其實當波蘭抵抗軍正在蓋世太保的監禁下受虐時，蘇聯仍然是納粹德國的盟軍。

曾經援助過猶太人的波蘭人對於新的共產主義秩序來說有時是個燙手山芋，因為他們會讓人注意到蘇聯統治的社會根基（其中有更多的波蘭人曾將猶太人的財產據為己有）以及蘇聯方面對戰爭的描繪（法西斯主義者對抗蘇聯和愛好和平的蘇聯子民）是空洞的。因此，曾經抵抗過德國人並且抵抗過蘇聯並且使人注意到猶太人所遭受的災難的這些波蘭人對蘇聯想要強加記憶的政策構成了阻礙。自願前往奧許維茲且曾參與華沙起義作戰的維托德．皮雷茨基被波蘭共產黨政權以間諜罪名槍決。被德軍遣送到奧許維茲的瓦迪斯瓦夫．巴托謝夫斯基曾為猶太人援助委員會工作，卻因為曾效力於波蘭家鄉軍遭共產黨判決入獄。曾自願進入華沙猶太區的楊．卡爾斯基曾試圖向西方世界領導人解釋最終解決方案為何物，他在戰後移民出境，因而不在波蘭共產黨當局的掌控範圍之內。蘇聯的政治宣傳將他抹黑成反猶太人士。在巴勒斯坦，支持猶太革命家的波蘭外交人員威托德．胡蘭尼基遭到殺害，極有可能是在蘇聯的指示下發生。[43]在東歐救援猶太人成效最為卓著的業餘外交人員**羅爾．華倫堡（Raoul Wallenberg）**被蘇聯反情報人員逮捕，拘禁在惡名昭彰的盧比揚卡（Lubianka）和列福爾托沃（Lefortovo）監獄中。他在蘇聯的監禁下死亡，但直至今日沒有人知道相關細節。[44]

華倫堡的案例顯示，分配善惡的需求是全面性的，超出波蘭問題與猶太問題之外。蘇聯回到歐洲意味著要在匈牙利、捷克斯洛伐克、保加利亞、羅馬尼亞以及波蘭成立友善的——也就是共產主義的——政權。對猶太人的掠奪在這些地方都不會遭受挑戰質疑；在這些地方，殺戮猶太人的行為也不會成為一個特殊的主題進入相關的歷史討論。沒有人會把曾甘冒生命危險援助猶太人的人當成英雄。那些曾經幫助過猶太人的人被說成是因為救猶太人比殺猶太人能得到更多金錢。在東歐，救援人士普遍試圖掩蓋他們曾經做過的事，為的是不要招致鄰人前來刺探是否取得猶太人的財物。救援人士的家中藏有猶太人的金銀珠寶這樣的迷思是如此強而有力，持久不輟，但這反映出的並不是幫助猶太人的那些人的心態，而是曾經燒殺擄掠猶太人的波蘭人和東歐人的心態。但由於在史達林主義之下沒有不同的道德話語出現的空間，留下的便只剩物質主義。

* * *

克利門特・舍普汀茨基（Klimenty Sheptyts'kyi）是另一名曾經援助猶太人的波蘭公民，在戰後遭到蘇聯懲罰。他是希臘天主教的牧師，是修道院院長（Studite Order of monks），這就禮拜儀式而言是東方式的（如烏克蘭和俄羅斯的東正教教會），但就體制階序而言則是西方式的，因為那是許多隸屬梵諦岡的小型天主教會之一。克利門特的兄弟安德烈・舍普汀茨基（Andrei Sheptyts'kyi）是希臘天主教會的主教；依循著安德烈的指示，克利門特和其他的神職人員窩藏了逾百名猶太人在他們位在利維夫（烏克蘭人稱之為Lviv）的聖喬治主教座堂中，其中有許多是孩童。[45]

安德烈・舍普汀茨基是唯一一個位階如此高的牧師對大規模殺戮猶太人採取果決反抗的行動。起初他歡迎德軍入侵，以將他們自己從蘇聯的統治下解放出來，因為蘇聯的統治不僅將目標瞄準他的教會，也對準他數量逐漸增加的同夥。對於蘇聯政權之惡他未曾改變想法，但他旋即相信納粹的占領更加糟糕。除了他暗中進行的援助行動之外，他還向希姆萊、希特勒提出抗議，並要求教宗出面干預以保護猶太人。他告訴教宗**庇護十二世**（**Pius**）猶太人是德國統治下的「第一批受難人」，而國家社會主義意味著「仇視一切高尚美麗事物」。他發出教牧書信提醒教友不可殺戮的戒律。他也將殺罪界定成預留的原罪（reserved sin，譯按：中文當中似乎沒有固定的譯法，意指不是通過聆聽懺悔的告解神父就能赦免的罪，還得需要通過上級才能赦免），意思是殺了人的希臘天主教徒必須親自向他告解。安德烈．舍普汀茨基感到有一股罪惡的洪水正在吞噬他的教友，而由於他已經年邁佝僂，這些告解成了他得知外界發生的事的途徑。聆聽告解令他不得不一次又一次直接面對許多烏克蘭基督徒正在對猶太人所做的事。他死於一九四四年十一月，就在紅軍回來後不久。蘇聯強制使希臘天主教會臣屬於東正教會的俄羅斯正教會（Moscow Patriarchate，又稱莫斯科宗主教區，許久之前蘇聯曾經對俄羅斯正教會大加羞辱，使之伏首貼耳）。克利門特拒絕放棄他的信仰，因而被送進蘇聯的大牢，並於一九五一年死在獄中。

舍普汀茨基兄弟無疑不是一般人，安德烈更是在小有權威的位置上行事。身為天主教會的主教，他比絕大多數人甚至絕大多數的牧師更不容易受到德國的迫害。他的教會也處在一個特殊的位置上，因為蘇聯在一九三九至四一年間併吞波蘭東部時，其信眾曾臣屬於蘇聯的占領下。許多在一九四一年後受到德國人誘使協力的烏克蘭民族主義者都是希臘的天主教徒。儘管這些年輕人並未聽從主教的指示，但要是德國人逮捕或者殺害舍普汀茨基，他們肯定會做出劇烈的反應。這麼說來，他的地位有點像外交人員，而他可以利用主教座堂的建築物來救援猶太人的能力就像是外交人員可以提供國家保護的能力。

但希臘天主教教會本身也有著容易成為攻擊對象的歷史。該教會在歐洲扮演某種東方的基督教傳統與西方的基督教傳統之間的中介，一五九六年時成立的目的就是為了重新統合東西基督徒，兩個世紀以來都名為**東儀天主教會**（**Uniate Church**）。它最興旺的年代是在現代早期的波蘭—立陶宛王國之下（波立聯邦亡於一七九五年）。然後東儀天主教會的大公教區（ecumenical territory）轉移到了帝俄轄下，帝俄並不承認東儀天主教會，並主導其與東正教的合併，然而東儀天主教會在哈布斯堡的加里西亞省（Galicia）存續了下來。羅馬天主教的哈布斯堡人將之重新命名為「希臘天主教教會」以強調它與羅馬之間的聯繫。在哈布斯堡的統治之下，該教會與烏克蘭的民族復興息息相關，而烏克蘭民族復興的領袖之一就是安德烈・舍普汀茨基。[46]

一九一八年，哈布斯堡君主國在一戰敗北後解體，加里西亞與其希臘天主教教徒被併入新成立的獨立國家波蘭。烏克蘭人瞬間成為一個民族國家當中的少數民族，而不是一個多民族帝國中的民族。在前哈布斯堡加里西亞區的有民族意識的烏克蘭人已經對哈布斯堡統治下充分的自由習以為常，因而被波蘭當局視為威脅。羅馬天主教的波蘭人通常並不把在波蘭的希臘天主教教會視為天主教會內部同樣尊貴的一份子。在戰間期的波蘭，許多烏克蘭人自認遭到波蘭的壓迫，而希臘天主教教會是烏克蘭民族少數的庇護。波蘭在憲法上是一個世俗的國家，然而其政策仍然受到與羅馬天主教會結盟的大規模國家民主黨運動所影響，尤其是在一九三〇年代後半。對許多波蘭民族主義者來說，安德烈・舍普汀茨基是甘為外來勢力僕役。在他自己的教會裡，人們都覺得舍普汀茨基對猶太人的態度過於正面，對猶太傳統尊重的程度頗不尋常。他與拉比之間使用希伯來文魚雁往返。[47]

希臘天主教教會與中央之間疏遠的關係與其他救援猶太人的教會相仿。普遍來說，在戰前與國家關係密切的教會在救援行動方面都不積極。在此前的政治秩序傾頹之際，這些教會的行動能力也告衰退。神職人員不習於站在反對的位置上，因此鮮少站出來提出以基督教理的解釋作為抵抗納粹統治的新現實之基礎。在納粹德國本土，主要的教派傾向於表述某種與新秩序站在一起的基督教形式。普遍來說，德國的新教徒肯讓他們的教會被納粹化（nazified），儘管有一些例外，像是**迪特里希・潘霍華（Dietrich Bonhoeffer）**和他所建立的**認信教會（Confessing Church）**。[48]

相反地，本來就與當局、人民有些緊張關係的教會領導人與基督教信眾通常對反對德國政策的可能性保持較為開放的態度，且他們會更快地認知到基督教的任務應當是援助猶太人。讓法國新教徒比法國天主教徒更有可能援助猶太人的原因極有可能不是新教的內容，而是新教徒自己本身的弱勢地位以及他們受過迫害的歷史。在荷蘭有些區裡天主教徒較占優勢，有些區裡新教徒較占優勢，天主教徒在他們自己居弱勢的地方比較會援助猶太人，而新教徒在他們自己居弱勢的地方比較會援助猶太人。小型宗教團體的成員尤其更願意在緊張的時節信任彼此，並習於將他們的家園視作在一個破碎的世界當中為了真理拚搏的前哨。似乎基督徒在戰前與當局的關係愈是疏遠，就愈是有可能對猶太人出手相救。[49]

在占領下的蘇聯，逃難的猶太人有時能在被禁的小新教教派代表那找到庇護。舉例來說，在烏克蘭，浸禮宗（Baptists）會援助猶太人。他們相信猶太人是以色列之子，喜歡與他們討論聖經與復國主義。克魯帕（Krupa）與澤爾貝柏格（Zybelberg）兩家人藏匿在一名浸禮宗教徒的草棚倉內達六週，並與他漸漸交好。他們承諾如果存活下來，要邀請他到巴勒斯坦。他們告訴他自己的夢讓他解夢。[50]斯都弟派（Shtundists）是在浸禮宗和其他新教徒影響下興起於俄羅斯南部及烏克蘭的新教福音派別，他們在危難的時刻通常也對猶太人較友善。莉亞・戈德寶（Lea Goldberg）是一名來自拉發洛卡（Rafałówka）的猶太女孩，在一九四二年八月對她村裡猶太人的大規模射殺當中，她是唯一逃出來的人。她找到了斯都弟修士，修士收留了她，於是她皈依了。當烏克蘭反抗軍（Ukrainian Insurgent Army〔Ukraïnsk'a Povstans'ka Armiia，UPA〕）對斯都弟派發動攻擊時（極有可能是在一九四三年七月）逮到了她，用她充當護士。整整六個月間，她目睹她的反抗軍單位殺害蘇聯游擊隊員、波蘭人和猶太人。當她終於從反抗軍中脫逃出來時，她又回到了認識的斯都弟修士那，藏匿在其馬車的糧草下。[51]建立華沙猶太區檔案庫的猶太史學家**伊曼紐爾・林格布魯姆（Emanuel Ringelblum）**認為在波蘭，小型新教教派也有類似的舉動。援助猶太人的新教徒之所以採取行動，不是出於當時變得較為普遍的普世（ecumenical）觀點，而是出於對基督教信仰的詮釋，這樣的詮釋或多或少是在精神的權威與世俗的權威之外運行的。[52]

對於猶太人遭到大規模的殺戮，居於支配地位的波蘭羅馬天主教會並未採取反抗行動，儘管幾個世紀以來猶太人與天主教會的信眾一起生活。當時天主教的教條認為猶太人對耶穌之死負有集體的責任，天主教關於現代性的教理將共產主義的不良影響與猶太教聯繫在一起。結果，援助猶太人的羅馬天主教徒之所以這麼出手相救，動機多少是出自無論是他們自己還是教區牧師的個人主張。這樣的羅馬天主教徒傾向於表達不正統的或者異端的宗教信仰。[53]

＊＊＊

威爾姆・歐森菲德（Wilm Hosenfeld）是一名駐守在波蘭的納粹德國軍官，他是羅馬天主教徒。他慢慢覺得猶太大屠殺是第二原罪。在占領下的華沙，他擔任德國軍官的體育部長。不論原因為何，他看清將猶太人從城市裡遣送出去這件事，不肯用任何政治或意識型態話語來合理化殺人的罪。對他來說，要緊的問題只是猶太區裡的猶太人被遣送出去是不是死路一條。若是如此，他寫道：「身為德國軍官沒有任何光榮之處。」在猶太區被摧毀之後，他說這是「一個永遠不可能解除的詛咒」。他援助了幾名猶太人與波蘭人，有些人是從槍口下營救出來的。他最著名的是在德國占領的最後幾週從華沙的廢墟中救出華迪史洛．史匹曼（Władysław Szpilman）。歐森菲德被蘇聯指為戰犯，判決監禁二十五年，死在獄中。史匹曼則倖存了下來，將歐森菲德的故事告訴世人。[54]

亞歷珊德拉．歐格羅辛斯卡（Aleksandra Ogrodzińska）是一名波蘭羅馬天主教徒，相信奇蹟。一九四〇年，在一處蘇聯入侵前屬於波蘭東部的沼澤遍布的**波利西亞（Polesia）**，她和瓦拉．庫絲涅佐夫（Vala Kuznetsov）在一個蘇聯單位共事。德軍於一九四一年趕走蘇聯後，亞歷珊德拉瞞騙當局稱瓦拉是她的家務幫傭，藉此讓這名猶太婦女不要出現在公眾視野。在往後的數週、數個月乃至數年，亞歷珊德拉向瓦拉泣訴猶太人經歷的遭遇。「為什麼我們要經歷這樣的遭遇？」瓦拉問亞歷珊德拉。「只因為我們是猶太人嗎？」亞歷珊德拉也嚎啕大哭，並試圖安慰瓦拉（或許也安慰她自己）說當晚就會有個奇蹟能解放她們，改變一切。[55]

奇譚與幻象之所以會威脅到宗教的體制，這是因為這挑戰到了修士對宗教靈異感受的壟斷。**格妲莉．雷德勒維茨（Gedali Rydlewicz）**從波利西亞以西的**比亞瓦—波德拉斯卡（Biała Podlaska）**被遣送時逃脫，她輾轉找到一名在森林外圍的男人，當地人稱這名男子為「聖徒」（Saint）。米哈爾．伊萬紐克（Michał Iwaniuk）寫宗教詩，憑藉著自己的權威為人提供庇佑，並告訴所有人他看到的幻象。他究竟屬於天主教徒還是東正教，並不清楚；猶太的資料來源通常對於基督教門派之間的差異不予區分。無論如何，他都應該是屬於異端褻瀆人士，肯定是個生活在宗教或者其他體制之外的局外人。伊萬紐克在戰爭期間協助了約六十名猶太人。當別人問他為何要這麼做時，他說聖母瑪利亞出現在他面前指示他救人。[56]

羅馬天主教會的修女則是另一種類型的局外人。她們和所屬的修道院完全從屬於教會教導的階序。身在由男性指揮也唯有男性可以擔任牧師的機構中的婦女，她們與世隔絕，尋求特定形式的奉獻，與宗教的日常生活政治保持距離。波蘭的天主教修女救援了數以百計乃至千計的猶太孩童。在一些案例中，她們想要讓猶太孩童皈依羅馬天主教。當**米哈爾·格沃文斯基（Michał Głowiński）**的母親在戰後發現他生還時，很樂意讓修女對他施以浸禮來肯定她們為了他付出的生命危險。從天主教教會的神學觀點來看，拯救靈魂比保存肉身的性命還重要。在天主教會的政治觀裡，則是讓孩子皈依這件事讓他們成為基督徒。

對於在修道院中這些離開了俗世家庭或者沒有家庭的修女來說，孩童散發著特定的吸引力，這種吸引力可能是年長的猶太人所沒有的。但在為數頗眾的案例中，波蘭的天主教修女也援助年輕的猶太男性，儘管他們不管就什麼理由而言都不屬於修道院。比方說，在維爾紐斯附近一間聖道明修道院的院長安娜·保高絲卡（Anna Borkowska）援助了許多猶太人。其中一名她最喜歡的猶太人是一個熱情、聰明的年輕人，名叫阿里耶·韋爾納（Aryeh Wilner），她稱他叫「尤雷克」（Jurek）（是波蘭文傑吉（Jerzy）或喬治的暱稱）。韋爾納離開修道院去了華沙後，在猶太地下組織仍沿用「尤雷克」當作自己的諢號，以這個名字來與波蘭亞利安區的波蘭人聯絡。一九四三年，在猶太區起義前，韋爾納被委派任務要從波蘭家鄉軍那取得支持和武力。戰鬥在他離開猶太區時爆發，因此他關於猶太區裡戰士作戰動機的描繪傳到了波蘭人耳裡，進而也傳到了全世界。他解釋道，起義不是為了保全猶太人的性命，而是為了救贖尊嚴。與他對話的波蘭人以他們自己的民族浪漫觀點來加以理解：猶太人的自我犧牲是為了救贖猶太人的國家。但韋爾納所要表達的似乎是更普遍的事。猶太區起義是關於人類的尊嚴，因此在挑戰的是那些本來應該可以做得更多，但卻沒有做那麼多的人。如果說這是一種救贖，那同時這也是一種非難。[57]

尤雷克回到了大火熊熊的猶太區，且在那裡以阿里耶的身分遭到殺害。

＊＊＊

奧斯瓦爾德・魯菲森（Oswald Rufeisen）是一名年輕的猶太復國主義者，來自波蘭西南部，說德語、波蘭語。他的父母親曾是哈布斯堡君主國的臣民，他們讓他上一間用德語教學的小學。然後他被送到別爾斯科（Bielsko）與阿姨同住，這樣他才能繼續在一間用德語授課的體育館內上學。他在那裡加入了復國主義組織亞及巴（Akiba，譯按：應是出自舊約聖經中翻譯《雅歌》的拉比之名），與波蘭人朋友學習馬術。魯菲森的家人很融入波蘭社會；他的父親在波蘭軍隊中服役八年。年輕的奧斯瓦爾德從來未曾經歷過反猶主義。然而復國主義的理念——有一片猶太人的土地——在他離鄉的歲月裡給予了他一份歸屬感。當德軍於一九三九年入侵波蘭時，他像數十萬名其他的波蘭籍猶太人一樣往東逃竄，心裡想的是有朝一日可以抵達巴勒斯坦。[58]

他利用亞及巴的人際網絡希望能抵達波羅的海的海港搭到船。他最遠曾抵達當時已經是蘇維埃社會主義共和國的拉脫維亞，但被內務人民委員部遞解到立陶宛。他勉強從邊界警察手中逃走，輾轉來到當時已成為立陶宛蘇維埃社會主義共和國的首都維爾紐斯，在當地找到亞及巴的成員。數萬名猶太難民加入了維城當地的數十萬名猶太人。魯菲森從事包括製鞋在內的幾起交易活動以養活自己。他覺得自己喜歡俄羅斯人，但設想他和其他在維爾紐斯的猶太難民終究難逃被內務人民委員部遞解出境的命運，就像來自波蘭東部的猶太人一樣。但結果德軍於一九四一年入侵，不久之後魯菲森就被一名效力於德國的立陶宛員警給逮捕了。被問及從事的行業時，他說他是一名鞋匠，這讓他免於在波納利（Ponary）被槍決的命運，因為德國人正好需要鞋匠。一九四一年九月，他注意到維爾紐斯正在圍堵猶太人，因而決定躲起來。他見到一名酩酊大醉的德國人被波蘭年輕人給包圍了起來時，逮到機會幫助這個人逃走。這名德國人向他傾吐說他和他的同袍當天射殺了一千七百名猶太人，這就是為什麼他爛醉如泥的原因。

魯菲森現在知道了發生在城裡猶太人身上的事，決定離開維城。有個點頭之交讓他在自己的農場工作，這座農場就在維城城郊距波納利行刑地三公里處。有一位在當地治療牲口的白俄羅斯獸醫說歡迎他去他家，他家在一個更安全、更孤離的地方，並且為他寫了推薦信。魯菲森決定前往。那座村子叫做圖勒斯特（Turets），並不安全，所有的猶太人都在一九四一年十一月魯菲森抵達前夕遭到殺害。他在一間學校找到了一份清潔工的活餬口。被殺害的猶太人的衣物在村民之間分配時，他也拿了幾件。

收留他的白俄羅斯人家要他去向警方登記，所謂警方就是當地為德國人效力的輔警。警隊指揮官對魯菲森的德語能力非常驚豔，想要雇用他當德語家教。結果魯菲森就擔任白俄羅斯憲兵隊與德國駐紮在米爾的警察之間的翻譯。他自稱是波蘭人，父親是德國人。他正式被德警雇用，著德國制服，工作通常在馬背上。猶太人被大量射殺的時候他也得在場。有一次他遇到了一名來自米爾、他先前在維爾紐斯就認識的猶太人，並開始透過他傳遞可能能幫到當地猶太人的消息。透過他在德國警隊前哨的位置，魯菲森警告米爾的猶太人他們都會在一九四二年八月十三日被殺光。他甚至夾帶了一些武器給他們。結果有三百名猶太人逃離米爾。

有一名來自米爾的猶太人供出魯菲森就是對猶太人發出警告的人，魯菲森也向德國人承認了。在對話中，他出於自己的意志承認了猶太人的身分。德國員警對這份自白相當驚詫，但卻對他甚為同情，說魯菲森承認這樣的事是很愚蠢的。他的上司並沒有安排將他處決，而是留下含混不明的評論說魯菲森仍有可能活命，並就此對他撒手不管。魯菲森抓緊這個機會逃走。雖然曾是他同事的這批人追捕他，甚至朝他開火，但他的感覺是這些警察沒有一個真的想抓住他。

逃亡的過程中，魯菲森撞見一名修女，讓他靈光一現。他溜進當地復活姐妹會（Sisters of the Resurrection）修道院的大門。這是一個不尋常的組織，由一名波蘭婦女成立，為波蘭民族犧牲的烈士傳統奉獻。他向修女求援，修女嚇壞了。他們知道魯菲森是猶太人，附近其他人也都知道。她們跟他說她們會祈求神啟。當天講道中的布道內容正好是「好撒馬利亞人的比喻」（parable of the Good Samaritan，《路加福音》第十章第二十五至三十七節），於是兩名婦人覺得這是來自上帝的信號。在這則故事中，有名猶太人被打劫受傷，需要協助，結果伸出援手的並不是自己的族人，反而是敵對的外來異族撒馬利亞人。修女可以將好撒馬利亞人的比喻聽成是來自權威發出的直白指示，要她們幫助陌生人。但就像她們自己也理解的，這個故事有更深一層的含意。耶穌是在與門徒討論一段關鍵的聖經段落《利未記》第十九章第十八節時講說這個故事：「不可報仇、也不可埋怨你本國的子民、卻要愛人如己．我是耶和華。」耶穌告訴門徒，在盡心、盡性、盡力、盡意、愛主之外，「愛人如己」是上主的命令中最重要的一個（《路加福音》第十章第二十七節、《馬太福音》第二十二章第三十九節、《馬可福音》第十二章第三十一節）。然後門徒想知道誰是鄰舍，誰是自己。就是在面對這些問題的時候，耶穌用好撒馬利亞人故事裡陌生人幫助陌生人來回答。然後祂問門徒故事裡誰是鄰舍，他們回答：「是憐憫他的」。於是耶穌告訴他們：「你去照樣行罷。」

魯菲森被修女們收留在修道院，受到庇護長達一年。「光是要想像姐妹們為了要讓我留下來得使用的計策都很困難，」他事後追憶道，「尤其是在秋冬之際，甚至想要讓我住得更舒服。」他把待在修道院的時間拿來讀《新約》。魯菲森仍然是一名復國主義者，但他在耶穌身上發現猶太人在巴勒斯坦的形象。一九四三年十二月，當他的存在似乎要危及修道院的安全時，他同意離開，佯裝成修女而去。他碰到來自米爾的猶太人，對方帶他到蘇聯的游擊隊裡。這個單位當時正在槍殺所有隊伍裡的波蘭人，所以這時的魯菲森亟欲證明自己是猶太人。其他曾經受到魯菲森援助的來自米爾的猶太人正與圖維亞·比耶爾斯基和他的家庭營在一塊。所以魯菲森與比耶爾斯基的人馬一同工作了一陣子。然後在紅軍回到當地時，他聽從其他來自米爾被他救助過的猶太人之勸，前去為蘇方工作。他為內務人民委員部效力了三個月，寫關於他在戰爭期間舊識行為的彙報。魯菲森是無數曾經效力過納粹德國與蘇聯雙方的人之一，但當然是極少數這麼做過的猶太人之一。最終他輾轉來到克拉科夫，並進入當地的修道院。

希臘天主教的安德烈·舍普汀茨基主教曾在與烏克蘭人信眾的通信中提及好撒馬利亞人的比喻。「要了解」，他寫道，「所有通往『愛你的鄰舍』的所作所為都會帶來上帝對你的家庭和村莊的祝福。」[59]被人稱為聖徒的米哈爾·伊萬紐克也曾經稍稍有失精準地引述過這個故事。五名在**克羅斯諾**（**Krosno**）被天主教牧師援助過的猶太人後來會引用一個他熟悉的段落：「愛你的鄰舍」。[60]在數千名選擇協助猶太人的波蘭天主教徒當中，許多人都雖有失精準但確實無誤地以聖經中相同的內容來解釋他們的動機：「幫助鄰舍」的義務。[61]

對這樣的男男女女來說，鄰舍是一種互惠的關係：鄰居是幫助別人的人，或是需要別人幫助的人；是憐憫他人的人，或是需要垂憐的人。人類透過他人的磨難來認知到自己。在戰爭期間，奧斯瓦爾德·魯菲森藏匿在修道院時閱讀《新約》，但當他進入修道院時他卻採用了一個《舊約》中的名字：但以理（Daniel）——夢的解析者，災難的預告人。大屠殺發生期間，基督教經歷一場道德的災難，對像是盧菲森這樣的猶太人發出惻隱之心的基督徒是少數。在洪水瀰漫之際，他們無聲對抗浪潮，浮出水面伸出援手，復又沒入水中。

第十二章　正直的少數人

十九歲的妙齡女子伊塔・絲特拉絲（Ita Straż）被立陶宛的警察拖到波納利森林（Ponary Forest）的長條土坑前。在此之前，她已經聽到槍響，現在則看到成排的屍體。「一切都結束了，」她心想，「我究竟遭遇的是怎樣的人生？」她和其他同樣被剝得精光的人排排站在溝塹的邊緣，子彈險些擦過她的頭和身體。而她之所以直挺挺地向後倒下，不是為了裝死，純粹是出於恐懼。在一具又一具的屍首落到她身上時，她仍維持靜止不動。坑洞堆滿了之後，某個人走在最上面那一層屍身上朝屍堆下掃射。有顆子彈打穿了伊塔的手，但她仍不作聲。他們開始把土堆埋進坑洞。她強自忍耐著等到無法再等為止，才勉力通過屍體、土堆往上清出一條血路。她全身一絲不掛，身上唯一沾著的就是泥巴以及自己或別人的血。她四下向人求助，第一間木屋拒絕了她，第二間也拒絕了她，第三間也拒絕了她。第四間小屋給予了她協助，於是她倖存了下來。[1]

住在第四間小屋裡的是誰？是誰在沒有政府、軍隊、教堂的代表的規範、機構之下伸出了援手？猶太人從向與某些機構有關的人尋求協助、到向毫不相識的陌生人求助之間，發生了什麼事？大多數的猶太人在大多時候遭到了拒絕，含恨而終。[2]當外在的世界所提供的只有威脅而沒有許諾時，少數出手救援猶太人的人之所以這麼做，是因為他們願意想像自己的生命也將因此變得不同。是愛、婚姻、孩子，或者撐過戰亂走向和平、走向更平靜的未來的願景補償了自己所甘冒的風險。

這種願景最簡單的表現形式是性欲。在追憶如何逃出開往古拉格勞改營和貝爾賽克滅絕營的火車時，賽爾妲・瑪琪洛薇琪（Zelda Machlowicz）並沒有提到她的風姿有多麼綽約；但事實上，她的語調和她的故事適足以說明她的姿色，無庸贅言。賽爾妲生於戰間期波蘭加里西亞（Galicia）東邊（今烏克蘭西邊）的一個猶太農家，許多猶太人在此務農。縱然帝俄禁止猶太人擁有城鎮以外的土地，但哈布斯堡君主國允許猶太人務農。在哈布斯堡君主國於一戰中覆滅、加里西亞成為波蘭的一部分時，數千名猶太人持續耕作飼畜，瑪琪洛薇琪一家也是其中一員，直到蘇聯入侵東波蘭。一九四〇年，內務人民委員部以「富農」（kulaks，持過多財產者）的標籤流放了瑪琪洛薇琪一家。

賽爾妲跳下了蘇聯遣送他們一家的火車，丟下了父母逃竄到拉瓦羅斯卡亞（Rawa Ruska）躲避蘇聯當局的追捕。德國人在一九四一年抵達這裡的時候，她已經習於用小聰明求生。她試圖躲避德方的射殺行動，一九四二年初開始躲躲藏藏，以免被轉送到德國在貝爾賽克的滅絕營。賽爾妲所要掩藏的不是她的身體，而是她的身分。她時常到別人不認識她的地方以烏克蘭人的身分自居。她沒有進到猶太區，也沒有佩戴猶太人理應用以標誌身分的星星。身為女性她有某些優勢，她沒有猶太人的體型特徵。她的穿著只透露她來自鄉村，但並不會洩漏她猶太人的身分。如同其他來自鄉間的猶太人一樣，她也能說烏克蘭語，也能做某些非猶太人相信猶太人不會做的舉止，像是韁鞍騎馬。她從不曾被陌生人甄別出她的猶太人身分，但過了一陣子卻遭到自己的舊識給認了出來。

無論在德國還是蘇聯的占領之下，多數的警察都是當地人。儘管賽爾妲並非來自拉瓦羅斯卡亞，但每天仍得面對被烏克蘭輔警認出來的風險。果不其然，有一天有兩位輔警認出她來。這兩位青少年男孩停下腳步戲弄她。「跟我們到貝爾賽克吧！」他們說，「妳在那就能休息了。」第三位烏克蘭員警跑上前來加入他們；賽爾妲認出了戰前曾一起上學的皮耶崔克・洛西可（Pietrek Hroshko）。「別把她帶走，」他對同儕說，「戰爭開打之前她就是我的未婚妻。讓她跟著我。」在烏克蘭語中，「未婚妻」的字義範圍遠比英文廣，更接近「女朋友」。於是那兩位烏克蘭員警就隨他們去了。皮耶崔克轉而面對賽爾妲，然後，兩人之間電光石火的交錯，不僅顯露出環顧四周的死亡之複雜，更透漏出在他們內心青春生命的繾綣。

皮耶崔克：我救了你一命。跟我在一起吧！我一直想要妳，從戰爭開打以前就想要妳了，在妳六年級的時候。

賽爾妲：聽好，你可以占我便宜。我是個猶太人，你是個德國警察，所以我也只能任你處置。要不然就等等，等到戰爭結束以後，也許我們可以結婚。

皮耶崔克：我發誓我不會碰妳。跟我回家吧！

賽爾妲：謝謝你，但不了。上帝會讓你有好報的。

皮耶崔克：你會後悔的——我會把妳藏起來。

賽爾妲：我不想造成你職涯上跟德國人之間的麻煩。你知道我孑然一身，我才十六歲，但我會沒事的。

皮耶崔克：請記得我。

稍後，賽爾妲被一名同為猶太人的人舉發，被遣送到了貝爾賽克。她也從那列火車上逃了出來，但卻遭到槍擊受傷。一家烏克蘭人家發現了她，以為她是烏克蘭人，便照顧她直至恢復健康。這家人中的年輕男子是名效力於德國的警察，他也深受賽爾妲所吸引。「媽，」他說，「妳為我帶回來了一位未婚妻。」賽爾妲決定前往利維夫進入一間修道院，途中在火車上她順手偷了隔壁烏克蘭女孩的身分證明文件。如同利維夫的諺語所說，將身心合而為一的是護照（譯按：見第十章）。賽爾妲偷了烏克蘭女孩的身分證後從事了一系列工作，其中一項便是偽造德國文件。[3]

＊＊＊

一名猶太婦女也可能被一個新的愛人所拯救——某個她在藏身時相遇的、向她求婚、因而也是向她提供新的家庭和庇護的人。艾莉西亞・蘿騰堡（Alicja Rottenberg）離開華沙猶太區後在亞利安區尋求庇護。她和兩位堂姊妹先是在伯父的祕書處藏匿，但在那被揭發身分，只好再度逃亡。其後她們窩藏在一名水手之處，但又因為招蜂引蝶，只得離開。在那之後，她們被一位曾操賤業的妓女收容，這位妓女很喜歡艾莉西亞，但她沒辦法長期收容三名女子，卻也幫她們找到了新的避難處——和她的姊妹和兩位外甥女一塊，艾莉西亞得要支付她們房租。五位年輕女子在不尋常的情況下共處一室，造就了再平凡無奇也不過的衝突。

這家人的舊識中一位名叫濟斯瓦夫・巴蘭斯基（Zdzisław Barański）的年輕男子開始對艾莉西亞投以比另外兩姊妹更多的關愛眼神。當他向艾莉西亞（而非其他兩人之一）求婚時，她們為此眼紅，向艾莉西亞的追求者洩漏她的猶太人身分。艾莉西亞知道這會給濟斯瓦夫造成困擾，而她不想給他添麻煩。「我看得出來情況並不樂觀。我決定告訴巴蘭斯基，為了雙方都好，我們應該分手。隔天傍晚巴蘭斯基來看我的時候，我很委婉地提議結束這段關係。他馬上回道：他早就已經知道一切，但這一切對他來說都不重要。他承諾會照料我，並會就他能力範圍來幫助我。」

就在此刻，收容她們的家庭決定將這幾名猶太房客的所有財物都據為己有，並將她們轉交警方。這個決定與其說是出於憤怒，毋寧更是工於心計的結果。在這對姊妹向濟斯瓦夫洩漏艾莉西亞的猶太人身分之際，她們同時也置自己的母親於險境，因為她們的媽媽非法收容了猶太人，而她們自己也成了共犯。於是乎，在嫉妒心這人性顯現的片刻，她們同時置母親與自己於險境。為了確保自身安全，確保濟斯瓦夫不會走漏消息，唯一的方法便是趕緊甩脫猶太人的後患。艾莉西亞安全無虞：她的未婚夫果然信守承諾，在華沙郊區為她安置了新的庇護處。艾莉西亞的兩位堂姊妹則於翌日遭到處決。艾莉西亞與濟斯瓦夫在戰後果然成婚，育有一女，然後離了婚。[4]

* * *

妻子可能拯救先生，反之亦然。索菲亞・艾森斯坦（Sofia Eyzenshteyn）是蘇維埃烏克蘭基輔的一位產婆，以她的「金手」著稱。一九四一年九月，德國人槍殺多數還留在娘子谷的猶太人。索菲亞的丈夫（不是猶太人）為她在庭院的後方挖了一個藏身之處，將她喬裝為無家可歸的人把她帶到那裡。隨後他仍持續顯然是平日的家庭例行公事——在遛狗的時候跟狗說話，但靠近藏身之處的時候，他會把話頭轉向對太太。他幫她帶來食物和水，但她覺得躲躲藏藏的生活難以忍受，要他毒死她。他沒有照辦。於是她活了下來。[5]

* * *

對小孩的喜愛也可能帶來拯救。

卡塔奇娜・沃克特普（Katarzyna Wolkotrup）是一個波蘭籍的老奶奶，與小孩和家人住在巴拉諾維奇（Baranowicze），有一個女兒已出嫁，一個兒子已娶親，一個兒子仍未婚。她的女兒和女婿有一個小孩，是卡塔奇娜第一個也是唯一一個孫女。她的三個小孩和一對猶太夫婦米哈爾（Michał）和莎娜（Chana）交好，他們的小孩也年齡相仿。米哈爾、莎娜和女兒就藏身在房子的地下室。小孩哭的時候，卡塔奇娜老奶奶會在莎娜的請求下帶她出去透透氣。這遠比米哈爾或莎娜出現在外頭安全多了，幾乎沒有風險：小孩是女生，所以沒有行割禮的問題，所有看到的人只會看成不過是老奶奶和她自己的孫女。在波蘭往往是祖母把小孩帶大，所以這場景再稀鬆平常也不過了。

有一天，卡塔奇娜和米哈爾、莎娜的小孩外出時，聽到房子裡傳出吵雜的聲音，因而不敢回家。當她終究回到家門時，發現所有人都死了：不只是米哈爾和莎娜，連她自己的三個小孩、女婿、媳婦、孫女都無一倖免。他們遭到鄰居檢舉，檢舉的鄰居說不定得到了這間房子作為回報。卡塔奇娜年已五十四，而今所有的家人卻都不在了，失去了她所期待的未來後，她離開巴拉諾維奇，一去不返。她待小女孩如己出，將她一手養大成「健康、可愛」的孩子，如戰後採訪她的猶太人所記載。[6]

保姆也把小孩帶大，並且愛他們。在華沙，瑪麗亞・普日貝爾斯卡（Maria Przybylska）為勒溫（Lewin）一家人工作，擔任小蕾吉娜（Regina）的保姆把她帶大。蕾吉娜的父親從華沙的猶太區與瑪麗亞聯繫上。在他被送到特雷布林卡殺害後，他的妻小離開猶太區前往亞利安區找到了瑪麗亞。蕾吉娜的保姆收留了她們母女倆，一個是她先前帶大的小孩，一個是她先前的雇主，並為她們找到庇護之處。蕾吉娜比較容易能夠裝成波蘭人，可能至少有部分原因是她是被波蘭籍的保姆帶大的。她以瑪麗亞的姪女的身分被介紹與她一些波蘭友人同住。另一方面，蕾吉娜的媽媽的儀表言行則可以辨識出是猶太人。她們同意蕾吉娜的媽媽先暫住在瑪麗亞的一位男性友人處。

瑪麗亞這時在為一個德國人家庭工作，她從那裡為蕾吉娜和她的母親竊取食物和煤炭。瑪麗亞的友人讓蕾吉娜的母親睡他的床，自己則睡在地板上。在餐廳當廚師的他為歸他保護的女人偷肉，自己則斤兩不取。雷吉娜於一九四六年時值十七歲時從瑞典捎來的書信中，對救了她和她母親性命的男女有這些話要說：「我欠這些人一切。今天我可以看見太陽，可以看見人們，我存在在這個世上，享受生活和自由。我不知道我自己的家人中有沒有任何人願意作出這樣的犧牲照顧我們，像他們那樣照顧我們和關愛我們。」[7]

男人有時候也收容小孩，因為妻子要他們這麼做，或者他們自己想要這麼做。塞爾吉斯・塞維林（Sergiusz Seweryn）收養了一名三歲大的孤兒女孩，他鄰近比亞維斯托克的村裡都知道這個女孩是兩名猶太生還者之一。[8]他含辛茹苦地養育她長大，直到他的妻子離開他並帶走了小孩。同樣來自比亞維斯托克一帶的斯坦尼斯瓦夫・傑洛明斯基（Stanisław Jeromiński）收容了一位猶太人點頭之交一歲大的女兒。[9]戰爭結束後他不想與女孩分開：「他對她視如己出，說他為了她冒了生命危險。」——事實上他也的確冒了生命危險保護她。

有的男人失去他們自己的孩子，出於對孩子的思念而做了一些舉動。這就是雷切爾・科赫（Rachela Koch）和她的兩個女兒之所以能倖存的原因。科赫一家戰前住在柯洛梅亞（Kołomyja）一個位於加里西亞的城市，那裡沒有任何猶太人於戰火中倖存。雷切爾與她的兩個女兒試圖在槍擊中脫逃到地下暗堡。她們是最後進來的三人，所以只占到了最差的位置，位在最深的洞穴，黑暗穢臭，但也因此，在這藏身之地被發現的時候，她們還能躲過槍林彈雨。

在爬出洞穴之後，三個人在路旁悲痛地等死。有一位路過的波蘭人米哈爾・斐德洛維茲（Michał Federowicz）認出了她們是猶太人（當時大多數的波蘭人都能認出猶太人）。他問她們為何在外拋頭露面，招引殺機；她們說她們已走投無路了。他將母女三人全數帶回，並對她們視如己出。他告訴蕾切爾和她的兩個女兒他自己的三個孩子被德國人帶走了。米哈爾顯然不是年輕小伙子，而他的孩子也顯然已經長大，因為他不僅將蕾切爾的女兒且把蕾切爾也看作孩子。他告訴她們：「作為抗議，帶回另外三個孩子是正確的好決定。」[10]

女人失去孩子後，她們的至親往往最能感知這份匱乏。例如，波蘭城鎮奧斯威辛（Oświęcim）近郊村落的一位母親埃瓦・科慈（Ewa Krcz）在戰火中失去了她的女兒吉尼亞（Genia），悲痛欲絕。她的小兒子知道可以怎麼幫助母親。附近便是德國人所建造的在奧斯威辛波蘭軍事基地周圍的集中營營地與處決設施：奧許維茲。這是接近戰爭尾聲時許多孩子都亟需照護的地方。

最後被送入奧許維茲的主要是匈牙利的猶太人，他們之中大多數已被殺害，但是有些人在集中營關閉時仍然像奴隸一般勞動著。成人在奇慘無比的情況下徒步走向德國，孩子則被留下。許多男孩和女孩都早已是孤兒；其他人則是在其父母在死亡行軍（death marches）中脫隊因而被槍殺後成了孤兒。[11]有些孩子因為過於年幼甚至不知道自己的名姓。埃瓦的兒子主動走入奧許維茲，選了他認為能得到母親喜愛的一名兩歲大女童。這女童身染重病，但是埃瓦將她從鬼門關拉了回來，並且扶養長大。日後這女孩到匈牙利尋找她的親生父母，但無緣覓獲。[12]

膝下無子的夫婦並未喪子，有時反而找到了孩子。一位來自沃里尼亞沃倫斯基新城（Nowograd-Wołyńsk）的猶太女孩在大規模槍決之中躲入溝渠，因而倖存了下來，但其母親與姊妹卻全數遇害。她在森林中挨家挨戶敲門，總算在一位年輕女人那找到了庇護。但是女孩在那裡被長期殘暴地施打，鄰居們抱怨其噪音，要她到其他地方找尋庇護。最後她遇到一對烏克蘭夫婦馬爾科（Marko）和奧克莎娜・伏畢夫卡（Oksana Verbievka），他們看來頗有惻隱之心，願意聆聽她那經歷過屍坑、槍殺、逃難、虐打的生命故事。他們邊哭邊聽，然後奧克莎娜說：「孩子，別擔心，忘了這一切；妳會當我們的女兒，我們沒有孩子，我們的一切都會是妳的。」

不一會兒又說：「但是妳不會拋棄我們，對嗎？」女孩住在馬爾科與奧克莎娜家直到戰爭結束，然後離開了他們。[13]

＊＊＊

奧克莎娜與馬爾科是烏克蘭農人，他們的話中傳達出膝下無子的哀傷，透露出無可避免要老去的年華，以及想要透過後嗣超越死亡的欲望，但也同時是簡單且即刻的需求——他們的農莊需要人手。這是農業的時代。戰期間在波蘭的東部邊地（即今白俄羅斯與烏克蘭西部）仍然幾乎全數是農耕地。這裡的農業並未機械化，需要密集的動物與人力勞動。經濟大蕭條重創了這裡，持續又深遠的影響，讓農人與市場區隔了開來，使他們回歸自給自足的生活。經濟型態則更多是透過勞動而非交換——透過生產出足夠的食糧讓人畜得以捱過冬季，隔年夏天繼續生產。那裡人力通常還算充足；由於一九二○到三○年代的移民限制，人力實際上是過剩的。但在德國的統治之下這種情況有所改變。

一九四一年，德國入侵蘇聯正是從這些地方發動的。德國人掠奪走許多馬匹，因為即使是聲名顯赫的閃電戰（*Blitzkrieg*）都以騎馬為主要移動方式。當巴巴羅薩行動的執行不如預期時，德國人必須派遣數百萬的年輕男子到前線，於是他們用東歐的男女來取代德國失去的勞動力。起先透過徵兵，爾後強制徵兵，最後變為趕盡殺絕。在上百萬的波蘭人、烏克蘭人、白俄羅斯人和俄羅斯人被帶到德國後，德國人口當中的斯拉夫人比例甚至比中世紀的時候還高。這使得東歐某些地方缺乏勞動力，無數家庭在牧場上和農地裡需要援手。數百乃至上千位猶太兒童因為這些務農家庭需要勞動力而得以存活。他們幾乎都是孤兒。[14]

來自比亞維斯托克地區的諾埃瑪・森紐舒威爾（Noema Centnewschwer）在德國入侵並開始大肆屠殺猶太人時年僅十歲。在找到能久居的地方之前，她曾在七個鄉下農莊工作過。那是一個大農莊，孩子們都尚且年幼，僅有一人能幫助農事。「幾天後，」她回憶道，「他們意識到我是猶太人，但還是讓我留了下來。這不是出於善意——他們厭惡我的猶太身分，但卻也沒讓我挨餓。」[15]莎瓦・羅森則津（Chawa Rozensztejn）來自附近的沃姆扎（Łomża）。[16]一九四一年波蘭人對猶太人發動反猶暴行，四二年清洗猶太區，不過經歷這兩起事件她都還是存活了下來。六歲時，她獨自設法進到鄰近的村落。九歲時，她記得她遇見的農人「只要我踏實工作，對我就還堪稱友善。」[17]

來自沃里尼亞的席亞・弗列吉斯（Szyja Flejsz）與諾埃瑪年齡相仿。他躲在許多村子裡，然後與其他男孩一起逃進森林裡。他曾經做過牧羊人，然後遵照建議前往只有波蘭人居住的落腳處沃洛諾卡（Woronówka）。一九四〇年蘇聯時期，內務人民委員部曾經將兩個村子的人遣送。一九四一年德國取得統治權。一九四三年初席亞抵達時，附近的林子正是德蘇游擊戰的戰場。他還記得白天的時候每個人都試著與德國人維持和平，晚上則與蘇聯人周旋。[18]

齊格蒙・庫里耶塔（Zygmunt Kuriata）收留了席亞。在沃洛諾卡約四十二間棚屋中就有二十二間歸庫里耶塔家所有，也許正因此能產生一種信任感。內務人民委員部從這個村子遣送的每兩個人當中有一個就是這個家的成員，但是齊格蒙似乎並未對猶太人及共產主義懷有成見。齊格蒙特知道席亞是一個猶太孤兒，但待他不菲。他想讓席亞學禱告，或許是為了幫助他融入當地，因為強迫吟誦主禱文也是基督徒測試猶太人的其中一個方式；也或許是為了拯救其靈魂。又或者兩者皆非、或兩者皆是。但是席亞想起他被謀害的雙親：「我的父親是猶太人，我的母親也是猶太人，所以我也想成為猶太人。」庫里耶塔平靜地接受了：「猶太人就是猶太人，他不想要禱告。」

一九四三年在沃里尼亞有第三支軍隊加入了游擊戰。烏克蘭民族主義者在這艱困的情況竟得以建立他們自己的游擊軍隊。年初的幾個月內，許多擔任德國輔警隊員的烏克蘭人逃進樹林中加入了烏克蘭反抗軍（Ukrainian Insurgent Army，UPA）。這個單位組成浮上檯面的原因是沃里尼亞及其他一九三九年前屬於波蘭但上著烏克蘭人的土地遭到了三重占領。蘇聯的占領摧毀了合法的烏克蘭政黨並且不承認激進的烏克蘭左派。然後德國的占領當局訓練了數千位年輕烏克蘭男人殺害猶太人與其他人——他們當中有些人曾效力於內務人民委員部，協助驅離波蘭人和其他人。而一九四二年末到四三年初，蘇聯游擊軍人所代表的、預料之內的蘇聯勢力回返也迫使這些警察和其他人走入林野，有些人曾是蘇聯游擊隊員，有些則是烏克蘭反抗軍。

烏克蘭反抗軍的指揮官（也就是烏克蘭民族主義者）意在抵抗蘇聯以建立一個獨立的烏克蘭國家，但是他們在一九四三年最直接的任務是種族清洗波蘭人。在許多例子中這意味著殺死藏匿在波蘭人家中的猶太人；而至少有一個案例則是擁有良好藏匿處的猶太人從烏克蘭人手中拯救了波蘭人。[19]一九四三年，在一個如沃洛諾卡一般的小型落腳處，波蘭人和猶太人身處德國—蘇聯—烏克蘭三方游擊戰中，毫無立足之地。六月，德國人火燒沃洛諾卡，以對蘇聯游擊軍的不配合表示懲戒。庫里耶塔家的一個成員被活活燒死。居民們在斷垣殘壁、森林與鄰近村莊中勉強繼續生存下去。他們反覆被烏克蘭反抗軍的游擊部隊所攻擊，烏克蘭反抗軍於十一月燒毀了村裡最後一棟殘餘的建築。每次烏克蘭反抗軍進攻時，席亞便與收留他的波蘭家庭一起逃入林中。一九四四年夏天，當蘇聯正規軍抵達時，內務人民委員部完成了其敵人烏克蘭民族主義者所發起的種族清洗的任務。[20]波蘭人與猶太人被一一登記身分後流放到比重新確立起來的莫洛托夫—里賓特洛甫邊界更遠的地方，到已經被整個平移往西的波蘭。前一次蘇聯控制此地是在一九三九年，他們將人民根據階級屬性遣送至古拉格勞改營；這次卻是依據種族將人民流放到他們認為所屬的國家。[21]

所有倖存的沃洛諾卡居民都往西移動，但那裡先是遭到蘇聯占領過，然後是德國占領，爾後又被烏克蘭游擊軍占據，最後回到蘇聯手中，已經不復存在。庫里耶塔和他的太太將席亞註冊為家中成員，他們三人被轉送到戰後波蘭人從德國得到的遙遠的西利西亞（Silesia）。在一九四五年蘇聯再度占領波蘭東部之後，許多倖存的波蘭猶太人被驅離當地，在西里西亞落腳。所以直到戰後，時年十六歲的席亞才在那裡首度見到其他猶太人。他決定離開他的波蘭家庭，回歸猶太生活。齊格蒙很顯然努力在克制情緒：「如果你想走，我們不會阻止你；但如果你想留下，我們不會趕你走的。」席亞離開時，齊格蒙和他的太太潸然淚下。[22]

勞力也許或多或少是被剝削的，但是勞動本身卻並不是就代表敵意或異化。這是一個孩童也得工作的時代和處境，將孩子的勞動視為理所當然，在許多鄉下地方，這是家庭概念的一部分。因此許多猶太孩童得以藉著他們的勞力來合理化他們的存在。他們當中的某些人得到了愛的回報，雖然並非全部。終究說來，農場成了某種經濟上與道德上的體制，猶太孩童可在這當中找到一席之地。

就如同母子、父子或奶媽與孩子的連結，莊園也為猶太孩童提供了某種情感的聯繫。如同婚姻，婚姻的前景或是性欲，勞力可以生產出某種現在或未來的影像，其中有些人消失無蹤，有些人被需要，有些人可以加入。而有些時候，這樣的人也可以是猶太人。

＊＊＊

上述所有情境固然極端，但卻並不是終極的自我犧牲形式。其他救援的例子根本沒有機構，甚至沒有像是農莊、家庭或者愛情這些私人的機制。在沒有國家、外交人員、軍隊、教堂——以及人類對人際關係的需求，沒有可以讓猶太人有所作用以換取庇護的情況下會發生什麼事？若沒有任何人性的動機，在個人的救援行為與其世界間沒有任何連結，看不見猶太人可能對其他人的未來有何助益的話會發生什麼事？有誰會伸出援手？幾乎沒有人。

看著一個被貼上滅絕標籤的人，看似簡單，然而沒有任何人與人之間的相遇是簡單的。所有相遇都有其時空背景，一部分由相遇的人所決定，一部分由其他因素所決定，另一部分則是看運氣。沒有歷史事件——即使是猶太大屠殺——的規模可以超越內在於每次人與

人互動的特殊性。無論意義的分量多麼巨大，無論人們多麼誠懇地賦予這些意義，都無法磨滅每一場會面中的個人主體性。人們施以援手與否往往取決於與他們需要幫助的猶太人之間初次相遇的內容。有時，猶太人之所以能存活乃是由於能夠跳脫他們自己的受難經驗來思考（哪怕只是一瞬間），從他人的角度來看待這次相遇。

約瑟・盧汶（Josef Lewin）來自波利西亞西部的沼澤地帶，近波德拉謝地區別爾斯克（Bielsk Podlaski）處。他的家人已經遇害，他獨自遊蕩，尚未決定要做什麼，不確定是否要勉力求生，又要如何求生。他終於決定去一位他認識的農人那尋求庇護，他的穀倉位於一個叫做亞諾沃（Janowo）的小地方。當農人發現約瑟在穀倉時又驚又嚇，就如同所有人會有的反應一樣。在私宅看見不速之客總是令人震驚，而且在鄉下的波蘭人知道猶太人早就不應該存在了。無論他們個人是怎麼理解這件事的，波蘭人都知道當猶太人涉足他們的土地時，他們就已經違反了德國的命令，也很可能觸犯了當地社會的規範。

看到農人的反應，約瑟阻止他說話，並且請他幫個小忙：給他三十分鐘，先不要有任何行動，然後回到穀倉來，然後約瑟有事要告訴他。農人回到穀倉時，約瑟對他說：「我不想活了，我會自殺，你把我給埋了吧。」農人回答：「現在兩公里深的土壤都是結凍的，很難挖土。」那是一九四三年十一月。這兩位相識多年的人實際上在說些什麼？「現在兩公里深的土壤都是冰凍的，很難挖土。」但或許農人指的是：「我是不會為你挖墳的。也許你也應該等等，再想一想。」如果約瑟未曾給農人時間冷靜，也許農人會有截然不同的反應。如果農人沒有論及當時嚴峻的氣候，也許約瑟已經自殺了。接下來的八個月內，農人提供約瑟食物和住所。約瑟活了下來。[23]

如同約瑟一樣，希帕・斯潘伯格和芮娃・斯潘伯格（Cypa and Rywa Szpanberg）覺得她們已經受夠了活在死亡之間。她們位在沃里尼亞的羅夫諾城不遠的一個小地方屯墾區亞歷山查（Aleksandra）。一九四二年七月猶太人被命令進入猶太區時，這兩個女人決定跳過這個步驟，乾脆做些會讓德國人殺了她們的行為。在波蘭中部，在華沙猶太區，關於遣送一事的真正意涵，猶太人有時仍然選擇自欺欺人。然而，在像沃里尼亞那樣的地方，由於公然執行大規模殺害猶太人已經有一年了，即使只是虛妄的希望都近乎不可能。所以被遣送到猶太區之前，希帕和芮娃發現了之前不知道的地方，坐在一起泣不成聲，等待死亡。

擁有這塊土地的波蘭人與他們素昧平生，聽到了哭聲就帶著這兩個女人到他位於特澤瓦涅克（Trzesłaniec）的農場。在那之後，他收容了另外八位猶太人。如果不是看見兩個淚眼汪汪的女人流落到他的土地上，任他處置，他有可能收容任何猶太人嗎？的確絕大部分與他情況相若的人不曾做出如此高尚的事情，他們當中的許多做的事更為卑劣。但是如果希帕和芮娃不曾決定由自己來掌握自己的死期，這位地主可能也不會與她倆相遇，且或許根本不會出力救援猶太人。在一九四三年，烏克蘭反抗軍開始種族清洗沃里尼亞的波蘭人時，他的救援行動更形艱難。然而他在農場所庇護的十位猶太人中有九位都存活了下來。[24]

雖然僅是少數，但是的確有人急切地覺得需要伸出援手。伊蕾娜・莉普許絲（Irena Lypszyc）之所以能倖存便要感謝其中一位這樣的人。她是一名華沙猶太人，一九三九年九月逃到了波蘭東部地區以逃避德國的入侵，卻發現誤闖蘇聯勢力範圍。起初當地的猶太社群只要可能都會接濟這些難民，但是一九四一年六月當德國入侵蘇聯時，他們失去了援助。幾乎所有當地的猶太人都遭到殺害，且在失根的猶太人當中遇害的比例必定接近百分之百。畢竟在戰前，他們與現在所處的地方之間並無連結，並且對當地風土也一無所悉。

如同大部分這些人一樣，伊蕾娜・莉普許絲對這個新環境所知甚少。當德國入侵時她人在波利西亞的維索齊克（Wysock）。一九四二年九月，當這個城鎮的猶太人被圍堵處決時，她和丈夫逃入了沼澤地。她看來未曾在戶外長時間流連過。他倆以野莓、香菇維生，好幾天後才決定要冒險與外界聯繫。伊蕾娜決定她要站到她所發現的第一條路旁，攔下她看見的第一個人，然後請求幫助。

這位迎上前來的男人肩上扛著一支雙管霰彈槍，他毫不猶豫地答應了她的請求。她後來漸漸理解到，這個人天生有反骨，生活在任何權力中心鞭長莫及的地方，靠走私與私釀威士忌酒維持生計，厭斥所有想要控管他的政治體制。戰間期在波蘭，他曾窩藏共產主義者；在蘇聯入侵時，他庇護波蘭人，使之免於遭到內務部人民委員會遣送；現在德國人來了，他則幫助猶太人。他似乎並不認為這些救援行動之間有何不同之處。[25]

伊蕾娜說出了他的故事，但並未透露他的名姓。

＊＊＊

那些較為守規矩的、以較為傳統的方式活在世上的其他援助者展現出一種神祕的堅定，在緘默之中了解改變世界一隅之必要，以此將荊棘遍布的任務轉變為常態規範，他們的勞動呈顯出來的方式成了某種像是整個人格所繫之物。某種私密的溫暖和安全挑戰了外在社會的冷漠與宿命。[26]

蕾娜・克拉妮克（Rena Krainik）偶然到了位於加里西亞東部的寇帕尼尼（Kopaniny）村，那裡離斯坦尼斯拉沃夫（Stanisławów）城不遠。她衣衫襤褸地敲著陌生人的門尋求庇護長達數小時，預料會吃閉門羹。與此相反，扎莫爾斯基（Zamorski）家的家庭主婦和退休波蘭軍人收容了她，待她如己出直到戰爭結束。蕾娜追憶道：「他們沒有問我任何問題，不向我要任何文件，不檢視我的臉看我到底是不是猶太人。扎莫爾斯基太太與我分享她簡陋的衣櫃，全家人同我分享每一丁點配給給波蘭人少得可憐的食物。」蕾娜了解收容她的人冒了多大的風險，且感謝他們的厚德。「我當時身無分文，衣不蔽體，打著赤腳。在像是寇帕尼尼這樣的地方風險更是大。所有新來乍到的事物都會惹人眼目。」[27]

斯坦尼斯拉沃夫城本身內部幾乎所有猶太人都遇害了。在戰爭期間大部分的時間中亞妮娜・齊謝夫絲基（Janina Ciszewska）收容了共十一個人。她在市中心擁有兩間公寓，彼此有一道暗門互通。她將猶太人藏在第二間公寓，這間公寓無法從玄關進入。起先她為了一位朋友收容了四個人。猶太人的錢花完後，她接下德國公務機關內一個為德國人提供社會福利的部門工作。亞妮娜說德語，且出於猶太人的需要將自己的身分登記為純種的德國人。她從上司那邊偷取衣服和鞋子（這許多都很可能是從遇害的猶太人屍體上剝下來的），帶到鄉間出售，並且使用這些錢來餵養她日益龐大的庇護對象。她在絕處中找到生處。如同其中一位她救援的猶太人在戰後所寫的：「她是一位勇敢而溫暖的女人。」她臉上總是散發光芒，所以猶太人相信，如她所言，她「什麼事都辦得到」。[28]

戰後幾年，有人請波格丹・巴齊利（Bogdan Bazyli）提供援救猶太人的資訊，他幾乎是輕蔑地回答道：「你不會相信我的，問在以色列的泰特爾曼一家人（Teitelmans）吧。」巴齊利一家是在潘絲卡多林納（Pańska Dolina）的波蘭人，這個落腳處離沃里尼亞的杜布諾城（Dubno）不遠。一九四二年九月，泰特爾曼一家曾在慕洛維茲（Murowicz）的猶太人屠殺行動中逃過一劫。巴齊利一家人為他們在自家土地上挖掘了一個避難壕，並收容他們直到戰爭結束。每天早晨，巴齊利的孩子會為他們帶來食物，並且拿走裝糞尿的木桶。巴齊利家收容了一共二十二位猶太人，他們全都在戰爭中活了下來。泰特爾曼一家住在海法（Haifa），他們提供了這些資訊，但是如同大部分的猶太人，他們無法說明救助他們的人是出於什麼動機：「那些想要幫忙的人在亂世仍會伸出援手。」泰特爾曼在新建立的以色列國家祝福波格丹・巴齊利能「健康長壽」。[29]

光想幫忙是不夠的。想救助猶太人，在這種沒有機構支持且以死量刑的情況下，的確需要一些比性格還強烈、比世界觀還恢弘的東西。慷慨的人作出合乎人道的抉擇，但仍然可能失敗。也許大多數立意良善的男女只冒了一個月、一週或一天的險就前功盡棄了。在這樣的時代，當好人行善事並非只是避免邪惡就夠了，還要有一種堅定不移要為陌生人而行動的決心，即使在這個星球上做善事的報償是下地獄而非上天堂。

善良的人折腰了。米娜・葛查克（Mina Grycak）發現一個收容她家人數個月的農人終於屈服於壓力之下。起先，他以一種荒誕不經、註定要失敗的方式試圖殺害米娜一家，然後威脅要自殺。要是當時戰爭僅持續數月（而非數年）的話，他的行為就會成為典型。[30]

相遇的性質可能開啟一次救援行動，也可能終結它。亞伯拉罕・斯尼亞多維茲（Abraham Śniadowicz）和兒子住在一位農人家兩個月，然後開始與另外兩位猶太人分享他們的庇護所。他們並未告知他們的收容者。當這位農人發現這個未被知會的消息時，他要全部的猶太人都離開。「但我必須強調，」亞伯拉罕說，「這個基督徒是一個非常善良的人。」[31]

＊＊＊

這些男男女女甘冒生命危險也要拯救猶太人，若不著眼於世俗的政治觀或希望未來能得到報償的話，是很難解釋這些人的動機的。動機都是被激發出來的。要解釋一個動機往往代表要畫出這人和超越這個人之上的某些東西之間的連結——某些指向今日世界的東西，或者至少指向一個想像的未來。但是這些看起來都與在此所說的無關。猶太人所記錄下的救援事件幾乎不曾評判過救援者的動機。

猶太倖存者傾向敘述的是一種無私的美德。他們傾向以各式各樣的方式說他們的救助者是由超越或抵抗現況的人性所指引。如同珍妮娜・褒曼（Janina Bauman）所說，「我們與他們一起生活的這件事強化了他們原本高貴之處，也強化了他們原本的卑鄙之處。」[32]安東・施密德（Anton Schmid）是一名奧地利人，於一九三〇年代雇用了猶太人，在一九三八年的德奧合併之後在維也納保護他們免於壓迫，並且在德國從軍時拯救了數百位猶太人。那些戰前或戰爭期間認識他的人都說他很人道（*menschlich*）。逃過了特雷布林卡滅絕營的約瑟夫・C在描述一位在苦難中幫助他的波蘭人時泣不成聲。最後他終於用來形容席蒙・卡瓦卡（Szymon Całka）的詞便是「人性」（humanity）。[33]

安格涅絲卡・芙羅貝爾（Agnieszka Wróbel）自己也是一位德國集中營的倖存者，她冒著極大的生命危險從華沙猶太區中拯救出若干猶太人。關於她的行為，兩位曾與她同住的猶太人曾寫下詳盡的記述，但是沒有人試圖解釋她是如何能夠做出那些抉擇與行為的。相反的，布羅尼斯瓦娃・茨奈德（Bronisława Znider）反思道：「像安格涅絲卡・芙羅貝爾這種人所扮演的角色不僅是他們拯救人們免於一死。她讓這些如同動物般被追趕的人們，這些註定在劫難逃的猶太人的內心得以升起一點希望，知道不是所有良善的事物都消失殆盡了，仍然有少數人是配稱為人的。」[34]

若說猶太人對於救助他們的人為何這麼做能說的不多，那麼救援者他們自己更是三緘其口。他們往往不喜歡談論他們做過的事。一位在基輔的烏克蘭人奧爾哈・蘿先柯（Olha Roshchenko）幫助過兩名友人逃出娘子谷大屠殺，但她卻說：「我沒有救過他們。」她指的是其他人也幫助過她的朋友，且最後是她的朋友自己救了自己。這當然所言非虛，且的確往往是真的。猶太人如果要存活，他們必須做出極為違常的行為，而那些幫助他們的人也往往是一大群人。奧爾哈的朋友在同一場對話中回覆到：「有許多人曾幫助過猶太人，他們往往從不提起這件事。」[35]而這也是對的。未曾援救猶太人的人自稱救過，而真正伸出援手的人卻往往仍然維持低調。當這些救援者願意開口的時候往往特別謙遜，這點無庸置疑。這種謙遜其實普遍上是在試圖避免回答關於動機的問題。當救援者真的願意說的時候，也往往了無新意：訴諸某種跨越性別、階級、語言、民族與世代的善的庸常（banality of good）以杜悠悠之口。

一位未受教育的農婦海蓮娜・裘拉辛絲加（Helena Chorążyńska）解釋了為何她要收容猶太人並且使之得以存活：「我總是說我長大後，不會讓任何人光著身體或餓著肚子離開我家。」[36]因此這樣的待客之道及於人類經歷當中最幽暗的部分。這是想像還是缺乏想像？德國（奧地利）軍人安東・施密德待人親切，對待猶太人亦同。在情況每況愈下時，行善需要冒更大的個人危險；世局改變時施密德並未跟著改變，成了少數為了拯救猶太人被判處死刑的德國人。在他臨刑前寫的家書中並未為他所做的事提出多麼偉大的解釋，只說是「在做人該做的事」（acted as a human being）並說很遺憾自己無法回到心愛的人身邊會帶來的傷痛。[37]曾幫助過廿六名猶太人的菲立克斯・希溫斯基（Feliks Cywiński）談到一種「義務」感。卡濟梅拉・祖沃斯卡（Kazimiera Żuławska）談的是「純粹的人性的憤怒」。[38]亞當・茨波洛米斯基（Adam Zboromiski）說他需要「感覺自己還是個人」。[39]

卡蘿莉娜・柯比萊克（Karolina Kobylec）則說：「這就是我的作風。」[40]

＊＊＊

簡・利普柯（Jan Lipke）是一名拉脫維亞人，曾幫助過十幾名里加內外的猶太人。其中一位被利普柯拯救的人說他做事的方式「遠遠超過英雄主義和常理的界限」。[41]利普柯為了這些素昧平生的人讓自己的生命數度暴露於危險之中。他自己說他所選擇的道路一點也不新奇，是非常「正常的」。[42]在全歐洲，救援者都一再地說：他們只是做出正常的行為。「我們將幫助那些需要幫助的人看作是最正常的事情」——這是在戰爭大半時期保護了兩個猶太人的波蘭家庭所得出的結論。[43]他們當然並未敘述他們身邊處處可見的常態。他們所做的並不是其他人的行為，也不是依循那些在位者明確或含蓄的規定。他們所感覺到的常態必定是由衷而生的，或者從戰前他們所學到的或內在化了的東西而來的，因為他們所例示的行為僅有少數或甚至完全沒有任何外在的依據。[44]

救援者可能在不為人知的情況下將猶太人藏匿在林野沼澤。但是在村莊或鄉鎮，在所有行為都會被察覺並議論的地方，一點點不同於日常生活的行為都可能招來殺身之禍。不可能在屋外沒有任何行為改變的情況下將猶太人收容在屋內。每一筆交易，每一次交換，每一次購物，所有正常時候毫不重要的金錢流動在此時都富有額外的社會意義。不識字的農人出於善意為他家裡的猶太人買了一份報紙便可能導致全家遭到殺害。[45]

救援者冒著生命危險，但是冒的不是出於戰時英雄主義的那種風險。當然有時的確救援行動就如同戰爭一樣，這種情況的救援行動最容易被稱頌。在東歐的無國家地帶，收容猶太人意味著時時刻刻冒著個人與全家人的生命危險長達數週、數個月，甚至數年之久。救援的抉擇不是一個尋常的決定，也透過其他決定來無法消除或取消前者。這是個一旦做了就會影響到許多人未來所有生活層面的決定。這往往需要比平時更多的計劃以及思考未來的能力。一個住在明斯克附近的白俄羅斯農人要抉擇在春天他要種什麼農作才能在夏天和秋天提供他所庇護的猶太者的需要。[46]

＊＊＊

拯救了猶太人的米倫・利希凱維奇（Miron Lisikiewicz）問道：「與一個人的生命比較起來，錢又算得了什麼？」[47]在此，為了個人的經濟利益——錢財——而行動是不可能的。猶太人一再強調幫助他們的人，且不論其他方面的損失，往往損失錢財或冒著他們自己的生命危險以獲取更多錢來餵飽多出來的人。有一名波蘭下水道工人餵養了十位藏在利維夫下水道的猶太人；他的太太賣掉自己的衣服以籌錢買食物給他們。[48]在里加的簡・利普柯已經到了只要有人提到錢就會動怒的程度。[49]在華沙受到海蓮娜・考卡（Helena Kawka）收容的布羅尼斯瓦・羅茲馬林（Bronislawa Rozmaryn）記得：「她冒著自己和兩個美麗的孩子的生命危險，只為了能夠拯救我們。她這麼做完全沒有任何物質的動機，只是想要拯救四個猶太小孩，他們都在華沙街頭流浪，無家可歸。」[50]記載下華沙猶太區的伊曼紐爾・林爾爾布盧姆（Emanuel Ringelblum）相信「再怎麼多的金錢都抵不了長期以來被發現的恐懼。」[51]換句話說，除了恐懼和貪婪，必定有其他考量在其中。[52]

的確，許多猶太人的回憶——尤其是那些戰後許久才記錄下來的——都包含了比較公式化的陳述，說他們的救援者並未獲得物質的報償。需要這樣一套語言才能讓人們受到以色列猶太大屠殺紀念館（Yad Vashem）的認可，肯定他們是拯救猶太人的「正義的異教徒」（righteous gentiles）。為了要能符合「沒有物質考量」這項標準，希望自己的救助者被表揚的猶太人有時簡化了故事，聲稱沒有金錢介入。當然，經常是如此的。但是與背叛或殺害他們的人相反，拯救猶太人的人往往從未賺錢。值錢的東西或現金可能的確被交換，但是並非以一種正常的契約的狀態。沒有任何國家來保護這契約；而當權者的確提供捉拿猶太人的懸賞金，使之得以被殺害。[53]

金錢是重要的，因為沒了金錢生命便難以為繼。但是一個猶太人的未來依賴於一位在被激烈改變了的政治世界與經濟世界中拿了錢的人。不像在一個正常的市場當中個人擁有財產，由自己決定其價值，這是黑市，所有財產關係都變得不穩定，幾乎沒有人能夠對他們的經濟未來感到安穩，而有些人——猶太人——並非得以擁有產業並有權交換的個人，他們只是一種特別的走私貨品。在沒有國家體制的東歐、德占波蘭和蘇聯德占區，收容猶太人在家中是要冒生命危險的；而願意將之交出來則能得到鹽、糖、伏特加或金錢，且煩惱和恐懼也能得以告終。告發猶太人意味著可以避免個人的危險和連坐處罰。

在有上述誘因的情況下，當一名猶太人向非猶太人求援時，非猶太人在經濟上的理性反應應該是先承諾幫忙，然後及早拿走這名猶太人的錢，然後將他轉交給警方。對知道有人在收容猶太人的人而言，經濟上理智的行為應該是在其他人告發這個人之前先聲奪人，以獲取獎賞或者其財產，且避免被控知情不報。相信導致猶太人死亡的人只是失去理智所為的這種想法可能可以帶來寬慰，但其實上他們不過是順從標準的經濟理性。正直的少數人的行為才是某種基於個人福祉的經濟計算規範下不符合理性的行為。[54]

＊＊＊

在最黑暗的時空環境下，有些人基於似乎並不合俗世理性的原因對猶太人伸出了援手。這些人往往在承平之日有點過於恪守道德規範和社會規範，而在支持與護衛這些原則的體制走向末日時，他們對於這些原則的忠誠卻存留了下來。[55]

如說這些救援者有著超越這些的共同點，那麼便是對自我的認識。當你了解你自己時，就不需要多說什麼。這是值得思維的，想想我們對於自己了解地這麼少，卻說了這麼多關於自己的話，這樣的我們對即將到來的挑戰會如何反應。

結論　我們的世界

在她的兒子位於華沙的公寓裡所藏的照片上，汪妲．J散發出一股泰然自若的特質，這項特質在二戰期間及德國占領波蘭期間對她頗有助益。戰爭結束的時候，她慟失丈夫，但也全身而退，救出了兩個兒子。華沙猶太區興建時，她抗拒德方的命令，不肯舉家遷至猶太區。[1]在華沙的亞利安區遭到舉發猶太人身分時，她憑著三寸不爛之舌脫離險境。她一次又一次舉家搬遷，仰賴朋友、點頭之交、陌生人等的幫助。在德國入侵之後，所有的體制都土崩瓦解，先是猶太區遭到焚燬，接著整個華沙城都付之一炬。此時她心想：唯有選擇幫助猶太人的人們的「無瑕的道德本能和基本的人性之善」才算數。[2]

華沙多數的猶太人都淪落猶太區，最終在特雷布林卡遭到屠戮。在紅軍擔任記者的蘇聯猶太作家瓦西里．格羅斯曼（Vasily Grossman）看到那裡並加以描述，寫道：「善念，這愚蠢的善念，正是人類最具人性的部分。」[3]希特勒不承認任何把他人看成跟自己一樣（或愛人如己）的概念，無論這種概念是宗教上的、哲學上的、還是政治上的。他認為傳統倫理是猶太人發明出來的，而傳統的國家則會在種族鬥爭中瓦解。德國的占領勢力在整個歐洲都把任何互惠的體制給摧毀（雖然在各地摧毀的程度不同）。德軍所及之處，或者將傳統國家給消滅，或者將把傳統國家摧毀的蘇聯政權給殲滅殆盡。他們創造出一個深淵，將種族主義與政治一起投向虛無。猶太人在這個黑洞裡被趕盡殺絕。如果說有猶太人獲救，通常要感謝那些能夠代表國家行事的人，或者能夠如同國家一般運作的體制。若是完全沒有體制的道德光輝的照耀，那就突然剩下善念，透過個別的救援者閃爍出慘澹的光芒。

在這個故事中，國家橫陳在那些想殺死猶太人的人與那些想拯救猶太人的人之間。一九三三年希特勒掌權以後，國家形式在德國內部發生了質變；到了一九三八、三九年，奧地利、捷克斯洛伐克、波蘭相繼亡國，使得猶太人的身分從公民轉變為被剝削的對象。波羅的海國家和波蘭東部的國家體制先後遭到蘇聯（一九三九、四〇年）和納粹德國（一九四一年）的雙重襲擊，造成一個特殊的實驗場，「最終解決方案」的概念在這個實驗場裡落實成為大規模的殺戮行為。隨著德軍勢力的抵達，以大規模槍殺的形式執行的大屠殺也向東擴展到白俄羅斯、烏克蘭、俄羅斯等蘇維埃聯邦社會主義共和國。然後就在一九四一年德蘇最終戰得不是你死就是我亡的爭端發生之前，德國的全面殺戮政策往回向德國征服的西邊領土擴散。然而，對體制的鏟除在西歐、中歐、南歐都呈不規律的發展；大屠殺隨著國家勢力的衰頹擴散，但也就在此止步，不再推進。在政治結構仍勉力維繫的地方，想要幫助猶太人的人們仍可以得到奧援和方法。

汪妲・J相信人性有著決定性的重要性。這似乎是某種能帶來希望的結論，但它並不是。在像是她的回憶錄這樣的作品中，善惡彷彿清晰可辨，但實際上，善與惡並不是那麼容易召喚或打發。我們大多數人都相信自己擁有她所點出的特質——像是「道德本能」和「人性之善」。或許我們想像自己在某種未來發生的災難中可以扮演拯救者的角色。但如果國家被摧毀，在地的體制崩壞，而經濟誘因又導向殺害，在我們當中鮮少人能夠合宜地行事。我們沒有理由認為自己在倫理上就比一九三〇、四〇年代的歐洲人更為優越，或者更不容易受到希特勒所推廣的那些觀念所煽動蠱惑。如果我們當真想要效法救援人士，我們就應該事先打造出讓我們更可能伸出援手的結構。廣義來說，要想伸出援手，就必須充分把握挑戰傳統政治的觀念、以及那些為歷史上首見的犯罪行為鋪路的觀念。[4]

＊＊＊

將希特勒描繪成反猶太主義人士或者反斯拉夫的種族主義者毋寧太小覷了納粹觀的潛力。他對猶太人、斯拉夫人的觀念並不是一些正巧顯得很極端的偏見而已，而是煥發自一個自成一格的世界觀，這種世界觀有潛力改變整個世界。他對政治、科學的混淆使他能夠將政治問題以科學問題的面貌呈現，而將科學問題以政治問題的面貌呈現。藉此，他把自己置於某個迴圈的中心，根據一個濺著種族之血的完美世界、只被猶太人的人性化（humanizing）影響所侵蝕的世界觀來解讀所有的材料。希特勒把猶太人描繪成導致世界不和諧的生態學上的錯誤，藉此將全球化無可避免的緊張關係給導向他處，並將之個人化。唯一健全的生態體系就是鏟除政敵；唯一健全的政治體系就是淨化地球。

科學實際上有著某種特定的自主性，也能促使自主性。一套健全的政治觀應當肯定這種自主性，而不是試圖將之收攏進政治當中挪為己用。世界上不可見的力量並不是在背地裡圖謀不軌的猶太人，而是我們今天已經愈來愈能描繪出來的物理上的、化學上的、生物學上的規律。對於希特勒來說至關重要的歐洲帝國經驗的確有著生物學的構成要素，但遠非他所設想的那樣。讓歐洲人得以征服美洲的那不可見的優勢並不是歐洲人本身固有的種族優越，而是他們無意之間帶在他們身上的微生物。歐洲人以迅雷不及掩耳的速度攻克新大陸令希特勒激賞不已，但那是由於細菌站在征服者這邊的緣故。[5]當希特勒想像斯拉夫人會在退守的邊境上「像印地安人一般」作戰時，他忽略了印地安人所不能打贏的戰爭是與傳染疾病對抗。在自己的歐洲大陸上作戰的德軍缺乏歐洲人在北美所用有的免疫學上的優勢。在東歐，德軍害怕疾病的程度到了要不就是稱猶太人為「傷寒病菌」、要不就是饒猶太醫生一命好讓他們可以治療感染傷寒的德國人的地步。殖民主義者必須要在他自己的血液裡帶有傳染病，而不是害怕他人的血液裡帶有傳染病。殖民主義者要打下全世界不是透過清除想像中的不潔，而是要透過把真正的不潔帶在自己身上。[6]

當科學與政治脫勾，諸如這類簡單的分析就可以揭露出希特勒針對生態危機提出的領土解決方案為何毫無意義可言。如希特勒自己所知道的，在一九三〇年代就曾有過替代性的政治方案，亦即讓德國放棄殖民，轉而支持農業科技。透過科學方法來處理日益耗損的資源（希特勒堅持資源的枯竭乃是猶太人撒的謊）對德國人來說遠比無窮無盡的種族戰爭要有希望得多了。科學家已經在準備要透過綠色革命來改善農業了，其中有許多科學家是德國人。倘使希特勒並未發動一場最終導致他自殺的世界大戰，那麼他就能活到歐洲不是為了食物短缺而是為了食物過剩而煩惱的那一天。科學能快速提供如此充沛的食物，終將使得希特勒式的鬥爭觀失去共鳴。在一九八九年希特勒誕辰百年時，全球食物的價格大約是一九三九年他發動第二次世界大戰時的一半——儘管全球人口大幅增加，需求也因此大幅增加。[7]

* * *

廢除政治和科學讓元首能夠界定什麼對他的種族才是好的，讓他能種族化德意志的體制，然後出馬摧毀鄰近的國家。他的世界觀也壓縮了時間。藉著結合似乎已經是過去式的形式（種族帝國）與似乎是來自未來的緊急呼告（生態恐慌），納粹式的思考將讓一個人能夠深謀遠慮的安全閥給關閉了。如果說過去與未來什麼都沒有，只有鬥爭與稀缺，那麼所有的注意力就都落到了現在。在精神上舒緩危機感的解決方案沖昏了對未來進行實際思考的解決方案。希特勒寧願想像有一個超自然的因素——猶太人——扭曲了生態系統，也不願視生態系統為研究和拯救的對象。一旦將猶太人界定成對全人類和整個自然秩序恆久不變的威脅，也就能將緊急措施的靶心對準猶太人。

對抗蘇聯的殖民戰爭是一次用來確證希特勒的自然觀的試驗，是一次將德國人從無法忍受的幽閉恐懼的當下給拯救出來的行動。一九四一年對蘇聯的入侵將數以百萬計的德軍扔進了一場滅絕戰爭當中，這場滅絕戰爭發生在數百萬猶太人棲居的土地上。這就是希特勒所想要的戰爭；一九三八、三九、四〇年的準備行動和即興演出產生出摧毀國家的經驗。東線上的戰爭進程創造出兩個根本的政治機會。首先是以動物學的方式來描繪斯拉夫人，以此將消滅他們的政體這件事合理化，創造出讓大屠殺的發生成為可能的地帶。然後，隨著時間的推進，德國未定的命運揭露出希特勒思維方式深層的政治邏輯。這場戰爭被表述成既是殖民式的（對抗斯拉夫人）又是去殖民式的（對抗猶太人）。當為了生存空間而戰的殖民戰爭在紅軍強力抵抗下步履蹣跚之際，納粹轉而強調為了把地球從猶太人的宰制下拯救出來做鬥爭。由於猶太人應當為那些威壓了更強的種族的觀念負責，唯有將他們斬草除根才能確保勝利。以國家摧毀者之姿出道的黨衛軍人馬先前殺戮敵營政體中的成員，現在則轉而殺戮猶太人。在德國的勢力解除蘇聯勢力之處都有大批在地人士加入殺戮的行動。一九四二年，在占領下的波蘭，多數猶太人從猶太區被遞解出境，在諸如特雷布林卡集中營等地方被毒氣殺死。在歐洲其他地方的猶太人只有在依附於傳統國家體制的情況下可以免於希特勒的殺戮邏輯，倖存下來。在無國家狀態的黑暗地帶，像是汪妲．J這樣的倖存者需要好運和善心的協助。

救援的觀念似乎離我們很近；殺戮的意識型態似乎離我們很遠。生態恐慌、摧毀國家、殖民種族主義、全球反猶主義可能顯得充滿異地情調。在歐洲、北美的多數人生活都在正常運作的國家裡，他們將在戰爭期間保存猶太人和其他人性命的主權基本要素——外交政策、公民權、官僚體系——視為理所當然。相隔兩個世代之後，綠色革命讓對飢餓的恐懼從選民的情緒和政客的語彙中消失了。公開表達反猶太主義的觀念在西方大部分地方都成了禁忌（儘管這個禁忌可能正在消退）。我們與國家社會主義的分離一是因為時間，一是由於幸運，對我們而言彷彿很容易對納粹的觀念嗤之以鼻，對這些觀念是如何運作則不加以考慮。我們的健忘讓我們相信我們與納粹黨人有所不同，遮蔽了我們其實相同的地方。

＊＊＊

如同希特勒的世界觀將科學與政治混為一談，他的計劃也混淆了生物學與欲望。生存空間的概念將需求與匱乏合一，也統合了殺戮和便利。這個概念所暗含的是透過大規模的殺戮來修復地球的計劃以及給予德國人家一個更好的生活的許諾。自一九四五年起，生存空間的兩個意義已經遍布大半個地球。第一個意義是一間客廳，這是消費社會當中一份居家舒適的夢想。生存空間的另一個意義是棲息地，是一個必須要透過控制來確保生存的領域，也許暫時由不完全稱得上人類的人所棲息。在把這兩種熱情彙集在一個單字上的過程中，希特勒將生活風格與生命本身給混為一談了。為了擁有一個放滿鍋碗瓢盆的碗櫥，人們必須為了取得他人土地的血腥鬥爭背書。一旦將生活水準與生命混為一談，一個富裕的社會便可以以生存之名向更貧窮的人開戰。數千萬人死於希特勒的戰爭，並非由於只有這樣德國人才能活命，而是為了讓德國人可以在一個全球化的世界追求美國夢。

正是在這點上，希特勒的理論讓他得以把全球化與國內政治結合起來。在全球可以相互溝通的年代，繁榮的概念已經變成相對的和流動的了，在這點上希特勒的想法是正確的。在他對生存空間的追求隨著一九四五年德國戰敗而告失敗後，綠色革命滿足了歐洲和全世界大部分地方的需求，提供了不只是生存所需的食物，也予人一種安全感和對物質豐沛的期待。但沒有任何科學解決方案是永恆的；在政治上選擇支持科學能爭取時間，但不能保證所有未來的選擇都是好的選擇。另一個做出選擇的片刻——有點類似德國人在一九三〇年代所面對的——有可能就要出臺。[8]

綠色革命可能是把我們的世界與希特勒的世界區隔開來的最關鍵的發展，但它可能正在達到極限。這不是因為地球上有太多人，而是因為地球上有更多人在要求更多、更穩定的食物供給。世界人均糧食生產於一九八〇年代達到巔峰。二〇〇三年，世界上人口最多的國家中國成為糧食淨進口國。[9]在廿一世紀，世界糧食存量從未超過幾個月的供給額。[10]在二〇〇八年的酷暑，農地大火導致主要的食物供應商停止出口，於是糧食騷亂（food riots）在玻利維亞、喀麥隆、埃及、海地、印尼、象牙海岸、茅利塔尼亞、莫三比克、塞內加爾、烏茲別克、葉門等國家爆發。[11]二〇一〇年，農產品的價格再度大幅波動，導致了中東地區的抗議、革命、種族清洗和革命。

儘管世界應該不會就這樣將食物耗盡，但富裕的社會可能會再度憂心未來的糧食供給。其菁英階級可能會再次面對要如何界定政治、科學兩者關係的選擇。如同希特勒所示，將兩者合而為一可以導向似乎能夠解釋、解決恐慌的意識型態。在一場類同於猶太大屠殺的場景當中，已開發國家的領導人可以誘發人們對將來食物短缺的恐慌，並鼓吹應當及早採取因應措施，點名一個團體是生態問題的起因，或是或刻意、或意外地摧毀其他國家。如同納粹的例子所示，甚至不需要有什麼攸關生死的原因，只要暫時相信亟需採許戲劇性的行動來保全生命就夠了。[12]

憂心生存空間的第二個意義——亦即將別人的土地看成棲息地——潛伏待發似乎是有道理的。在世界上大多數的地方，主流的時間觀開始在某些方面變得類似希特勒時代的災變論（catastrophism）。廿世紀下半葉——綠色革命當道的那幾十年——未來似乎是一場禮讚。資本主義與共產主義兩相抗衡的意識型態已經接受未來是它們彼此競爭的領域，並且許諾著即將來臨的豐饒。在政府機構的計劃中、在小說的情節中、在孩童的塗鴉中，未來煥發著期待。這樣的感知方式似乎已經消逝了。在高尚的文化當中，未來緊抓住我們不放，背負著紛亂和危機沉甸甸的重量，困境與失望濃得化不開。電影、電玩、漫畫等俗民的媒體中則將未來呈現為後災難（post-catastrophic）的時代。大自然展開報復，讓傳統的政治變得無足輕重，把整個社會化約成鬥爭和拯救而已。地球表面荒陬遍布，人類變得野蠻，什麼事都可能發生。[13]

以為政治與科學是同一件事，這一點是作為思想家的希特勒的誤區。將兩者混為一談可以造成災難性的時間觀，讓人們為之瘋狂，因而創造出激進行動的潛能，這一點，作為政治家的希特勒則想對了。當末日來臨，等待科學的解決方案似乎變得了無意義時，鬥爭似乎是很自然而然的結果，嗜血的群眾煽動家也會挺身而出。因而對我們的世界來說，一套健全的政策就是要將對全球性災難的恐懼保持得愈遠愈好。這意味著接受科學相對於政治的自主性，在政治上選擇支持應用科學，讓傳統的政治形勢得以進行。

＊＊＊

地球正在朝著讓希特勒式關於生命、空間、時間的描寫更顯可能的方向在轉變。這個世紀全球的氣溫預估會上升攝氏四度，這將改變地球上大多數人的生活。[14]氣候變遷是難以預測的，這讓問題更形嚴峻。當下的走勢可能會產生誤導，因為反饋效應（feedback effects）還等在前頭。要是冰蓋崩塌，那麼太陽的熱能就會被海水所吸收，而不會反射回太空。要是西伯利亞的苔原融化了，甲烷就會從地表升起，把熱能困在大氣層中。要是亞馬遜盆地上沒有叢林，就會釋出大量的二氧化碳。全球性的過程（global processes）總是先在地方上被經驗到，地方性的因素可能限制全球性的過程，也可能增大全球性過程的幅度。[15]海岸可能會先淹水，但我們不可能事先知道時間、地點。全球半數的城市將會受到威脅，但不可能知道哪座城市會先遭殃。城市的氣數不會在一次浪潮當中就結束，而是會在數不盡累積下的浪擊中潰堤。[16]個別的風暴都只能在數日之前預測到。每一次的風暴都是獨一無二的，但每一次的風暴都屬於累積走勢的一部分。[17]

也許前所未見的風暴或者赤地千里的乾旱會影響到我們對基本資源安全性的評估，繼而讓希特勒式的政治觀得到更多迴響。如同希特勒在經濟大蕭條期間所展示出來的，人類能夠將迫近的危機描繪得栩栩如生，藉此合理化當下採取的激烈手段。在足夠的壓力之下，或者如果技巧夠嫻熟，政客就可以採行希特勒曾率先將自然與政治、生態與家庭、需求與欲望兩兩混為一談的手法，無法解決的全球性的問題就可以藉此歸咎於特定族群的人類。[18]

希特勒是第一次全球化之子。第一次全球化於十九世紀末在帝國主義的主導下興起。[19]我們則是廿世紀末第二次全球化的小孩。全球化既不是問題，也不是解決方案，而是自成歷史的情境。全球化帶來特定智識上的危險。人們不得不以全球的規模來想事情——如同希特勒和卡爾．施米特不厭其煩地強調的那樣。由於世界比單一國家或單一城市還要複雜，找到一把能通盤了解全局的鑰匙的誘惑力也就更大了。當全球秩序崩解（如同許多歐洲人在廿世紀二〇、三〇、四〇年代所經歷到的那樣），像希特勒那樣過分簡單的診斷方式似乎可以藉著生態學、超自然、陰謀論等的說法來解釋全球化。當正當的規矩已經瓦解，期望已然破滅，就更可以懷疑某些人（例如猶太人）是否害得自然偏離了它的正常軌道。像氣候變遷這樣在規模上跨越全球的問題顯然需要全球性的解決方案——而其中一個顯而易見的解決方案就是界定出一個全球性的敵人。

猶太大屠殺與其他大規模殺戮或種族清洗不同，因為德國的政策目標是殺光所有猶太人的小孩和男男女女。這唯有在把猶太人理解成造成全球秩序崩潰的人的時候才能夠想像。猶太人可能再度被看成全球性的威脅，因為他們在歐洲、俄羅斯、中東的政治影響力與日俱增。穆斯林、同性戀或其他族群也可能會被與全球規模的變遷連結在一起。

把氣候變遷看成地方性的問題的話，可以產生出地方性的衝突；把氣候變遷看成全球性的危機，則可能導致要指認出全球性的受難者。在過去廿年間，從非洲大陸的例子隱約可見地方性的衝突會以什麼樣貌呈現，還有這會如何變成全球性的衝突。非洲大陸充滿著體質孱弱的國家。在國家瓦解的情況下，旱災可以導致數十萬人死於饑饉，如同二〇一〇年的索馬利亞。氣候變遷也增加了非洲人在食物顯著短缺時找意識型態理由殺害其他非洲人的可能性。未來，非洲也可能會成為全球性食物競奪的地方，可能也會伴隨著全球性的為意識型態合理化的行為。

希特勒上位時，非洲是德國殖民歷史的一部分。征服非洲是希特勒還小的時候第一次全球化的第一個階段。德國人和其他歐洲人正是在撒哈拉以南的非洲重新再學了一次種族上的教訓。**盧安達**是歐洲瓜分非洲的產物，更確切來說是德屬東非的產物。將盧安達人口劃分為**胡圖**（**Hutu**）和**圖西**（**Tutsi**）兩族是典型的歐洲治理方法：偏向一族以治理另一族。這就像波蘭人、烏克蘭人和德國人屬於不同種族一樣說不過去，或者像是從飢餓營中招募斯拉夫人來協助殺猶太人一樣。今天，非洲人的確將種族的劃分和種族的幻象施加在彼此身上，就如同歐洲人在一八八〇、九〇年代對非洲人和歐洲人在一九三〇、四〇年代對歐洲人的做法如出一轍。

盧安達大屠殺是一種對生態危機採取全國性規模的政治回應的案例。一九八〇年代末，國家的可耕地枯竭，接著到了一九九三年，農作物產量顯著下滑。[20]盧安達政府認為是人口過多的問題，因此想辦法要把自己的人民移出到鄰近國家。[21]政府還面臨與圖西族有所牽扯的政敵想要入侵，入侵的原因涉及要重新分配可貴的農地。政府於一九九四年鼓勵胡圖族殺害圖西族人的政策最有成效之處就是土地短缺的地方。想要土地的人們會舉發他們的鄰居。加害者說，他們的動機是想要占據土地，也是由於害怕其他人會搶先一步這麼做。[22]在殺人的行動當中，胡圖族人的確殺害了圖西族人，但當沒有圖西族人可殺時，胡圖人也殺其他的胡圖人——並把土地據為己有。由於圖西族人是殖民政權所偏好的對象，因此殺害他們的胡圖人可以披上殖民解放的表象。[23]一九九四年四月至七月間，至少有五十萬人遭到謀殺。[24]

發生在索馬利亞的饑荒和盧安達的大屠殺是氣候變遷在非洲可能釀成的後果的警鐘。前者是由氣候所直接導致的死亡，後者則是氣候與政治之間互動所造成的種族衝突。未來也許能看到第三種、也是最可怕的可能性：在地資源稀缺與在汲取食物的同時輸出全球性意識型態的殖民政權兩者之間的互動。[25]即便非洲人自己都在為了可耕地和可飲用水鬥爭，非洲大陸卻成了亞洲人食物安全問題的解決方案。脆弱的財產權、腐敗的政權以及占全世界一半的未耕地三者的結合，使得非洲成了亞洲食物安全計劃的中心。[26]阿拉伯聯合酋長國和南韓已經試圖控制大片的蘇丹土地。除了他們以外，日本、卡達、沙烏地阿拉伯也加入購買或租用非洲農用地的行列。有一個南韓公司甚至試圖租用半個馬達加斯加。[27]

＊＊＊

有一個亞洲國家對食物的需求之大與其探求資源的能力恰成正比，這個國家是上述兩者的獨特結合，那就是中華人民共和國。中國是一個正在崛起的工業國家和輸出國，光靠自己的領土無法確保能維持該國人口視為理所當然的經濟繁榮所需的基本供給。在某些方面來說，中國所處的位置可能比一九三〇年代的德國還糟。其人均可耕地是全球平均人均可耕地的百分之四十，且每年減少約一百萬公頃。[28]中國人曾經經歷過大規模的饑荒。第二次世界大戰與接下來的內戰讓數百萬人挨餓。共產黨獲勝十年後，一九五八至六二年間毛澤東的大躍進所導致的饑荒又奪走了數千萬條人命。[29]

廿一世紀，生存空間一詞的兩個定義——舒適與生存——兩者之間的差距似乎很小。有數千萬今天在經濟上取得成功的中國人仍帶有族人死於饑饉的記憶。中國人可能會要愈來愈多的卡路里，因為富起來的中國人就像所有地方富起來的人一樣，都要求更大的食物保障，以及更多種多樣的食物。在革命期間餓死自己人口的中國共產黨至今仍統治著國家。由於黨要對過去的饑荒以及未來食物的充足負起責任，它對於食物的供給極為敏感，這從每當全球糧食供應似乎受到威脅時，中共就會以扭曲市場的程度購買農產品就可以看得出來。[30]鑑於財富持續增長，中國不太可能耗盡糧食。更有可能發生的事是對暫時性的焦慮做出過度反應，結果殃及中國以外的人口。無論中國人是否真的大規模地受到飢餓所威脅，維持國家昌盛的政治觀通常會傾向於在威脅出現時做出決定性的國際行動。[31]

面對未來的危機——也許是年復一年的乾旱——也許二〇三〇年代，北京的領導人會作出柏林的領導人在一九三〇年代作出的結論：讓出口部門蒸蒸日上的全球化現象必須伴隨著持續控制能保障糧食供給的生存空間。中國領導階層曾將非洲形容為包括食物在內的所需資源來源。在二〇〇三年蘇丹因氣候問題爆發內戰時，中國當局的作為顯示，在有利於其投資的情況下，他們可以站在大規模屠殺的那一邊。在蘇丹，乾旱將阿拉伯人趕往南邊進入非洲牧民的土地。蘇丹政府站在阿拉伯人這邊，開發出一套政策來殲滅扎加瓦人（Zaghawa）、馬瑟萊人（Masseleit）、富爾人（Fur）。而蘇丹政府的軍火就是來自中國和俄羅斯。[32]

中國也面臨著一個一九三〇年代所沒有面對過的問題——飲用水的短缺。氣候變遷似乎強化了水循環，帶來更多的乾旱與更多的水災。[33]濕潤的地方得到了更多水，乾燥的地方則得到更少的水。全球近百萬人連一天半加侖的水都喝不到，逾兩百萬人連衛生所需的每天五加侖水都得不到。[34]在廿一世紀，不是只有在中國人們會因為水而發生暴動，在保加利亞、印度、肯亞、巴基斯坦、索馬利亞、蘇丹也都發生過。[35]中國人平均只消耗掉全球人均使用淡水的三分之一，且其中許多來自因暖化而融化的冰河。在中國有一半的淡水以及百分之廿的地下水已經受到汙染，不能飲用。到了二〇三〇年，中國對水的需求可能會達到現在的供給量的兩倍。當然，隨著科技的進步，中國（或至少比較富有的中國人）很有可能能夠負擔海水淡化的費用。[36]

面對不穩定的水和食物的供給問題，也有可能出現不那麼平和的手段。中國與一個有著豐沛的水源供給的國家接壤，那就是俄羅斯聯邦。在中俄邊界靠中國的這一側，中國農民的耕作愈來愈頻繁，而俄羅斯農民則愈來愈少。在廿一世紀之初，北京在東俄羅斯投入的資本比莫斯科還多。隨著時間推進，也許北京會將目光投向西伯利亞的水源，就如同它現在已經在注目西伯利亞的天然氣和石油那樣。[37]北京在俄羅斯和在非洲所偏好的控制資源方法是簽訂對自身有利的合約。俄羅斯和非洲的領導人目前對這種形式的屈從還願意服從。中國對俄羅斯採行的方法目前在天然氣方面有所成效，也許在水源方面也會。[38]

但是隨著氣候變遷持續，無法預測的事件開始多起來之後，非洲和俄羅斯的土地可能就會看起來對非洲人和俄羅斯人他們自己更顯珍貴。在壓力之下，也許中國人會找出理由來合理化非洲人與俄羅斯人的窮困甚至死亡。又或許俄羅斯人和非洲人會找出理由來終結中國的全球化還有在這現象背後的人。[39]

上述這些中國的情況並非不可避免。中國的當務之急與戰間期的德國相仿，但中國的領導人並沒有像希特勒那麼不尋常地反對科學的解決方法。希特反對（最終解決了德國生態恐慌的）農業科學，而中國當局則資助可能可以減緩氣候變遷、食物和水資源問題的能源研究。北京方面在太陽能、風力、核分裂、核聚變等能源上進行投資，並且承諾要在二〇三〇年以前將溫室氣體排放減量到設定的目標。[40]因為中國是天然氣和石油的進口國而不是出口國，國內沒有反對替代性能源的聲浪。中國也是導致氣候變遷的國家之一；如果氣候變遷持續，可能會在非洲和俄羅斯涉入更深。同時，中國的工程師也在發展、實施減緩氣候變遷的科技解決方案，藉此減少未來發生上述衝突或者其他衝突的風險。

＊＊＊

相對地，廿一世紀的俄羅斯政府則是根據將碳氫化合物輸出到歐洲和中國的出口量來規劃預算，並把群眾的支持都押在這上面。[41]由於俄羅斯政府希望維持這些廣大的鄰國市場對天然氣和石油的需求，因此間接地把未來的希望放在碳汙染和氣候變遷上。也許與此相關的事，在俄羅斯的文化當中，災難來臨的感覺比在中國或西方都還要顯著。有天賦的俄羅斯思想家、小說家、藝術家、電影導演呈現出關於人類頹敗與墮落的各式各樣引人注目的意象。就像在一個世紀以前，當俄羅斯被革命與反革命所撕裂時，俄羅斯的政治階層在型塑與散布災難意識型態（catastrophist ideology）方面超過了任何一個鄰國。

在二〇一三年俄羅斯最新一輪的殖民主義中，俄國領導人和政治宣傳家想像烏克蘭人不存在，或者把他們形容成是次一等的俄羅斯人。俄國領導人把烏克蘭形容成一個沒有歷史、文化、語言的人造物，由某種猶太人、同性戀、歐洲人、美國人集結起來的全球性的集團所支撐，這種描繪的方式令人想起希特勒口中的烏克蘭人（和俄羅斯人）。在俄國對烏克蘭發動的戰爭中，這套修辭是用來在俄羅斯入侵、併吞克里米亞半島時合理化對半島附近黑海的天然氣田的占領。烏克蘭肥沃的黑土讓烏克蘭成為非常重要的糧食外銷國，而俄羅斯並不是糧食外銷國。[42]

俄國總統**普丁（Vladimir Putin）**發展出了一套族裔戰爭的外交政策教條。無論是希特勒加諸在捷克斯洛伐克上還是普丁加諸在烏克蘭上的這種由語言而侵略的論點破壞了主權和權利的邏輯，並為摧毀國家鋪路。[43]這把被承認的政體轉變為侵略的目標，把個人變成了族裔的客體，其利益被國外的力量決定。普丁也把自己置於歐洲的民粹派、法西斯派和新納粹勢力的領頭的位置。莫斯科方面不但支持那些把地球上的問題推諉給猶太人、並採取毀滅國家的手法的政治人物，也發明出新的全球性替罪羔羊——同性戀者。俄羅斯認為「同志遊說」（gay lobby）須為全球的頹敗負責，這種新的觀念並不比舊的納粹「猶太遊說」的概念更有意義，但這樣的意識型態現在卻在全球風行。[44]

如同俄羅斯所揭示的，二戰作為一個前車之鑑可以迅速轉變成可以啟示的先例。一九三九年，史達林與希特勒（亦即當時歐洲的極右翼）結盟，其邏輯是這麼做會讓歐洲自我毀滅。史達林設想德國和其西方的鄰國會彼此衝突，於是他們的力量將會消弭於無形。普丁似乎也在做類似的盤算。就如同一九三九年與希特勒的結盟是為了讓歐洲最激進的力量回過頭來打擊歐洲自身，俄羅斯對歐洲極右翼的支持也是為了瓦解廿一世紀初最平和、繁榮的秩序——歐盟。二〇一四、一五年，普丁重新恢復納粹德國與蘇聯之間簽訂的莫洛托夫—里賓特洛甫條約的精神，而正是這項協議開啟了第二次世界大戰，並為猶太大屠殺創造出許多先決條件。[45]

＊＊＊

非洲顯示出地方性的資源短缺之風險；中國點出全球強權與國家焦慮的問題；而俄國展示出可以讓一九三〇年代的實踐方案看起來像是正面的案例。國家的摧毀與建構全球公敵的風潮已經回到了歐洲，這得要大幅歸因於莫斯科。在中東，國家普遍來說偏弱，伊斯蘭基本教義派長久以來都將猶太人、美國人、歐洲人塑造成全球公敵。俄羅斯的反同性戀運動將歐美塑造成隱藏在國際同運背後的黑手，將目光對準穆斯林世界與國內的組成。

這些反全球思維的形式使得特定族群被視為全球現象禍根的可能性增加。在世上許多地方，由於氣候變遷的緣故，數億名穆斯林的生存機會面臨崩解，而這個現象卻找不到地方性的解釋。幾乎沒有造成氣候變遷的地方反而蒙受氣候變遷的打擊。由於海平面上升，孟加拉這個人口總數是美國一半的穆斯林國家屢屢受到暴風和洪水的重創。相反地，在利比亞，預計每年的旱季會從一百天延長到兩百天。埃及人仰賴的尼羅河到達開羅前會先經過四千英里的沙漠地帶。超出埃及人所能掌控的力量讓尼羅河可能有朝一日會枯竭。[46]

北非的穆斯林將反猶太主義的信念帶進歐洲已成既定事實。但要是這些北非、中東的穆斯林把環境災害怪到猶太人身上怎麼辦呢？在穆斯林、猶太、基督教傳統共享的文本《出埃及記》第四章第九節中，上帝警告道：「你就從河裡取些水，倒在旱地上，你從河裡取的水必在旱地上變作血。」在水源短缺時，以色列的居民、住在中東的猶太人可能背負著風險。之所以你爭我奪西岸、戈蘭高地的一個因素就是憂心水源的供給不足。以色列人在被占領的領土飲用地下水的含水。儘管以色列在軍事上和科技上有能力保護自己的人口免於承受氣候變遷的後果，但中東持續沙漠化可能會導致區域性衝突，並尋找替罪羔羊。一旦中東為了資源開戰，穆斯林可能會把地方性的問題和整體的生態危機怪罪到猶太人頭上；畢竟，這就是希特勒所採行的方法。以色列人自然而然也可能怪罪穆斯林，並把其盟友美國拉進一場更大的衝突當中。

* * *

各種傾向的猶太復國主義者都認為國家地位攸關民族未來的存亡，這點他們說對了。一九三〇年代歐洲諸國的覆滅是包括猶太大屠殺在內所有納粹主要犯罪行為的先決條件。多數中間派和左翼的復國主義者都認為可以透過國際法上的安排來成立一個以色列國。這點被證實是對的，但是是在猶太大屠殺的罪行發生之後。一九三〇年代，極右翼的修正復國主義者害怕災難降臨也是有所本，因而合理化了他們暗中與波蘭的合作。

自從一九七七年梅納赫姆·貝京在以色列掌權之後，國家恐怖主義愈來愈趨近於以色列民族迷思的中心位置。在伊爾貢和萊希的光榮敘事中往往略去波蘭的淵源不提。如果不將伊爾貢指揮官貝京和萊西的領導人亞伯拉罕·斯特恩、伊札克·沙米爾（Yitzhak Shamir）等人的波蘭背景列入考量，就沒有辦法理解他們的生涯。在貝京之後，沙米爾於一九八三至八四年擔任首相，然後八六至九二年間又再度出任。其他作戰同志與波蘭的clients也重新以握有權威的角色浮上檯面。曾經接受波蘭人恐怖主義策略訓練的埃利亞湖·梅里多爾（Eliahu Merido）被選進以色列國會達三次之多。也受過波蘭人訓練的Lankin擔任以色列駐南非大使。他們的政治傳統**利庫德**（**Likud**，譯按：以色列的右派世俗意識型態）是修正復國主義的延伸，一九三〇年代末在波蘭的保護之下興盛。隨著班傑明・納坦尼雅胡（**Benjamin Netanyahu**）的竄起，這層波蘭的淵源似乎可能斷絕，因為納坦尼亞胡是第一位出生在以色列的首相，也是第一位來自利庫德傳統但母語不是波蘭語的首相。納坦尼亞胡說的是美式英語，這與他自己的教育背景和以色列當前的地緣政治連結關係（affiliation）都相符。但即便如此，這裡與波蘭政策的聯繫仍然很強：在與波蘭合作的高峰期間，納坦尼亞胡的父親就是修正復國主義創始人雅博廷斯基的私人祕書。

波蘭在戰間期對修正復國主義支持與否的態度模稜兩可。其實美國內部對於要不要支持修正復國主義的繼任者所統治的以色列也抱持著類似的緊張態度。在一九三〇年代末，波蘭領導人和多數波蘭人都支持猶太復國主義，因為他們在經濟危機方殷之際希望猶太人能離開波蘭。廿一世紀初有些美國人支持以色列，是因為他們希望末世來臨時猶太人身在聖地。今日的美國跟一九三〇年代的波蘭類似，因為許多基督徒都積極支持復國主義，甚至比猶太人自身還要支持。有些以色列的美國政治盟友——福音派基督徒——傾向於否認氣候變遷的事實，並支持加速氣候變遷的**碳氫燃料**政策。在這些美國福音派當中有數百萬名的時代論者（dispensationalists），他們支持以色列的理由是相信在當地發生的災難預示著耶穌基督再臨。一九四〇年代時，時代論者堅稱猶太大屠殺是上帝的傑作，因為那迫使猶太人重新省視自己犯的錯誤並移居應許之地。儘管像這樣以末世論代替政治是少數的觀點，但將以色列國的政治歷史錯置偷換為末世的故事則在美國社會相當普遍。[47]

身為以色列首相的貝京自一九七七年起尋求與美國的福音派信徒結盟，這是在他與波蘭官員聯繫的四十年後。在一九三〇年代，像是貝京、斯特恩、沙米爾這樣的修正主義者就稱猶太人需要國家的保護。這樣的判斷完全正確。波蘭金主支持以色列國以試著緩和經濟危機和反猶主義。現在統治以色列的第二代修正復國主義者所面對的反諷更為惱人。有些他們在美國的金主所支持的政策會加速災難的到來，這會陷以色列國於危殆當中，而以色列的毀滅被他們視為世界獲得救贖的一個階段。國家狀態能保護猶太人這點，復國主義者的認知是對的，但他們的盟友也可能把以色列當成是達到其他目的的手段。[48]

＊＊＊

當美國人思及猶太大屠殺時，都理所當然地覺得自己永遠不會犯下這樣的罪行，畢竟美軍是站在第二次世界大戰正確的那一方。但史實則比這更加複雜。小羅斯福派遣去解放歐洲的軍隊內部也有種族的隔離。[49]反猶主義當時在美國也盛行。[50]美軍登陸諾曼地時，猶太大屠殺已大致結束。儘管美軍解放了一些集中營，他們並沒有到過任何主要的行刑場，也沒有見到過百座位在東線的殺人坑的任何一座。美國人對毛特豪森集中營守衛的審判如同英國人在伯根—貝爾森（Bergen-Belsen）的審判一樣，將戰前的公民身分重新套用在猶太人的受難者身上。[51]這會讓後來的世代輕忽一項基本的事實，那就是公民身分被拒絕（通常是由於國家被摧毀）才是讓猶太大屠殺得以發生的原因。

廿一世紀之初，盛行著一種對國家權威與大屠殺之間的關係的誤解，這潛藏在美國人對猶太大屠殺的迷思之下，那就是以為美國將那些被盛氣凌人的國家造成的種族屠殺中的人們拯救出來。這麼一想，國家的毀滅是與拯救而非風險聯繫在一起。可以肯定的是，美國在一九四五年德國與日本的政權覆滅中扮演了一定的角色。但美國也在重建國家結構中有所出力。二〇〇三年入侵伊拉克的其中一個錯誤就是相信政權的遞嬗一定是創造性的。其理論是毀滅國家及其統治菁英將會帶來自由與正義。實際上，美國非法入侵主權國家所導致的接下來一連串的事件，證明了人們還是沒有從二戰的歷史學到教訓。[52]

大規模的殺戮普遍發生在內戰期間或者政權更迭的時候。[53]這是納粹德國刻意為之的政策，以創造出毀滅國家的條件，並將其後果導向針對猶太人。在沒有這樣的惡意之下毀滅國家會製造出比較傳統的災難。入侵伊拉克殺死的人數至少與此前的伊拉克政權一樣多，讓伊拉克執政黨的成員暴露在宗教清洗（religious cleansing）之下，並為整個國家的混亂狀態鋪路。

美國人常犯的錯誤就是認為自由等於國家威權的缺席。這種錯誤的認知將我們帶回到一九三〇年代的德國和奧地利。

＊＊＊

關於納粹德國的主導的刻板印象是：有一個無所不能的國家，將自己的公民中一種人全體歸檔、壓迫、然後滅絕。但這並非納粹達成猶太大屠殺的方式，甚至也不是他們對這件事的認知方式。猶太大屠殺受難者當中絕大多數都不是德國公民；是德國公民的猶太人倖存的機率遠比那些被德國摧毀的國家的猶太公民來得大。納粹知道他們必須去到國外，踐踏鄰國的社會，才能將他們的革命帶回到自己的國度。要是希特勒於一九三九年遭到（幾乎要成功了的）謀殺，今天對納粹德國的記憶就只不過是許多法西斯主義國家當中的一個。不只是猶太大屠殺，所有德國犯下的主要罪行都發生在國家體制已經被摧毀、瓦解或者大幅妥協的地帶。德國人殺了五百五十萬名猶太人、逾三百萬蘇聯戰俘、以及約一百萬（以反游擊隊行動之名殺的）公民，這些都發生在無國家狀態的地帶。[54]

由於猶太大屠殺是近代史上的軸心事件，對事件的誤解會讓我們朝向錯誤的方向去思考。一旦猶太大屠殺被歸咎於現代國家，弱化國家威權就好像有所助益。對政治右翼來說，國家權力被國際資本主義所侵蝕似乎是自然而然的事；對政治左翼而言，群龍無首的革命將自命為有道德的革命。在廿一世紀，無政府狀態的示威抗議運動與全球的寡頭政治參與在一場友善的打打鬧鬧，在這打鬧當中沒有人會真的受傷，因為雙方都把國家當成了真正的敵人。比起秩序的毀滅或者秩序的缺席，左右翼雙方都更害怕秩序本身。後現代性是共同的意識型態反應方式：要小不要大、要碎片不要結構、要管窺不要全景、要感受不要事實。對左右翼雙方來說，後現代對於大屠殺的解釋方是傾向於依循德國和奧地利一九三〇年代的傳統。結果他們所製造出的錯誤只會讓未來的犯罪行為變得更為可能（而不是更不可能）發生。

在左翼這邊，猶太大屠殺的主流詮釋可以說是法蘭克福學派（Frankfurt School）。這個學派的成員多是移居到美國的德國猶太人，他們將納粹國家描繪成發展過度的現代性之表現。阿多諾（Theodor Adorno）與霍克海默（Max Horkheimer）頗具影響力的《啟蒙的辯證》（*Dialectic of Enlightenment*）開頭的假設（和希特勒一樣）是「資產階級文明」即將崩毀。他們將科學方法化約為實踐上的統治，（和希特勒一樣）未能把握科學調查的反身性與其無法預估的特質。希特勒將猶太人描繪為偽普遍主義（bogus universalisms）的創造者，這種偽普遍主義是猶太人統治的表象；阿多諾與霍克海默則反對所有的普遍主義，因為所有的普遍主義都是統治。他們稱以理性來指導政治本身就內含著對變異的不夠包容，而猶太屠殺只是其中一個例子。這個錯誤的判斷的影響之深之廣難以估量。希特勒並不是啟蒙的支持者，而是啟蒙的敵人。他並不擁護科學，而是將自然與政治混為一談。[55]

右翼對猶太大屠殺的主流解釋可以稱之為維也納學派（Vienna School）。奧地利經濟學家海耶克

（Friedrich von Hayek）的追隨者宣稱是不可一世的福利國家導致了國家社會主義，因此開出了放鬆管制（deregulation）和私有化（privatization）作為政治性的惡的解藥。這種敘事是很方便的敘事，但在歷史來講卻說不通。從來沒有一個打造出社會福利制度的民主國家因為該制度而向法西斯主義（或共產主義）低頭。在中歐所發生的恰好相反。希特勒上位時正值經濟大蕭條期間，而經濟大蕭條之所以散布到全球正是因為各國政府還不知道怎麼介入經濟週期。海耶克的家鄉奧地利根據當時的自由市場正統實施資本主義，下場是經濟衰退極其嚴重，而且似乎永無止境。奧地利猶太人受到壓迫的起始點不是國家的成長，而是國家於一九三八年的瓦解。[56]

倡議自由市場的人所預見的理想資本主義仰賴於社會的美德（social virtues）和睿智的政策，這些並非由資本主義自身所產生出來的。在猶太大屠殺期間，由德國的政策所產生出來、並且由猶太人和他們的拯救者所經驗到的特殊資本主義形式當中，所有的交易都仰賴於個人之間的信任，在這樣的交易安排當中，對方也有可能會背信或甚至殺人。在海耶克自己也反對的某種極端市場烏托邦主義中，維也納學派與艾茵．蘭德（Ayn Rand）的思想合為一體。她認為競爭就是生命的意義本身[57]；希特勒也說過幾乎相同的話。雖然這樣的化約論相當誘人，卻也相當致命。如果除了競爭之外什麼都不重要的話，那麼淘汰抗拒競爭的人以及防止競爭的體制也就變得再自然也不過。對希特勒來說，那些人就是猶太人，那些體制就是國家。

如同所有的經濟學家都知道的，市場並不能在宏觀層次或微觀層次上完美運作。在宏觀的層次上，不受管制的資本主義受制於經濟週期的極端情況。理論上，市場總是能從經濟蕭條中復原；但實際上，經濟崩盤所導致的苦難可能在復原之前就已產生深遠的政治性後果，包括資本主義自身的終結。在微觀層次上，公司在理論上可以產生出他們自身不予以補救的外部支出。這種外部性的經典案例就是汙染，汙染不會為生產者帶來花費，但卻會損及他人。[58]

政府可以為汙染訂下成本，將外部性給內部化，以便減少不想要的後果。要將造成氣候變遷的碳汙染成本內部化的方法很簡單。要反對這樣的作法並宣稱這樣的作法是反資本主義的，得要找出一種教條，這個教條仰賴於市場，而最終也會保存市場。在美國的世俗右翼組織，有些支持市場完全不受約束的人已經找到了這樣的教條：那就是宣稱科學不過是政治。由於氣候變遷的科學很明確，有些美國的保守派和自由意志派（libertarian）便否認科學自身的有效性，將其科學上的發現都描繪成老謀深算的政客的把戲。像這樣將科學和政治混為一談很可能是危險的。

雖然沒有美國人會否認坦克車在沙漠中能夠運行，但有些美國人的確會否認沙漠正在擴大。雖然沒有美國人會否認彈道學（ballistics），但有些美國人會否認氣候變遷。希特勒否認科學可以解決基本的營養問題，但卻認為科技可以贏得更多的領土。[59]這樣說來，等待研究成果是毫無意義的，必須立即採取軍事行動的這種想法也就不足為奇。以氣候變遷的案例來說，否定科學同樣也合理化軍事行動而非投資在科技發展上。[60]要是人們自己不為氣候問題負責，他們就會將氣候問題造成的災害責任轉嫁到其他人的身上。只要否定氣候問題阻礙了科技的發展，就可能加速真正的災害，而災害又進而可能讓災難性的思考（catastrophic thinking）變得更為可信，加速政治變成生態恐慌的惡性循環。

自由市場是自然的這種流行的概念本身也是將科學與政治混為一談的結果。市場並非自然的；市場仰賴於自然。[61]氣候並不是可以拿來交易的商品，而是經濟活動可以成立的先決條件。以少數人能牟利為名就毀滅全世界的「權利」本身就揭露了嚴重的概念性問題。權利意味著拘束。每個人都是自身的目的；一個人的重要性並非取決於其他人想從他或她身上取得的東西。個人有權利不要自己的家園被定義成棲息地。他們有權利不要讓自己的政體被摧毀。

當國家不在場時，權利——無論是哪種定義下的權利——都不可能維繫。國家並不是理所當然存在的結構，也不是應當被剝削、被拋棄的結構，而是一個漫長、寂靜的努力下的結果。無論是像右翼般興高采烈地將國家分割成碎片，或是像左翼般意味深長地窺視國家的碎片，都極為誘人，但卻危險重重。政治思想不是毀滅，也不是批判，而是由歷史所啟迪的多重結構的想像——是一種當下的勞動，可以用來保存未來的生命和尊嚴。政治與科學之間的多重性也是一種多重性。肯定政治與科學之間不同的目的讓思考權利和思考國家成為可能；將他們混為一談則是朝向諸如國家社會主義這樣的總體意識型態邁進一步。另一種多重性是秩序與自由之間的多重性：儘管秩序與自由並不相同，但它們仰賴彼此。宣稱秩序即自由、自由即秩序終將走向暴政。宣稱自由就是沒有秩序則終將走向無政府狀態——那也不過是一種特殊形式的暴政。政治的要點在於保存多重的、不相化約的要素處於相互競合的狀態，而不是向某種總體的迷夢（無論是不是納粹）屈服。[62]

＊＊＊

古斯塔夫．赫林—格魯金斯基在史達林的古拉格中服役時，他的兄弟正在庇護猶太人。他寫道：「人唯有處在人性條件下才能當人。」國家的目的就是在於保存這些條件，這樣一來，其公民才不需要將個人的生存當作自己的目標。國家應當認可權利、背書權利、保護權利，這意味著創造出權利可以被認可、背書、保護的條件。國家的存續是為了創造出一種經久不衰的感覺。[63]

因此，最後一種多重性與時間有關。當我們缺乏對過去與未來的感知時，現在感覺起來就搖搖欲墜，不具行動基礎。如果沒有人從過去學到教訓或者相信未來，就不可能保衛國家和權利。對歷史的意識讓人可以認知到意識型態的陷阱，並可以讓人對「由於所有的事情都倏忽轉變了，因而必須採取即時行動」的這種要求抱持懷疑的態度。對未來抱持信心，可以讓世界看起來不僅只是希特勒所說的「某個精確測量出的空間的地表」。時間這個第四維度可以讓空間的三維顯得不那麼幽閉恐懼（claustrophobic）。對經久不衰的信賴是恐慌的解藥，是煽動言論的補品。未來感必須從我們對過去的了解中在現在創造出來，第四維度必須從日常生活的三個維度中打造出來。

以氣候變遷的案例來說，我們知道國家可以怎麼馴服恐慌，並與時間好好打交道。我們知道從植物身上汲取養分比從動物身上汲取養分更簡單，花費也更少。我們知道農業生產力持續在進步，且海水淡化是可能的。我們知道能源使用的成效是減少溫室氣體排放最簡單的方法。我們知道政府可以對碳汙染徵收費用，可以對彼此承諾減少未來的碳排放，並對彼此的承諾加以審查。我們也知道政府可以刺激發展適當的能源科技。太陽能與風力能源愈來愈便宜。聚變、裂變、潮汐發電以及非作物生物燃料（non-crop-based biofuels）為新的能源經濟帶來希望。最終我們會需要從大氣層貯存二氧化碳的技術。以上種種都不是癡人說夢，是真的可以達成的。[64]

國家應當要投資在科學上，才能冷靜地考量未來。只要研究過去就能指出為何這是一條明智的道路。時間支持思想，思想支持時間；結構支持多重性，多重性支持結構。這條理路並不比等待一場大災難或者夢想個人的得救來得更輝煌。有效預防大規模的殺害是要一點一滴增加的，有賴在背後貢獻的無名英雄。沒有任何經久不衰的國家概念可以與總體性的幻象競爭。沒有任何綠色政治（green politics）能比在黑土上拋灑紅血更刺激。但反對惡所需要的靈感應當要是健全的，而不必然是能獲得最多迴響的。自然和政治、秩序與自由、過去與未來的這幾組多重性都沒有上個世紀的集權主義烏托邦那樣醉人。以上這幾組的交融作為意象甚是美麗，但作為邏輯是循環論證，作為政治則是暴政。要想對付那些對於總體性的追求，遁入無政府狀態並非解藥；無政府狀態不是總體性的敵人，而是總體性的同路人。真正的解答應該是有思維的、多重的體制：不斷地付出勞力以創造出有所差異的造物。這攸關想像力、成熟度以及生存性。

我們都和希特勒分享著同一個星球，也分享著許多他的執迷；我們真正改變的比我們所以為的還要少。我們喜歡我們的生存空間。我們幻想著摧毀政府。我們貶抑科學。我們夢想著災難將至。如果我們認為自己是某種星球性的陰謀的受害者，那麼我們就朝向希特勒更趨近了一步。如果我們相信大屠殺是猶太人、德國人、波蘭人、立陶宛人、烏克蘭人或任何其他人的與生俱來的特質所導致的結果，那我們就朝向希特勒的世界靠近了一步。

＊＊＊

了解猶太大屠殺是我們保全人類的機會——也許是我們的最後一次機會。這對大屠殺的受難者遠遠不夠。累積再多的善都無法抹消惡；無論拯救未來再怎麼成功都無法抹消過去的殺戮。或許拯救一條性命就是拯救世界是真的，但這句話的反面則否：拯救全世界也不能換回一條失去的生命。[65]

那個男童在維也納的家譜就像所有出世或未及出世的猶太孩童家譜一樣，根基已經被刨除：「我乃一株根莖，亦曾為花朵／我的庇蔭在一片黯淡之下／根基刨盡／奪命鋸在遠方哀鳴。」加諸在猶太男女老幼身上的惡沒有辦法抹消，但是可以記載下來，可以被理解。誠然，這應該要被理解，將來才能避免重蹈覆轍。

這對我們以及那些繼之而來的人而言，應已足矣。

他們支持不受規範的資本主義的同時，許多創世論者卻都套用社會達爾文主義的概念到其他的人類身上。人類有權宰制世界，而更有競爭力的人類則有權宰制較無競爭力的人類。這是將科學與政治混淆的又一例。

59. *Hitler and His Generals*, 62.　見Thomä, "Sein und Zeit im Rückblick," 285；Genette, *Figures I*, 101；Robbe-Grillet, *Pour un nouveau roman*, 133.

60. 否認氣候科學對於美國的海軍會造成嚴重的問題，因為海軍面對的是基地可能被淹沒的問題，以及要競爭北極圈融化的水源。見*Christian Science Monitor*, 2 March 2010.

61. Bloom, *Closing*, 84；Bauman, *Modernity*, 235. 參閱Moses, "Gespräch." 論證到此，筆者已經是在展示概念之間彼此的關係，而不是在探詢歷史上的關係。參閱Moyn, *Last Utopia*, 82–83.

62. 納粹德國主要殺害的對象是其他國家的公民。那麼對自己的公民進行大規模殺害的國家呢？廿世紀最駭人聽聞的三個案例——中共、蘇聯、波布（Pol Pot）統治下的柬埔寨——都是黨國體制。在黨國體制中，意識型態上和實踐上都要求國家體制次於黨的體制，且國家的合法性完全被黨領導人所提出在意識型態上集體的未來訴求所削減。這些歷史與納粹德國及其鄰邦所走的軌跡不同，但在一方面提供的是同樣的教訓：在庸常的保守意義下，國家作為權力壟斷者以及義務和權利的對象的重要性。這個主題廣泛，需要另外為文討論；某些相關議題在筆者的*Bloodlands*中已經提出。

63. Herling, *World Apart*, 132.

64. 只有國家可以創造出能讓科學家、工程師發展出有成果的科技的結構。個人也許會依市場的誘因來發展聚變物和其他的科技，但這也是只有在國家模塑出這些誘因的情況下才行。由一個國家或許多國家做出的簡單決定就可以改變心態，讓人們對未來的信心更加深化。

65. 在實踐上關於救援的困境，個案研究見Power, *Problem from Hell*.

151, 170；Weber, *On the Road to Armageddon*, 191. 有關對於氣候變遷的態度見Smith and Leiserowitz, "American Evangelicals," 4以及筆者與Anthony Leiserowitz於二〇一三年八月廿六日的私人通訊。

48. Weber, *On the Road to Armageddon*, 148；Clark, *Allies for Armageddon*, 190, 229.
49. 對羅斯福的評價見Breitman and Lichtman, *FDR*, 315–30.
50. 戰爭期間的反猶太主義見Abzug, *America Views the Holocaust*, 87–92, 99–103, and passim.
51. 毛特豪森審判見Jardim, *Mauthausen Trial*, 123, 144, 189, 210. 伯根－貝爾森審判見Damplo, "Prosecuting," 24.
52. 從Collier's *Bottom Billion*, especially at 126可以延伸出一個結論，與其說軍事干預是為了讓國家垮臺，不如說在國家失敗後軍事干預更行得通。
53. Goldsmith and Semenovich, "Political Instability," 10.
54. 參閱Arendt, *Origins*, 310. 筆者在*Bloodlands*討論過這些政策。
55. Horkheimer and Adorno, *Dialektik der Aufklärung*, especially 212, 217；引言見頁1, 15. 亦見Horkheimer, *Eclipse of Reason*, 176–77.（形式不那麼激進的）同樣的錯誤可見於諾伊曼（Franz Neumann）給戰略情報局（OSS，譯按：Office of Strategic Services）提交的報告。見*Secret Reports*, 28, 30. 另見Habermas, *Der philosophische Diskurs der Moderne*, 135, 138；Kołakowski, *Main Currents*, 347；Zehnpfennig, *Hitlers Mein Kampf*, 129.
56. 更詳盡的討論見Judt and Snyder, *Thinking*.
57. Burns, *Goddess*, 175.
58. 見Powell, *Inquisition*, 63, 98, and passim；Oreskes and Conway, *Merchants of Doubt*, 169–215；*Economist*, 15 February 2012；Tollefson, "Sceptic," 441. 二〇一一年，化石燃料工業為了造成的麻煩斥資約三百萬美元。見Silver, *Signal*, 380. 另見Farley, "Petroleum and Propaganda," 40–49. 亦見Union of Concerned Scientists, "Got Science?," 18 October 2012以及Weart, "Denial," 46, 48. 資本主義肯定將氣候變遷的資料登記在案。保險公司保留了精確的暴風資料，並以此對水災的保險設限。見Parker, *Global Crisis*, 691–92. 在某些方面，自由意志右派（libertarian Right）的錯誤也在基督教右派（Christian Right）的一些成員那裡聽見了迴響。創世論者（Creationists）反對幾個世代的科學家擴充的達爾文理論關於非人類的動物的說法，反而使用「科學」一詞來描繪上帝所創造出的靜止不變的自然秩序。這又是一種將科學與政治混為一談的說法。在

28. Diamond, *Collapse*, 362–65. Moyo, *Winner Take All*, 29.
29. Dikötter, *Mao's Great Famine*；Yang, *Calamity and Reform*, 21–42.
30. Ziegler, *Betting on Famine*, 41.
31. 如同二〇一〇年乾旱時的反應一樣，見Sternberg, "Chinese Drought," 8.
32. 關於蘇丹見Reeves, *Dying*, 3. 有關中方的介入見Doriye, "Next stage," 25；King, "Factoring Environmental Security," 151. 亦見Zafar, "Growing Relationship," 119.
33. Stern, *Economics of Climate Change*, 70, 74.
34. Sullivan, "National Security," 15–16.
35. 到了二〇五〇年會發生普遍的危機。當下的短缺和暴動見Solomon, *Water*, 368, 370, 371.
36. King, "Factoring Environmental Security," 104；Moyo, *Winner Take All*, 41；Stern, *Economics of Climate Change*, 78；Solomon, *Water*, 440.
37. Blank, "Dead End"；Kaczmarski, "Domestic Sources"；Lotspeich, "Economic Integration."
38. Eder, *China-Russia*, 130–131.
39. 二〇〇七年在中國低海拔沿海地區人口約是總人口數的百分之十一；如果二〇一五年仍維持這個百分比，人口數大約是一百四十九萬。俄羅斯總人口約一百四十五萬。見McGranahan, Balk, and Anderson, "Rising Tide," 26.
40. *New York Times*, 11 November 2014.
41. Gustafson, *Wheel of Fortune*, 1, 5.
42. 地圖見*Novorossiia*報紙，例見1 August 2014.
43. 俄羅斯於二〇一三、一四年對烏克蘭的政策編年，見筆者四十餘篇英、法、德語文章，收錄在timothysnyder.org 。烏克蘭語、俄文的翻譯參見參考書目。
44. 見Riabov and Riabova, "Decline of Gayropa?"
45. 筆者在上述提及的許多出版品以及*Frankfurter Allgemeine Zeitung* of 15 December 2014中討論過這個關聯。許多根本性的關聯徵引自Anton Shekhovtsov一系列的重要評論。
46. 有關貧窮見Xenopoulos, "Scenarios," 1562. 參閱Gerlach, *Extremely Violent Societies*, 263. 埃及和利比亞的部分見King, "Factoring Environmental Security," 99, 100, 117, 359；Klare, "Climate Change Battlefields," 358–59. 旱災見Femia, "Climate Change," 31. 伊斯蘭國和水源見*New York Times*, 14 October 2014.
47. Spector, *Evangelicals and Israel*, 187–88；Clark, *Allies for Armageddon*, 5,

毀濕地加速了這種暖化現象，因為植物能吸收二氧化碳、釋出氧氣。大量的全球資料顯示地球表面、地球表面的空氣、大氣層、海洋表面的年度最低氣溫都在逐年增加。因果關係見Maslin, *Global Warming*, 1, 4, 57. 氣溫與因果關係見Alexander, "Global Observed Changes," 31；Rohde, "A New Estimate," 22；Rohde, "Averaging Process," 1；Zhang, "Detection of Human Influence," 461. 保守的估計見Rahmsdorf, "Comparing Climate Projections," 1；*Economist*, 22 September 2012；*Guardian*, 27 November 2012. 非線性效應見Maslin, *Global Warming*, 112, 116；Mitchell, "Extreme Events," 2217；Latif, "El Niño," 20853. 有關物種的部分見Maslin, *Global Warming*, 99; 亦見 Clarke, "From Genes to Ecosystems," 6.

15. 有關區域主義的基本論點見Pitman, Arneth, and Ganzeveld, "Regionalizing," 332.
16. Cayan, "Climate Change Projections," S71；Helmuth, "Hidden Signals," 191；Rahmsdorf, "Comparing Climate Projections," 1.
17. Tebaldi, "Modelling Sea Level Rise," 1. 關於早期的氣候變遷，Parker, *Global Crisis*是極為令人驚豔的作品。
18. 參閱Tooze, *Wages of Destruction*, 477, 544, 549. 如同Mount所指出，現實主義的國際政治理論必須為我們現實的星球的現實改變負責，見"Arctic Wake-up Call," 10.
19. Trentmann, "Coping with Shortage," 15, 22, and passim；Federico, "Natura Non Fecit Saltus," 23. 受到影響最鉅的部分見Brown and Crawford, "Climate Change," 2. 足以鑑往知來的是Kiernan提醒我們，歷史上所有的大規模殺害都或多或少與土地的價值有關聯。見氏著*Blood and Soil*, especially chap. 4.
20. *New York Times*, 14 December 1989. Campbell, "Population Pressure," 2.
21. Newbury, "Background," 13.
22. Rose, "Land and Genocide," 64.
23. Stanton, "Could the Rwandan," 211–15；Hintjens, "Explaining," 249, 261, 270. Sémelin, *Purifier*, 314.
24. Straus, "How Many Perpetrators," 86–87.
25. Moyo, *Winner Take All*, 32–33；*Economist*, 21 May 2009；Brautigam, "Land Rights"；Horta, "Zambezi Valley."
26. *Economist*, 4 September 2013.
27. Ziegler, *Betting on Famine*, 200.

374.

2. Bartoszewski and Lewinówna, *Ten jest*, 487.
3. Grossman, *Life and Fate*, 409. 他接著說道：「善念唯有在沒有權力的時候才特別有力。」見Monroe, *Compassion*, 258.
4. 比較Bauer, *The Death of the Shtetl*, 97.
5. 希特勒是為邊疆的時代所形塑，但並沒有參與其中，見Webb, *Great Frontier*, 280. 就連德國戰勝赫勒婁族（Herero，譯按：十九世紀末起德國殖民的南非族裔）都有一部分是因為牲口傳播的疾病。見Levene, *Rise*, 247.
6. 某些歷史書寫形式讓人可以遁入過去的情緒性信念（emotional convictions）或者躲進新發現的目的論上的寬慰（teleological comfort）；在方法論的層次上，我反對這些書寫形式。雖說如此，但就手段與經驗之間的關係這種實質的議題而言，我贊同康德主義者，反對海德格。對此關鍵的論辯更詳盡的歷史考察見Gordon, *Continental Divide*，與本研究最相關的部分見頁15, 17, 31, 35, 217, 220, 225, 238.
7. 糧食價格見Evenson, "Economic Consequences," 473. 亦見Federico, "Natura Non Fecit Saltus," 24. 關於這些方面進步的歷程見Olmstead and Rhode, *Creating Abundance*, especially 64–66 and 388–98.
8. Mazower, *Hitler's Empire*, 594. 參閱Maier, *Unmasterable Past*, 7：「可以說〔德意志〕聯邦共和國將近四十年以來只靠麵包維生。」亦見Bartov, *Mirrors of Destruction*, 167：「研究猶太大屠殺是避免將之神祕化的最佳方法。」關於一九五〇年代特定的研究見Federico, "Natura Non Fecit Saltus," 21.「卡路里」一詞在西方幾乎總是代表人們吸收太多的東西，但在一九三〇年代，一般人和規劃方案的人員計算卡路里是為了確保一家有生存所需足夠的卡路里，或者勞動男女、牲畜吸收足夠的卡路里以推動經濟。
9. Aliyu, "Agricultural Development."
10. Denison, *Darwinian Agriculture*, 11.
11. Moyo, *Winner Take All*, 109.
12. 當然，光是剝奪食物就已經夠糟了；在今天，世界上每五秒就有一名孩童餓死。見Ziegler, *Betting on Famine*, xiii.
13. 參閱Gumbrecht, *Nach 1945*, 245, 264, 305. 亦見Rousso, *La dernière catastrophe*；Berger, *After the End*.
14. 內燃機與工廠製造出將太陽的熱困在大氣層的氣體。持續性的砍伐樹林、摧

35. FVA, 3268. 參閱Fogelman, *Conscience*, xvi, 6.
36. MJH, 1984.T. 137.
37. Wette, *Feldwebel*, 25, 27，書信部分見頁121.
38. Bartoszewski and Lewinówna, *Ten jest*, 300, 330.
39. Zboromiski: YIVO, RG 104/MK538/1066.
40. "Mam już taki charakter." Bartoszewski and Lewinówna, *Ten jest*, 318.
41. Silberman, "Jan Lipke," 100.
42. USHMM, RG-68.102M/2007.372/21/165–205.
43. MJH, 1987.T.65.
44. 這確認了Monroe, *Compassion*, 221以及de Jong, *Netherlands and Nazi Germany*, 21當中所發現的情形。參閱Arendt: "only 'exceptions' could be expected to act 'normally.'" *Eichmann*, 26. [可否請編輯/校稿對照本書中譯版？]
45. 若有農民比平常稍微更好賭，也有可能被認為是從猶太人身上拿了錢。見Good, "Yerushalayim," 38.
46. USHMM, RG-31.049.01.
47. Rączy, *Pomóc Polaków*, 282.
48. USHMM, RG-68.102M/2007.372/29/2027–164.
49. USHMM, RG-68.102M/2007.372/16/150–63.
50. YIVO, RG 104/MK538/1053.
51. *Polish-Jewish Relations*, 226.
52. 有關金錢與風險的議題亦見Blanche C. and Liubov Svershinskaia的回憶，分別見於FVA, 262以及USHMM, RG38/49/70。另見Tec, *When Light*, 88.
53. 參閱Gross, *Golden Harvest*, 81.
54. Ringelblum, *Polish-Jewish Relations*, 77, 121；Grabowski, *Judenjagd*, 136；Good, "Yerushalayim," 18.
55. Jadwiga Biskupska 一篇關於Teresa Prekerowa 的文章引導我到這樣的闡發。類似的結論也見於Tec, *When Light*, 154；Oliner, *Altruistic Personality*, 6；Fogelman, *Conscience*, 58. 有一名自身在孩提時代就曾經被救援過的史學家曾經做過一份深刻的研究，也導引到同樣的方向，見Redlich, *Together and Apart*.

結論

1. 華沙起碼有一萬五千名猶太人從來沒有進入猶太區。見Kermish, "Activities,"

13. USHMM, RG-68.102M/2007.372/21/206–47.
14. 參閱Engelking, *Losy Żydów*, 117.
15. ŻIH, 301/2750.
16. 關於戰前的沃姆扎見Gnatowski, "Niepokorni," 156–57.
17. ŻIH, 301/1272.
18. ŻIH, 301/2739. 有關相互競爭人馬的問題見TsDAVO, 3833/1/87；AW II/1321/2K; AW II/1328/2K.
19. 見FVA, T-1645.
20. 蘇聯賡續烏克蘭民族主義者計畫的部分見Snyder, *Reconstruction of Nations*, chaps. 8–10.
21. 有關烏克蘭反抗軍的起源以及其大規模殺害波蘭人的行動，見Snyder, "Origins"以及Motyka, *Od rzezi*. 有充足的一手材料證明其動機，例見TsDAVO, 3833/1/86/19–20; TsDAVO, 3833/1/131/13–14. 蘇聯的審訊條例提供了正面的證據，例見Protokol Doprosa, I. I. Iavorskii, 14 April 1944, GARF, fond R-9478, opis 1, delo 398.
22. ŻIH, 301/2739；Siemaszko and Siemaszko, *Ludobójstwo*, 280. 關於現已不存在的沃洛諾卡鎮的更多資訊見http://wolyn.ovh.org. 這些分別的片刻是一個痛徹心扉的主題，在資料來源當中特別顯著。見Shore, *Taste of Ashes*. 有時人們出於對他們所救援出來的孩子的愛，使他們鼓勵他們離開，這就和他們最初之所以救他們是出於同樣的道德本能。但有時他們事後會追悔不已。
23. ŻIH, 301/3598.
24. ŻIH, 301/451.
25. ŻIH, 301/946.
26. 見Fogelman, *Conscience*, 73, 140.
27. ŻIH, 301/6035.
28. 見ŻIH, 301/2514; 301/2515; 301/4362.
29. ŻIH, 301/6335.
30. ŻIH, 301/1263.
31. ŻIH, 301/2270.
32. Cobel-Tokarska, *Bezludna wyspa*, 76.
33. FVA, 1065.
34. YIVO, RG 104/MK536/1064, Bronisława Znider.

"Protestantismes minoritaires," 446.
52. Ringelblum, *Polish-Jewish Relations*, 242.
53. 對此議題詳細的重審見Connelly, *From Enemy to Brother*.
54. Confino, *World Without Jews*, 198.
55. ŻIH, 301/2502, Wala Kuźniecow.
56. YIVO, Hirshant Papers, 3/206.
57. Ringelblum, *Polish-Jewish Relations*, 226.
58. 這則記述整理自ŻIH, 301/3726 (also classified as ŻIH, 301/2827) 及FVA, 1834；引言出自前者。
59. Motyka, *Cień Kłyma Sawura*, 86.
60. YIVO, Hirshant Papers, 3/206.
61. Rączy, *Pomóc Polaków*, 253, 100.

第十二章

1. Tomkiewicz, *Zbrodnia w Ponarach*, 203. Vova Gdud也以同樣的方式在波納利森林倖存了下來。他敲的第一間木屋就願意予以協助。見Good, "Yerushalayim," 17–18.
2. 屢次遭拒的一個很典型的紀錄可見於Pese KharzhevskiZlotnik, "Di Kristlekhe 'hilf' far di Kolbutsker yidn," in Yasni, *Sefer Klobutsk*, 247–49.
3. YIVO, RG 104/MK547/7/200, Zelda Machlowicz-Hinenberg.
4. YIVO, RG 104/II/5, Alicja Gornowski.
5. Rubenstein and Altman, *Unknown Black Book*, 60–61. 另見Fogelman, *Conscience*, 260. 當然，能提供救援結構（structure for rescue）的情愛關係也可以是同性戀關係，例如有一名波蘭羅馬天主教神父和他烏克蘭籍的伴侶救了一名猶太人。見Paulsson, *Secret City*, 44.
6. ŻIH, 301/1959.
7. YIVO, RG 104/MK538/1072.
8. ŻIH, 301/2259.
9. ŻIH, 301/1468.
10. ŻIH, 301/2877.
11. 見Blatman, *Death Marches*.
12. 這個案例見於Ostałowka, *Farby wodne*.

33. Tec, *Defiance*, 5, 40, 63, 80, 110, 145, 185, 208.
34. Libionka, "ZWZ-AK," 112.
35. Slepyan, *Stalin's Guerrillas*, 210.
36. Petrow, *Psy Stalina*, 223.
37. Gurianov, "Obzor," 205.
38. 這方面的調查見Simons, *Eastern Europe*以及Applebaum, *Iron Curtain*.
39. Skarga, *Penser*, 28.
40. 終戰時的雙重協力見Skibińska, "Self-Portrait," 459；Grabowski, *Judenjagd*, 93, 109；Gross, *Sąsiedzi*, 115.
41. 對這些詮釋有所啟迪的文章可見Abrams, "Second World War" 以及Gross, "Social Consequences."
42. 關於蘇聯和波蘭共產主義對猶太大屠殺的態度見Kostyrchenko, *Gosudarstvennyi antisemitizm*；Brandenberger, "Last Crime"；Szaynok, *Polska a Izrael*；Shore, "Język." 更詳盡的討論見Snyder, *Bloodlands*, chap. 11.
43. 這個論點來自Ginor and Remez, "Casualty."
44. 最新的證據來自Matz, "Cables in Cipher."
45. 細節見Hentosh, "Pro vstavlennia," 318–25以及Motyka, *Cień Kłyma Sawura*, 80–82；這方面最出色的研究是Himka, "Metropolitan Andrei Sheptytsky." 被救援的孩童的經歷見Rotfeld, *W cieniu*, 53–54, 88; Kahane, *Lvov Ghetto Diary*, 118–55; Lewin, *Przeżyłem*, 155–59.
46. 東儀天主教會的源起見Gudziak, *Crisis and Reform*, 209–22 and passim；Koialovich, *Tserkovnaia uniia*, 1:166–68 and passim.
47. 見Snyder, *Reconstruction*, chap. 3；Snyder, *Red Prince*, chap. 3；Himka, *Religion and Nationality*；Jobst, *Zwischen Nationalismus und Internationalismus*.
48. 這個論點見於Braun and Tammes, "Religious Deviance," 3, 11；Cabanel, "Protestantismes minoritaires," 455. 有關德國的部分見Ericksen, *Complicity*, 95 and passim.
49. 著名的例子是利尼翁河畔勒尚邦（Le Chambonsur-Lignon），見Sémelin, *Persécutions*, 717–37.
50. Spektor, "Zydzi wołyńscy," 577；Spector, "Holocaust," 243; ŻIH, 301/397, Jakub and Esia Zybelberg, Hersz and Doba Mełamud. 另見*Sefer Lutsk*中Fanye Pasht的證詞。
51. ŻIH, 301/1011；亦見Siemaszko and Siemaszko, *Ludobójstwo*, 793. 參閱Cabanel,

10. FVA, 414, Alice H.；FVA, 538, Norman L.；FVA, 2700, Maria M.
11. Libionka, "ZWZ-AK," 36.
12. 有關《訊息通報》（*Biuletyn Informacyjny*）見Libionka, "ZWZ-AK," 39, 43.
13. Libionka, "ZWZ-AK," 57, 69.
14. 轉引自Engelking and Libionka, *Żydzi w powstańczej Warszawie*, 91.
15. Kopka, *Konzentrationslager Warschau*, 82–115.
16. 有關匪徒與死刑見Libionka, "ZWZ-AK," 119–23.
17. Libionka, "ZWK-AK," 136.
18. Elżbieta Burda, ŻIH, 301/2407.
19. 招募劊子手的部分見Slepyan, *Stalin's Guerrillas*, 209. 有關特赦見Penter, *Kohle*, 273. 關於蘇聯游擊隊所使用的複雜手段見Burds, "Agentura"；Armstrong, *Soviet Partisans*；另見*Gazeta Wyborcza*, 15 April 2002.
20. 見Brins'kyi, *Po toï bik frontu*.
21. *OUN v svitli*, 82.
22. ŻIH, 301/2879.
23. ŻIH, 301/717. 其他倒戈的案例見Musial, *Sowjetische Partisanen*, 266–67. 猶太人也招募波蘭人到蘇聯游擊隊，見ŻIH, 301/810當中Mojżesz Edelstein的案例。
24. 另一個猶太人招募者的案例見ŻIH 301/1795. 與反猶太主義的遭遇見ŻIH, 301/53, Abram Leder；ŻIH, 301/299, Zoja Bajer；ŻIH, 301/1046, Lazar Bromberg. 亦見Dieckmann, *Deutsche Besatzungspolitik*, 2:1469. 大範圍的思考見Weiner, *Making Sense*, 376–382.
25. 有關猶太人與非猶太人的共產黨員見Jakub Grinsberg, ŻIH, 301/305.
26. Zoja Bajer, ŻIH, 301/299.
27. ŻIH, 301 5737, Rena Guz.
28. 其中一項令人咋舌的紀錄是汽油、機油的清單，這些汽機油完全是用來從甲猶太區移動到乙猶太區以把剩下的猶太人趕盡殺絕。見"Ausgabeliste," DAVO, Fond R-2, Opis 2, Delo 196.
29. 有關瓦萊尼亞的男女猶太游擊隊員見ŻIH, 301/299; ŻIH, 301/718; ŻIH, 301/719; ŻIH, 301/1811.
30. Arad, "Original Form."
31. Aron Perław, ŻIH, 301/955.
32. Leon Jarszun, ŻIH, 301/1487.

polandpolska.org/dokumenty/witold/raport-witolda-1945.htm. 德語版本由Jan Skorup翻譯，見http://pileckibericht.wordpress.com.

43. 本段落出自Pilecki, *Auschwitz Volunteer*, 175. 本書已有中譯版，黃煜文譯，《奧許維茲臥底報告：自願關進納粹集中營的波蘭英雄》（台北：衛城，2014）
44. Paulsson, *Secret City*, 2, 5, 209, 212.
45. Bartoszewski and Lewinówna, *Ten jest*, 28.
46. Bartoszewski, "Rozmowa," 35；Bartoszewski, *Warsaw Ghetto*, 59.
47. Bartoszewski, *Warsaw Ghetto*, 46.
48. Prekerowa, *Konspiracyjna Rada*, 69–75.
49. 有關科薩克及關於反猶救援者的論辯見Podolska, "Poland's Antisemitic Rescuers." 亦見Cała, *Antysemitizm*, 447.
50. 是救援人類而非救援猶太人的說法亦見於Tec, *When Light*, 176.
51. Paulsson, *Secret City*, 26, 40; Peleg-Mariańska and Peleg, "Witnesses," 11; Oliner, *Altruistic Personality*, 6, 142.
52. Prekerowa, "Komórka," 521–25, 531.
53. 被同化的猶太人幫助其他猶太人至少在華沙並不是什麼不尋常的事。另一種猶太人自助的形式是在華沙的猶太區內自行組織。見Sakowska, *Ludzie*, 117–86.

第十一章

1. ŻIH, 301/2953.
2. 這點可見Croes, "Pour une approche quantitative," 95.
3. Paulsson, *Secret City*, 230.
4. 一九四四年華沙起義當中猶太人的複雜歷史可見Engelking and Libionka, *Żydzi w powstańczej Warszawie*.
5. 見Brakel, "'Das allergefährlichste,'" 403–16；Musial, *Sowjetische Partisanen*, 189, 202；*Verbrechen der Wehrmacht*, 495；Slepyan, *Stalin's Guerrillas*, 157.
6. 有關耶賽夫斯基見Snyder, *Sketches;* and his own memoir at BUW DR 3189.
7. Bartniczak, *From Andrzejowo to Pecynka*, 138–40；Gawin, "Pensjonat."
8. Bartoszewski and Lewinówna, *Ten jest*, 310.
9. 有關杰盧瓦見Stanisław and Lusia Igeł, in Rączy, *Pomóc Polaków*, 280. 作者為家鄉軍成員。

Children's Eyes；以及Snyder, *Bloodlands*, chap. 4.

25. Begin, *Revolt*, 25；Drymmer, "Zagadnienie," 74；Korboński, "Unknown Chapter," 377. 有關貝京和巴勒斯坦的波蘭軍隊見"Palestine: Counter Intelligence: Menahem Begin," 24 September 1937, NA, KV/2/2251/50a.
26. Shilon, *Menachem Begin*, 40–45.
27. Shilon, *Menachem Begin*, 48.
28. Bell, *Terror Out of Zion*, 44–45. 梅里多爾確認他是英國偵訊的第二號人物，見NA, KV/2/2251/14a.
29. 蘭京的部分見Bell, *Terror Out of Zion*, 111. 內馬德與蘭京見Niv, *M'arkhot ha-Irgun*, 172. 蘭京的回憶錄名為*To Win*，其中有關波蘭的部分見頁31-40。
30. 關於這些互動的描述見Davies, *Rising '44*. 有關華沙居民對逃亡的反應見Biskupska, "Extermination and the Elite."
31. 原文：" *Prosze przyjąć jako fakt zupełnie realny że przygniatająca wiékszość kraju jest nastrojona antysemicko.*" 轉引自Skibińska and Szuchta, *Wybór żródeł*, 397. 相關分析見Brakel, "Was There a 'Jewish Collaboration'?"
32. 見Puławski, *Wobliczu Zagłady*, 412 and passim； 亦 見Engelking and Leociak, *Warsaw Ghetto*, 667以及Engel, *Facing a Holocaust*.
33. *Times:* Bajohr and Pohl, *Der Holocaust*, 99
34. Saviello, "Policy," 1, 24, 27.
35. Stola, *Nadzieja*, 174；Bartoszewski, *Warsaw Ghetto*, 49.
36. Fein, *Accounting*, 77.
37. Jan Karski, "Dziecko sanacji," *Tygodnik Powszechny*, 24 April 2012. 參閱Żbikowski, *Karski*, 10–11.
38. 原文：" *przeważnie bezwzględny, często bezlitośny,*" 轉引自Skibińska and Szuchta, *Wybór żródeł*, 390. 見Ringelblum, *Polish-Jewish Relations*, 77；Leder, *Rewolucja*, 23, 44；Bartov, "Eastern Europe," 575. 另外值得考慮的作品是Thomas Bernhard的*Heldenplatz*，特別是頁112。
39. FVA, 1107, Jan K.
40. Ibid. 關於卡爾斯基及其任務見Karski, *Story of a Secret State*以及Żbikowski, *Karski*.
41. Bartoszewski, *Warszawski pierścień*, 124.
42. 英譯見Pilecki, *Auschwitz Volunteer*, 13. 波蘭語的版本現可見於http://www.

6. Michel'son, *Ia perezhila*, 84.
7. 見 Snyder, "Commemorative Causality."
8. 見Snyder, *Bloodlands*. Głowiński, *Black Seasons*, 170.
9. *Bremens Polizei*, 124. 亦見Russ, "Wer war verantwortlich," 486, 494, 503. 參閱 Browning, *Ordinary Men*, 165, 202.
10. Maubach, "Expansion weiblicher Hilfe," 93–94.
11. Koslov, *Gewalt im Dienstalltag*, 482–84.
12. YIVO, RG 720, Hirshant Papers, 1/52, Syda Konis. 有關強制勞動的思考見Pollack, *Warum;* Buber-Neumann, *Under Two Dictators*, 331.
13. Hryciuk, *Polacy we Lwowie*, 59.
14. Matz, "Sweden," 106–9；Jangfeldt, *Hero of Budapest*, 161. Dwork and Van Pelt, *Holocaust*, 316–18預估發出一萬五千份至兩萬份。
15. 其中一個例外是法國的利尼永河畔勒尚邦（Le Chambonsur-Lignon）。
16. Chan, "Ho Feng-Shan," 1–15，引言見頁5、15。
17. 見 Wasserstein, *Ambiguity*, 165；McAuley, "Decision," 4, 7, 32；Fralon, *Good Man*, 60, 79.
18. 數據來自 Dieckmann, *Deutsche Besatzungspolitik*, 1:145.
19. For Daszkiewicz's memoir see MWP, Kolekcja Rybikowskiego, syg. 6233 [Leszek Daszkiewicz], "Placówkawyw. "G," 3, 4, 7–10, 18, 21, 22. On Rybikowski, see Pięciach, "Szpieg ze Sztokholmu" and for background, see Dubicki, Nałęcz, and Stirling, *Polsko-brytyjska współpraca wywiadowcza*, 100, 305, 342.
20. MWP, Kolekcja Rybikowskiego, syg. 6233 [Leszek Daszkiewicz], "Placówka wyw. 'G,'" 21.
21. MWP, Kolekcja Rybikowskiego, syg. 6233 [Leszek Daszkiewicz], "Placówka wyw. 'G,'" 22.
22. 引言出自MWP, syg. 1675, Sugihara memoir, 9；Rybikowski's memoir, at MWP, Kolekcja Rybikowskiego, syg. 6233 [Leszek Daszkiewicz], "Placówka wyw. 'G,'" 70.
23. MWP, Kolekcja Rybikowskiego, syg. 6233 [Leszek Daszkiewicz], "Placówka wyw. 'G,'" 50–52, 64, 67. 有關杉原千畝其人其事和他的同僚見Pepłoński, *Wywiad*, 231–33; Kuromiya and Pepłoński, *Mitędzy Warszawą a Tokio*, 393; Levine, *Sugihara*, 117, 132, 218, 273; Sakamoto, *Japanese Diplomats*, 107, 114, 395.
24. 見Gross, *Revolution from Abroad*；Gross and Grudeińska-Gross, *War Through*

民身分的過程見氏著*How to Be French*, 87–122.

39. Wieviorka and Laffitte, *Drancy*, 21, 106, 118–19.
40. Ibid., 120, 209.
41. Weil, *How to Be French*, 122；Rousso, *Vichy*, 92–93.
42. 見Marrus and Paxton, *Vichy*, 325. 比利時有百分之六十的猶太人倖存，介於荷蘭與法國之間。就像在法國一樣，在比利時的占領是軍事占領，而非民間的占領。和荷蘭不同的是比利時仍保有國家主權。比利時和法國不同但與荷蘭相同的地方在於德國人可以將他們自己的人馬置於警隊之上。如同在法國一樣，比利時有大量的猶太人不是公民；而和法國不一樣的是，比利時的猶太人沒有特別遭到主權威權針對。然而與荷蘭不同的地方在於德國人並沒有在比利時組建大批自己的警力。比起荷蘭的猶太人，比利時的猶太人似乎更知道遣送的意味是什麼。因此Van der Boom對於荷蘭猶太人不願藏匿的說法並不適用於比利時的猶太人。見Griffioen and Zeller, "Comparing," 54–64以及Conway, *Collaboration*, 24；Fein, *Accounting*, 156–67.
43. Rousso, *Vichy*, 93. 引言見Marrus and Paxton, *Vichy*, 85, also 364.
44. Sémelin, *Persécution et entraides*, 208–9.
45. Klarsfeld給出的數字是兩萬六千三百名波蘭籍猶太人以及兩萬四千名法國籍猶太人。他歸類為蘇聯籍猶太人的五千人當中有許多本來是波蘭籍，是在莫洛托夫－里賓特洛甫協定之後才改拿蘇聯公民身分。見*Le mémorial*, 19.

第十章

1. 根據特別行動隊D隊奧托・奧倫道夫（Otto Ohlendorf），希姆萊曾說所有的責任都在希姆萊和希特勒身上。見Rzanna, "Eksterminacja."
2. 參閱Dwork and Van Pelt, *Holocaust*, 348.
3. 漢納・克瑞兒（Hanna Krall）回憶道有四十五人以各式各樣的形式幫助過她。見Bartoszewski and Lewinówna, *Ten jest*, 299.
4. 有關這個主題Christian Ingrao在*Les chasseurs noirs*中有加以發展。
5. *Los Altos Town Crier*, 15 April 2009；博斯坦的部分來自筆者二〇一三年四月十五日的私人通訊；*Justiz und NS-Verbrechen*, vol. 37, 2007, Lfd. Nr. 777, 397, 398, 405, 407–9, 417, 431, 438, 439；Angrick, *Besatzungspolitik*, 422. 一九三八年十一月約有兩萬六千名猶太人被送往集中營。見Goeschel and Wachsmann, Introduction, 28.

"Gründlage," 296.

25. 參閱Bloxham, *Final Solution*, 7; Ther, *Ciemna strona*, 19.
26. 蘇聯性格的轉變見*Table Talk*, 587, 657, 661；亦見希特勒一九四四年三月廿六日對安東內斯庫說的話，*Staatsmänner*, 398.「更強大的人民」見Steinberg, "Third Reich," 648；Kershaw, *The End*, 290；亦見Jäckel, *Hitler in History*, 89.
27. Van der Boom, "Ordinary Dutchmen," 32, 42. Van der Boom認為荷蘭籍猶太人被殺害的人數如此之多，是因為他們害怕躲躲藏藏更甚於害怕被遣送。如他所指出，試圖藏匿的猶太人生還的機率比起沒有嘗試這麼做的猶太人高出六十倍。但對窩藏猶太人的懲罰並不是只有在荷蘭有，且在歐洲其他德占區，猶太人即便沒有藏匿起來生還的數量也比較高。害怕躲躲藏藏也許的確是荷蘭特殊的情境使然，但這本身並不能說明為何荷蘭的猶太人遇害的百分比較德國和羅馬尼亞的猶太人更高。有關荷蘭的反猶主義見Wasserstein, *Ambiguity*, 22.
28. Kwiet, *Reichskommissariat Niederlande*, 51–52.
29. Michman, *Emergence*, 95, 99；Moore, *Victims and Survivors*, 191, 193, 195, 200；de Jong, *Netherlands and Nazi Germany*, 12–13；Griffioen and Zeller, "Comparing," 64.
30. Romijn, "'Lesser Evil,'" 13, 14, 17, 20, 22；Griffioen and Zeller, "Comparing," 59.
31. 見Saltier, "Dehumanizing," 20, 27；關於德方更直接的物質上的利益，參閱Aly, *Hitler's Beneficiaries*, 251–56.
32. Mazower, *Salonica*, 392–96.
33. Mazower, *Salonica*, 402–3. 對希臘戰事的描述大抵遵照Mazower, *Inside Hitler's Greece*, 1, 14, 18, 20, 235, 238, 240, 244, 250, 251, 259以及Rodogno, *Fascism's European Empire*, 364, 390.
34. 希特勒的引言、外國對維琪政府的承認、公職人員數量見Rousso, *Vichy*, 15, 47. 亦見Birnbaum, *Sur la corde raide*, 252.
35. Marrus and Paxton, *Vichy*, 14, 60, 113.
36. Rousso, *Vichy*, 79–81. Bruttman, *Au bureau*, 199–201. 筆者在此無法進入有關法國對待猶太人與穆斯林的關係，這是一項有趣的議題。見Surkis, *Sexing the Citizen*；Shepard, *Invention*.
37. 一九三九、四〇年在法國的集中營見Grynberg, *Les camps*, 11, 35 and passim.
38. 人數出自筆者與於二〇一二年十月十一日與Patrick Weil的私人通訊。褫奪公

Disorder, 281.

2. 主要研究發現的總結可見於Korb, *Im Schatten*, 439–49；亦見Korb, "Mass Violence," 73; Dulic, "Mass Killing," 262, 273.
3. Ward, *Priest, Politician, Collaborator*, 209, 214, 221.
4. 一九四一年十月廿日與希姆萊的會面見Witte et al., *Dienstkalender Heinrich Himmlers*, 278.
5. 見Ward, *Priest, Politician, Collaborator*, 227, 230, 233, 235.
6. 有關「安全化的」（securitized）猶太政策傳統見Iordachi, "Juden," 110.
7. 有關羅馬尼亞化見Livezeanu, *Cultural Politics*.
8. 見Geissbühler, *Blutiger Juli*, 46, 49.
9. 數據來自Olaru-Cemiertan, "Wo die Züge," 224.
10. Geissbühler, *Blutiger Juli*, 54, 119.
11. Solonari, "Patterns," 121, 124, 130, 引言見頁125.
12. 轉引自Dumitru, "Through the Eyes," 125. 亦見Prusin, *Lands Between*, 154.
13. Glass, *Deutschland*, 144–47, 266–67；Dumitru, "Through the Eyes," 206–13；Geissbühler, "He spoke Yiddish."
14. 數據與分析見Glass, *Deutschland*, 15. 亦見Hilberg, *Destruction*, 2:811；Bloxham, *Final Solution*, 116.
15. Hillgruber, "Grundläge," 290. Diplomatic protection: Glass, *Deutschland*, 230.
16. Ancel, *Holocaust in Romania*, 479, 486；Solonari, "Ethnic Cleansing," 105–6, 113.
17. 相關研究特別教人信服的首推Case, *Between States*, especially 182–88。另見安東內斯庫與希特勒在一九四四年三月廿三日的談話，轉引自*Staatsmänner*, 392.
18. Lower, "Axis Collaboration," 194.
19. *New York Times:* Bajohr and Pohl, *Der Holocaust*, 115.
20. Gerlach and Aly, *Letzte Kapitel*, 81, 83, 104, 114, 126, 148, 188–89. 死亡人數見Pohl, *Verfolgung*, 107.
21. Jangfeldt, *Hero of Budapest*, 240.
22. Ungváry, *Siege of Budapest*, 286–91；Segal, "Beyond," 16；Kenez, *Coming of the Holocaust*, 244–48, 257.
23. 類似的結論見Kenez, *Coming of the Holocaust*, 234.
24. Kershaw, *Fateful Choices*, 469. "Weltvergifter aller Völker": Hillgruber,

19. Vilhjálmsson and Blüdnikow, "Rescue," 1, 3.
20. 在德國的交戰國和中立國內部，在戰爭期間反猶太主義可能更加惡化，而非改善；根據一次民意調查，美國人在戰爭期間將猶太人視為比德國人和日本人更大的敵人。見Nirenberg, *Anti-Judaism*, 457–58.
21. 見Snyder, *Bloodlands*第五、六章。
22. 法朗克一九四一年十月十五日的命令見Paulsson, *Secret City*, 67. 可與Moore, "Le context du sauvetage," 285–86加以比較。在德占波蘭總督府的熱舒夫區（Rzeszów）約兩百名波蘭人因窩藏猶太人被處決。見Rączy, *Pomóc Polaków*, 61.
23. 轉引自Kassow, *Rediscovering*, 13.
24. 有關猶太人被准予在納粹德國境內生活，見Longerich, *Davon*, 252–53.
25. Kassow, *Rediscovering*, 360. Bartoszewski關於弗朗克的論點見"Rozmowa," 16. 參閱Fein, *Accounting for Genocide*, 33.
26. 有關施密德見Wette, *Feldwebel*, 67.
27. 蘇聯的官僚體系似乎是一個例外，但實際上這個例外卻是常態。首先，無論就憲法上還是實際上而言，蘇維埃國家都不是傳統上由法律所約束的國家。國家屈從於共產黨之下，因此最終也屈從於黨領導人對歷史的解讀之下。其次，在大規模恐怖的時期如一九三七至三八年間，傳統的蘇維埃法律實踐也被懸擱，由緊急狀態取而代之。
28. "Endlösung der Judenfrage," in Pauer-Studer, *Rechtfertigungen*, 439. Breitman注意到是一位主要的大規模屠殺者巴赫－策萊維斯基（Erich von dem Bach-Zelewski）開始在知識的層次上將死亡與官僚階級結合在一起。見"Himmler," 446. Wasserstein提供了一個關於猶太人官僚體系的驚人案例，是關於一個協助猶太人移民出境的委員會，在人事與運作模式上都類似於阿姆斯特丹猶太委員會。同時時局上的改變是德國的國家毀滅者紛至沓來，他們製造出一個無國家狀態的地帶用以遣送荷蘭的猶太人。韋斯特博克（Westerbork）起初是一個難民營，後來變成了轉往德占波蘭滅絕營的轉運站。見氏著*Ambiguity*, passim.
29. Gerlach, "Failure of Plans," 68.

第九章

1. 見Manoschek, *Serbien*, 39, 51, 55, 79, 86, 107, 186以 及Pawlowitch, *New*

4. 逾二十萬波蘭籍猶太人在奧許維茲遭到殺害，這是第二大的受害者群體，次於匈牙利籍的猶太人。第三大的是非猶太裔的波蘭人。
5. Steinbacher, *Auschwitz*, 27；Steinbacher,“ *Musterstadt*,” 275, 293.
6. 有關奧許維茲的集中營和滅絕營的演變，見Dwork and Van Pelt, *Auschwitz*, 166, 177, 219, 240, 275, 290, 293, 313, 326, 351.
7. 見Valentino, *Final Solutions*, 234 and passim及Croes, “Holocaust in the Netherlands,” 492；Straus, *Order of Genocide*, 128. 可以確定的是，反猶太主義的程度似乎與猶太人的死亡率不呈正相關；而真正呈正相關的是國家被毀滅的程度。Helein Fein在她極具價值的研究*Accounting for Genocide*發展出一個不同步的論點，與這裡的觀點相似。她提到「缺乏〔按：相對於德國的〕當局來對抗」德國的計劃（頁90），而筆者在前幾章當中也描述了這些當局組織被摧毀的過程以及後果，而這正是猶太大屠殺發生的原因之一。國家的覆滅為嶄新的政治型態創造出機會，將既有的體制梟首、轉化，並留下可以用在其他目的上的殘餘碎片。但誠然我的研究發現也確證了她的普遍性案例。未來的研究方向以及其他相關事項可參見Hilberg, *Destruction*, 2:572–99. 亦見Birnbaum, *Prier*, 130.
8. 領導人的命運見 Kaasik, “Political Repression,” 310. 行政長官的命運見Paavle, “Estonian Elite,” 393. 亦見Łossowski, *Kraje bałtyckie*, 46–55.
9. Penal code: Maripuu, “Political Arrests,” 326; Maripuu, “Deportations,” 363. 10,200: WeissWendt, *Murder Without Hatred*, 40.
10. Weiss-Wendt, *Murder Without Hatred*, 131.
11. Ibid., 115–16.
12. Dieckmann, *Deutsche Besatzungspolitik*, 1:525.
13. Ibid., 132.
14. Haestrup, “Danish Jews,” 22. Vilhjálmsson and Blüdnikow, “Rescue,” 3, 5, 7.
15. *Wiking:* Wróblewski, *Dywizja*, 143–47. 一名在維京師的軍醫是名為約瑟夫・門格勒（Joseph Mengele）的德國外科醫師。與愛沙尼亞人並肩作戰的部分見Strassner, *Freiwillige*, 15.
16. Haestrup, “Danish Jews,” 23, 29.
17. 相關事件的描述見Herbert, *Best*, 360–72.
18. 德國的立場見Dwork and Van Pelt, *Holocaust*, 327. 關押的情況見Haestrup, “Danish Jews,” 52.

另外，有關這個主題還有多少研究工作可以進行，可參考Libionka and Weinbaum, *Bohaterowie*.

67. Kershaw, *Final Solution*, 66.
68. Curilla, *Judenmord*, 837.
69. Lange: Kuwałek, *Vernichtungslager*, 49.
70. Gerlach, *Kalkulierte Morde*, 686. 見Mallmann, "Rozwiązać," 85–95；Friedländer, *Extermination*, 314–18.
71. 有關羅茲的猶太區見Löw, *Juden im Getto Litzmannstadt*.
72. Grabowski, *Judenjagd*, 9, 59.
73. Engelking and Grabowski, *Przestępczość*, 195.
74. Browning, *Ordinary Men*, 121.
75. Cobel-Tokarska, *Bezludna wyspa*, 90.
76. Markiel and Skibińska, *Zagłada domu*, 23, 48. 亦見Skibińska, "Self-Portrait," 469–71；Engelking, *Losy Żydów*, 162, 188；Grabowski, *Judenjagd*, 24.
77. Rączy, *Pomóc Polaków*, 44. Żbikowski, "Night Guard," 513, 515, 517, 520, 524；Grabowski, *Judenjagd*, 82.
78. 集體報復的時序演進見Madajczyk, *Hitlerowski terror*, 9 and passim.
79. Engelking and Grabowski, *Przestępczość*, 194–95.
80. Engelking給的一個例子是有一名波蘭員警不肯射殺一名求死的七歲男孩，反而出手相救。見*Losy Żydów*, 198. 其他伸出援手的案例見Rączy, *Pomóc Polaków*；and Hempel, *Pogrobowcy*.
81. Grabowski, *Judenjagd*, 11, 69. 暴力的私有化是鄂蘭的論點，由Gross在*Revolution from Abroad*當中發展，是一個可能可以應用在其他背景下的概念。
82. 有些荷蘭的猶太人被送到了索比布爾，這是荷蘭與波蘭的情況又一相似之處。幾乎所有其他索比布爾的受害者都是波蘭籍的猶太人。多數荷蘭籍猶太人被送往奧許維茲。

第八章

1. 見Longerich, *Davon*, 222 and passim；有關財產的部分見Aly, *Hitler's Beneficiaries*.
2. 參閱Veidlinger, *In the Shadow*.
3. 見Snyder, *Bloodlands*最後一章。

52. *Table Talk*, 235.
53. 有關列寧格勒見Reid, *Leningrad*, 231. 死亡人數估計見Pohl, *Herrschaft der Wehrmacht*, 181以及Arad, *Holocaust*, 311.
54. 有關非洲和飢餓的關係見Kuwałek, *Vernichtungslager*, 110–11. 亦見Madajczyk, "Generalplan Ost," 17.
55. 有關阿斯卡倫見Black, "Askaris," 279；Sandler, "Colonizers," 8. 德國人說「阿斯卡倫」，英文則說「阿斯卡利」(Askaris)。
56. Heydrich, *Husson*, 437. 亦見Rieger, *Globocnik*, 60–61 and 103，本書認為這次會談發生在九月底。
57. 有關發生在盧布林區的鎮壓的地點，見Poprzeczny, *Hitler's Man*, 208.
58. Wasser, *Raumplanung*, 61, 77；Schelvis, *Vernichtungslager Sobibór*, 32, 41；Arad, *Reinhard*, 14；Tooze, *Wages of Destruction*, 468；Black, "Handlanger der Endlösung," 315. 有關族群見Black, "Askaris," 290. 有些西方和波蘭的史學家竟按照族裔化的蘇聯政治宣傳和現在的俄羅斯民族主義作法，將特拉夫尼基人稱為「烏克蘭人」，這是不可原諒的錯誤。烏克蘭人固然在這些人當中，但德國人所問到的所有人也都一樣，當然也包括俄羅斯人。
59. T-4行動（譯按：一九三九至四一年間納粹德國執行的非自願安樂死項目）的小組成員人數根據Poprzeczny, *Hitler's Man*, 163有九十四人；Berger在現在已被當成標準教材的*Experten*中估計有一百廿人。Kuwałek的*Vernichtungslager*估計總共有四百五十三人。
60. 有關此一程序見Arad, *Reinhard*, 44, 56；Młynarczyk, *Judenmord*, 252, 257, 260；Pohl, *Verfolgung*, 94.
61. Rieger, *Globocnik*, 115.
62. FVA, 147, David L.
63. FVA, 404, Marion C.
64. Witte et al., *Dienstkalender Heinrich Himmlers*, 353. 另見Pohl, *Verfolgung*, 95；Friedländer, *Extermination*, 343, 430.
65. 有關萊茵哈德行動（Operation Reinhard，譯按：針對波蘭猶太人的行動代號）的扛鼎之作是Arad, *Belzec*. 筆者在*Bloodlands*提供對特雷布林卡的描述。
66. 見Moczarski, *Rozmowy*, 200. 華沙猶太區起義的鎮壓過程在Snyder, *Bloodlands*, chap. 9中有更詳盡的討論。可特別參考Bartoszewski, *Warszawski pierścień*；Ringelblum, *Polish-Jewish Relations*；Engelking and Leociak, *Warsaw Ghetto*；

42. 參閱Gerlach, "Wannsee Conference." 我同意十二月是個轉捩點，並傾向將之看做是希特勒決定宣告他要殺光所有猶太人的意圖，但卻並非明令要趕盡殺絕，只是到了這個時候，殺死猶太人顯得比遣送猶太人還要容易做到。一九四二年初，海德里希和其他人仍然在討論將猶太人送往西伯利亞的方案；要是有一道明確的命令要殺死猶太人，這類的討論就沒有任何意義。德國進攻上的失敗和海德里希遭到謀殺肯定讓這樣的遣送計劃顯得不切實際。當時在波蘭發展出的毒氣設施的技法起初並沒有被當成是全面的解決方案，但後來證明這比其他任何方案都還可行，因此加以實施。據我了解，希特勒從一開始的決心就是要將猶太人從這個星球上根除消失；至於是透過殺害還是透過把他們遣送到某個不宜人居的地方，對他來說並沒有差異。真正教人背脊發涼的並不是恪守某種窮凶惡極的計劃，因為根本沒有這樣的計劃。真正令人膽寒的是這套世界觀將個人界定成某種超自然的集體，以至於將他們處理掉的決定可以被視為是符合倫理的，並且處理掉的方式沒有任何道德上的差異。
43. FVA, 368, Iurii Israilovich G.
44. 轉引自Edele, "States," 374.
45. 一旦美國參戰，希特勒就不再能把美國描繪成一個遠方的模範，而要將美國形容成一個「半猶太半黑人」的軟柿子。見Fischer, *Hitler and America*, 37.
46. Herf, *Jewish Enemy*, 132 and passim.
47. 希特勒十二月十二日的演說內容由戈培爾記錄下來，見Mazower, *Hitler's Empire*, 376；亦見Witte et al., *Der Dienstkalender Heinrich Himmlers*, 289. 另參閱Friedlander, *Extermination*, 281.
48. 及至一九四一年底猶太人的死亡人數估計見Brandon, "First Wave."
49. 轉引自Mazower, *Hitler's Empire*, 376.
50. 在今白俄羅斯的範圍內，與德方協力的警力當中約有一千五百名波蘭人。如果可以的話，德國人就會想要降低這個數量，並用白俄羅斯人取而代之。見Dean, "Service of Poles," 6. 波蘭主要的協力單位是志願保安警察軍團（*Schutzmannschaft* Battalions）第一〇七師與第二〇二師。普遍來說，波蘭人是在烏克蘭警察於一九四三年放棄（以成立烏克蘭游擊隊）的地方上被徵召到這些單位。在某些案例當中，波蘭人加入這些單位是為了報復烏克蘭民族主義者的族群清洗。見Snyder, "Origins," and Snyder, *Reconstruction of Nations*.
51. Hillgruber, "Grundlage," 286. 鄂蘭在《極權主義的起源》當中有注意到預言的問題。

19. Lower, "German Colonialism," 26；Radchenko, "Accomplices," 443–58，引言中「垃圾」出自頁454.
20. Holler, *Völkermord*, 68–69.
21. Tyaglyy, "Nazi Occupation," 127, 141.
22. Penter, *Kohle*, 270–81；Kuromiya, *Freedom and Terror*, 263–88.
23. Matthäus, "Controlled Escalation," 225；*Der Dienstkalender Heinrich Himmlers*, 189.
24. Gerlach, *Kalkulierte Morde*, 544, 549, 567. 見Mędykowski, *W cieniu*, 231.
25. Dean, "Service of Poles."
26. Beorn, *Marching into Darkness*, 73.
27. Ibid., 97.
28. Megargee, *War of Annihilation*, 99.
29. 轉引自 Gerlach, *Kalkulierte Morde*, 588.
30. Beorn, *Marching into Darkness*, 7, 60, 62, 73, 120, 133.
31. 有關在明斯克的蘇維埃猶太人見Bemporad, *Becoming.*
32. 有關共產黨人見Rein, "Local Collaboration," 394; 亦見 Brakel, *Unter Rotem Stern und Hakenkreuz*, 304.
33. Rubenstein and Altman, *Unknown Black Book*, 238, 245, 251, 252.
34. 將猶太人與游擊隊員混為一談始於一九四一年九月，見Gerlach, *Kalkulierte Morde*, 566.
35. Gerlach, *Kalkulierte Morde*, 1075. 提及「黑烏鴉」的地方隨處可見，例見USHMM, RG-31.049/01, Evgenia Elkina. 用車輛來殺人也是極為駭人的情事，有些德國人還比較傾向於射殺。見Prusin, "Community of Violence."
36. Lower, "German Colonialism," 24.
37. Kudryashov, "Russian Collaboration," 4–5, 15；Penter, *Kohle*, 275；Reid, *Leningrad*, 125. 德國人也在列寧格勒殺害吉普賽人，不過當地提供協助的程度尚待考察。見Holler, "Nazi Persecution," 157.
38. Cohen, *Smolensk*, 64, 68, 78, 79, 122.
39. 有關德國的飢餓政策見Snyder, *Bloodlands*, chapter 5.
40. Arnold, "Die Eroberung," 35.
41. Dieckmann發展出分配稀少性（distribution of scarcity）的概念，見*Deutsche Besatzungspolitik*, 1:536, 579–83.

77. Breitmann, "Himmler," 433–44.
78. Pohl, *Herrschaft der Wehrmacht*, 259；Pohl, "Schauplatz Ukraine," 147；Pohl, "Ukrainische Hilfskräfte," 213. 有關強暴和晚宴的敘述見Schneider, *Auswärts eingesetzt*, 465, 471. Already bloodied: Dina Pronicheva, "Stenogramma," 24 April 1946, TsDAVO, 166/3/245/115–34；亦見Dina Pronicheva, Darmstadt, 29 April 1968, IfZ, Gd 01.54/78/1758–76. 猶太觀點對此事件的描述可見Berkhoff, *Harvest of Despair*, 61–68; and Berkhoff, "Dina Pronicheva's Story."
79. Melnyk, "Stalinist Justice," 230, 238.
80. 有關一九四一年在戰前蘇聯發生的反猶暴行還需要更多的研究。
81. Angrick and Klein, *Final Solution*, 114.

第七章

1. Wasser, *Himmlers Raumplanung*, 51. 見Gerwarth, *Heydrich*.
2. 百分比來自 Arad, *Holocaust*, 521, 524.
3. 協力的例子見下文。
4. Kuromiya, *Freedom and Terror*, 268.
5. 愛沙尼亞的案例將在下一章更充分討論。
6. Bemporad, "Politics of Blood," 4–5, 8.
7. Pohl, *Herrschaft der Wehrmacht*, 119.
8. Hrynevych, *Nepryborkane riznoholossia*, 111–20；Moorhouse, *Devils' Alliance*, 130.
9. Schneider, *Auswärts eingesetzt*, 462；Prusin, "Community of Violence," 1.
10. Reid, *Leningrad*, 125.
11. Rabin, *Vishnivits: sefer zikaron*, 300.
12. Berkhoff, *Harvest of Despair*是對此一時期以及西烏克蘭以外地方的民族主義問題有價值的研究。
13. 有關發生在**日托米爾的恐怖行動見第二章。**
14. Lower, *Nazi Empire-Building*, 34.
15. Lower, "German Colonialism," 22. 亦見Lower, *Nazi Empire Building*, 34–35.
16. FVA, 3272, Pyotr Borisovich L.
17. Radchenko, "Accomplices," 445.
18. Radchenko, "Accomplices," 443–58；列隊行進的細節來自FVA, 3270, Lydia G.

58. Longerich, *Davon*, 165–68.
59. Dieckmann, *Deutsche Besatzungspolitik*, 2:906, 1511.
60. Longerich, *Davon*, 160–61. Kay, “Transition to Genocide,” 413–25；亦見Ingrao, *Believe*, 81, 158–59；Ingrao “Violence de guerre,” 236–37；Römer, *Kameraden*, 410, 414, 448, 462.
61. Ingrao, *Believe*, 236. 參閱Fritzsche, “Holocaust and the Knowledge,” 603.
62. Kay, “Brothers.”
63. Ezergailis, *Holocaust in Latvia*, 48; 亦見155, 165–66.
64. Dieckmann, *Deutsche Besatzungspolitik*, 1:513. 亦見Silberman, “Jan Lipke,” 87.
65. Breitmann, “Himmler,” 436.
66. Wette, *Karl Jäger*, 78.
67. 有關阿拉伊斯和他的突擊隊，見*Justiz und NS-Verbrechen*, vol. 43, *2010*. Lfd. Nr. 856, 173–83；Kaprāns Vita Zelče, “Vēsturiskie cilvēki,” 169–70, 173–74；Plavnieks, “Nazi Collaborators,” 41–49, 72–85；Vīksne, “Members of the Arājs Commando,” 189–202；Angrick and Klein, *Final Solution*, 74 and passim；Ezergailis, *Holocaust in Latvia*, 177, 183, 188. 俄羅斯人的部分見Kudryashov, “Russian Collaborators,” 3.
68. Bender, *Jews of Białystok*, 95.
69. 轉引自Ezergailis, *Holocaust in Latvia*, 206. 亦見Bloxham, *Final Solution*, 130.
70. 12 August: Kruglov, “Jewish Losses,” 275.
71. 見Pohl, “Schauplatz Ukraine,” 142–44；Angrick and Klein, *Final Solution*, 130.
72. Segal, “Beyond,” 5–9, 引言見頁5；Jelinek, *Carpathian Diaspora*, 234. 另見Mędykowski, *W cieniu*, 287. 一八六七至一九一八年間，哈布斯堡王朝的部分是名為奧匈帝國（Austria-Hungary）的二元君主國。在布達佩斯的政府就內政而言是主權國家。匈牙利的國王和整個帝國的皇帝是同一人——法蘭茲・約瑟夫一世（Franz Josef）。
73. FVA, 2837.
74. Ingrao, *Believe*, 153.
75. 人數見Schneider, *Auswärts eingesetzt*, 215. 比特別行動隊還多見Lower, “Axis Collaboration,” 186. 另見Pohl, *Herrschaft der Wehrmacht*, 152；Curilla, *Judenmord*, 851.
76. Kershaw, *Fateful Choices*, 456.

"Violence," 6.

40. Dmitrów, "Die Einsatzgruppen," 127, 145, 155.
41. Dmitrów, "Die Einsatzgruppen," 112–27；Machcewicz, "Rund um Jedwabne," 75.
42. 實證性的論證可見於Kopstein and Wittenberg, "Intimate Violence," chap. 4. 地方上的兩極分化似乎有著普遍的解釋力，見Croes, "Holocaust in the Netherlands," 484.
43. Kopstein and Wittenberg, "Intimate Violence," chap. 4；Bikont, *My z Jedwabnego*；亦見Gross, *Sąsiedzi*, 29.
44. Gross, *Sąsiedzi*, 35; Sauerland, *Polen*, 83.
45. Gross, *Sąsiedzi*, 12. 參閱Cała, *Antysemitizm*, 433.
46. Machcewicz, "Rund um Jedwabne," 65, 69, 70, 72.
47. Sauerland, *Polen*, 66；Machcewicz, "Rund um Jedwabne," 86.
48. 在立陶宛，約一千一百名猶太人在反猶暴行中遭到殺害，這是被殺人口總數的百分之一不到。見Dieckmann, *Deutsche Besatzungspolitik*, 2:1512.
49. 根據ossowski, *Kraje bałtyckie*, 164，在蘇聯統治期間，約五萬人以德國人的身分離開立陶宛，其中有一半的人會返回。
50. 數據來自Levin, *Lesser of Two Evils*, 69.
51. 一九四一年六月，立陶宛共產黨有將近百分之四十是俄羅斯人，百分之四十六是立陶宛人，百分之十三是猶太人。共產黨安全警察有百分之四十六是立陶宛人，百分之三十六是俄羅斯人，百分之十七是猶太人。所以，如果考量到他們在人口當中所占的比例只不過是立陶宛人的三分之一，那麼猶太人在這兩個案例當中所占的比例都過高。見Dieckmann, *Deutsche Besatzungspolitik*, 1:165–69.
52. Eidintas, *Jews*, 257.
53. Dieckmann, *Deutsche Besatzungspolitik*, 1:248–53；亦見Lower, "Pogroms," 224.
54. Wette, *Karl Jäger*, 82；Dieckmann, *Deutsche Besatzungspolitik*, 1:297.
55. Dieckmann, *Deutsche Besatzungspolitik*, 1:534. Knyrimas and Baranauskas: Eidintas, *Jews*, 256.
56. 有關戰時維爾紐斯的波蘭－立陶宛－猶太問題，見Snyder, *Reconstruction*, chap. 4.
57. 有關在戰場上所認知到的戰事發展方向，可特別參閱Römer, *Kommissarbefehl*, 204.

為顯著，例見Snyder, "Causes"；Brakel, *Unter Rotem Stern und Hakenkreuz*；Penter, *Kohle*；以及Weiss-Wendt, *Murder Without Hatred.* 這應當是一個精細的實證研究的主題。

23. 見Mędykowski, *W cieniu*, 160.
24. 一位烏克蘭民族主義者組織（Organization of Ukrainian Nationalists，OUN）的線民論及烏克蘭民族主義組織的情報單位與德方的合作，見"Komunikat Informacyjny," 3 June 1932, AAN, MSW/1040/50–57.
25. Longerich, *Davon*, 159.
26. Carynnyk, "Palace," 280–81.
27. Himka, "Ethnicity and Reporting"中指出了族裔化的問題。
28. Oleksandr Kohut: Kachanovs'kyi, "OUN(b)," 220, 223.
29. Prusin, *Lands Between*, 158.
30. HI, Anders Collection, 210/14/7746；HI, Anders Collection, 210/14/3327. 有關蘇聯時期的米佐其見ŻIH, 301/1795.
31. ŻIH, 301/1190, Abraham Kirschner.
32. ŻIH, 301/2168, Pinches Fingerhut；Adini, *Dubno: sefer zikaron*, 698–701. 德國人在杜布諾的混淆見Carynnyk, "Palace," 293.
33. 有關警察的賡續，見Bauer, *The Death of the Shtetl*, 64.
34. 有關雙重占領的發展，見Snyder, "Causes," 208–9.
35. FVA, 2903, Leon F.
36. 有關這一幕的描述見Curilla, *Judenmord*, 246–51；Bender, *Jews of Białystok*, 90；亦見Matthäus, "Controlled Escalation," 223；Machcewicz, "Rund um Jedwabne," 73–74.
37. 秋後算帳是政治性的，並未依循族裔的邏輯。見Machcewicz, "Rund um Jedwabne," 72–73. 同樣的案例也見於羅馬尼亞，後面的章節會予以討論。
38. 海德里希的德文原話為‘ *Spurenlos auszulösen, zu intensivieren wenn erforderlich und in die richtigen Bahnen zu lenken, ohne dass sich diese örtlichen 'Selbstschutzkreise' später auf Anordnungen oder auf gegebene politische Zusicherungen berufen können.*" 轉引自*Justiz und NS-Verbrechen*, vol. 43, 2010, Lfd. Nr. 856, 177–78.
39. 希姆萊與德國治警首長庫爾特．達呂格（Kurt Daluege）於七月八日親自到比亞維斯托克。見Bender, *Jews of Białystok*, 94. 希姆萊的沮喪之情見Rossino,

the Jews, 147–49及Nunan, "Translator's Introduction." 參閱Sternhell, *Les anti-Lumières*, 618.

3. Schmitt, "Eröffnung," 15.
4. Chapoutot, "Le loi de sang," 310–12.
5. Liulevicius, *German Myth*, 171.
6. Frank, "Einleitung," 141–42；Frank, "Ansprach," 9.
7. Snyder, *Red Prince*, chap. 9.
8. Löw and Roth, *Juden in Krakau*, 27.
9. Mallmann, *Einsatzgruppen*, 23.
10. 這個政治的論點受到Longerich的*Politik der Vernichtung*影響。關鍵似乎在於將政治性的論點延伸到戰前的德意志帝國的疆界以外，到猶太大屠殺發生的地帶，並且從德國的行為人延伸到那些與他們互動的對象。
11. Churchill quotation: Saviello, "Policy," 24.
12. 百萬人口的計算見Brandon, "First Wave." 另見Benz, Kweit, and Mathäus, *Einsatz*, 33.
13. 一九四一年三月，海德里希向戈林提案將猶太人遣送至西伯利亞。見Gerlach, *Kalkulierte Morde*, 747；Kay, *Exploitation*, 109.
14. Husson, *Heydrich*, 310.
15. Benz, Kweit, and Mathäus, *Einsatz*, 73. 見Angrick, *Besatzungspolitik*.
16. 這種納粹化（nazified）了的理路在今天仍然能聽見迴響。我試圖在Snyder, "Commemorative Causality" 中解釋原委。
17. 立陶宛的反猶暴行見Dieckmann, *Deutsche Besatzungspolitik*, 2:1512 and passim.
18. 這些論點的背景是戰後針對烏克蘭、立陶宛民族主義者的行動，見Snyder, *Reconstruction*.
19. 目前最有用的綜合研究見Polonsky, *Jews in Poland and Russia*, vol. 3. 參閱Longerich, *Davon*, 161；Ezergailis, *Holocaust in Latvia*, 13–15.
20. 這裡所指的不涉及傅柯所稱的治理性（governmentality）的理性，而是以生物學之名刻意摧毀傳統意義上的政府，然後期許生物學可以reassert itself。這種毀滅並不會終結政治，而是創造出新的場景讓新的政治型態得以浮顯。見*Naissance de la biopolitique*, 316.
21. Benz, Kweit, and Mathäus, *Einsatz*, 34.
22. 雙重占領的重要概念是由Gross在*Sąsiedzi*中引介，且自此在當地的研究中頗

62. Dieckmann, *Deutsche Besatzungspolitik*, 1:144.
63. 見Lemkin的*Totally Unofficial*, 29.
64. Łossowski, *Kraje bałtyckie*, 145–47.
65. 關於這次反猶太暴力行動見Dieckmann, *Deutsche Besatzungspolitik*, 1:142.
66. Bender, *Jews of Białystok*, 66；亦見回憶錄Good, "'Jerushalayim,'" 13–14.
67. Hrynevych, *Nepryborkane riznoholossia*, 294. 有關維爾紐斯的立陶宛－波蘭問題，見Snyder, *Reconstruction of Nations*, 第一－第四章。
68. 轉引自Levin, *Lesser of Two Evils*, 198；Klarman to Levin, 8 November 1939, NA, KV/2/2251/4a；NA, KV/2/2251/1a.
69. 見Bacon, *Politics of Tradition*.
70. Ezergailis, *Holocaust in Latvia*, 63, 69, 83. Angrick and Klein, *Final Solution*, 12.
71. Weiss-Wendt對愛沙尼亞的記述（*Murder Without Hatred*, 39）中特別強調恥辱（humiliation）所扮演的角色，Plavnieks的博士論文"Nazi Collaborators," 41亦然。Dieckmann 更傾向使用羞恥（shame），見*Deutsche Besatzsungspolitik*, 1:114.
72. 關於遣返行動見MacQueen, "White Terror," 98. 關於立陶宛人見Dieckmann, *Deutsche Besatzungspolitik*, 92–95. Weiss-Wendt估計至少有一千八百廿一名立陶宛人（以及兩千〇五十五名愛沙尼亞人；下一章將討論愛沙尼亞）。見*Murder Without Hatred*, 36
73. *Deutsche Besatzungspolitik*, 1:152估計約在一萬六千九百八十九人至一萬七千五百人之間。蘇聯的彙報中指出有九千八百一十七人在獄中被槍決，一千四百卅九人在移送過程中遭槍決，另有一千〇五十九人在移送過程中死亡，死因不明。Vladimirtsev, *NKVD-MVD*, 67–68.

第六章

1. 這點出現在其著名的《政治的概念》（*Der Begriff des Politischen*，1932）當中，Jureit, *Das Ordnen von Räumen*, 358對此有予以討論。在黨內，施米特曾被批評太過恪守傳統的國家。但施米特所謂的「總體性國家」（total state）並不是某種更大的國家，而是由種族化政黨（racial party）的動物式的前政治能量（animal, pre-political energy）所界定的國家，用來創造出「總體性革命」（total revolution）。見Faye, "Carl Schmitt," 164, 171.
2. 引言見Schmitt, "*Grossraum* Order," 105, 124, 101. 見Gross, *Carl Schmitt and*

CAW, I.371.1.2/A.103. Szprynger and "Hitler": Dowództwo Okregu Korpusu II, "Sprawozdanie o ruchu komunistycznym na terenie DOK. Nr. II za czas od dn. 15 VII 1937 do 15×1937 r.," CAW, I.371.2/A.92. 這是Snyder, *Sketches*所處理的主題。

43. Danylenko and Kokin, *Radians'kyi orhany*, 214–18, 251.
44. Il'iushyn, *OUN-UNP*, 17.
45.《來自境外的革命》(*Revolution from Abroad*)是Gross的經典研究的書名。
46. Levin, *Lesser of Two Evils*, 44.
47. 有關集體化與態度的轉變見"Meldunek specjalny—Sprawa Ukrainíska," 25 November 1941, SPP, 3/1/1/1/1. Shumuk, *Perezhyte i peredumane*當中可以找到案例。
48. 有關猶太復國主義者遭到逮捕見"Calendar of Pain," *Sefer Lutsk*.
49. Hrynevych, *Nepryborkane riznoholossia*, 296.
50. Shilon, *Menachem Begin*, 25,29; Shindler, *Military Zionism*, 218.
51. Letter of 27 December 1939, NA, KV/2/2251/7a.　見Lankin, *To Win*, 40；Bell, *Terror Out of Zion*, 52；Weinbaum, *Marriage of Convenience*, 140.
52. Shamir, *Summing Up*, 54.
53. Yisraeli, "ha-Raikh," 315.
54. 見Bell, *Terror Out of Zion*, 69.
55. 見Heller, *Stern Gang*, 19. 雅博廷斯基同時也疾呼英方接受不可避免的波蘭－猶太難民潮（但未成功）。例見Jabotinsky to MacDonald, 5 September 1939, NA, CO/733/368/5/9.
56. 見Mallmann and Cüppers, *Halbmond und Hakenkreuz*.
57. 有一名名叫約瑟夫的男孩記得他的家人在德國人一面調笑，一面焚毀猶太禮拜堂之後逃離了德占區。他的父親決定往東逃竄，與一位朋友一同避難。他不想拿蘇聯護照，因為他還想在戰後回到家鄉。約瑟夫一家人被遣送到古拉格。先是他的兄弟身亡，接著是他的父母雙亡。見Gross and Gross, *War Through Children's Eyes*, 221.
58. Hrynevych, *Nepryborkane riznoholossia*, 299.
59.《兩害相權取其輕》(*The Lesser of Two Evils*)是Levin的經典研究的書名。
60. 轉引自Rabin, *Vishnivits: sefer zikaron*, 315. 見Melnyk, "Stalinist Justice," 231.
61. Dieckmann, *Deutsche Besatzungspolitik*, 1:87, 95, 127, 128. 關於沒有發生猶太暴行見Sirutavičius and Staliūnas, "Was Lithuania," 146–50.

25. 從囚禁到掌權見以下檔案：HI, Anders Collection, 209/1/10420, 209/1/2660, 209/1/3571, 209/1/3817/19, 209/1/3517, 209/1/6896 (Dubno County); 209/3/6238 (Horochów); 209/6/5157, 209/6/2376, 209/6/2652, 209/6/4303, 209/6/4284, 209/6/9083 (Kostopol); 209/11/4217, 209/11/3887, 209/11/4049, 209/11/3238, 209/9/6105 (Krzemieniec); 210/14/10544, 210/14/4527, 210/14/2526 (Zdołbunów); 209/13/2935, 209/13/8034 (Luboml); 210/12/1467, 210/12/9728, 210/12/5945.
26. 有關特工的例子見Danylenko and Kokin, *Radians'kyi orhany*, 233–55. 另見Wnuk, *Za pierwszego Sowieta*；Nowak-Jeziorański, "Gestapo i NKVD"。Burds, "Agentura"是關於稍後時期的研究，但仍然發人深省。
27. 屠夫的案例見Margolin, *Reise*, 14.
28. Moorhouse, *Devils' Alliance*, 154–55.
29. Kuromiya, *Freedom and Terror*, 258.
30. HI, Anders Collection, 310/14/4908. Cygielman: HI, Anders Collection, 210/9/4061.
31. HI, Anders Collection, 209/7/4775.
32. HI, Anders Collection, 210/12/8117.
33. 財產體制的鉅變見Gross, *Revolution*, 37; Sauerland, *Polen*, 72.
34. HI, Anders Collection, 210/1/5331.
35. HI, Anders Collection, 209.
36. 一九三七年沃里尼亞區的數據引自"Omówienie wydawnictwa Wołyńskiego Urzędu Wojewódzkiego p. t. 'Wołyń,'" June 1937, CAW, I.371.2/A.100.
37. 波蘭貨幣單位的廢除見Bender, *Jews of Białystok*, 60–62, 70, 83.
38. 參見Mędykowski, *W cieniu*, 243.
39. 關於波蘭史學上對雙重占領的理論性思考，見Shore, "Conversing with Ghosts," 5–28.
40. 極佳的案例可見於Wnuk, *'Za pierwszego Sowieta'*；亦見Gross, *Sąsiedzi*, 35.
41. 見Martin, *Affirmative Action Empire*；以及Snyder, *Sketches*.
42. 關於意識型態的混淆見Dowództwo Okręgu Korpusu II, "Sprawozdanie o ruchu komunistycznym na terenie DOK. Nr. II za czas od dn. 15 VI do 15×1933 r.," 13 November 1933, CAW, I.371.2/A.91；Dowództwo Okregu Korpusu II, "Sprawozdanie o ruchu komunistycznym na terenie DOK. Nr. II za czas od dn. 15×1934 do 15 I 1935 r.," CAW, I.371.2/A.92；"Nastroje wśród oddziałów 13 D.P," Równe, 14 April 1937；

不想與史達林、蘇聯或俄羅斯作對的人總是可以將這與反猶主義結合。這在當時為國家布爾什維克主義（National Bolshevism）或歐洲法西斯主義打開了一扇門，而這扇門至今都仍然敞開著。

8. 見Gross, *Revolution from Abroad*, 37–44及Carynnyk, "Palace," 266–67。一手材料見HI, Anders Collection, 209/1/4835; 209/6/5157; 209/6/2411; 209/6/4724; 209/7/4112; 209/7/799; 209/7/6601.
9. "Komandiram, Komissaram, i Nachpolitorganov Soedinenii," 24 September 1939, CAW, VIII. 800.7.15.
10. HI, Anders Collection, 209/13/3960.
11. Głowacki, *Sowieci*, 292; Khlevniuk, *Gulag*, 236.
12. 數據來自*Deportatsii pol'skikh grazhdan*, 29. 139,794，百分比出自Hryciuk, "Victims 1939–1941," 184, 191; Wnuk, *Za pierwszego Sowieta*, 13, 372.
13. Herling, *World Apart*, 39, 65, 131, 132. 見Arendt, *Origins*, 438.
14. 轉引自Cienciala, Lebedeva及Materski, *Katyn*, 118, 140.
15. Korboński, "Unknown Chapter," 375.
16. Spanily, *Pisane miłością*, 49, 112, 387.
17. 唯一的女性是雅妮娜·道博（Janina Dowbor），她喜歡鋌而走險，從事滑行和跳傘。一九三九年她受訓成為機師，從軍成為波蘭空軍儲備人員。她的飛機顯然遭到德軍擊落。在成功跳傘脫逃後，她被蘇軍以少尉的身分捕獲。一九四〇年四月廿一或廿二（原文p368），她在卡廷遭到槍決，與另外四千四百〇九人一同葬身卡廷。
18. 有關家庭遭遣送見Goussef, "Les déplacements," 188; Jolluck, *Exile*, 15，女性在當中的經驗散見於這些作品中。另見Cienciala, Lebedeva, and Materski, *Katyn*, 173–74.
19. Spanily, *Pisane miłością*, 187.
20. 有關行刑官員的社會背景以及布洛欣，見Cienciala, Lebedeva, and Materski, *Katyn*, 25, 124.
21. 莫斯科的大恐怖見Schlögel, *Terror und Traum*, 602; Baberowski, *Der rote Terror*, 195.
22. 有關「道德崇高性」見Fest, *Das Gesicht*, 162.
23. 關於兩者異同更深入的討論見Snyder, *Bloodlands*.
24. 轉引自Longerich, *Unwritten Order*, 47.

102. Brandon, “Deportation,” 77–78, 86.
103. Polian, “Hätte der Holocaust,” 3, 4, 19.
104. Husson, *Heydrich*, 253. 亦參閱Müller, *Der Feind*, 107–10.
105. 關於馬達加斯加計劃見Kershaw, *Fateful Choices*, 447.
106. 一九四〇年七月卅一日準備攻打蘇聯的計劃見Müller, *Der Feind*, 216–21；Megargee, *War of Annihilation*, 22.
107. 引言見Lukacs, *Last European War*, 105；Mazower, *Hitler's Empire*, 133.

第五章

1. Arendt, *Eichmann*, 240；亦見Arendt, *Origins*, 22. 耐人尋味的是，為猶太大屠殺研究打下基礎的學者當中最有影響力者自己多半不使用包括意第緒語（Yiddish）在內的歐語。勞爾．希爾柏格（Raul Hilberg）的雙親能說波蘭語，但希爾柏格自己不會。掃羅．弗里德蘭德（Saul Friedländer）出身布拉格，但他不使用捷克語。儘管有豐富的材料出土，新的二手文獻也陸續浮上檯面，但是一九八九年之後，主要治大屠殺的史學家當中竟沒有任何人學過東歐語言。此一現象的後果是筆者在“Commemorative Causality”當中探討的主題。
2. 參見Stein, *Adolf Hitler*, 99.
3. Hitler on Soviet practices: *Mein Kampf*, 320.
4. Kühnl, *Der deutsche Faschismus*, 329.
5. 見Levin, *Lesser of Two Evils*, xi. 有一整套的社會學研究文獻佐證所謂「親屬論」（kindred thesis），即有力的在地體制可以避免犯罪產生。見Lafree, “Social Institutions,” 1349, 1367.
6. 統計人數出自Morris, “Polish Terror,” 759. 此一主題在Snyder, *Bloodlands*第二、三章當中有處理。亦見Gurianov, “Obzor,” 202；Nikols'kyi, “Represyvna diial'nist',” 337–40；Martin, “Origins.”
7. 舉例而言，一九三六年在烏克蘭的內務人民委員部裡，九十名的受銜官員當中有六十名是猶太人。見Zolotar'ov, “Nachal'nyts'kyi sklad,” 326–31. 其他的統計數字來自Gregory, *Terror*, 63. 此處是史達林最大的政治性資源來源之一，人們至今尚能感受到其後果。由史達林下令執行的種族行動被歸咎於猶太人身上，因為執行這些行動的官員當中的確有猶太人的身影，但猶太官員旋即在行動之後就被從內務人民委員部清洗出去了。因此，那些反對共產主義但並

78. Chapoutot, “Le loi de sang,” 330.
79. Madajczyk, “Legal Conceptions,” 144.
80. Massive extermination: Mańkowski, “Ausserordentliche,” 7. See Weitbrecht, *Der Executionsauftrag*, 17. Heydrich’s instructions: Husson, *Heydrich*, 201, 207.
81. 引言轉引自Mazower, *Hitler's Empire*, 69. 德軍從奧地利出發、經過捷克斯洛伐克進發到波蘭的過程中，有關德方的意圖以及意外的發現，Mazower的研究是開山之作，有說服力。有關駐警隊的轉變見Biskupska, “Extermination and the Elite.”
82. Sauerland, *Polen*, 90.
83. Mazower, *Hitler's Empire*, 227.
84. 有關洋涇浜德語及其他例子見Epstein, *Model Nazi*.
85. Salmonowicz, “Z problemów,” 49；Salmonowicz, “Tragic Night,” 13；Engelking and Grabowski, *Przestępczość*, 14.
86. 有關猶太區請參閱Michman, *Emergence*, 95. 在這方面，漢娜・鄂蘭對非洲殖民主義的討論很值得參考，見Arendt, *Origins*, 206.
87. 有關強占財產以及對猶太人的敵意，見Staub, “Origins and Evolution of Hate,” 52. 強暴的案例見Böhler, *Der Überfall*, 19；Löw and Roth, *Juden in Krakau*, 27–30.
88. Urynowicz, “Stosunki,” 555；Klukowski, *Zamojszczyzna*, 135.
89. 類似的論點見Löw and Roth, *Juden in Krakau*, 19, 27.
90. 見Trunk, *Judenrat*；亦見Löw and Roth, *Juden in Krakau*, 16.
91. Friedländer, *Extermination*, 156. 關於修正主義者見Trunk, *Judenrat*, 490；根據Dieckmann, *Deutsche Besatzungspolitik*, 2:1056，在立陶宛的情況也相同。
92. Finkel, “Victim’s Politics,” 192.
93. Engelking and Leociak, *Warsaw Ghetto*, 204, 207.
94. Seidel, *Deutsche Besatzungspolitik*, 184ff.
95. 圍攻華沙的部分參閱Biskupska, “Extermination and the Elite.”
96. Browning, *Ordinary Men*, 170.
97. Curilla, *Judenmord*, 837.
98. Hempel, *Pogrobowcy*, 24, 20, 38, 43, 85, 87, 168, 170, 183, 184, 435.
99. Engelking and Leociak, *Warsaw Ghetto*, 108.
100. 有關觀光業見Harvey, *Women*, 131. 還曾有波蘭總督府的觀光指南發行。
101. 數據來自Rutherford, *Prelude*, 9.

59. 訓練細節可見於Lankin, *To Win*, 35–37; Shilon, *Menachem Begin*, 149. See also Yisraeli, "ha-Raikh," 317; Drymmer, "Zagadnienie," 71; Heller, *Stern Gang*, 46. 訓練的重要性見Weinbaum, *Marriage of Convenience*, 146–49. 受訓的伊爾貢成員名單可見Niv, *M'arkhot ha-Irgun*, 172.
60. Lankin, *To Win*, 32.
61. Bell, *Terror*, 48. 有關英國外交人員、情治官員對武器來源的了解，見NA, CO/733/375/5.
62. 波蘭與英語文獻中對恩尼格瑪的研究頗豐，例見Körner, *Pleasures of Counting*, chap. 13；Gondek, *Wywiad polski*, 262–63；Kozaczuk and Straszak, *Enigma*, and Pepłoński, *Kontrwywiad*.
63. *Mein Kampf*, 145.
64. Haslam, *Soviet Union*, 227.
65. Govrin, *Jewish Factor*, 33. Herf, *Jewish Enemy*, 104. 亦見Weissberg-Cybulski, *Wielka Czystka*, 520. 李維諾夫於一九三九年五月三日被解職。
66. Wasserstein, *On the Eve*, 427當中對這一幕的回憶的引言與當時意第緒語報紙的報導略有不同。
67. Govrin, "Ilya Ehrenburg."
68. Weinberg, *World at Arms*, 25, 57.
69. Weber, *On the Road to Armageddon*, 92.
70. 斯特恩對協議的看法見Heller, "Zionist Right," 101.
71. Shapira, *Land and Power*, 198.
72. 見Hazani, "Red Carpet, White Lilies."
73. Mallmann, *Einsatzgruppen*, 54. 亦見Böhler, *Der Überfall*, 15.
74. Moorhouse, *Devils' Alliance*, 10–11.
75. Böhler, *Der Überfall*, 169–72.
76. Libionka, "ZWZ-AK," 18.
77. Klafkowski, *Okupacja niemiecka*, 38, 41, 52, 55, 72, 73, 85, 95；Madajczyk, "Legal Conceptions," 138, 143；Mazower, "International Civilization," 556, 562. Mazower的論證是奠基在Madajczyk之上，而Madajczyk又是奠基在Klafkowski的開山之作。Klafkowski是一名國際律師，曾經親歷卡爾·施米特的論點在實踐上的意涵，這部作品是從此一觀點出發在戰後旋即寫成的針對施米特的回應。

和的樣子，但同時又從未考慮要加入德軍一同作戰。德方一相情願的「幻想」這點也可見於Korzec, *Juifs en Pologne*, 255.

49. Kornat（原文p364）*Polen*, 158, 169, 174.
50. Roos, *Polen*, 135.
51. JPI, 67/3/11, "Sprawozdanie P. Ministra Spraw Zagranicznych z Ministrem Propagandy Rzeszy Dr. Goebellsem w obecności Amb. R. P. w Berlinie Lipskiego," 13 January 1938. 德國史學家通常認為一九三九年三月（而非一月）才是德國與波蘭決裂的時刻。這是將群眾政治與外交給混淆了。三月，希特勒發表一系列要求，因為他知道這在德國大眾之間會備受歡迎，且他預期西方國家可能會覺得這些要求很合理。但其實這些要求已經和德波之間的討論無關了。德波之間的討論主軸原是蘇聯和猶太人。這在德波雙方的外交書信往來都清楚可見，在波蘭方面的回憶錄材料中也無庸置疑。一九三九年九月的爭端完全不是關於但澤市與波蘭走廊——只有在少數的德國資料來源上大做文章才會得出這樣的判斷，並且這排除了兩個重要的脈絡：一、希特勒前此的信念；二、接下來發生的第二次世界大戰。
52. Cienciala, Lebedeva, and Materski, *Foreign Policy*, 148. 關於淪為衛星國家地位見Roos, *Polen*, 380–81.
53. Wandycz, "Poland," 203.
54. HI, Polish Embassy London, Jewish Emigration from Poland 1939, Consular Department Warsaw to Washington, 10 June 1939; HI, Polish Embassy London, Jewish Emigration 1938, Consular Department in Warsaw to Paris, 23 November 1938; HI, Polish Embassy London, Jewish Emigration 1938, "Problem emigracji żydowskiej," official policy paper, 20 December 1938. 亦見JPI, 67/3/14, "Krótkie sprawozdanie z rozmowy Pana Ministra Spraw Zagranicznych z p. Himmlerem w Warszawie," 18 February 1939.
55. NA, CO/733/368/5/29–31; NA, CO/733/368/5/37–39.
56. Kennard to Cadogan, 7 March 1939；Halifax to Kennard, 8 March 1939, in *Documents on British Foreign Policy*, Third Series, 3:203, 205. 關於更廣的歷史背景見Pedersen, "Impact of League Oversight," especially at 60. 亦見Mallmann and Cüppers, *Halbmond und Hakenkreuz*, 27；Wasserstein, *On the Eve*, 413.
57. Wasserstein, *On the Eve*, 412.
58. Shavit, *Jabotinsky*, 221.

31. 見Polian, “Hätte der Holocaust,” 4；Steinweis, *Kristallnacht*, 45. 亦 見Hilberg, *Destruction*, 1:46.
32. Friedman, *Roads*, 45；這一系列事件的連鎖效應可見Henryk Grynberg, *Monolog*, 10.
33. Ragsdale, *Munich Crisis*, 167.
34. 見Khlevniuk, *Stalin*, 162–63.
35. 有百分之五十的官員遭到殺害。見Wieczorkiewicz, *Łańcuch*, 296. 另見Ragsdale, *Munich Crisis*, 36.
36. Petrov and Roginskii, “Pol’skaia operatsiia,” 30–31.
37. Jansen and Petrov, *Loyal Executioner*, 96.
38. Nikol’skij, “Die Kulakenoperation,” 635.
39. Stroński, *Represje*, 235；Iwanow, *Pierwszy naród*, 153；Kupczak, *Polacy na Ukrainie*, 327.
40. Ragsdale, *Munich Crisis*, 167.
41. Osterloh, *Reischsgau Sudetenland*, 186–98；Husson, *Heydrich*, 84. 數據出自Rothkirchen, *Jews of Bohemia*, 78–79 and 105–6.
42. JPI, 67/3/11, Beck to Lipski, 19 September 1938. Zarański, *Diariusz*, 225.
43. JPI, 67/76, Lipski to Beck, 12 November 1938；Moltke to Berlin, *Documents on German Foreign Policy 1918–1945*, D, 5:87.
44. Segal, “Imported Violence,” 315–17；Jelinek, *Carpathian Diaspora*, 227；Roos, *Polen*, 375. 在英文研究中，Lukacs, *Last European War*, 34 and passim對這個複雜議題的注意並不常見。
45. Hitler and Beck, Memorandum of Conversation, 5 January 1939；Ribbentrop and Beck, Memorandum of Conversation, 9 January 1939；[conversation of 6 January], *Documents on German Foreign Policy 1918–1945*, D, 5:153, 160. 亦見Müller, *Der Feind*, 110.
46. Roos, *Polen*, 395–96；Kershaw, *Hitler*, 475.
47. Ribbentrop and Beck, Memorandum of Conversation, 1 February 1939 [conversation of 26 January], *Documents on German Foreign Policy 1918–1945*, D, 5:168；Zarański, *Diariusz*, 484；*New York Times*, 25 January 1939.
48. 這種詮釋或多或少是Roos、Cienciała、Kornat、Karski等使用波蘭語和德語資料來源的外交史專家的標準解讀。波蘭外交人員無疑很努力要保持與德國求

11. Ibid., 17.
12. Klamper, "'Anschlusspogrom,'" 25; Botz, *Nationalsozialismus in Wien*, 136. Stefan Zweig, *Schachnovelle*對從奧國毀滅到捷克斯洛伐克亡國之間時人的精神樣貌有所刻劃。
13. FVA, 1224, Ernest Pollack.
14. Gedye, *Betrayal*, 9–10.
15. Hecht, "Demütigungsrituale," 41, 43；Raggam-Blesch, "Anschluss-Pogrom," 112, 119；Botz, *Nationalsozialismus in Wien*, 127.
16. Hecht, "Demütigungsrituale," 53, 67；Heim, "Einleitung," 35.
17. FVA, 1371, Herman R.；Gedye, *Betrayal*, 297. 亦見Petscher, *Anschluss*, 43–47；*Der Standard*, 2 March 2013；Botz, "'Judenhatz,'" 19.
18. FVA, 3970, Charles H.
19. Aly and Heim, *Vordenker*, 33.
20. 見Dean, *Robbing the Jews*, 86, 94, 105, 109.
21. FVA, 226, William N.
22. 見Wasserstein, *On the Eve*, 371.
23. 波蘭對美國提案見HI, Polish Embassy Washington, Jewish alphabetical files, Warsaw to Washington, "Notatka do rozmowy z sekretarzem stanu," 15 March 1938；HI, Polish Embassy London, Jewish Emigration 1938, Warsaw to Washington, 20 May 1938.
24. 轉引自Skóra, *Słuniba konsularna*, 582.
25. Drymmer, *W słuzbie*, 151；Tomaszewski, *Preludium*, 70；Weiss, *Deutsche und polnische Juden*, 195. Mechanism: JPI, 67/76, Lipski to Beck, 12 November 1938.
26. Tomaszewski, *Preludium*, 114；Weiss, *Deutsche und polnische Juden*, 200. 亦見本書第三章。黨衛隊已曾於一九三八年兩次規模較小的驅逐行動（從蘇聯及奧地利布根蘭邦〔Burgenland〕驅逐猶太人）的行動中習得一些經驗。
27. 這些行動彼此相互增強是Wasserstein, *On the Eve*一書的主題。
28. Kirsch, *Short Strange Life*，引言見頁82–83.
29. 見Hilberg, *Destruction*, 1:94–95.
30. Benz, "Pogrom und Volksgemeinschaft," 13；Jäckel, "Der November pogrom," 67–71；Engel, *Holocaust*, 21；Husson, *Heydrich*, 100；Kershaw, *Hitler Myth*, 238；Bajohr and Pohl, *Der Holocaust*, 43.

68. 研究這些協商內容的歷史學者常引述利普斯基的言論，說如果希特勒找到方法解決猶太問題，波蘭會為他建一座紀念碑。在我們已經知道猶太大屠殺歷史的情況下，這句話會變得更加駭人。利普斯基所要表達的是無論多麼困難，德國都可以引進海軍勢力為波蘭籍猶太人的去向開拓出一些海外殖民地。他從未想到原來希特勒的「解決方案」竟是全面大屠殺。這句話徒然顯示出利普斯基對希特勒的理解並不完整。但不理解希特勒的並不只他一人，猶太大屠殺亦非他所願。見Lipski to Beck, 20 September 1938, in Lipski, *Diplomat in Berlin*, 411以及Melzer, *No Way Out*, 143. 在波蘭遭到入侵後，利普斯基於一九四〇年參軍成為法國的二等兵對德意志國防軍作戰。
69. 見*Staatsmänner*, 557; JPI, 67/3/14, "Krótkie sprawozdanie z rozmowy Pana Ministra Spraw Zagranicznych z p. Himmlerem w Warszawie," 18 February 1939. 希姆萊的引言語出一九四〇年五月，但傳達出了態度上的根本不同。Kühnl, *Der deutsche Faschismus*, 329.
70. HI, Polish Embassy London, Jewish Emigration 1938, Consular Department Warsaw [Drymmer] to Jerusalem, 16 December 1938. 亦見HI, Polish Embassy London, Polish Consulate General in Jerusalem, Jerusalem to Warsaw, 4 July 1939.

第四章

1. FVA, 2617.
2. Pauley, "The Social and Economic Background."
3. Heim, "Einleitung," 27, 31.
4. 這些主題在《我的奮鬥》第二章中有長篇大論的著墨。
5. 有關戰間期奧地利的國家社會主義見Pollack, *Der Tote im Bunker*.
6. 讀者若想參考更深入的討論，可對Steininger, "Road to the Anschluss"與Gehl, *Austria, Germany, and the Anschluss*加以比較。亦見Stourzh, *Vom Reich zur Republik*.
7. 見Rabinbach, *Crisis*.
8. 有關Friedrich von Wiesner、猶太人與君主制，見Vasari, *Leidenschaft*, 114；Snyder, *Red Prince*, chap. 7.
9. 戰間期的奧地利政治見Goldinger and Binder, *Geschichte der Republik Österreich*；Steininger, *Der Staatsvertrag*.
10. Heim, "Einleiting," 31–32.

44. 普羅米修斯計劃的轉變以及隨之而來的反猶太要素可見Studentowicz, *Polska idea*, 12, 29, 46, 47；關於耶賽夫斯基身處環境——當時主要是波蘭統治階級——的描述亦見Giedroyc, *Autobiografia*, 62–63. for a frank description of the ideas of his milieu, at the time essentially the junior league of the Polish ruling class.
45. Józewski, "Zamiast pamietnika," 10.
46. Weinbaum, *Marriage of Convenience*, 125.
47. 關於反對共產主義的共通之處見AAN, MSZ 322/18497/35, Szembek to London, 18 March 1937.
48. "Notatka z rozmowy wicedyrektora T. Gwiazdowskiego z. p. Dr. Goldmanem," AAN, MSZ 322/B18415/21. 亦見Giedroyc, *Autobiografia*, 62.
49. See Paweł, *II Rzeczpospolita wobec ruchu prometejskiego*, 62, 65, 282.
50. Porter-Szücs, *Faith and Fatherland*, 295.
51. Wynot, "'Necessary Cruelty,'" 1043–44.
52. Hagen, "Before the 'Final Solution,'" 373, 375.
53. Roos, *Polen*, 151.
54. JPI, 34/7, Józef Beck, "Wspomnienia," 93.
55. Debicki, *Foreign Policy*, 90；Roos, *Polen*, 209；Müller, *Der Feind*, 64.
56. Beorn, *Marching into Darkness*, 97.
57. Weinberg, *Foreign Policy*, 404.
58. 總體性國家見Kornat, *Polityka równowagi*, 147.
59. 關於史達林的部分見Kuromiya, *Stalin*, 141 and passim.
60. JPI, 67/3/9, Jan Szembek, "Uwagi i obserwacje," August 1936.
61. Wojciechowski, *Stosunki*, 389; Kornat, *Polen*, 156.
62. [To Outpost E-15 in Ukraine], 7 August 1936, CAW, I.303.4.1956.
63. Military intelligence: [To Outpost K-10, Leningrad], 19 November 1937, CAW, I.303.4.1983.
64. Wojciechowski, *Stosunki*, 423, 510.
65. JPI, 67/76.
66. Lipski, *Diplomat in Berlin*, 453. Weinberg認為關鍵在於不願意參加《反共產國際協定》，見Weinberg, *Foreign Policy*, 484.
67. Lipski, *Diplomat in Berlin*, 411, 453；Husson, *Heydrich*, 125；Loose, "Reaktionen," 48.

23. Weinbaum, *Marriage of Convenience*, 113.
24. Shindler, *Military Zionism*, 131, 138, 191; Shindler, *Military Zionism*, 129.
25. Heller, *Stern Gang*, 24.
26. 此一主題的基本研究見Heller, "Rise of the Zionist Right"；文中徵引的細節見頁19, 20, 35, 54, 144, 149, 158, 246.
27. Shamir, *Summing Up*, 6; Shilon, *Menachem Begin*, 11, 16.
28. Shapira, *Land and Power*, 196–202, 242.
29. 關於特倫佩爾多見Zertal, *Israel's Holocaust*, 13–14.
30. Heller, "Rise of the Zionist Right," 144, 145, 162. 亦 見Heller, *Stern Gang*, 26; Weinbaum, *Marriage of Convenience*, 35.
31. Legacies of Piłsudski: Shindler, *Military Zionism*, 138, 205. Confrontation: Shilon, *Menachem Begin*, 18; Heller, "Zionist Right," 93.
32. 關於暴動的重要性見Segev, *One Palestine*, 384.
33. 有關伊爾貢的淵源和命名見Shindler, *Military Zionism*, 189; Shilon, *Menachem Begin*, 12; Kaplan, *Jewish Radical Right*, 9; Shapira, *Israel*, 128.
34. 有關貝塔與伊爾貢的關係見Shavit, *Jabotinsky*, 56.
35. 胡蘭尼基收到的指示見Warsaw to Jerusalem, 8 April 1937, AAN, MSZ 322/B222532/35. 亦見Weinbaum, *Marriage of Convenience*, 128, 引言轉引自頁135；另見Drymmer, *Wsłużbie*, 155–56.
36. M. Schwabe and H. Pflaum to Dr. Magnes, Jerusalem, 19 December 1929, YMA, 1393/1/4/47/333.
37. Heller, *Stern Gang*, 100–103; Golan, *Stern*, 12.
38. YMA, 1393/1/4/43/230; YMA, 1393/1/4/45/282, 302, 303.
39. 轉引自Golan, *Stern*, 17.
40. Hulanicki to Warsaw, 5 January 1937 [1938], AAN, MSZ 322/B18516/32.
41. Shavit, *Jabotinsky*, 229; Bell, *Terror*, 44.
42. Lankin, *To Win*, 7.計劃中的猶太軍力隨著資料來源有所不同；筆者看到過最多的人數為四萬五千人，出自Heller, "Zionist Right," 95.
43. Drymmer, "Zagadnienie," 71；Korboński, "Unknown Chapter," 374；Giedroyc, *Autobiografia*, 45；Weinbaum, *Marriage of Convenience*, 145；Heller, *Stern Gang*, 43；Spector, "Holocaust," 20；Spektor, "Żydzi wołyńscy," 573；Snyder, *Sketches*, 66；以及Snyder, "Volhynian Jews."

6. Wynot, "'Necessary Cruelty,'" 1051.
7. HI, Polish Embassy Washington, Jews alphabetical files, Refugees, Warsaw to Washington, 20 May 1938. 貝克對全球政治經濟的分析見*New York Times*, 30 January 1937；JPI, 34/7, Józef Beck, "Wspomnienia," 143. 德米爾的分析見"Zagadnienie żydowskie," 66. 150,000: Weinbaum, *Marriage of Convenience*, 45.
8. *New York Times*, 14 June 1937.
9. Brechtken, *Madagaskar*, 16, 57, 98, 120；亦見Korzec, *Juifs en Pologne*, 250.
10. Friedman, *Roads*, 44. Understanding Zionism: "Palestine: Polish Attitude," NA, CO/733/352/6.
11. Blum's understanding: JPI, 34/7, Józef Beck, "Wspomnienia," 146.
12. Nationalists: Drymmer, *W służbie*, 153. French nationalists: Marrus and Paxton, *Vichy*, 61.
13. Heim, "Einleitung," 13.
14. Husson, *Heydrich*, 68.
15. Morris, *Righteous Victims*, 128–38.
16. 關於英、德的立場見Yisraeli, *ha-Raikh*, 2；Yisraeli, "Germany and Zionism," 158–59.
17. Herf, *Jewish Enemy*, 27–28; Mallmann and Cüppers, *Halbmond und Hakenkreuz*, 51, 53.
18. 一九三七年波蘭的立場總結可見Szembek to London, 18 March 1937, AAN, MSZ 322/18497/35.
19. Drymmer, "Zagadnienie," 66, 引言見70.
20. NA, CO/733/368/5/30 and 34；關於往南挺進見Aveling to Eden, 26 July 1937, NA, CO/733/352/6/46.
21. 英國對大眾和官方對他們政策的反對心知肚明，但似乎並未懷疑局勢的走向為何。見Aveling to Eden, 14 July 1937, NA, CO/733/352/6. 哈迦納武器訓練見Melzer, *No Way Out*, 142, 152; Weinbaum, *Marriage of Convenience*, 158. 亦見*New York Times*, 9 July 1937. 波蘭對復國主義提供軍事支持似乎有兩個顯著的面向：（一）在總參謀部的安排下或多或少支援哈迦納（左翼）武器和訓練，猶太人也提供些許資金；（二）在外交部領事單位的安排下，私底下支持修正主義者（右翼），沒有來自猶太方面的金援。
22. Melzer, *No Way Out*, 136. 亦見Engel, "Historical Objectivity," 578.

1930, CAW, I.303.4.6982; "Wiadomośći zakordonowe," Równe, 1 April 1930, CAW, I.303.4.6982.

57. J. Karszo-Siedlewski, "Sytuacja na Ukrainie," 2 October 1933, CAW, I.303.4.1881. J. Karszo-Siedlewski, Kharkiv, 4 February 1933.
58. [Józefina Pisarczykówna] to [Jerzy Niezbrzycki], 13 June 1933, CAW, I.303.4.2099. [Leon Mitkiewicz] to [Second Department, Referat Wschód, Warsaw], 6 June 1933, CAW, I.303.4.1928.
59. Falk, *Sowjetische Städte*, 298–300. Loyal: [Jerzy Niezbrzycki] to [Piotr Kurnicki], 16 March 1933, CAW, I.303.4.1993.
60. Ukrainians: [Piotr Kurnicki], Report on public opinion in Soviet Ukraine, 1935, CAW, I.303.4.1993, quotation at 1. 波蘭政府收到的彙報來自其邊境守衛以及逃離饑荒的烏克蘭人，其資訊來源充足。例見來自烏克蘭的報告，CAW, I.303.4.5559 and "Zagadnienie Ukrainizacji," 12 December 1933, CAW, I.303.4.2011.
61. Pasztor, "Problem wojny prewencyjnej"；Simms, *Europe*, 346.
62. Müller, *Der Feind*, 75.
63. Rossino, *Hitler Strikes Poland*, 2. 亦見Simms, *Europe*, 361；Cienciala, "Foreign Policy," 136.
64. Kuromiya, *Stalin*, 141 and passim. 較詳盡的討論見Snyder, *Bloodlands*, chap. 3.
65. 見Snyder, *Bloodlands*, chap. 3. 大恐怖的導論見Gellately, *Stalin's Curse*, 34–46. 逮捕人數見Khaustov, "Deiatel'nost' organov," 229.
66. Naumov, *Stalin i NKVD*, 299.

第三章

1. [Jerzy Niezbrzycki], 8 June 1935, CAW, I.303.4.1926.
2. 在此使用「國家民主黨」來指稱名為Stronnictwo Narodowe的黨派。
3. 關於反猶暴行的目的見Cała, *Antysemityzm*, 349；Melzer, *No Way Out*, 22；Korzec, *Juifs en Pologne*, 247；Rudnicki, *Równi*, 148. 反猶暴行的規模調查首見於Żyndul, *Zajścia antyżydowskie.*
4. Weinbaum, *Marriage of Convenience*, 7.
5. OZON: Melzer, *No Way Out*, 27–29；Hagen, "Before the 'Final Solution,'" 373；Jabotinsky, *War and the Jew*, 86.

DOK II," August 1, 1929, CAW, I.371.2/A.88；Dowództwo Okręgu Korpusu II, "Referat o sytuacji politycznonarodowościowej DOK II," November 10, 1930, CAW, I.371.2/A.88；Spektor, "Żydzi wołyńscy," 570.

42. 見Bacon, *Politics of Tradition*.
43. 大方向見Rothschild, *Coup*；Chojnowski, *Piłsudczycy u władzy*. 烏克蘭人的部分見Snyder, *Sketches*.
44. Tomaszewski, "Civil Rights," 125.
45. 智性上的背景見Walicki, *Philosophy*.
46. 有關畢蘇斯基對俄羅斯的見解Nowak, *Trzy Rosje*有深刻的研究。
47. 有關馬克思主義與馬克思主義者的關係見Snyder, *Nationalism*.
48. 我同意Daniel Beauvois的想法，即現代初期說波蘭語的貴族以及烏克蘭人口之間的關係基本上是殖民式的關係。但經過四個世紀以後，王國告終，數個世代以來在帝俄治下的共同體驗以及社會主義、民族主義等現代觀念浮現，在廿世紀已不復適用這樣簡化的框架了。這個環境下的許多波蘭人都能透過類比將烏克蘭視作一個國家。國家民主黨人把烏克蘭人看成前民族的（pre-national）人類，因此可能可以被波蘭民族所同化。在此，波蘭和德國的菁英之不同之處可能可以看成是後殖民與前殖民的不同。
49. 見Snyder, *Sketches*；Copeaux, "Le mouvement"以　及Kuromiya and Pepłoński持續在出版中的著作。亦見Mędrzecki, *Województwo wołyńskie*；Kęsik, *zaufany Komendanta*；Schenke, *Nationalstaat und nationale Frage*.
50. 關於這個轉變見Viola, *Unknown Gulag*；Khlevniuk, *Gulag*；Werth, *La terreur*；Kotkin, *Magnetic Mountain*.
51. 集體化是一九二八至三三年第一期五年計劃的中心要素，始於一九三〇年的頭幾週。
52. 這一系列事件的描述可見Snyder, *Bloodlands*, chap. 1，當中引用許多一手資料來源。抵抗的部分例見Graziosi, "Révoltes paysannes." 大批已出版的蘇聯檔案資料案例見Zelenin et al., *Tragediia sovetskoi derevni*.
53. Protokół wywiadowczy, 28 March 1930, CAW, I.303.4.6982.
54. "Protokół," 23 April 1930, CAW, I.303.4.6982.
55. K.O.P., Placówka Wywiadowcza Nr. 10, "Protokól," 25 November 1933, CAW, I.303.4.6906.
56. Placówka Wywiadowcza 9 Czortków, K.O.P., "Wiadomości wojskowe," 3 April

18. 參閱Arendt, *Origins*, 131, 155.
19. 有關衝鋒隊、黨衛隊、德意志國防軍之間互動的背景，見Evans, *Third Reich in Power*, 21–39. 施米特的部分見Zarka, *Un détail*, 11.
20. 參閱Wildt, *Uncompromising Generation*, 127.
21. Ingrao, *Believe*, 65, 101.
22. Wildt, *Uncompromising Generation*, 135.
23. Fest, *Das Gesicht*, 139.
24. Buchheim, "Die Höheren SS-und Polizeiführer," 563, 570, 585. 另 見Angrick and Klein, "*Final Solution*," 41；Bloxham, *Final Solution*, 204；MacLean, *Field Men*, 12.
25. Goeschel and Wachsmann, "Introduction," 14；Roseman, "Lives of Others," 447.
26. 見Wildt, *Uncompromising Generation*, 128.
27. 見Zarka, *Un détail*, 19–20.
28. 這個主題是大屠殺研究的核心，已經在其他地方有長足的發展，在此只能略述。例見Husson, *Heydrich*, 50, 65. 筆者在此的論點依循Longerich在*Politik der Vernichtung*當中的分析。
29. 有許多鞭辟入裡的觀察可見Klemperer, *Language of the Third Reich*, 26–27.
30. Confino, *World Without Jews*, 46–47.
31. Jureit, *Das Ordnen von Räumen*, 395.
32. Heim, "Einleitung," 16.
33. The fundamental study of statebuilding remains Polonsky, *Politics in Independent Poland*. On the National Democratic mindset, see Porter, *When Nationalism*. Porter notes the significance of chronotopes, making a case similar to the one I try to make in the opening and closing chapters. On the politics of culture, see Shore, *Caviar and Ashes*.
34. Rothschild, "Ethnic Peripheries," 602.
35. Polonsky, *Jews of Poland and Russia*, vol. 3.
36. Benecke, *Ostgebiete*, 95–100.
37. Rothschild在*East Central Europe*扼要地提出了上述許多點。
38. 關於戰間期教會的反猶主義語言，見Porter-Szücs, *Faith*.
39. 舊王國以及接下來分裂期的介紹見Stone, *State;* and Wandycz, *Lands*.
40. 這方面最佳的指引仍屬Polonsky, *Politics in Independent Poland*.
41. Dowództwo Okręgu Korpusu II, "Referat o sytuacji politycznonarodowościowej

78. Ozsváth, *In the Footsteps of Orpheus*, 203，英譯見207.

第二章

1. Müller, *Der Feind*, 43.
2. 有關希特勒在策略上採取的噤聲見Koonz, *Nazi Conscience*, 11, 12, 21, 25, 22. 亦見Mosse, *Nationalization*, 183; Confino, *World Without Jews*, 151; Engel, *Holocaust*, 20. 關於實際後來神學上採取的妥協見Heschel, *Aryan Jesus*.
3. 有關希特勒的選民見King et al., "Ordinary Voting Behavior." 可參考Hagen評價希特勒是「過分自信，不屈不撓，且在政治上荒誕不經到危險的程度的人。」*German History*, 275.
4. Kershaw, *Hitler Myth*, 230, 233, and passim; Sémelin, *Purifier*, 89; Koenen, *Russland-Komplex*, 390, 413, 415; Bloxham, *Final Solution*, 143; McDonough, *Hitler*, 79.
5. *Deutschösterreichische Tageszeitung*, March 3, 1933. 另見Koenen, *Russland-Komplex*, 415.
6. 更精確的討論見Pauer-Studer, "Einleitung," 15–17.
7. Maurer, "Background for 'Kristallnacht,'" 49–51.
8. Weiss, *Deutsche und polnische Juden*, 169–79.
9. *Second Book*, 27, 37, 66. 另見Bloxham, *Final Solution*, 59–65; Piskorski, *Wygnańcy*, 34–60；更大範圍的討論見Ferrara and Pianciola, *Migrazioni forzate*, 39–95.
10. *Second Book*, 17. 縝密的相關討論見Tooze, *Wages of Destruction*.
11. 引自Neumann, *Behemoth*, 139.
12. Karin von Schulmann, cited in Harvey, *Women*, 119.
13. 參閱Jäckel, *Hitler in History*, 30：「有充分的證據顯示第三帝國主要的決策都出自希特勒，也有同樣充分的證據顯示該政體極為無政府主義，因此也可以歸類為多頭馬車的政治型態。常常有一種誤解是假設上述兩種觀察彼此扞格，只能有其中一項為真。」
14. 筆者在*Bloodlands*分析了箇中差異造成的後果。
15. Evans, *Third Reich in Power*, 42.
16. Bloxham, *Final Solution*, 156–57.
17. 觀察敏銳的Antoni Sobański 也注意到制服是掩蓋住此前所屬單位的方法，尤其是在柏林。見*Cywil w Berlinie*, 53.

285–87; Beyrau, “Der Erste Weltkrieg,” 103, 107; Lohr, “1915,” 49; Lohr, *Russian Citizenship*, 122, 130; Lohr, *Nationalizing*, 150; Wróbel, “Seeds of Violence,” 137; Dieckmann, “Jüdischer Bolschewismus,” 59–64. 有關希特勒對《錫安長老會紀要》的觀點見*Mein Kampf*, 302. 希特勒似乎有意識到《紀要》一書並不正宗，但卻仍然接受其邏輯。《紀要》常常被說是偽書。但偽書是對某樣真實的東西的模仿，但在此並沒有所謂真實的東西。《紀要》不過是一部虛構作品。

69. Offer, *Agrarian Interpretation*, 50; Golczewski, *Deutsche und Ukrainer*, 240ff. 有些德國人即使到了一九一八年都還把烏克蘭想像成一片無人的地帶，見Jureit, *Das Ordnen von Räumen*, 165，並比較Liulevicius, *War Land*的說法。德國在東方作戰的目的至今仍然多所討論，相關論辯圍繞在Fischer, *Griff nach der Weltmacht*之上。
70. 見Abramson, *Prayer for the Government;* Dieckmann, “Jüdischer Bolschewismus,” 59–61. 甚至最偉大的心靈中也不乏將猶太人、布爾什維克主義和反猶暴行三者連繫在一起者。例如，**納博科夫（Vladimir Nabokov）**解釋反猶暴行的說法就是猶太人在革命當中顯著的地位。見Schlögel, “Einleitung,” 15–16.
71. Schlögel, “Einleitung,” 15.
72. 有關蘇聯的代表維克托．考普（Viktor Kopps）以及猶太人的「毀滅」（*unichtozhenie*），見ibid., 18.
73. 有關休伯納－里希特對烏克蘭和俄羅斯的計劃，見Snyder, *Red Prince*, chap. 6. 另見Stein, *Adolf Hitler*, 104–8; Kellogg, *Russian Roots*, 12, 65, 75, 218; Liulevicius, *German Myth*, 176; Dieckmann, “Jüdischer Bolschewismus,” 69–75.
74. 有關基督教形象在政治當中的挪用見Herbeck, *Das Feindbild*, 105–65.
75. 有關波蘭－布爾什維克戰爭（Polish-Bolshevik War）的軍事史，見Davies, *White Eagle*. 關於歐洲一九二一年前的處置見Wandycz, *Soviet-Polish Relations, 1917–1921*以及Borzęcki, *Soviet-Polish Peace*.
76. 筆者在此受惠於Jäckel的判斷：「歷史上或許從來沒有一名統治者像希特勒那樣在即位前就如此精確地寫下他上位後的計劃。」見*Hitler in History*, 23. 但在希特勒的兩本書中蘊藏著某種政治邏輯，必須先加以闡釋才能解決以下兩個問題：（一）希特勒如何取得政權（在此是個次要的議題），以及（二）他在上位後如何施行他的理念（在此主要的議題）。在此看似是思想上的弱點的部分在實踐上卻成了契機，因此思想的部分必須先予以呈顯。
77. 參見Pollack, *Kontaminierte Landschaften*.

伏爾加河」而略去最後一句。這會讓整句話的句意改變，且大幅縮減其所指涉的範圍。見Kershaw, *Hitler*, 650. 美國的歷史會提醒我們其實希特勒的想法並非毫無可取之處，見Mann, *Dark Side of Democracy*, 70–98. 美國的歷史也顯示奴隸的人數可能比自由的拓墾者還多，見McNeill, *Global Condition*, 21.

55. *Mein Kampf*, 73.
56. Gerlach, *Kalkulierte Morde*是關於飢餓計劃的奠基之作。
57. Kay, *Exploitation*, 133；亦見162–63. 有關**「東方總計劃」**(**Generalplan Ost**，關於波蘭戰役和蘇德戰爭之後如何處置占領地區的計劃——譯按）見Madajczyk, "Generalplan Ost," 13；更新的研究見Wasser, *Himmlers Raumplanung*以及Aly and Heim, *Vordenker der Vernichtung*.
58. 見Kershaw, *Fateful Choices*, 57.
59. 參閱Koselleck, *Futures Past*, 頁222注意到希特勒將祕密分為三個層級：他與心腹交談的內容、他藏在心裡的內容、以及甚至連他自己都不敢想清楚的內容。
60. 布爾什維克革命又稱「十月革命」，因為革命發生在當時帝俄採用的凱撒儒略曆法（Julian calendar）的十月。以格里曆（Gregorian calendar）來算革命則發生在十一月。
61. 在此極為精簡地壓縮了一段漫長、複雜的歷史。相關歷史專門的討論見Polonsky, *Jews of Poland and Russia*. Lohr估計帝俄的猶太臣民移出的機率是俄羅斯臣民移出機率的一百八十四倍。見*Russian Citizenship*, 86.
62. Wróbel, "Seeds of Violence," 131. 亦見Prusin, *Nationalizing*, 42, 55; Wasserstein, *On the Eve*, 309.
63. Poliakov, *Histoire de l'antisémitisme*, 379；Lohr, *Nationalizing*, 14, 16, 24, 138, 139, 146. 一九一五年反猶暴行的特點是軍方在其中扮演直接的角色，見Lohr, "1915," 41–42.
64. 馬克・夏卡爾（Marc Chagall）兩幅最出名的畫作《公墓大門》(*Cemetery Gates*，1914）和《本報賣家》(*Newspaper Seller*，1917）都與猶太大屠殺有關。事實上這兩幅畫就是在描繪此一時期。
65. Pergher and Roseman, "Imperial genocide," 44.
66. Shilon, *Menachem Begin*, 6；Heller, *Stern Gang*, 100.
67. Budnitskii, *Russian Jews*, 76. 亦見Stanislawski, "Russian Jewry," 281. 暴行的持續是Holquist, *Making War*的主題。
68. Budnitskii, *Russian Jews*, 90, 176, 213 and passim; Herbeck, *Das Feindbild*,

29. Kopp, "Constructing a Racial Difference," 84–85 and passim.
30. 第一次世界大戰的波蘭問題見Niemann, *Kaiser und Revolution*, 25–36；以及 Rumpler, *Max Hussarek*, 50–55.
31. 關於對邊界的清洗見Geiss, *Der polnische Grenzstreifen*, 125–46.
32. 關於德奧對烏克蘭的占領政治見Snyder, *Red Prince*.
33. *Mein Kampf*, 144.
34. 見Sandler, "Colonizers," 19, 35, 149–50, and passim；Wildenthal, *German Women*, 172–73.
35. Zimmerer, *Von Windhuk*, 137.
36. Kay, *Exploitation*, 40.
37. *Table Talk*, 38.
38. *Table Talk*, 34, 425.
39. Ingrao, *Believe*, 117.
40. 科赫的言論見Dallin, *German Rule in Russia*, 167. 另見Lower, *Nazi Empire-Building*, 24–29的討論。康拉德（Joseph Conrad）的《黑暗之心》（*Heart of Darkness*）開頭的段落就非常清楚地澄清這本書實際上不是關於作為種族的歐洲人和非洲人——康拉德是來自烏克蘭的波蘭人。
41. 日記的內容見Berkhoff, *Harvest of Despair*.
42. 國家的討論見*Mein Kampf*, 140. 另見Jureit, *Das Ordnen von Räumen*, 219.
43. *Second Book*, 34, 149, 151.
44. Müller, *Der Feind*, 44. 亦見Mazower, *Hitler's Empire*, 152.
45. Govrin, *Jewish Factor*, 30.
46. *Second Book*, 153.
47. *Table Talk*, 126. 亦見*Sämtliche Aufzeichnungen*, 163. Alexander Stein 在一九三六年時就已提出這個看法。見*Adolf Hitler*, 111.
48. Cała, *Antysemitizm*, 175; Zaremba, *Wielka Trwoga*, 71.
49. Schlögel, "Einleitung," 15.
50. Dieckmann, "Jüdischer Bolschewismus," 55.
51. *Second Book*, 152.
52. Römer, *Der Kommissarbefehl*, 204.
53. Similar process: Kershaw, *Hitler*, 651.
54. 耐人尋味的是，關於河川的這段引言往往只引用「我們的密西西比河應該是

13. *Second Book*, 111.
14. 有關土地的迷思在整部大規模屠殺和種族清洗的歷史當中扮演的重要角色，見Kiernan, *Blood and Soil*.
15. 關於「生存空間」一詞，見Conrad, *Globalisation and the Nation*, 61.
16. 參見Arendt, *Origins*, 353, 469；Smith, "Weltpolitik," 41.
17. 見Longerich, *Davon*, 160–61. 有關「更多文化、更多的美」，見Ziegler, *Betting on Famine*, 263. 戈培爾所謂的「為了豐盛的早餐、午餐和晚餐」（für einen voll gedeckten Frühstücks-, Mittags-, und Abendtisch）在討論的是蘇聯入侵的目的，轉引自Koenen, *Russland-Komplex*, 427. Collingham, *Taste of War*所做的比較歷史研究值得稱許。
18. 關於美國人的空間，見*Table Talk*, 707. 另見Guettel, "German South-West Africa," 535；Simms, *Europe*, 339, 343.
19. *Mein Kampf*, 145.
20. 卡爾・邁小說的影響見*Table Talk*, 316. 另見McDonough, *Hitler*, 22；Mosse, *Nationalization*, 196. 亦可參考Arendt, *Origins*, 183.
21. Iliffe, "Effects of the Maji Maji Rebellion," 558–59. Gerwarth與Malinowski指出這次讓人餓死的黑土政策往往被忽略不論。見"Ghosts," 283.
22. Zimmerer, *Von Windhuk*, 43.
23. 赫雷羅族和那馬族的人口數見Guettel, "German South-West Africa," 543. 亦見Chirot and McCauley, *Why Not Kill*, 28.
24. 德國軍官特羅塔（Trotha）的引言以及沙克島（Shark Island）上的情況見Hull, *Absolute Destruction*, 30, 78; 亦見Levene, *Rise*, 233.
25. 提歐多・洛特文（Theodor Leutwein，譯按：德國在西南非的殖民地行政首長）把西南非比擬為美國的內華達等州以及本哈德・登布格（Bernhard Dernburg）的引言引自Guettel, "German South-West Africa," 550, 524.
26. 　滅種行動」（Vernichtungsoperation）、「最終解決方案」（Endlösung）、百分之七十等出自Lower, "German Colonialism," 5, 2.
27. 有關這本小說，見Sandler, "Colonizers," 162.
28. 希特勒對法國的看法見*Second Book*, 144. 有關兩者的差異與連結的考量見Conrad, *Globalisation*, especially 174, 177, 182. 那些應用佛洛伊德和勒內・吉拉爾（René Girard）的論證來解釋德國猶太人的受迫的人可能也會考慮到德國人與波蘭人之間的關係。

33. *Mein Kampf*, 141.
34. Husson, *Heydrich*, 256.
35. 原文為："Wohin man die Juden schicke, nach Sibirien oder nach Madagascar, sei gleichgültig," July 21, 1941, *Staatsmänner*, 557.

第一章

1. 見 Vincent, *Politics of Hunger*, 126ff; Offer, *Agrarian Interpretation*, 2, 24, 25, 59. 這些作品強調圍堵所帶來的道德淪喪和政治不安。Leonhard估計有七十萬人死亡，遠比Vincent和Offer所指出的死亡人數還多。見*Die Büchse der Pandora*, 518.
2. 有關「和平的經濟戰爭」，見*Second Book*, 10. 亦參見Offer, *Agrarian Interpretation*, 82, 83, 217.
3. 見*Table Talk*, 73.
4. 見*Mein Kampf*, chap. 2.
5. Hildebrand, *Vom Reich*, 654.
6. *Second Book*, 76. 亦見*Mein Kampf*, 145.
7. 舉例來說，日本曾試圖說服希特勒主要的敵人是英國，而非蘇聯，但並未成功說服希特勒。見Hauner, *India in Axis Strategy*, 378, 383–84.
8. 有關生活的基準，見*Second Book*, 21. 亦參見Guettel, "Frontier." Guettel頗為準確地注意到在《我的奮鬥》中提及美國的次數固然有限，但儘管如此，這些段落的寓意卻非常有力。舉例而言，希特勒曾稱美國透過種族的團結來駕馭鄰近的領域，是新型帝國的模範。（144）這裡描述的邏輯在《第二本書》中更加顯著。如同Guettel所注意到的，德國殖民主義者的語藝中充斥著美國是空間的主宰者這一點；有鑑於此，希特勒在此所指稱的對象就更加明確了。無論如何，重點是美國界定出了某種全球性的情況，亦即生活水準是比較性的和相對性的。另見Fischer, *Hitler and America*, 18, 21, 28；Thies, *Architekt*, 50.
9. Wildenthal, *German Women*, 177；Sandler, "Colonizers," 436.
10. 有關土地是科學的界限，見*Second Book*, 21；亦見*Mein Kampf*, 282. 希特勒於一九三九年四月廿八日的國會演講中直接就這點對羅斯福做出闡釋。Franz Neumann, *Behemoth*, 130也強調這一點。
11. *Second Book*, 105.
12. *Mein Kampf*, 282.

13. *Mein Kampf*, 73.（中譯版頁30）這裡召喚神的旨意出自《我的奮鬥》第二章最後一句。卡爾·施米特在關於德國法理學的會議上宣稱要與猶太精神對抗時引用了這句話，見“Eröffnung,” 14. 參閱Friedländer, *Years of Extermination*當中有關「救贖的反猶太主義」（redemptive antisemitism）概念。
14.「非自然」（Unnatur）見*Mein Kampf*, 69. 亦見*Mein Kampf*, 287；*Sämtliche Aufzeichnungen*, 462–63；Chapoutot, “La loi du sang,” 391；Poliakov, *Sur les traces*, 212, 217；Bauman, *Modernity*, 68；Arendt, *Origins*, 202.
15. 有關希姆萊見Kühne, *Belonging*, 60；Chapoutot, “La loi du sang,” 374, 405. 參閱Steiner, *In Bluebeard's Castle*, 45.
16. 弗朗克的引言見 “Ansprach,” 8; “Einleitung,” 141. 有關施米特見“Neue Leitsätze,” 516. 參閱Arendt, *Essays in Understanding*, 290, 295.
17. *Table Talk*, 7. 希特勒認為所有「猶太人的」觀念都一樣這點，見*Mein Kampf*, 66 and passim.
18. Bärsch, *Die politische Religion*, 286–87
19. 有關聖保羅見Chapoutot, “L'historicité nazie,” 50. 另見Thies, *Architekt*, 29.
20. *Mein Kampf*, 291.
21. *Table Talk*, 314, 類似觀點見頁248；亦見*Sämtliche Aufzeichnungen*, 907; Thies, *Architekt*, 42.
22. *Second Book*, 10. 希特勒固然在《我的奮鬥》中稱歷史是他最喜歡的主題，但他所指的其實是他對事實背後那股力量恍惚的直覺。
23. 轉引自Poliakov, *Histoire de l'antisémitisme*, 357.
24. *Self-Portrait in Letters*, 9. 見Zehnpfennig, *Hitlers Mein Kampf*, 128；Burrin, *Hitler et les Juifs*, 23.
25. Husson, *Heydrich*, 41.
26. *Mein Kampf*, 66.
27. 轉引自Govrin, *Jewish Factor*, 7.
28. *Staatsmänner*, 557.
29. *Table Talk*, 314. 參閱Friedländer, “Some Reflections,” 100.
30. Zehnpfennig對此有類似的詮釋，見*Hitlers Mein Kampf*, 116. 亦見Neumann, *Behemoth*, 140.
31. 見Jonas, *Imperative of Responsibility*, 29.
32. *Second Book*, 16, 21, 74, 103.

自然狀態是一種文學式的設置，讓我們得以思考人類關於權力的選擇。我們要像做習題一樣，想像在人類聚集在一起建立規則之前的生命是怎麼樣的，並應思索出一種我們實際上想要的結構。希特勒對自然的理解與德國的思想傳統之間的關係也不大。對康德（Kant）來說，關於外在自然世界的完善知識是不可得的，智慧要在明白我們自身限制的前提下努力尋求。對黑格爾（Hegel）來說，自然狀態是一個史前史野蠻的階段，過渡到人類持續不斷地完善的體制。根據馬克思（Marx）的想法，自然是包圍我們又抵抗我們的東西。只要我們努力改變它，就能認識自然與我們自己。

4. 有關施米特見Zarka, *Un détail*, 7, 36. 亦見Neumann, *Behemoth*, 467.
5. *Mein Kampf*, 140.
6. 達爾文的確曾在一處寫道帝國會滅絕「野蠻的種族」。見*Descent of Man*, 1:201. 從脈絡來說可以看出他這句評論的關注點與政治毫無關係。達爾文寫下天擇、演化等有力概念，但並不認為種族就像物種一樣；相反地，他認為所有人類都屬於同一種可以運用理性、因而會基於生物學以外的原則來選擇生存的物種。見Tort, *L'effet Darwin*, 75–80.
7. 在此我對馬克思與普及他的想法的好友恩格斯（Engels）做出區分。恩格斯將馬克思主義的「科學」版本給典律化。有關第二代達爾文主義與第二代馬克思主義之間長期的交會，見Kołakowski, *Main Currents*, vol. 2, *Golden Age*.
8. 「怯懦民族」（Feige Völker）見*Mein Kampf*, 103.。見Koonz, *Nazi Conscience*, 59. 參閱Sternhell, *Les anti-Lumière s*, 666–67.
9. 「日用飲食」見*Mein Kampf*, 281; *Second Book*, 15, 74. 亦見Hilberg, *Destruction*, 1:148. 自然與十誡等見*Table Talk*, 51, 141. 這裡是為了避免漢娜．鄂蘭（Hannah Arendt）指出的一個問題：「未能嚴肅對待納粹人士自己所說的話。」*Origins*, 3.（按：中譯版見漢娜．鄂蘭，《極權主義的起源》）亦見Jureit, *Das Ordnen von Räumen*, 279.
10. 參閱White, "Historical Roots."
11. 見Engel, *Holocaust*, 15.
12. 見Valentino, *Final Solutions*, 168, Jäckel, *Hitler in History*, 47. 參閱Sarraute, *L'ère du soupçon*, 77以及Arendt, *Origins*, 242: "The hatred of the racists against the Jews sprang from a superstitious apprehension that it might actually be the Jews, and not themselves, whom God has chosen, to whom success was granted by divine providence."有關世界觀作為信仰，見Bärsch, *Die politische Religion*, 276–77.

注釋

譯序

1. 東尼．賈德（Tony Judt）、提摩希．史奈德（Timothy Snyder），《思慮20世紀：東尼．賈德思想自傳》（北京：中信出版社，2016）。
2. 相關文章可見史奈德的個人網頁：http://timothysnyder.org/ukraine；訪談例見：http://timothysnyder.org/in-the-news
3. 該書尚未譯成中文，但「說書」有本書書評，請參閱洪仕翰，〈行過東歐的死蔭幽谷——讀《血色之地：在希特勒與史達林之間的歐洲》〉，《說書》，2016年5月8日：< https://sobooks.tw/行過東歐的死蔭幽谷——讀《血色之地：在希特勒》/ >

導論

1. *Second Book*, 8.
2. 「內在的孤立」（Innere abgeschlossenheit）和大自然將種族區分開來的欲望見*Mein Kampf*, 281–82. 另見Chapoutot, *Le nazisme*, 428; Chapoutot, "Les Nazis et la 'Nature'," 31. 美國領事雷蒙德．蓋斯特（Raymond Geist，譯按：一九二九－三九年間駐柏林）正確地點出反猶太主義當中的「宇宙論」（cosmology），見Husson, *Heydrich*, 121. 該書的論點從星球性的猶太威脅論出發，然後討論如何透過結合反猶太主義觀念與反政治條件的新政治形式來達成無國家狀態（statelessness）。瑟嘜林（Jacques Sémelin, *Purifier*, 135）指出大屠殺的歷史必定是國際性的。但以猶太大屠殺這個特殊案例來說，先界定出其禍首是如何理解星球似乎格外重要。希特勒對國際關係的擘劃是其生態觀的衍生物。這些觀念根本上的確似乎是一致的；如同Kershaw所寫道：「在希特勒的核心概念中保有特出的內在一致性。」*End*, 281. 類似地，Burrin也提到「這種世界觀展現出驚人的一致性和連續性」。*Hitler et les Juifs*, 19.
3. 對像霍布斯（Hobbes）、盧梭（Rousseau）這樣的英、法思想家來說，想像的

Timothy Snyder 作品集 03
黑土：大屠殺為何發生？
生態恐慌、國家毀滅的歷史警訊

2018年6月初版
2022年3月初版第三刷
定價：新臺幣480元

Printed in Taiwan.

著者	Timothy Snyder
譯者	陳柏旭
叢書編輯	黃榮慶
校對	蘇暉筠
內文排版	極翔企業有限公司
封面設計	賴佳韋

出版者	聯經出版事業股份有限公司
地址	新北市汐止區大同路一段369號1樓
叢書編輯電話	(02)86925588轉5307
台北聯經書房	台北市新生南路三段94號
電話	(02)23620308
台中分公司	台中市北區崇德路一段198號
暨門市電話	(04)22312023
台中電子信箱	e-mail：linking2@ms42.hinet.net
郵政劃撥帳戶第0100559-3號	
郵撥電話	(02)23620308
印刷者	世和印製企業有限公司
總經銷	聯合發行股份有限公司
發行所	新北市新店區寶橋路235巷6弄6號2樓
電話	(02)29178022

副總編輯	陳逸華
總編輯	涂豐恩
總經理	陳芝宇
社長	羅國俊
發行人	林載爵

行政院新聞局出版事業登記證局版臺業字第0130號

本書如有缺頁，破損，倒裝請寄回台北聯經書房更換。 ISBN 978-957-08-5123-6 (平裝)
電子信箱：linking@udngroup.com

國家圖書館出版品預行編目資料

黑土：大屠殺為何發生？生態恐慌、國家毀滅的歷史警訊/ Timothy Snyder著．陳柏旭譯．初版．新北市．聯經．2018年6月（民107年）．472面．17×23公分（Timothy Snyder 作品集 03）
ISBN　978-957-08-5123-6（平裝）
[2022年3月初版第三刷]

1.第二次世界大戰　2.德國史

712.84　　　107007282